Reinhard Schmoeckel
Deutschlands unbekannte Jahrhunderte

Reinhard Schmoeckel

Deutschlands unbekannte Jahrhunderte

Geheimnisse aus dem Frühmittelalter

Lindenbaum Verlag

IMPRESSUM:

Reinhard Schmoeckel, Deutschlands unbekannte Jahrhunderte
Geheimnisse aus dem Frühmittelalter
ISBN: 978-3-938176-41-2

Internetadresse: www.lindenbaum-verlag.de
E-Brief: lindenbaum-verlag@web.de
Umschlaggestaltung: LangerDesign, 53115 Bonn
Druck: Eigendruck
Printed in Germany

Inhalt

Vorwort

Was war in unserem Land – Deutschland – vor etwa 1500 Jahren los ? Das war die Zeit zwischen dem Ende des römischen Kaiserreichs und den Kaisern eines „heiligen römischen Reiches“, die nun plötzlich aus Mitteleuropa stammten. Gab es da überhaupt „Geschichte“ ? Gab es Ereignisse, die vielleicht bestimmend für die weitere Entwicklung der Menschen und des Landes waren ? Und ob !

Möglicherweise wollen das heutzutage gar nicht mehr viele Menschen wissen. Aber es sind ohne Zweifel mehr als die ganz wenigen Experten, die als Historiker oder als Archäologen sich beruflich mit dem Frühmittelalter in unserem Land beschäftigen.

Ein Land namens Deutschland gab es damals allerdings überhaupt noch nicht, und auch kein Volk, das sich selbst als Deutsche bezeichnet hätte oder von anderen so benannt wurde. Aber die Landschaft war unbestreitbar da, wo heute auf den Landkarten „Deutschland“ steht, und Menschen lebten in ihr, die ebenso unbestreitbar zu einem großen Teil Vorfahren der heutigen Deutschen wurden.

Das hiermit vorgelegte Buch ist als bewusst populärwissenschaftlich verfasstes Werk für d i e Laien geschrieben. die sich selbst heute noch für die frühe Geschichte unseres Landes interessieren, Menschen, die einfach gerne wüssten, wie es wohl damals wirklich gewesen ist. Allerdings erfordert die Lektüre schon ein sehr starkes Interesse für die so lange zurückliegende Zeit und auch ein paar historische Grundkenntnisse. Einen bloßen angenehmen „Zeitvertreib“ wie das Lesen eines historischen Romans beschert dieses Buch nicht. Dafür bringt es zu viele überraschende Neuigkeiten, die korrekt begründet und erklärt werden müssen, wenn man sie nicht für „science fiction“ halten soll. Das wiederum fordert dem Leser eine erhebliche geistige Anstrengung ab.

Diese Veröffentlichung stellt ein wohl ziemlich einmaliges Experiment in der Gestaltung eines Buches über Geschichte dar. Die Form der Darstellung ist ungewohnt. Jedes Kapitel beginnt bewusst mit einer romanhaft erzählten Episode, in der das Wissen und die Erinnerungen der Menschen einer bestimmten Region und Periode beschrieben und wie unter einer Lupe eine wichtige historische Entwicklung betrachtet wird. Zugleich geben diese Episoden in ihrer Folge Ereignisse oder Vorgänge nacheinander wieder, in einem Abstand von nur fünf bis zu dreißig Jahren, wechselnd mal in der einen, mal in der anderen Region des heutigen Deutschland.

Liest man diese „erzählten Episoden“ der einzelnen Kapitel hintereinander – oft schließt eine an eine frühere an - , dann gewinnt man einen Eindruck vom allmählichen Wandel in unserem Land, der mit jeder geschichtlichen Entwicklung verbunden ist. Das ist eine Form „zeithorizontaler Geschichtsdarstellung“, die man in wissenschaftlichen Werken über deutsche Geschichte leider vergeblich sucht. Vielleicht begnügt sich der eine oder andere Leser dieses Buches allein mit der Lektüre dieser Teile. Um das zu erleichtern, sind sie in größerer Schrift gedruckt.

Doch dieses Buch will eben nicht „historische Unterhaltung“ oder „Science fiction“ bieten, sondern ernst zu nehmende wissenschaftliche Forschung mit weitgehend neuen Erkenntnissen darstellen und erklären, Erkenntnisse, die so neu sind, dass sie in die Vorstellungswelt der normalen Geschichtsforschung an den deutschen Universitäten noch nicht vorgedrungen sind.

Da schriftliche Quellen aus der entsprechenden Zeit fast völlig fehlen – und sie sind ja die nahezu einzigen Quellen, die die klassische historische Wissenschaft akzeptiert – wurde zur Forschung für dieses Buch ein „Blick über den Tellerrand" gewagt.

Warum darf man nicht die Erkenntnisse der Archäologie einbeziehen, aber auch die der Sprachwissenschaft (z.B. Herkunft bestimmter Worte oder der Orts- und Personennamen), der Genealogie, der Heraldik, der Ethnologie, der Sagenforschung, der Religionswissenschaft, der Volkskunde und zahlreicher anderer Wissensgebiete ? Schließlich haben sie alle von seriösen Wissenschaftlern erarbeitete Ergebnisse vorzuweisen. Nötig ist allerdings, Hinweise aus a l l e n diesen Wissenschaften nicht nur zu kennen, sondern sie auch in Verbindung miteinander zu bringen, sie als mögliche „Mosaikstückchen" in einem riesigen Puzzlebild, als Indizien zu erkennen und diese in verständlicher Art zu beschreiben.

Das Nahebringen dieser Art von Quellen ist die Aufgabe der Abschnitte, die den „erzählten Episoden" jeweils folgen. Darin werden die Schlussfolgerungen für die gerade behandelten historischen Vorgänge gezogen. Das aufmerksame Lesen und Begreifen dieser ungewohnten Indizien ist eine durchaus anstrengende Arbeit, und vielleicht ist nicht jeder Leser dieses Buches dazu bereit. Durch eine etwas kleinere Schrifttype werden diese „wissenschaftlichen" Beiträge von den „erzählenden" unterschieden. Doch ein Leser, der meint, sie überschlagen zu können, verzichtet dabei auf zahlreiche „Aha-Erlebnisse", gerade wenn er glaubt, etwas von der Geschichte jener Zeit zu wissen.

Der Autor dieses Buches hatte den Vorteil, schon früh intensive Forschungen zu den ethnischen, kulturellen und sprachlichen Zusammenhängen der meisten alten Völker Europas und Vorderasiens getrieben zu haben, bei der Arbeit für ein Buch über den vorgeschichtlichen Aufbruch der indoeuropäischen Völker. Diese interdisziplinäre Sicht kam ihm bei weiteren Forschungen und populärwissenschaftlichen Büchern über Deutschland im ersten

Jahrtausend nach Christus sowie über die Sarmaten als vergessene Väter des mittelalterlichen Europa zugute. Das vorliegende Buch nutzt die dabei gewonnenen Erkenntnisse sowie weitere Forschungen mit Hilfe der ungewöhnlichen, aber offenbar erfolgreichen Art der Findung von Quellen.

Vor mehr als einem Jahrzehnt hat der Autor bereits ein ganz ähnliches Buch vorgelegt: „Bevor es Deutschland gab". Es behandelte in etwa der gleichen Form den gleichen Raum wie das vorliegende Buch, allerdings eine Periode von mehr als einem Jahrtausend: „Von den Römern bis zu den Sachsenkaisern". Es hat im deutschsprachigen Raum Europas viele Leser gefunden.

Doch die erwähnten weiteren Fachstudien haben in der Zwischenzeit den Autor zu nicht wenigen neuen Erkenntnissen geführt. Es wäre ja auch schlimm, wenn die Wissenschaft auf einem bestimmten Stand stehen bliebe ! Inzwischen ist es dem Autor möglich, verschiedene Wissenslücken auszufüllen, die für ihn selbst auch nach der Niederschrift des früheren Buches geblieben waren. In einigen Fällen muss der Autor sogar Vermutungen ausdrücklich korrigieren, die er in diesem Werk zu bestimmten historischen Vorgängen geäußert hat. Diesen Fortschritt der Erkenntnis betrachtet der Autor nicht als ehrenrührig! Er bittet die Leser dieses Buches, die auch sein damaliges Werk kennen, um Verständnis dafür, dass an manchen Stellen ausdrücklich darauf Bezug genommen wird und damals geäußerte Ansichten korrigiert werden. Dennoch kann der Leser sicher sein, dass er im Detail keine Wiederholung des alten Buches zu lesen bekommt. Es gab ja so viel Neues zu erzählen !

Bonn, Sommer 2012 — Reinhard Schmoeckel

Teil I

Hunnen am Horizont (407 – ca. 454 n. Chr.)

Diese Jahrzehnte waren in der Mitte Europas erfüllt von der Furcht vor den Hunnen. Wie Gewitterwolken drohte dieses Volk ständig am Horizont oder zog sogar wie ein Wirbelsturm durch das Land.

Im Römischen Reich hatten die durch die Hunnen ausgelösten Wanderungen germanischer Gruppen die Folgen, die man in jedem Geschichtsbuch nachlesen kann. Doch auch im nicht-römischen Teil unseres Kontinents hatte allein die Anwesenheit der Hunnen Folgen, die bisher kaum in das Wissen der Geschichtsforschung eingedrungen sind. Dennoch kann man sie beschreiben. Aber auch ohne die direkte oder indirekte Einwirkung der Hunnen gab es wichtige Veränderungen.

1

Die Nachhut der Völkerwanderung

„Ein schöner Platz für unser Vieh“

April 407 n. Chr., im heutigen Mainz-Kastell

Die Mauern des zerstörten römischen Kastells boten den Pferden der Schah *(Adligen)* und ihrer kleinen Leibwachen Schutz vor dem noch immer kühlen Wind. Dennoch war der Winter wohl endgültig vorüber, denn der letzte Schnee war verschwunden, und erste kleine Blüten zeigten an, dass die warme Jahreszeit nahe war.

Auf dem Innenhof brannten einige Lagerfeuer, über denen sich drei feiste Hammel an Bratspießen drehten. Rund herum hatten sich auf Kissen einige würdige Krieger niedergelassen, die fünf Häupter der Schwurbünde aus dem Volk der Sarmaten, die sich der großen Völkerwanderung angeschlossen hatten. Auffällig waren ihre bunten Wollmäntel, die sie über ihren Panzerhemden aus zahllosen Eisenringen trugen. Sie waren in rot-weißen Karos gewebt, wie bei allen Adligen aus den alten Großstamm der Jazygen. Ihre Heimat lag weit nach Sonnenaufgang zu, die Römer nannten sie Pannonien und Sarmatien.

Die kleinen Gruppen der Leibwächter der Oberhäupter hatten vor dem Osttor des Kastells für sich eine ähnliche Runde eingerichtet, auch hier brutzelten einige Hammel in Erwartung, von hungrigen Kriegern verzehrt zu werden. Etwas weiter ins Land hinein, rechts und links der alten Römerstraße, die von Moguntiacum *(Mainz)* in die einstmals römischen Gebiete nördlich des Moenus *(Main)* führte, hatten die einzelnen Gruppen des langen Zuges Halt gemacht. Zu jeder dieser Gruppen gehörten schwer bewaffnete Reiterkrieger, aber auch Ochsenwagen mit Frauen und Kindern, mit Handwerkern der verschiedensten Gewerbe aus der unteren Volkskaste, und vor allem immer wieder kleine Herden von Rindern, Pferden und Schafen, bewacht von halbwüchsigen Jungen und Mädchen auf dem Pferderücken. Unübersehbar lang war dieser Zug, man wusste, dass ein Krieger auf schnellem Pferd gut einen Tag an ihm entlang reiten musste, um das Ende zu erreichen.

Im Hochsommer des vorigen Jahres war es gewesen, als die fünf Schwurbünde zur langen Wanderung aufgebrochen waren, damals in ihrer Heimat Pannonien, in der weiten Steppenlandschaft östlich des Ister *(römischer Name der Donau, in der heutigen Puszta Ungarns)*. Die Auswanderung war mit zahlreichen anderen Völkern fest verabredet worden, die dort in der Nachbarschaft der Sarmaten lebten, mit den stammverwandten Alanen, aber auch mit Sueben, Vandalen, Gepiden und Burgundern, deren Sprachen sich alle ähnelten. Denn alle diese Völker wussten, dass sie ein furchtbares Schicksal erwarten würde, wenn sie nicht rechtzeitig flüchteten. Zu unüberhörbar waren die Erzählungen, die seit Jahren von Sonnenaufgang her zu ihnen kamen und von dem Morden und Plündern der hunnischen Reiter berichteten, die langsam, aber unaufhaltsam von dorther immer weiter vordrangen. Allerdings, nicht alle Menschen hatten sich zur Flucht entschließen können; von fast allen Völkern waren große Teile in der Heimat zurückgeblieben.

Knapp neun Monde waren seit ihrem Aufbruch vergangen, und fast ständig waren die langen Züge der verschiedenen Völker auf dem Marsch gewesen, immer am Nordufer des Ister *(römischer Name der Donau)* entlang gen Sonnenuntergang. An einer Stelle bog die uralte Völkerstraße vom Fluss ab, dessen Tal von da ab zu eng für große Massen von Menschen und Vieh wurde *(etwa beim heutigen Donauwörth)*. Sie führte stattdessen nach Norden auf den Unterlauf des Moenus zu. Dort hatten die Gruppen der Sarmaten mit ihrem Vieh die strengste Zeit des Winters verbracht. Nun, im beginnenden Frühjahr, waren sie erneut auf der Wanderung, um die nächste Etappe des verabredeten Marsches zu erreichen, den Übergang über den Strom Rhenus, den eine Brücke bei der Stadt Mogontiacum erleichterte.

Die von den Sarmaten mitgeführten Viehherden hatten dieses Volk gezwungen, immer wieder größere Pausen einzulegen, um Pferden, Rindern und Schafen die Gelegenheit zum ausführlichen Futtersuchen zu geben. Das hatte zur Folge gehabt, dass die Sarmaten längst die allerletzten in dem riesigen Völkerzug geworden waren, denn die anderen Völker führten weitaus weniger Vieh mit sich und waren dadurch viel beweglicher. Vor allem die Krieger der Vandalen, Alanen und Sueben hatten bereits im tiefsten Winter den zugefrorenen Fluss Rhenus überquert und die Römerstadt Moguntiacum erobert und geplündert.

Die Anführer der sarmatischen Schwurbünde wussten das, denn ein kleines Grüppchen erfahrener Kundschafter war schon vor einem halben Mond auf schnellen Pferden ausgesandt worden, um zu erfahren, wohin der Zug weitergehen sollte. Jetzt waren die Kundschafter wieder zurück.

Es war überraschend, was diese Kundschafter ihren Fürsten beim Hammelbraten erzählen konnten. Die Stadt Moguntiacum auf der anderen Seite des Rhenus lag halb in Trümmern, so gründlich hatten die Vandalen und ihre Verbündeten vor drei Monden dort gehaust. Inzwischen war die Stadt und das Land darum herum fast leer, denn die Eroberer waren schon wenige Tage nach ihrem Erfolg weiter nach Gallien hinein gezogen, und die Reichen unter den Römern waren entweder erschlagen oder noch gerade rechtzeitig geflüchtet. Nur einige arme Kolonen lebten noch auf den kleinen Landgütern im weiten Umkreis um die Stadt. Römische Soldaten gab es ebenfalls nicht mehr, aber dafür ein Land, wie es kaum besser geeignet war für die eigenen Herden.

Der adlige Anführer des Kundschaftertrupps war voll des Lobes für dieses Land. Es war eben, fruchtbar, frei von größeren Sümpfen und Wäldern, dabei mit milden Wintern und angenehmen Sommern; Berge oder größere Hügel umgaben dieses vorzügliche Weideland erst in erheblicher Entfernung. Mit den wenigen Bauern werde man leicht zu vorteilhaften Vereinbarungen kommen können, denn sie waren verwirrt und verängstigt. Dabei hatten sie doch gerade erst ihre reichen Gutsherren verloren, die sie vorher entsetzlich bedrückt hatten. Die Kundschafter verstanden fast alle die Sprache der Römer und hatten das immer wieder auf den verstreut liegenden Gutshöfen gehört.

Ausführlich berieten die fünf Häupter des sarmatischen Volkszuges an ihrem Lagerfeuer in der Ruine des römischen Kastells. Sollten sie, wie einst verabredet, den Zügen der verbündeten Völker weiter nach Gallien hinein folgen – oder sollten sie hier im Land bleiben, das sich ihnen und ihrem Vieh plötzlich ohne jeden Kampf darbot ?

„Dies ist ein schöner Platz für unser Vieh“, erklärte Meodaris, der Fürst des Schwurbundes, der nach der festgelegten Marschordnung der letzte im langen Völkerzug war. Seine Leute und sein Vieh standen jetzt noch weit vom Fluss Rhenus entfernt *(zwischen den heutigen Städten Frankfurt und Wiesbaden, an den Südhängen des Taunus)*. „Ich möchte hier bleiben. Auch hier ist das Land wunderbar geeignet für unser Vieh; es gibt Bauern – aber nicht zu viele –, mit denen wir Getreide und Gemüse gegen Fleisch, Wolle und Milch tauschen können. Wir sind jetzt weit genug entfernt von den grausamen Hunnen. Hierher werden sie nicht kommen. Ihr anderen Schwurbünde könnt ja über die Brükke mit eurem Vieh ziehen und euch auf der anderen Seite des Rhenus niederlassen. Dort scheint ja für alle genügend Platz zu sein.“

Niemand im Rat der Oberhäupter mochte dem erfahrenen Fürsten widersprechen, denn im Stillen hatte jeder von ihnen schon den gleichen Gedanken gehabt. So fiel der Beschluss einstimmig aus, dass die fünf Schwurbünde der Sarmaten sich rechts und links des Stromes Rhenus niederlassen und ihr Vieh weiden lassen wollten, so weit es hier Futter finden sollte.

Wer waren die Sarmaten ?

Über die Eroberung der alten Römerstadt Mainz weiß die Nachwelt Einiges durch kurze Berichte römischer Schriftsteller. Angeblich in der Silvesternacht des Jahres 406 hätten riesige Scharen von Vandalen, Sueben und Alanen den zugefrorenen Rhein überquert und die Stadt, vor allem die christlichen Kirchen, fürchterlich geplündert. Bald danach seien die Barbarenhorden weiter gezogen, um andere Städte im römischen Reichsteil Gallien heimzusuchen.

Doch auch andere Völker aus Osteuropa waren an dieser einzigen wirklichen V ö l k e r-Wanderung jener Epoche beteiligt, wie der christliche Kirchenvater Hieronymus ein Jahr später in einem Brief an eine Bekannte, eine Griechin namens Geruchia, nebenbei erwähnte: Sarmaten, Gepiden, Heruler, Burgunder, Sachsen und Pannonier. Nun lebte der Gelehrte zwar zu dieser Zeit weitab vom gefährlich gewordenen Gallien in Jerusalem, aber er hatte aus seinem langen Aufenthalt in der einstigen Kaiserstadt Trier – der Hof war erst etwa um das Jahr 390 von dort in sicherere Gegenden geflüchtet – genügend Briefpartner in ganz Gallien, die ihm von den Schrecknissen berichtet hatten. Von diesen anderen Volksgruppen oder Stämmen war später keine Rede mehr, doch ist das kein Grund, an der Wahrheit der Information des Hieronymus zu zweifeln.

Deutschen Historikern scheint nicht mehr klar zu sein, dass in der Heimat der germanischen Völker, die vor den Hunnen flüchteten, nämlich im Gebiet nördlich des Schwarzen Meeres sowie im heutigen Rumänien und Ungarn, viel länger und viel mehr Angehörige anderer Völker lebten, vor allem Sarmaten. Die allein auf G e r m a n e n fixierte Forschungsrichtung der deutschen Geschichtswissenschaft seit 200 Jahren – keineswegs nur während der Hitler-Zeit – hat hier für „historische Scheuklappen“ gesorgt. Auch die Römer waren daran schuld, denn diese Autoren berich-

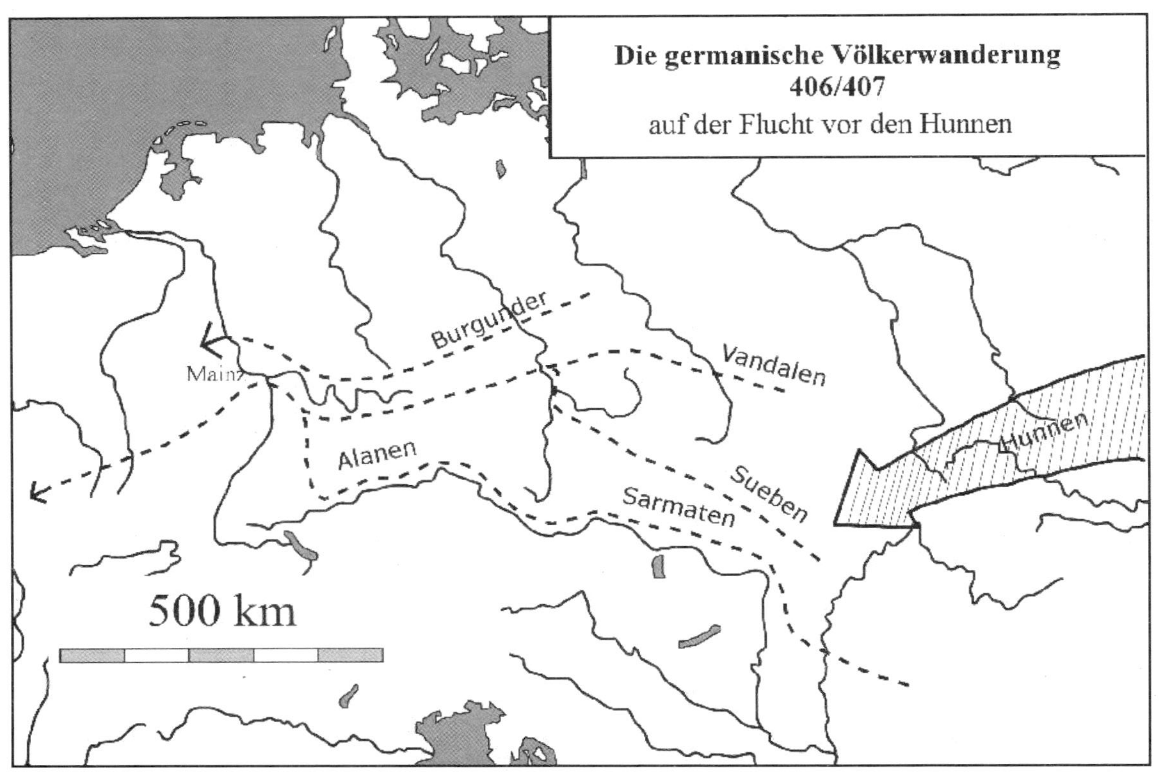
Die germanische Völkerwanderung
406/407
auf der Flucht vor den Hunnen
Burgunder
Vandalen
Mainz
Alanen
Hunnen
Sueben
Sarmaten
500 km

teten nur über die germanischen Gruppen, die in ihr Reich eingedrungen waren. Von den Flüchtlingen anderer Kultur, noch dazu von solchen, die nicht nach Süden kamen, wussten sie nichts.

Die Niederlassung s a r m a t i s c h e r Reiterhirten im Gebiet rund um M a i n z , wie sie in der ersten, „romanhaften" Episode dieses Kapitels beschrieben wurde, kann sich nicht auf antike Schriftquellen stützen. Daher hat sie für die herkömmliche Geschichtswissenschaft nicht existiert. Doch die Schilderung ist keine „Ausgeburt blühender Fantasie", denn es gibt zahlreiche Indizien aus anderen Wissenschaften, die dafür sprechen. In vielen späteren Kapiteln werden sie näher erklärt.

Zunächst aber der Versuch einer Antwort auf die erstaunte Frage sicher fast jedes Lesers: „Was sind überhaupt Sarmaten ? Davon hat man doch noch nie gehört !" Da dem Leser verschiedene Gruppen aus diesem Volk noch oft begegnen werden und weil sich zeigen wird, dass gerade die Sarmaten beim langsamen Zusammenwachsen der Menschen in Mitteleuropa zum späteren Volk der D e u t s c h e n eine ganz erstaunlich große Rolle gespielt haben müssen, ist eine erste, verhältnismäßig ausführliche Orientierung notwendig.

Diese Sarmaten waren ein großes Volk mit indoeuropäischer Sprache, das in den Jahrhunderten vor und nach der Zeitenwende in den Steppengebieten zwischen Don und Donau nördlich des Schwarzen Meeres lebte. Dorthin waren sie lange vor Christi Geburt aus dem südlichen Innerasien gezogen. Sie waren ethnische, sprachliche und kulturelle Verwandte der alten Inder und der Perser. Allerdings verbanden sie manche Eigenarten ihres Sozialgefüges und ihres Charakters auch mit den westlichen Vertretern der indoeuropäischen Sprachfamilie, mit Kelten, Germanen oder Latinern (Römern).

Die Natur der südrussischen Steppe hatte aus den Sarmaten Hirten gemacht, die vom Pferderücken aus ihre Rinder- und Schafherden hüteten. Als solche kannten sie keine festen Wohnsitze. Etwa von der Zeitenwende an wanderten sie langsam weiter nach Westen. In der Puszta Ungarns, das damals Pannonien genannt wurde, fanden sie ideale Lebensbedingungen. Erst nach den Sarmaten waren auch große Gruppen germanischer Völker in das riesige Gebiet zwischen Don und Donau eingewandert, Goten vor allem. Es scheint dort keine wütenden Kämpfe zwischen diesen Völkern gegeben zu haben, im Gegenteil, die Anführer der gotischen Bauern passten sich bald weitgehend dem sarmatischen Lebensstil auf dem Pferderücken an, auch in ihrer Kleidung und Ausrüstung, so dass Archäologen sie nicht mehr unterscheiden können.

Diese Sarmaten hatten eine erstaunliche Sozialstruktur, die sie mit manchen ganz frühen anderen Völkern aus indoeuropäischer Wurzel verband, aber auch unterschied. Es gab bei ihnen, wie bei den alten Indern, zwei streng voneinander getrennte soziale Kasten, den Adel (Schah) und eine „untere Kaste"; Heiraten dazwischen waren streng verboten.

Aber die Menschen dieser Kasten waren durch religiös bedingte Bräuche eng miteinander verklammert. Die Oberhäupter mehrerer Familien aus der Unterkaste leisteten einem „Schah" einen lebenslangen Eid der Gefolgschaft und Treue, doch hatte der adlige Herr umgekehrt eine ebenso lange Verantwortung für seine „Klienten" in allen Lebenslagen. In diesem Buch wird ein solches Verhältnis „Schwurfamilie" genannt, den sarmatischen Ausdruck dafür kennt man nicht. Die sarmatischen Adligen haben diese Verantwortung auch stets sehr ernst genommen, so weit man darüber etwas in Erfahrung bringen konnte.

Die Reiter der Sarmaten waren tapfere Krieger und später disziplinierte und im römischen Heer hoch angesehene Soldaten, aber sie waren keine blindwütigen Plünderer und Mörder. Mit den Bauern, die sie bei ihren Wanderungen antrafen, wollten sie lieber friedlich Tauschhandel treiben. Wenn ihnen im Laufe der Geschichte die Herrschaft über Bauernvölker zufiel – davon wird in diesem Buch noch mehrfach die Rede sein - , dann geschah das meist ganz friedlich, und die Herren nahmen überall recht schnell die Sprache ihrer neuen Untertanen an. Daher hat man die Sarmaten so völlig in der historischen Erinnerung vergessen – sehr zu Unrecht.

Ab dem Jahr 375 etwa war das Reitervolk der Hunnen in die Weidegebiete der Sarmaten und der Goten eingefallen, von Osten her aus Innerasien kommend. Diese Hunnen und die Awaren, von denen im 4. Teil dieses Buches noch viel berichtet werden muss – und auch die Magyaren, die aber erst im 9. Jahrhundert in Europa auftauchten – waren wahrscheinlich genetisch relativ nahe verwandt. Sie alle waren Abkömmlinge einer größeren steinzeitlichen Menschengruppe, aus der heraus sich später Mongolen und Türken sowie die mit letzteren entfernt sprachlich verwandten Ungarn und Finnen entwickelten.

Die Hunnen waren ursprünglich wie die Sarmaten berittene Viehhirten. Diese Lebensform hat Folgen für die innere Gesellschaftsstruktur und das Verhalten gegenüber der Nachbarschaft. Menschen, die das Reiten gewissermaßen als ihren hauptsächlichen Lebensinhalt kennen, halten sich bald für die von der Natur gegebenen Herren von Bauern und anderen, die nicht auf edlen Pferden pfeilschnell über das Land preschen können.

In den Völkern mongolisch-türkischer Herkunft entstand daraus ein Überlegenheitsgefühl gegenüber allen Menschen, mit denen sie um Laufe ihrer Geschichte in nähere Berührung kamen. Bei den Hunnen, aber später auch bei den Awaren und den Magyaren, bildete sich schnell eine Führungsschicht heraus, der der „Weltherrschaftsanspruch“ gewissermaßen in die Wiege gelegt war.

Anders als in wütenden Reiterattacken auf fremde Städte, Völker und Bauern, in Plünderungen und Morden, im Auferlegen bedrückender Abgaben als Zeichen ihrer Herrschaft und in hochmütigen diplomatischen Botschaften an die Nachbarn meinten diese „Herren zu Pferde“ die vermeintliche weltgeschichtliche Sendung ihrer Völker nicht ausdrücken zu können.

Vor dieser Bedrohung durch die Hunnen flohen viele Germanen aus den Steppen zwischen Don und Donau nach Westen, aber auch Sarmaten und Alanen. Die letzteren waren im Grunde einst nur ein Stamm der Sarmaten gewesen. Aus Teilen dieser sehr verschiedenen Völker setzten sich die riesigen Marschkolonnen zusammen, die in den Jahren 406/7 an der Donau und am Main entlang nach Westen wanderten, Mainz eroberten und dann weiter durch Gallien und schließlich Spanien ihre Spur als Eroberer und Plünderer zogen. Viele andere Angehörige dieser Völker, die in Osteuropa geblieben waren, mussten sich allerdings der Herrschaft der Hunnen ergeben. Ihren Nachkommen wird der Leser in späteren Kapiteln dieses Buches noch häufiger begegnen.

Die sarmatischen Einwanderer ins Rhein-Main-Gebiet vom Jahr 407 hatten übrigens Vorläufer in unmittelbarer Nachbarschaft. Denn vermutlich im Jahr 365 hatte der römische Kaiser Valentinian I. die Verlegung eines Regiments sarmatischer Reiter auf die Höhe des Hunsrücks angeordnet. Dort sollten sie die Römerstraße vom Rhein nach Trier, der Kaiserresidenz, vor feindlichen Angriffen schützen. Solche Regimenter, Draco (Drachen) genannt, waren in der Spätzeit des Kaiserreichs hoch geschätzte Elitetruppen im römischen Heer, je etwa 400 Reiterkrieger und ihre Familien und Gefolge, insgesamt vielleicht 2000 Menschen.

Von dieser Ansiedlung berichtet der römische Dichter Ausonius und viele hundert Jahre später das Wappen der uralten Grafschaft Sponheim im Hunsrück, das rote und weiße Karos in „geschachter“ Form zeigt (dazu mehr im Kapitel 8). Auch fiel Heimatforschern noch im 19. Jahrhundert auf, dass die Menschen rund um den Ort Sohren im Hunsrück (von „Sarmaten" ?) sich in Aussehen und Verhalten erheblich von den Nachbarn unterschieden.

Das rechtsrheinische Gebiet gegenüber von Mainz muss in dieser Zeit ungewöhnlich menschenarm gewesen sein. Bis etwa zum Jahr 260 hatte es zum Römischen Reich gehört, gesichert durch einen Limes, von dem die Saalburg auf dem Taunus ein Rest ist. Es handelte sich um das fruchtbare Gebiet der Wetterau nordöstlich des heutigen Frankfurt; nach Süden zu umfasste das einst römische Gebiet große Teile des heutigen Baden-Württemberg. Doch dann hatten Germanen – wahrscheinlich Alemannen – es erobert und besiedelt, jedoch mit nur erstaunlich wenigen Menschen. Seit dieser Zeit bildete der Rhein bis zum Bodensee die römische Grenze, an der ein „Limes" mit Kastellen und Wachtposten ausgebaut wurde.

Wer danach am Unterlauf des Main und zwischen Taunus und Odenwald lebte, weiß niemand. Die Römer interessierte das Gebiet nicht mehr, und die modernen Historiker auch nicht, da es ja keine antiken Schrifttexte dazu gab. Archäologische Funde aus dieser Zeit fehlen fast völlig. Auch dieses damals wohl außerordentlich dünn besiedelte, aber fruchtbare Gebiet muss für die sarmatischen Hirten ein ideales Weideland für ihr Vieh gewesen sein.

Pferdegräber: Indizien für die Einwanderung von Sarmaten

Ein besonders wichtiges Indiz für die Einwanderung von Sarmaten nach Mitteleuropa in der Völkerwanderungszeit waren für den Autor dieses Buches Karten der Fundstellen von „Pferdegräbern", die Archäologen im Laufe der letzten 150 Jahre hier ausgegraben haben. Die Region rund um Mainz, für die ja die romanhafte Episode am Beginn dieses Kapitels eine Einwanderung von Sarmaten anschaulich zu machen versucht, ist auf einer solchen Karte auf den Seiten 20/21 zu finden. Daher müssen bereits jetzt dem Leser die wichtigsten Informationen zu diesen so aufschlussreichen Funden nahe gebracht werden.

Pferdegräber sind ausgesprochene Grabstätten für Pferde, geweihte Plätze für Opfer, während normalerweise gestorbene Pferde auf den Schindanger kamen und spurlos verwesten. In Deutschland fand man Pferdegräber fast immer ganz in der Nähe von Bestattungsplätzen für Menschen, aber stets getrennt von Menschengräbern. Die Opfertiere waren häufig durch einen kräftigen Schwerthieb enthauptet worden, in der Regel waren es Hengste.

Wenn deutsche Archäologen und Historiker aus dem in der Völkerwanderungszeit neu aufgekommenen Brauch der Pferdegräber den Schluss gezogen haben, damit hätten „die" Germanen einen neuen Brauch in ihre Religion eingefügt, nach angeblichen „Vorbildern" aus dem Donauraum, liegen sie eindeutig falsch. Denn in zahlreichen ebenfalls von Germanen bewohnten Gebieten hat man k e i n e Pferdegräber gefunden.

Auch die manchmal auftauchende Behauptung, diese Pferdegräber müssten von H u n n e n stammen, ist falsch. Dieses Volk begrub gefallene Krieger gelegentlich z u s a m m e n mit ihren Pferden, doch von den letzteren wurden nur die Haut und die Beine mit ins Grab gelegt. Im übrigen belegen die Zeitbestimmungen der Pferdegräber in Deutschland eindeutig, dass sie im Allgemeinen erst einsetzten, nachdem die Hunnen schon wieder aus Mittel- und Osteuropa verschwunden waren, also nach der Mitte des 5. Jahrhunderts.
Auf den diesem Buch an passenden Stellen beigegebenen Karten von Pferdegräbern aus dem Frühmittelalter im deutschen Sprachgebiet einschließlich der Niederlande (erstellt vom Autor dieses

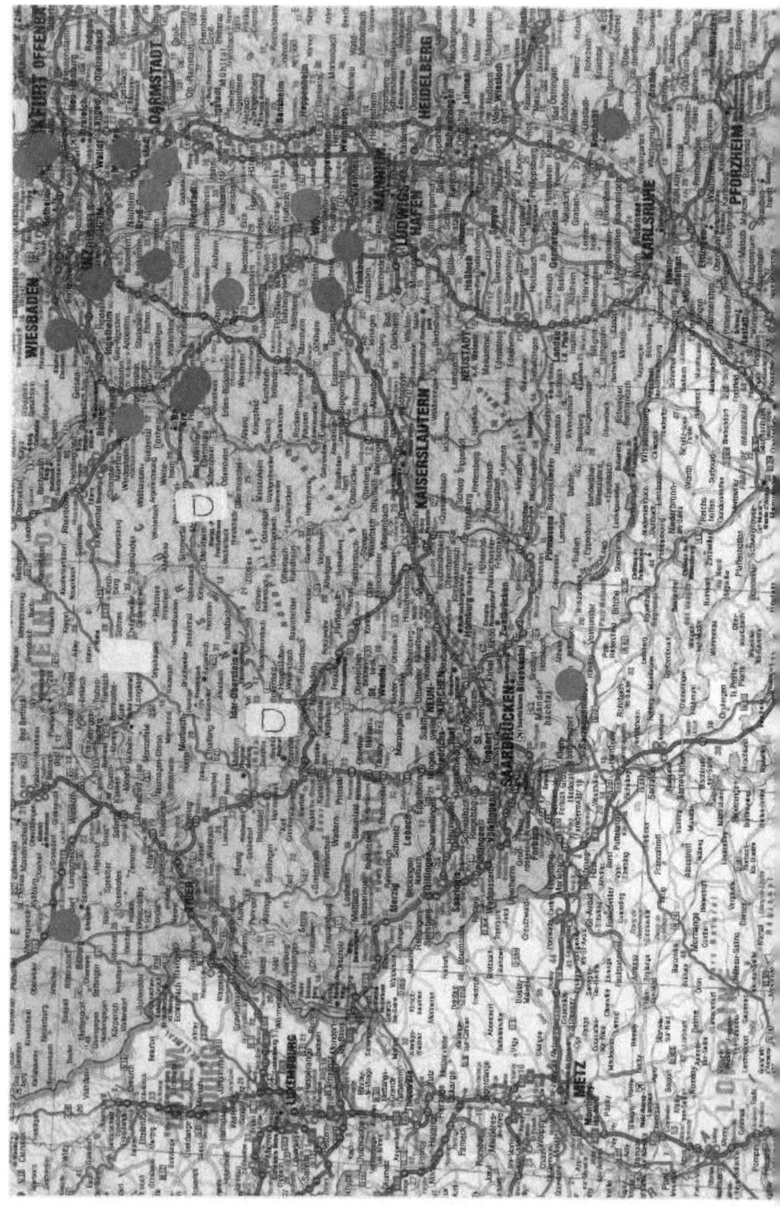

WIESBADEN
DARMSTADT
HEIDELBERG
LUDWIGSHAFEN
KAISERSLAUTERN
NEUSTADT
SAARBRÜCKEN
KARLSRUHE
PFORZHEIM
METZ
D
D

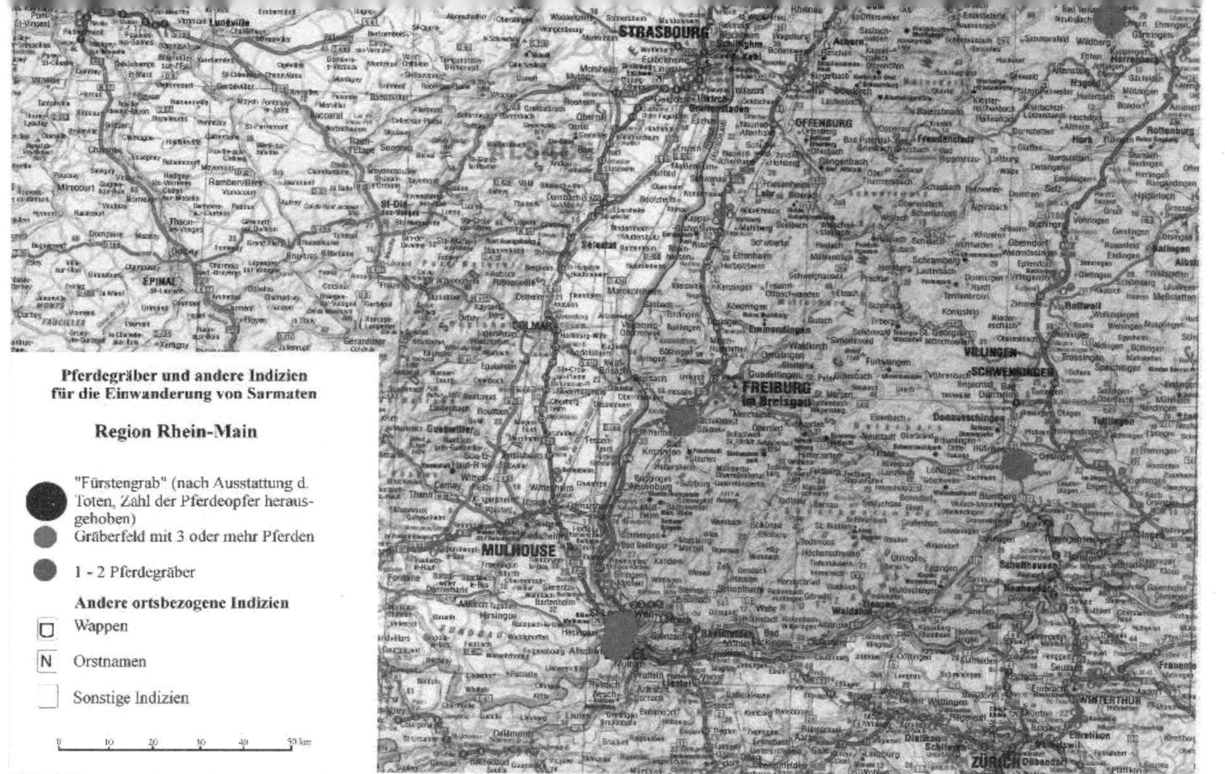

STRASBOURG
OFFENBURG
FREIBURG
im Breisgau
MULHOUSE
EPINAL
VILLINGEN-SCHWENNINGEN
ZÜRICH
WINTERTHUR
Pferdegräber und andere Indizien
für die Einwanderung von Sarmaten
Region Rhein-Main
"Fürstengrab" (nach Ausstattung d. Toten, Zahl der Pferdeopfer herausgehoben)
Gräberfeld mit 3 oder mehr Pferden
1 - 2 Pferdegräber
Andere ortsbezogene Indizien
Wappen
Orstnamen
Sonstige Indizien
0 10 20 30 40 50 km

Buches) sind praktisch alle derartigen Funde verzeichnet, allerdings mit einer nicht unwichtigen Einschränkung. Gräber, die später als etwa 1970 gefunden wurden, sind nur in Ausnahmefällen darin enthalten.

Denn in diesem Jahr hat der deutsche Archäologe Müller-Wille nach mühevoller Arbeit eine entsprechende Liste veröffentlicht. Seitdem hat wohl kein Fachmann die zahlreichen wissenschaftlichen Zeitschriften, die über archäologische Funde berichten, daraufhin erneut durchforstet oder gar unveröffentlichte Fundberichte durchgearbeitet. Andererseits sind auch Funde seit der Mitte des 19. Jahrhunderts darin enthalten, also praktisch seit dem Beginn wissenschaftlich durchgeführter Ausgrabungen. An den Grunderkenntnissen, die man aus dieser Liste und ihrer Umsetzung in eine optisch wahrnehmbare Form ziehen kann, dürfte sich aber auch durch neue Funde kaum etwas ändern.

Auf der anderen Seite täuscht die notwendige Darstellungsform einen viel größeren Umfang dieser Pferdegräber vor, als es ihn in Wirklichkeit gab. Jeder Markierungspunkt überdeckt auf der Karte etwas mehr als 20 Quadrat k i l o meter, während doch ein reales Pferdegrab nur wenige Quadratmeter benötigte. Die gut 200 Fundorte mögen vielleicht nur die Hälfte der Plätze darstellen, wo wirklich Pferdeopfer feierlich der Erde übergeben wurden, einmal großzügig angenommen. Doch wie wenige sind das gegenüber den tausenden „normaler" Gräberfelder für Menschen, die man inzwischen in Deutschland aus der fraglichen Zeit ausgegraben hat !

Eine notwendige Schlussfolgerung aus den bisher gegebenen Erklärungen ergibt sich fast zwangsläufig: Die Pferdegräber können nur von nicht germanischen E i n w a n d e r e r n angelegt worden sein, und zwar von einer sehr kleinen Oberschicht. Die ja auch aus anderen Indizien (z. B. Wappen) gefolgerter Einwanderung kleiner Gruppen von Sarmaten unter Anführung adliger

„Schah“ nach Deutschland und Osteuropa ist die einzige plausible Antwort auf diese Annahme.

Die Glaubensvorstellungen der Sarmaten lassen sich etwas besser rekonstruieren, seit man erst vor zwei Jahrzehnten im indischen Teil des Himalaja ein winziges Völkchen näher untersucht hat, das wohl der letzte Rest der einst im südlichen Innerasien ansässigen ursprünglichen Indo-Arier ist, die Minaro. Es hat sich in mancher Hinsicht seit 3000 Jahren kaum verändert, vor allem hinsichtlich der Vorstellungen über die „Reinheit“ der Menschen. „Oben“, auf der Berghöhe, aber auch in der menschlichen Gesellschaft, war die Reinheit verkörpert, „unten“ die Unreinheit.

Für „unreine“ Menschen aus der unteren Kaste konnte allerdings nach dem Tod die Reinheit dadurch erreicht werden, dass man ihre Körper verbrannte. Die „reinen“ Adligen aus der Schah-Kaste durfte man unverbrannt beerdigen. Nur die adligen Sippen-Oberhäupter bekamen zur Steigerung ihrer spirituellen „Reinheit“ ein geopfertes Pferd auf ihrem Weg ins Jenseits mit, wenn man ihre Leichen begrub. Und „Fürsten“ hatten wohl das Recht, von mehreren oder vielen Pferden auf ihrem letzten Ritt begleitet zu werden. So lassen sich die unterschiedlichen Grabbräuche bei den Sarmaten plausibel erklären.

Wenn, wie hier angenommen, ein geopfertes Pferd nur einem verstorbenen Sippen o b e r h a u p t der sarmatischen Schah mit in die Erde gegeben wurde, heißt das, dass sich eine solche Sippe über viele Generationen an einem Fleck ansässig gemacht hatte, wenn auf einem solchen Friedhof 5 oder mehr Pferdegräber gefunden wurden. In manchen Fällen hat man allerdings einem Verstorbenen auch zwei Pferde gleichzeitig oder ein Pferd und einen Hund als Opfer mit auf den Ritt ins Jenseits gegeben.

Fundorte mit nur einem oder zwei Pferdeleichen sind vermutlich entweder nicht komplett ausgegraben worden, oder aber die dort ansässige Adelssippe starb bald darauf aus oder zog an eine andere Stelle. Funde von Pferdegräbern außerhalb der meist deutlich abgrenzbaren „Fundregionen“ lassen sich plausibel damit erklären, dass im späteren Frühmittelalter sarmatische Adlige von den fränkischen Königen als Beauftragte („Grafen“) versetzt wurden und ihre Begräbnissitten in ihre neue Heimat mitnahmen.

2

Die Burgunder und der Kaiser

„Vivat Imperator Jovinus !"

Mitte August 411, Mündt, Gem. Titz, Kreis Düren

Gundahari, dem König der Burgunder, lief ein frommer Schauer über den Rücken, als einige kräftige seiner Krieger den Holzschild in die Höhe stemmten, auf dem der soeben mit dem kaiserlichen Diadem und dem purpurnen Paludamentum *(Prunkmantel)* bekleidete „vir nobilissimus" und Präses Jovinus Platz genommen hatte.

„Vivat Imperator Jovinus !" brandete der Ruf aus tausenden rauer Kriegerkehlen auf, als auf dem kleinen Hügel über der Ebene der neue Kaiser nach alter Sitte auf dem Schild hoch über die Köpfe der kleinen Gruppe seiner Begleiter erhoben wurde, und alle die vielen Krieger der Burgunder, Alanen, Franken und anderer Völker klopften begeistert mit ihren Schwertern auf die Holzschilde, um dem neuen Oberhaupt des Imperium Romanum ihre Zustimmung und Treue zu bekunden. Dieser Augenblick hatte aus dem reichen und mächtigen, dennoch sterblichen Jovinus den göttlichen Kaiser gemacht. Welcher Angehörige des Volkes der Burgunder konnte das schon von sich sagen, dass er maßgeblichen Anteil an solcher geheimnisvollen Verwandlung gehabt hätte ? Gundahari konnte es.

Es war ein weiter Weg gewesen für Gundahari und seine Krieger von ihrer Heimat an der Viadua *(Oder, vermutlich im südlichen Brandenburg)* bis hierher in die fruchtbare Ebene zwischen der Colonia Agrippina *(Köln)* und der römischen Festung Juliacum *(Jülich)*. Sechs Jahre war es schon her, seit ein Teil seines Volkes der Burgunder aufgebrochen war, um aus dem weiten Raum zwischen Viadua und Danuvius vor den mörderischen Hunnen zu flüchten, die schon so viele Völker ausgeplündert und unterworfen hatten. Die Auswanderung war mit den benachbarten Vandalen und vielen anderen Völkern fest verabredet, wurde aber zum Teil auf verschiedenen Wegen durchgeführt.

Es war Gundahari zugefallen, als dem jüngeren Sohn der Königsfamilie der Burgunder, die vielen Menschen seines Volkes zu befehligen, die sich der Auswanderung angeschlossen hatten. Sein Bruder Gislahari hatte die verantwortungsvolle Aufgabe übernommen, den Rest seines Volkes, der sich nicht zur Flucht hatte entschließen können, durch die schweren Zeiten zu führen, die mit der voraussehbaren Oberherrschaft der Hunnen auf sie zukommen würden.

Damals, als die vielen verbündeten Völker westwärts wanderten, hatten die Burgunder durch Thüringen und die Lande am Moenus das Ostufer des Rhenus erreicht. Anders als die meisten anderen Völker waren sie im Tal dieses Stromes weiter nach Norden gezogen, hatten ihn südlich der großen Römerstadt Colonia überquert und in den weiten fruchtbaren Ebenen westlich davon eine Gegend gefunden, die ihnen sehr zusagte.

Römische Soldaten hatten sie dabei nicht angetroffen, die ihnen das Eindringen in das Gebiet des Imperiums hätten verwehren können. Denn dass der römische Feldherr Stilicho kurz zuvor alle Kampfeinheiten des Heeres aus ganz Gallien und Germanien hatte abziehen lassen, um Italien vor den heranmarschierenden Westgoten zu schützen, das war natürlich auch den Königen der Völker östlich der Grenze des Römischen Reiches bekannt. Dieses Wissen hatte überhaupt den Anstoß zum Plan der Vandalen und der anderen Verbündeten gegeben, nach Moguntiacum und weiter ins Herz Galliens vorzustoßen.

Die burgundischen Bauern konnten hier in der römischen Provinz Germania Secunda genügend Land unter den Pflug nehmen und ihre kleinen Viehherden weiden lassen, ohne mit den Römern in Konflikt zu geraten, denn die meisten Äcker des gerade hier so überaus fruchtbaren Lands lagen brach. Das lag daran, dass ein großer Teil der einst sehr zahlreichen römischen Gutsbesitzer vor den wiederholten Einfällen von Barbaren über den Rhein im Laufe der letzten 30 Jahre geflüchtet war. Die zurückgebliebenen armen Kolonen hatten sich in einige befestigte Gutshöfe gerettet.

Die Burgunder hatten schon zwei Jahre lang unbehelligt das neue Land genutzt, als sich der Präses *(Gouverneur)* dieser Provinz aus der Stadt Colonia, ein gewisser Jovinus, mit ihnen in Verbindung setzte. Mit lobenden Worten hatte er die Ansiedlung der Burgunder in seinem Gebiet gut geheißen und ihrem König vorgeschlagen, mit dem römischen Kaiser Constantinus einen Vertrag zu schließen, in dessen Namen Jovinus handelte. Danach dürften die Zuwanderer die Äcker und Weiden benutzen, die nicht erkennbar im

Eigentum eines Römers standen, sie müssten nicht einmal Kopfsteuern zahlen, wie sonst die alten Einwohner. Dafür müssten sich die Burgunder aber verpflichten, als Foederati *(Bundesgenossen Roms)* mit ihren Kriegern Feinde abzuwehren, die ins Land einfallen sollten, und sie sollten auch sonst dem Präses helfen, falls er die Kraft ihrer Krieger benötigen sollte. König Gundahari konnte diesem vorteilhaften Angebot nur zustimmen.

In der Nähe, weiter nach Sonnenuntergang zu, jenseits des Flusses Mosa *(Maas, in der heutigen belgisch-holländischen Landschaft Limburg)* hatten sich Reiter der Alanen unter ihrem König Goar in ähnlicher Weise ansässig gemacht und waren auch mit einem gleichartigen Vertrag bedacht worden. Es war nur ein Teil derjenigen Alanen gewesen, die vor ein paar Jahren zusammen mit den Vandalen, Sueben und anderen Völkern nach Westen gezogen waren. Kurz nach der Eroberung der Stadt Moguntiacum im Süden hatten es heftigen Streit zwischen den beiden Königen der Alanen, Respendial und Goar, gegeben, und Goar war mit seinem Anhang auf die Seite der Römer übergewechselt. Jetzt lebten sie also als westliche Nachbarn der Burgunder in der römischen Provinz Germania Secunda.

Schon früh in diesem Jahr *(gemeint ist das Jahr 411)* hatte es viel Unruhe gegeben. Im März war ein römisches Heer unter Anführung des Kaiser-Sohnes und Mit-Imperators Constans in der Provinz Germania Secunda eingezogen; es war in Eilmärschen aus Südgallien gekommen. Dieser Junior-Kaiser verlangte von den Burgundern und Alanen unter Berufung auf den mit seinem Vater Constantinus geschlossenen Vertrag, ihn mit möglichst vielen ihrer Krieger nach

Südgallien zu begleiten. Dort sollten sie dem von Feinden bedrohten Kaiser helfen. Um eventuellen Widerstand der barbarischen Foedarati gegen eine solche Art der Hilfeleistung im Keim zu ersticken, hatte der Kaisersohn ein beträchtliches Heer, bestehend aus Franken, Alemannen und manchen anderen barbarischen Kriegern, mitgebracht, obwohl diese Soldaten eigentlich unten am Rodanus *(Rhone)* dringend gebraucht worden wären.

Die Verhandlungen darüber hatten im Tempel von Mundiacum stattgefunden, einen Tagesritt westlich von Köln, denn die Könige der Alanen und Burgunder hatten sich geweigert, dazu in die Römerstadt Colonia Agrippina zu kommen, wo man sie leicht hätte festnehmen können, um als Geiseln für die gewünschte Gestellung ihrer Krieger zu dienen. Dieser Tempel stand in einer seit undenklichen Zeiten für alle Anwohner heiligen Gegend, gleich ob sie zu gallischen oder römischen Göttern beteten oder zum neuen Gott der Christen; die Heiligkeit schützte vor möglichem Verrat. In Begleitung nur kleiner Leibwachen waren dort der Junior-Kaiser Constans, die Könige der Burgunder und der Alanen sowie der Provinz-Präses Jovinus zusammengekommen, letzterer begleitet vom Kommandeur seiner Leibwache, dem Germanen Irmundus.

Nach nur kurzen Verhandlungen hatten die Anführer der Foederati dem Verlangen zugestimmt. Einerseits war die Drohung mit den kaiserlichen Soldaten deutlich genug, andererseits waren auch die Versprechungen des Junior-Kaisers für Burgunder und Alanen sehr vorteilhaft. Man begann sofort mit den Vorbereitungen für den Zug, denn erst mussten die Krieger aus einem recht großen Gebiet zusammengezogen werden, sowie die Ausrüstung musste vervollständigt und Lebensmittel und Viehfutter für den langen Marsch gesammelt werden.

Noch während dieser Zurüstungen erreichte den Mit-Kaiser Constans ein dringender Brief seines Vaters. Das Schreiben war in nur einer Woche von Stafetten-Reitern in Tag- und Nacht-Ritten über die mehr als 600 Meilen *(römische Meilen: ca. 900 Kilometer)* gebracht worden und veranlasste seinen Sohn, sofort wieder in den Süden aufzubrechen, nur begleitet von einer kleinen Leibwache. Der Rest des Heeres sollte sofort folgen, wenn es marschbereit war. Denn Kaiser Constantinus hatte mitgeteilt, dass er nunmehr von seinem Feind Gerontius in der Festung Arelate (*Arles dicht vor der Mündung der Rhone ins Mittelmeer)* belagert wurde.

Noch waren die Krieger in der Provinz Germania Secunda nicht vollständig abmarschbereit, als Ende April eine weitere Schreckensbotschaft in der Colonia Agrippina eintraf. Co-Kaiser Constans war unterwegs von feindlichen Truppen abgefangen und getötet worden. König Gislahari und sein alanischer Kollege Goar bestanden darauf, dass ihr Vertrag nunmehr hinfällig sei, denn sie hatten ihn persönlich dem Constans zugeschworen, und der sei nun tot. Andererseits waren die Versprechungen, die man ihnen für ihre Hilfe gemacht hatte, durchaus lockend. Der Haushofmeister des Kaisers, Decimius Rusticus, der Constans in den Norden begleitet hatte und als dessen Vertreter zurückgeblieben war, drohte und bettelte, doch seine Vertragspartner blieben unentschlossen.

Der Sommer schritt voran, ohne dass den Kriegern der Burgunder und Alanen ein Abmarschbefehl erteilt wurde. Eine neue Unheilsbotschaft platzte in diese Zeit der Ungewissheit. Ein General Edobech, der andere Söldner aus dem südlichen Germanien dem belagerten Kaiser Constantinus zu Hilfe bringen sollte, war am unteren Rodanus völlig besiegt und getötet worden.

Jetzt trat der römische Präses Jovinus in seiner Hauptstadt Colonia Agrippina aus der Zurückhaltung hervor. Wenn nach Meinung der Könige Gundahari und Goar nur ein Kaiser den Vertrag schließen konnte, den im Grunde auch die Barbaren sich wünschten, dann musste eben ein neuer Kaiser her ! Offenbar hatte dieser Jovinus schon lange die Idee gehabt, sich selbst zum Kaiser ausrufen zu lassen, wenn die Umstände es erlaubten. Jetzt geboten es die Umstände sogar, und auch Decimius Rusticus, des Constans einstiger Vertrauter, war nun bereit, nach alter Tradition als höchster anwesender römischer Beamter dem neuen Kaiser das Diadem aufzusetzen. Die Verhandlungen darüber fanden wieder im geheiligten Tempel von Mundiacum statt, und nur eine Meile davon entfernt lag der kleine Hügel, auf dem dann vor den versammelten Truppen aller Verbündeten die Zeremonie des Ausrufung des neuen Kaisers Jovinus vonstatten ging und er nach germanischer Sitte auf einen Kriegerschild gehoben wurde. Nur 4 Meilen *(7 Kilometer)* von Mundiacum lag der palastartige befestigte Gutshof, der dem Präses und jetzigen Kaiser Jovinus gehörte *(im ehemaligen Dorf Morken)*.

Wenige Tage später – es war inzwischen Mitte August geworden – marschierten nun die vereinigten Truppen ab, um so schnell wie möglich Arelate, die Festung am Rodanus, zu erreichen.

Die Burgunder lebten doch in Worms !?

In diesem Kapitel sind nur die Burgunder für die Geschichte Deutschlands interessant, nicht das Schicksal des zeitweiligen „Gegen-Kaisers“ Jovinus, der, wie in der vorstehenden Episode beschrieben, in dem winzigen Weiler Mündt, 12 Kilometer südwestlich von Grevenbroich und 40 Kilometer westlich von Köln, zum Kaiser ausgerufen wurde. Doch dieses Ereignis ist das einzige, über das ein antiker Schrifttext existiert, der den Namen der Burgunder in Zusammenhang mit einer Ortsangabe nennt: *„Bei Mundiacum in der Provinz Zweites Germania wurde Jovinus zum Kaiser ausgerufen mit Unterstützung Goars, des Alanen (-königs) und Guntiarius, dessen Titel Stammesfürst (= König) der Burgunder war.“* (Olympiodor).

Weil aber doch in jedem Geschichtsbuch steht, dass die Burgunder einst in der Nähe von Worms am Mittelrhein ansässig waren – schließlich berichtet ja das Nibelungenlied davon ! –, sind die meisten Koryphäen der Geschichtswissenschaft großzügig über den Hinweis hinweggegangen, Mundiacum liege in der Provinz Germania Secunda, also in der Nähe des N i e d e r rheins. Es wurde einfach der Ortsname in Moguntiacum (Mainz) und der Provinzname in Germania Prima umgedeutet, und schon stimmte alles so, wie die Historiker seit mehr als einem Jahrhundert es wissen wollten. Doch dieser Fall ist ein Beispiel dafür, dass es auch in der Geschichtsforschung darauf ankommt, präzise und für jedes Detail in die Tiefe zu bohren.

Der Leser kann sich darauf verlassen, dass in der einführenden Episode jede, aber auch jede Sachaussage sorgfältig überprüft worden ist, teils unter Heranziehung aller antiken Quellentexte, teils durch Studien zur uralten Kulturlandschaft der Jülicher Börde, in der der Weiler Mündt liegt, der einst Mundiacum hieß.

Das ist vor einigen Jahren geschehen in einem umfangreichen Band des „Thidrekssaga-Forums“: „Das Rätsel von Mündt/ Mundiacum und St. Irmundus“, an dem der Autor dieses Buches maßgeblich beteiligt war. Darin wurden nicht nur die Glaubwürdigkeit des zeitgenössischen Berichts des Griechen Olympiodor untersucht und bestätigt, sondern auch die seit der Jungsteinzeit bestehende „Heiligkeit“ der Region dicht um Mündt. Der Flurname „Am Schildhügel“ dokumentiert offenbar über 1600 Jahre und zahlreiche verschiedene Sprachformen der seit damals einheimischen Bevölkerung das „auf den Schild Heben“ des Jovinus bis in die heutige amtliche Grundkarte im Maßstab 1 : 5000. Ebenso konnten höchst plausible Vermutungen erarbeitet werden, die das spätere Schicksal des germanischen Volks der Burgunder auf deutschem Boden ganz anders als üblich erklären. Davon wird im 5. Kapitel dieses Buches noch die Rede sein.

Die ungeheuer komplizierten Vorgänge im weströmischen Reich gerade in den Jahren 407 – 413 wurden in der vorstehenden Episode nur stark vereinfacht wiedergegeben, etwa so, wie sie der Burgunderkönig Gundahari (Lateinisch Guntiarius) verstanden haben dürfte. Erst eine genaue Überprüfung aller sehr dürftigen antiken Texte zu dieser Zeit, vor allem auch das Nachrechnen der Dauer der Übermittlung von Eilnachrichten über lange Entfernungen, sowie der Reisedauer von kleinen Reitergruppen und von größeren Heeren konnte etwas Klarheit in den Wirrwarr dieser Texte bringen.

In Wirklichkeit war der Kaiser Constantinus nicht etwa ein Nachkomme oder Verwandter des berühmten Konstantin des Großen, der knapp ein Jahrhundert vorher lebte. Und er war auch gar kein legitimer Kaiser, sondern ein General, der sich durch seine von Britannien nach Gallien übergesetzten Truppen zum Gegenkaiser gegen den offiziellen Kaiser Honorius in Ravenna hatte ausrufen lassen. Aber für ein paar Jahre hatte dieser Putsch-General im heutigen Frankreich, Spanien und dem römischen Teil Germaniens die Macht in der Hand.

Der Provinzgouverneur (Präses) Jovinus spielte eine besondere Rolle. Er war offenbar das Haupt einer Verschwörung reicher Männer aus Südgallien, die eine Art gallischer Adelsrepublik erstrebten, unabhängig von dem offiziellen Kaiser. Er hatte wohl von seinem Vater, einem verdienten General, einen Gutshof mit riesigen Ländereien in der Nähe von Köln geerbt; den konnte er, da ihn der Gegenkaiser Constantinus zum Provinzgouverneur der Germania Secunda ernannt hatte, praktischerweise als Landsitz nutzen. Man hat im Dorf Morken die Reste seines Palastes gefunden. Seit 1955 existieren er und das ganze Dorf nicht mehr, da es im riesigen Braunkohlen-Tagebau untergegangen ist.

Solange Constantinus mit Truppen in seinem Bereich Aufstände verhindern konnte, wagte Jovinus den offenbar schon lange vorbereiteten Schritt nicht, sich selbst zum Kaiser ausrufen zu lassen. Aber die dramatischen Ereignisse des Sommers 411 kamen, wie erzählt, ihm sehr entgegen.

Tatsächlich zog der neue Kaiser mit zahlreichen Kriegern der Burgunder, Alanen, Franken, Alemannen und anderen Fremdvölkern in Eilmärschen nach Südgallien, das er etwa Mitte Oktober desselben Jahres erreicht haben dürfte. Doch sein nunmehriger Gegner Constantinus im belagerten Arles war gar nicht mehr da. Er hatte sich Truppen des legitimen Kaisers Honorius ergeben, weil er die unter Jovinus heranmarschierenden Krieger nun ebenfalls als Feinde ansehen musste und keine Hoffnung mehr für die Aufrechterhaltung seiner Herrschaft hatte. Und Honorius seinerseits brauchte plötzlich jeden Soldaten in Italien, das von den Westgoten bedroht wurde. So fand Jovinus das südliche Gallien plötzlich frei von allen feindlichen Truppen.

Für knapp zwei Jahre war somit Jovinus tatsächlich Herr von Gallien. Wo er als Kaiser residiert hat, ob in Trier, der alten Residenz der weströmischen Kaiser, oder in Arles, weiß man nicht. Im Herbst 413 .jedoch geriet er in die Hände eines Generals des legitimen Kaisers Honorius, nachdem sich der politische Wind wieder einmal gedreht hatte, und wurde hingerichtet.

Was mit den burgundischen und alanischen Kriegern geschah, die ihn nach Südfrankreich begleitet hatten, weiß keine Quelle zu berichten. Es lässt sich nur vermuten, dass sie bereits im Jahr 412 in ihre Heimat zurückkehrten. Nach ihrer Auffassung hatten sie wohl den Vertrag mit dem neuen Kaiser erfüllt, indem sie ihn bis an die untere Rhone begleitet hatten, auch wenn sie wider Erwarten dabei überhaupt nicht hatten kämpfen müssen.

Nach ihrer Rückkehr lebten die Burgunder noch gut 25 Jahre relativ friedlich in der so fruchtbaren Jülicher Börde. Das 5. Kapitel wird auf sie noch einmal zurückkommen. Auch wenn keine archäologischen Spuren der Burgunder im Rheinland gefunden worden sind, machen die hier in Kurzform beschriebenen Untersuchungen diese Gegend höchst wahrscheinlich.

Doch bei der „Massenträgheit" der konventionellen Geschichtswissenschaft werden bestimmt noch die Enkel der Leser dieses Buches in ihren Geschichtsbüchern lesen können, die Burgunder hätten bei Worms gelebt. Das Nibelungenlied, jenes schöne Gedicht in mittelhochdeutscher Sprache, von dem manche Deutschlehrer noch heute träumen, weiß das schließlich besser …

3

Der lange Weg der sarmatischen Reiter von der Donau zur Schelde

„Auf Befehl des Kaisers…“

Frühjahr 414 im Castra Vetera (Xanten am Rhein)

Es war schon viele Jahre her, seit zum letzten Mal das „Feuer, das die Götter der Väter beschwört“ für die Menschen des sicambrischen Draco angezündet worden war. Das war eine Zeremonie, bei der alle Erwachsenen, gleich aus welcher Kaste, dem Vortrag des Hotar *(Sänger)* aus der Fürstenfamilie lauschten, der von der großen Vergangenheit des kleinen Volkskörpers sang.

„Nach Sonnenuntergang, wir müssen immer nach Sonnenuntergang ziehen …“, dachte der Fürst des Draco, Genebaud. Er trug das Abzeichen der Adligen seines Stammes, der Roxolanen, den dunkelblauen Wollmantel über der eisernen Rüstung, die er für diesen feierlichen Anlass angelegt hatte. Genebaud saß still auf seinem erhöhten Ehrenplatz in der Nähe des Feuers und hörte versonnen den vielen Strophen des uralten, immer wieder gehörten Liedes zu, das sein Onkel Antenor zu den Klängen einer Laute aus dem Kopf rezitierte, so wie es vor ihm schon viele der obersten Priester und Hotare aus der Fürstenfamilie getan hatten. Denn wieder einmal mussten die Menschen des Draco nach Jahren der Ruhe aufbrechen, um ihrem Schicksal zu folgen und zu einem weit entfernten Ort zu ziehen.

Das Schicksal war vor wenigen Tagen in Castra Vetera am Rhein *(beim heutigen Xanten am Niederrhein)* in Form von zwei Turmae *(kleine Militäreinheit, „Zug“, etwa je 30 Krieger)* gotischer Reiter eingetroffen, Es waren Söldner des römischen Kaisers Honorius in Ravenna, die den strikten Befehl dieses Kaisers überbracht hatten, die römischen Föderaten aus dem Draco *(Reiter-Regiment)* der Sicambrier hätten sich sofort vom Castra Vetera in der Provinz Germania Secunda in das Castrum Fanum Martis *(Famars bei Valenciennes, Nordfrankreich, an der oberen Schelde)* in der Provinz Belgica Secunda zu begeben und dort ihre neue Garnison zu beziehen.

Gut sechzehn Jahre war es her, seit die sarmatischen Panzerreiter der Sicambrier hier am Rhein eingetroffen waren und sich wieder zum Dienst in der römischen Armee als Föderaten verpflichtet hatten. In dieser Zeit hatten sie drei verschiedenen Kaisern der Römer Treue schwören müssen. Feinde hatten sie allerdings in dieser Zeit nicht gesehen, im Grunde war ihr Dienst stinklangweilig gewesen.

Nahebei lagen die Ruinen der einst großen Stadt Troja *(gemeint ist die römische Zivilstadt Colonia Ulpia Traiana beim heutigen Xanten, seit etwa 260 n. Chr. weitgehend zerstört)*. Doch hatten die Sicambrier wenig mit den Resten der dortigen Bevölkerung zu tun, mehr schon mit den sigambrischen Bauern, die in Lichtungen zwischen den Wäldern rechts und links des Rheins ihre kleinen Dörfer hatten und die Überschüsse ihrer Ernten an die Soldaten im Kastell verkauften.

Mit diesen einheimischen Bauern verband die sarmatischen Reiter nicht nur der ganz ähnliche Name, wie die Ankömmlinge erstaunt festgestellt hatten, sondern auch eine Ehe zwischen der Erbtochter aus der Familie der Priesterfürsten dieser Sigambrer mit Faramund, dem Sohn des Fürsten Genebaud. Dieser Bund lag nun bereits gut zwanzig Jahre zurück, und es gab schon einen Sohn aus dieser Ehe, Chlogio, der gerade kürzlich sogar selbst geheiratet und einen Sohn bekommen hatte. So lebten jetzt – ganz ungewohnt für sarmatische Krieger - gleichzeitig vier erbberechtigte Generationen der Fürstenfamilie.

Der Sänger hatte bisher die vielen Strophen vorgetragen, die von den unendlich lange zurück liegenden Zeiten handelten, als die Reiter der Sarmaten das Land nördlich des Pontus Euxeinos *(Schwarzes Meer)* besetzt und ihre Verwandten, die Skythen, in der Herrschaft über die riesigen Viehweiden dort abgelöst hatten. Auch die Zeit des Ruhmes war den Zuhörern wieder ins Gedächtnis gerufen worden, als die Vorfahren der jetzigen Männer und Frauen des Draco im Kastell Sicambria am Danuvius *(Donau)* im Sold der römischen Kaiser als tapfere Soldaten gegen Feinde gekämpft hatten, die über die Grenze des Flusses in das Reich eindringen wollten.

Der alte Hotar war dann zu den traurigen Ereignissen gekommen, die während der letzten zwei oder drei Generationen die Sicambrier heimgesucht hatten. Da war die Flucht vor der Vergeltung der Römer, weil die Vorfahren so unbesonnen gewesen waren, einen römischen Steuereinnehmer zu erschlagen, und da war der Aufenthalt bei den Thüringern mit seinen entwürdigenden Bedingungen für die stolzen Sicambrier und die erneute Flucht von dort, die nun an den Rhein und in das Kastell Vetera geführt hatte.

„Diesmal ist es zwar keine Flucht“, dachte der Fürst Genebaud, während er dem Lied seines Onkels zuhörte. „Aber es ist nicht unser eigener Wille, der unser kleines Volk immer weiter nach Sonnenuntergang führt.“ Innerlich fasste er einen Entschluss, den er auch seinen Nachfolgern im Befehl über den Draco nachdrücklich ans Herz legen wollte: „Nie wieder dürfen wir Sicambrier gegen unseren Willen einen Ort verlassen, an dem es uns gut geht. Nie wieder dürfen wir Amboss sein, nein, wir müssen in Zukunft der Hammer sein und niemand anderes !“

Unbekanntes über die Vorfahren der Merowinger-Könige

Bei der vorstehenden Episode beruht zwar der äußere Rahmen auf einer Erfindung des Verfassers dieses Buches, nämlich der Gesangsvortrag des Sängers aus Anlass des Wegzugs des sarmatischen Reiterregiments vom Rhein. Aber ihr Inhalt dürfte reale Geschichte darstellen, allerdings ist sie bisher für die europäische Geschichtswissenschaft unbekannt. Dabei handelt es sich nicht um Erlebnisse einer völlig uninteressanten kleinen Menschengruppe, sondern um die Vorgeschichte der berühmtesten und zugleich geheimnisvollsten Königsdynastie Europas im Frühmittelalter, der Merowinger.

Die späteren „Könige der Franken" aus dem Haus der Merowinger gehören an sich zur Geschichte F r a n k r e i c h s , nicht Deutschlands. Doch die überragende gesamteuropäische Bedeutung dieser Familie – sie gründete in der Völkerwanderungszeit die einzige auf Dauer stabile Herrschaft und löste darin das Römische Reich ab – macht es interessant, wenigstens eine der beiden kurzen Perioden näher zu beleuchten, die die Vorfahren des Frankenkönigs Chlodwig knapp hundert Jahre vor dessen Lebenszeit im später deutschen Gebiet verbracht haben. Es handelt sich um ihren kurzen Aufenthalt am römischen Limes am Rhein bei Xanten.

Was hier in äußerster Kürze einem Sänger in den Mund gelegt wurde, ist in der so genannten „fränkischen Wandersage" zu finden, die die Geschichtswissenschaft schon seit fast anderthalb Jahrtausenden kennt, aber nie geglaubt hat, wenigstens nicht in der Neuzeit. Im Buch „Die Geheimnisse der Merowinger" werden die Erlebnisse der frühen Fürsten aus der Dynastie und der kleinen Menschengruppe, die sie begleiteten, ausführlicher erzählt, unter Nutzung ganz neuer Forschungen. Zugleich wird dort die geradezu abenteuerliche Story aufgedeckt, wie durch endlich einmal wirklich genaue wissenschaftliche Untersuchungen die alten Texte die in ihnen verborgene Wahrheit preisgegeben haben.

Danach muss es wohl so gewesen sein, dass etwa zur Zeit des Kaisers Diokletian (um das Jahr 300 n. Chr.) ein Regiment der berühmten sarmatischen Panzerreiter (Kataphrakten) freiwillig in den Dienst des römischen Heeres trat und im Kastell Sicambria beim heutigen Budapest an der Donau angesiedelt wurde. Ein solches Regiment (auf sarmatisch und später lateinisch Draco genannt) umfasste je etwa 400 Krieger, doch zogen ihre Frauen und Kinder und ihr Gefolge von Bauern und Handwerkern und deren Familien stets mit. Das wurde allerdings in den antiken Quellen nie erwähnt, weil es damals selbstverständlich war. Insgesamt mögen etwa 2000 – 2500 Menschen zu einer solchen Militäreinheit gehört haben. Die Sarmaten, die der Kaiser Valentinian I. auf der Höhe des Hunsrücks ansiedelte, waren vermutlich eine andere, aber etwa gleich große Einheit (siehe Kapitel 1).

Der Draco an der Donau nannte sich bald „Sicambrier" nach dem Ort, an dem er lange stationiert war. Im Jahr 365 scheint er sich durch eine besondere Heldentat eine Belohnung des Kaisers Valentinian I. verdient zu haben, eine Steuerbefreiung für zehn Jahre. Doch als nach diesen zehn Jahren wieder ein römischer Steuereintreiber erschien, wurden die Sicambrier übermütig, wie es in der „Wandersage" heißt, und erschlugen den Quälgeist. Vor dem anschließenden militärischen Vergeltungsschlag des römischen Kaiserreichs flüchteten die sarmatischen Krieger mit ihrem Anhang aus dessen Reichweite nach Thüringen im „freien" Germanien.

Doch auch der Aufenthalt dort brachte den Reitern kein Glück. Sie waren viel zu schwach, um den viel zahlreicheren germanischen Thüringern gewachsen zu sein. Ein Streit mit diesen eskalierte, und wieder musste der Draco flüchten. Diesmal führte die Flucht an den Rhein. Das dürfte im Jahr 398 gewesen sein.

Wie im Kapitel 2 erklärt, suchten die römischen Behörden an der Rheingrenze verzweifelt nach Barbaren, die bereit waren, in römischen Sold zu treten und die gefährdeten Grenzgebiete zu verteidigen. Die Sicambrier kamen wahrscheinlich dem damaligen Militärbefehlshaber der Provinz Germania Secunda gerade recht, denn sarmatische Reiter genossen hohes Ansehen im römischen Heer. Dass diese – oder deren Vorfahren – einst Streit mit den römischen Behörden an der mittleren Donau gehabt hatten, hat am Rhein sicher niemand erfahren.

So lässt sich der Teil der „fränkischen Wandersage" höchstwahrscheinlich als historische Realität erklären, dass die „Vorfahren der Franken“ einst *„nicht weit vom Rhein eine Stadt zu bauen versuchten, die sie des Andenkens wegen Troja nannten“*

Diese Stadt hieß in Wirklichkeit „Colonia Ulpia Traiana“, weil sie einst vom Kaiser Trajan gegründet worden war. Aber inzwischen lag sie seit 150 Jahren weitgehend in Ruinen und wurde von den wenigen verbliebenen Einwohnern vermutlich „Troja“ genannt. Als der Draco aus Sicambria in ein verfallenes römisches Kastell eingewiesen wurde, nämlich in die von Archäologen als „Vetera II“ bezeichnete Kleinfestung am Rhein unmittelbar gegenüber der damaligen Mündung der Lippe und gut 2 Kilometer südlich der Ruinen von „Troja“, mussten wahrscheinlich die Krieger erst wieder die Häuser und Ställe für sich und ihre Pferde aufbauen, um darin leben zu können.

Als die „Wandersage“ über 300 Jahre später schriftlich aufgezeichnet wurde (daraus stammt das kurze Zitat), hatten sich natürlich manche Einzelheiten im Gedächtnis der Liedersänger der Sicambrier längst verschoben. Aber im Prinzip so, wie in der vorstehenden Episode beschrieben, dürften sich die Erinnerungen des kleinen Volkskörpers an die eigene (meistens) glorreiche Vergangenheit auch ohne Kenntnis der Schrift von Generation zu Generation fortgeerbt haben, nicht in allen Einzelheiten historisch genau, aber im Prinzip doch wenigstens einem historischen „Kern“ entsprechend.

Im Jahr 414 hatte, wie in Kapitel 2 kurz erwähnt, der legitime Kaiser des weströmischen Reiches, Honorius in Ravenna, wieder allein die Macht in seinem Reich in der Hand, nachdem die verschiedenen gegen ihn zum Kaiser ausgerufenen Männer alle in Kämpfen umgekommen waren. Honorius, richtiger sein oberster Militärbefehlshaber, wird sich beeilt haben, an der gefährdeten Ostgrenze am Rhein die dort noch vorhandenen kleinen barbarischen Söldnereinheiten unter seine Kontrolle zu bringen. Dazu mussten erst einmal ihre Anführer gezwungen werden, einen neuen Treueid auf Kaiser Honorius abzulegen, und zweitens wurde wohl damals die Nordostgrenze des Reichs stillschweigend einige hundert Kilometer nach rückwärts verlegt. Der Niederrhein nördlich von Köln war von da ab nicht mehr die römische Grenze, sondern es war die untere Maas und die untere Schelde.

So lässt sich plausibel vermuten, dass in diesem Jahr der sarmatische Draco der Sicambrier weit nach Westen an die obere Schelde verlegt wurde. Dort im Nordteil der Provinz Belgica Secunda sollte er dann nach einigen Jahrzehnten unauffälligen Dienstes in römischem Sold zu der letzten verbliebenen Autorität im zerbrökkelnden römischen Reich heranwachsen – doch das ist eine Geschichte, die mehr für Franzosen als für Deutsche von hoher Bedeutung ist.

Sicambrier und Sigambrer, ein bemerkenswertes historisches Zusammentreffen

Erklärungsbedürftig ist allerdings noch die Erwähnung der Sigambrer in der Einleitungsepisode. Wie alles in diesem Buch ist das Zusammentreffen von Sicambriern und Sigambrern am Niederrhein kein Ergebnis blühender Phantasie, sondern lässt sich aufgrund ernsthafter wissenschaftlicher Forschungen plausibel annehmen, allerdings mit Hilfe von Quellen, die wohl nie in den Gesichtskreis der akademischen Geschichtswissenschaft geraten. Die Zusammenhänge sollen hier etwas ausführlicher erklärt werden, weil sie ein Beispiel dafür sind, wie mitunter ganz unwahrscheinlich anmutende Zufälle die menschliche Geschichte beeinflussen.

Die Sigambrer (vielfach auch Sugambrer oder Sicambrer geschrieben) waren zu Zeiten Caesars und Augustus' ein Stamm, der rechts des Rheins etwa zwischen Sieg und Ruhr im heutigen

Sauerland lebte. Ob sie damals bereits von ihrer Sprache und Kultur her Germanen waren, ist durchaus fraglich. Ihr Land war ein „heiliges Gebiet", in dem eine riesige „Sternkarte" die Sternbilder des Himmels auf der Erde markiert hatte, mit künstlichen Malen aus Steinen, die etwa zur gleichen Zeit erbaut worden sind wie in England das berühmte Stonehenge. 3000 Jahre später entstanden auf genau diesen „heiligen Denk-Malen" die ersten christlichen Kirchen. Das beweist, dass die Menschen dort ununterbrochen das Andenken an diese Zeichen bewahrt haben müssen, unabhängig von den zahlreichen Veränderungen der Sprachen, der Kulturen und der Religion in der Zwischenzeit.

Unter den Menschen im Sauerland dürfte sich eine kleine Schicht von „Dienern am Heiligtum", also Priester, herausgebildet haben, und unter diesen wieder eine Familie von Oberpriestern, deren Männer ein sichtbares Zeichen besonderer Heiligkeit in ihrem Körper trugen. Das war eine Veränderung der Haut, meist am Bauch oder am Rücken mit besonders struppigen Haaren wie „Eberborsten". Modernen Medizinern ist dies als eine sehr seltene Form der Fischschuppenkrankheit (Ichthyosis X-chromosomal rezessiv) bekannt, die erblich ist, sich aber nur bei Männern zeigt, ähnlich wie die Bluterkrankheit. Für die Menschen im Altertum muss diese körperliche Anomalität, die aber keinen Einfluss auf die geistige oder körperliche Leistungsfähigkeit hat, als eine Gabe der Götter erschienen sein, als ein Geschenk des (germanischen) „Ebergottes" Freyer und als ein völlig ungewöhnliches „Heil" ihrer Träger.

Nach mehreren Kämpfen mit römischen Truppen zur Zeit des Kaisers Augustus wurde ein erheblicher Teil dieser Sigambrer an den Niederrhein umgesiedelt, etwa zwischen Krefeld und Kleve. Die dorthin verbrachten Germanen wurden später Cugerner genannt, fielen aber nie mehr als Gegner der Römer auf. Ganz sicher befanden sich unter den Umgesiedelten auch Angehörige der

Priesterkaste und vor allem auch der Familie der erblichen Oberpriester.

Aus diesem nun zu römischen Untertanen gemachten Volk dürfte eine Kohorte gekommen sein, die eine Generation nach der Umsiedlung den Römern als Hilfstruppe an der unteren Donau diente, von Tacitus lobend als eine besonders tapfere Einheit der „Sigambrer" erwähnt. Möglicherweise waren es diese Soldaten, die in der Mitte des 1. nachchristlichen Jahrhunderts an der Donau ein Kastell errichten mussten, das ihnen fortan als Unterkunft diente. Es lag wenige Kilometer flussaufwärts von Aquincum, der Hauptstadt der römischen Provinz Pannonia, auf einem Hügel westlich der Donau, der eine Furt durch den Strom überwachen konnte. Auf diesem Hügel entstanden viel später das Schloss der ungarischen Könige und der Kern der heutigen Hauptstadt Budapest. Zwischendurch diente das Kastell der sarmatischen Reitereinheit als Unterkunft; nach ihm dürfte sie sich die „Sicambrier" genannt haben.

Doch auch in dem im Sauerland zurückgebliebenen Teil der Sigambrer gab es noch Angehörige der heiligen Priesterfamilie, sie haben offenbar bis ins hohe Mittelalter wie Kleinkönige auf ihrem Bauernhof im sauerländischen Herscheid residiert, mit Inhabern erblicher „Hofämter" auf Höfen ganz in der Nähe, wie sich an Namen festmachen ließ, z B. Schröder = Gewandmacher, Schriver = Schreiber). Mehrere aus dem Sauerland stammende private Forscher haben in intensiven genealogischen Forschungen unabhängig von einander einen möglichen Zusammenhang ihrer Familien mit dieser Priestersippe festgestellt. Selbst die seltsame Anlage zu den „Eberborsten am Körper" hat sich bis in die heutige Zeit vererbt.

Als die sarmatischen Krieger aus Sicambria vor den Römern nach Thüringen flüchteten (im Jahr 475 ?), hat vermutlich eine kleine Gruppe davon unter Führung einiger jüngerer, nicht thronberechtigter Prinzen aus der Fürstenfamilie sich von der Hauptgruppe abgesetzt und ist an den Niederrhein weiter gezogen. Sie wollten zusammen mit den dortigen Germanen gegen die Römer kämpfen, auf die sie nach ihrer Flucht aus Sicambria einen Hass hatten. Die Namen der Anführer hat Gregor von Tours in seinen „Zehn Büchern Geschichte" (der Franken) überliefert; er zitiert ausführlich einen Text des sonst verschollenen Historikers Sulpicius Alexander, nach dem die „Regales" (Angehörige der Königssippe) Marchomir, Sunno und Genebaud in verschiedenen Kämpfen den Römern erhebliche Verluste zugefügt hätten. Das muss in die Jahre um 390 n. Chr. gefallen sein.

Genebaud scheint dort am Niederrhein seinen inzwischen 17-jährigen Sohn Faramund mit der Erbtochter des sigambrischen Oberpriesters verheiratet zu haben. Deren Name Argotta wird in einer der verschiedenen Stammtafeln der Merowinger-Vorfahren genannt, die in jüngster Zeit geheimnisvoll in der Öffentlichkeit aufgetaucht sind. Später musste Genebaud offenbar zu seinem damals noch in Thüringen lebenden kleinen Volk zurückkehren, als nämlich sein älterer Bruder Dagobert gestorben war, ohne einen leiblichen männlichen Erben zu hinterlassen, und er musste nun doch den Befehl über seinen kleinen Volkskörper übernehmen. Der Sohn Faramunds und Argottas erhielt wohl den Namen Chlodio; er trug als erster der sarmatischen Sycambrer das Götterheil in Form der „Eberhaut" an seinem Körper. Er dürfte sie an seine Nachkommen vererbt haben, denn den späteren Merowingerkönigen *„wuchsen Borsten wie einem Eber auf dem Rücken"*, wie der byzantinischer Schriftsteller Theophanes im 6. Jahrhundert berichtete.

Es scheint ungeheuer viel an geschichtlichen Vorgängen in dem mysteriösen Wort zu stecken: „Beuge still deinen Nacken, *Sicambrer...*", mit dem Bischof Remigius 90 Jahre später den „Frankenkönig" Chlodwig und Ur-Ur-Ur-Enkel des Fürsten Genebaud als katholischen Christ taufte. Der Überlieferer dieses Taufspruchs, Gregor von Tours, hat noch weitere 100 Jahre später nicht mehr als dieses eine Wort mitgeteilt. Daher haben moderne Geschichtsprofessoren geradezu abenteuerliche Theorien zu dessen Bedeutung entwickelt, ohne sich die Mühe zu machen, Unerklärtes aus ihren antiken Geschichtsquellen einmal wirklich genau zu überprüfen und dabei auch Informationen außerhalb d i e s e r Quellen heranzuziehen.

4

Die Wanderungen der Alt-Sachsen

Abschied von der uralten Heimat

Frühjahr 430 an der Wesermündung bei Bremerhaven

Es war kurz vor dem Höchststand der Flut, gerade die richtige Zeit, um mit den Booten aufzubrechen. Die Rudermannschaften, je zwölf kräftige junge Burschen für die drei Boote, standen am Ufer unterhalb von Feddersen Wierde bereit, um die lange Fahrt anzutreten. Ihre Waffen und ihr sonstiges Gepäck, auch Verpflegung und Wasser für viele Tage, hatten sie schon verstaut.

Mehrere Tage lang würde es im Schutz der vielen Inseln immer nach Sonnenuntergang gehen, jeweils dann, wenn die Flut den Wasserarm zwischen Festland und Inseln überspült hatte *(gemeint: die Kette der ost- und westfriesischen* Inseln).Die Inselkette schützte vor allzu rauer See, wenn es einen zu starken Wind gab. Ein kurzer Halt bei Landsleuten, die sich jenseits der vielen Flussmündungen seit einigen Generationen angesiedelt hatten *(in der heutigen Normandie in Frankreich),* dann noch ein kurzer Rudertörn über die offene See, und danach würden die jungen Leute in Britannien angekommen sein, wo Abenteuer und Reichtum auf sie warteten.

Im vergangenen Herbst hatte ein aus Britannien zurück in die Heimat gekommenes Boot die Nachricht mitgebracht, dort würde ein einheimischer Häuptling nach kräftigen Kriegern der Sachsen rufen, die ihm helfen sollten, böse Eindringlinge in sein Land zu vertreiben. Den angeworbenen Sachsen wurde Landbesitz und reiche Beute versprochen - - was wollten junge kräftige Krieger mehr ?

Wie jetzt die neue Kriegermannschaft waren vor ihnen schon seit etlichen Jahren immer wieder einmal solche Crews *(Mannschaften gleicher Altersstufe)* zu der fernen Insel Britannien aufgebrochen, und was man von ihnen an Gerüchten oder auch durch ausdrückliche Nachrichten gehört hatte, war viel versprechend. Feddersen Wierde und die Ansiedlungen der Sachsen im weiten Umkreis hatten schon viele Menschen dadurch verloren. Umso größer wurde allerdings ständig die Zahl der sächsischen Männer, die dort drüben auf der Insel eine neue Heimat gefunden hatten.

Stets war für die zurückgebliebenen Alten der Abschied von den jungen Leuten ein Abschied für immer gewesen, so auch jetzt. Aber diesmal war es anders. Denn gleichzeitig mit den Ruderbooten, die nach Sonnenuntergang fahren sollten, würde der gesamte Rest der Einwohner von Feddersen Wierde, alte Männer und Kinder, junge und alte Frauen, das Gehöft verlassen. Die Wagen mit Hausrat und kargen Vorräten an Saatgut und Winterheu und Lebensmitteln für die Menschen waren schon gepackt, die Ochsen und Pferde angespannt.

Denn die Häuser auf Feddersen Wierde würden wohl nicht mehr lange bewohnbar sein. Vor allem die Weideflächen für das Vieh unterhalb des Wohnhügels, auf dem die Häuser standen, waren jetzt schon seit längerer Zeit mehrere Stunden am Tag von Meerwasser bedeckt. Erst wenn die Flut schon wieder halb abgeflossen war, kam das spärliche Grün wieder zum Vorschein, das salzliebende Pflanzen dort bildeten. Für die wenigen Schafe, Rinder und Pferde der Bauern auf Feddersen Wierde war das das wenige Futter, das sie noch finden konnten.

Bei jeder Flut schien das Wasser immer wieder ein bisschen höher zu steigen, so kam es den Menschen auf ihrem Wohnhügel vor. Auch wenn sie immer wieder die Wohnstallhäuser und die Scheunen neu gebaut hatten und der Hügel dadurch jedes Mal um eine Elle in die Höhe gewachsen war, reichte das jetzt nicht mehr aus, die zunehmende Überschwemmung auszugleichen.

Der Häuptling des Dorfes hatte zusammen mit allen anderen alten Männern daher beschlossen, dass Feddersen Wierde aufgegeben werden müsse, so schwer das den Menschen hier fallen würde. Niemand wusste, seit wie vielen Generationen Herren und Gesinde hier ansässig waren, es musste vor ewigen Zeiten gewesen sein, als die ersten Menschen hier ihre Häuser erbaut hatten.

Wehmütig und mit einer guten Erinnerung an die toten Väter und Mütter, die sie hier zurücklassen mussten, nahmen die Menschen Abschied von Feddersen Wierde. Während die Ruderboote mit den letzten jungen Leuten aus dem Dorf und der weiten Umgebung einem neuen besseren Schicksal auf der Insel Britannien zustrebten, zogen die Älteren mit ihren Wagen in die andere Richtung. Weiter im Landesinneren, wo die Meeresfluten nicht mehr hinkamen, würden sie einen neuen Hof bauen müssen. Aber es würde nie mehr so schön sein wie auf Feddersen Wierde.

Ein Land verliert seine Menschen

Die vorstehende Episode soll deutlich machen, dass das Land zwischen der Elb- und der Wesermündung, wo vor 1500 Jahren der germanische Stamm der Sachsen lebte – die „Alt-Sachsen" natürlich, nicht die heutigen Einwohner des „Freistaats Sachsen" um Dresden und Leipzig ! – , aus zwei ganz verschiedenen Gründen immer mehr Menschen verlor.

Schon seit vielen Generationen hatte es Fahrten unternehmungslustiger junger Krieger mit ihren Ruderbooten über die Nordsee nach Südwesten gegeben. Erst waren es Raubzüge an die Küsten des Römerreichs gewesen, später fanden sächsische Krieger auch ihr Auskommen, wenn sie sich als Söldner im römischen Heer verdingten. So waren Sachsen auch schon früh auf die große Insel Britannien gekommen, die ja schon lange weitgehend unter römischer Herrschaft stand.

Dort war zu Beginn des 5. Jahrhunderts eine neue Lage eingetreten. Der römische Heermeister Stilicho hatte um das Jahr 398 alle Kampftruppen, das so genannte „Bewegungsheer", aus der „Diözese Gallien" abgezogen. Dieser Reichsteil umfasste im späten römischen Kaiserreich ganz Gallien (Frankreich) einschließlich der germanischen Provinzen, Britannien sowie die Pyrenäenhalbinsel. Die abgezogenen Truppen sollten die Hauptstadt Rom vor der Bedrohung durch einen Haufen von Goten schützen, die vom Balkan her nach Italien einzufallen drohten. Nebenbei bemerkt: Rom wurde in den folgenden Jahren trotzdem zweimal von Goten geplündert.

Der in Kapitel 2 erwähnte Gegenkaiser Constantinus hatte im Zusammenhang mit dieser militärischen Umgruppierung mit den letzten römischen Truppen die Insel Britannien verlassen und war nach Gallien übergesetzt. Die weitgehend romanisierte keltische Oberschicht der Insel war nun selbst für ihre Verteidigung gegen räuberische Nachbarn aus dem Norden verantwortlich. Aus dem heutigen Schottland – dies war nie von Römern besetzt worden – drangen „Pikten und Scoten“ nach Britannien ein.

Ein britannischer Fürst Vortigern (auf keltisch hieß er wohl Gouthigirn) soll um das Jahr 430 bei den ihm schon als tapferen Kriegern bekannten Sachsen vom Festland am anderen Ufer der Nordsee um Hilfstruppen geworben haben. So berichten es jedenfalls frühe Geschichtsschreiber von der britischen Insel. Möglich ist es also, dass die letzten Boote mit Kriegern von der Siedlung Feddersen Wierde tatsächlich um diese Zeit nach Britannien fuhren und in den Kämpfen zum Erwerb einer neuen Heimat für die Sachsen tapfer mitkämpften.

Was sie dort erlebten und wie es den schon in den Jahrzehnten zuvor immer mehr nach Britannien eingewanderten Sachsen und ihren Sprachverwandten, den Angeln und Jüten, gelang, dort Fuß zu fassen und kleine Königreiche zu gründen, gehört in die Geschichte unseres Nachbarlandes Großbritannien und nicht in die deutsche Geschichte.

Der Aderlass an jungen Männern unter den Sachsen muss in diesen Jahrzehnten beachtlich gewesen sein. Es war nicht nur so, dass ihr Wegzug die ohnehin zahlenmäßig kleine Bevölkerung noch verringerte, sondern es kam hinzu, dass die Auswanderer ja keine Kinder zeugen konnten, wenigstens nicht auf dem Festland. Umgekehrt muss man annehmen, dass die sächsischen und anglischen Krieger mit Frauen aus den keltischen Bewohnern Britanniens genügend Nachwuchs gezeugt haben: Während diese germanischen Einwanderer stark genug waren, im Laufe der Zeit der von ihnen beherrschten Bevölkerung ihre Sprache – „Sächsisch“ oder „Angel-sächsisch“ – aufzuzwingen, haben sie ihre Gene sehr schnell mit den Alt-Einwohnern vermischt.

Die Eingangsepisode dieses Kapitels weist aber auch darauf hin, dass ein zweiter Grund zur weitgehenden Entvölkerung des Küstenstreifens an der Nordsee im heutigen Niedersachsen und Schleswig-Holstein vor anderthalb Jahrtausenden beitrug. Es scheint damals ein verderbliches Zusammenwirken geologischer und klimatischer Ursachen dazu geführt zu haben, dass der mittlere Wasserstand der Nordsee gefährlich anstieg.

Geologisch nennt man die Erscheinung „Transgression“. Möglicherweise hat sich die Landscholle in Norddeutschland etwas gesenkt, so dass das Wasser der Nordsee bei jeder Flut etwas weiter ins Land eindringen konnte. Auch wenn das pro Jahr nur wenige Millimeter waren – so langsam pflegen geologische Veränderungen auf der Erde vor sich zu gehen – summierte sich das im Laufe von etlichen Jahren zu fühlbaren Abständen. Vielleicht war aber auch eine gleichzeitige zeitweise Klimaerwärmung auf der Erde daran schuld, dass das Eis in der Arktis allmählich wegschmolz und den Wasserspiegel des Atlantiks erhöhte. Für die Klimaerwärmung, die die Welt und speziell auch Europa in der Jetztzeit durchlebt, ist das Schicksal der alten Sachsen an der Nordseeküste vielleicht eine heilsame Erinnerung.

Der archäologische Fundplatz „Feddersen Wierde“, etwa 10 Kilometer nördlich von Bremerhaven, ist unter Fachleuten dieser Wissenschaft ein fester Begriff. In den Jahren 1954 – 1963 wurde hier nach allen Regeln sorgfältiger Grabung ein Siedlungsplatz freigelegt, der ununterbrochen vom 1. Jahrhundert v o r der Zeitenwende bis ins 5. Jahrhundert danach bestand. Das Wort „Wierde“ stammt aus der friesischen Sprache und bedeutet dasselbe wie „Wurt“ im Niederdeutschen: ein auf einem künstlichen Hügel im Moor errichteter Wohnplatz.

Auf einer Fläche von insgesamt vier Hektar wurde hier im Lauf von sechs Jahrhunderten ein kleines Dorf von mehreren großen Wohnstallhäusern, Scheunen und anderen Nebengebäuden errichtet. Diese Häuser ähnelten in ihrer inneren Einteilung sehr den alten niedersächsischen und westfälischen Bauernhäusern, wie sie noch im 19. Jahrhundert gebaut wurden. In ihren besten Zeiten mögen auf Feddersen Wierde gut 300 Menschen gelebt haben. In der Umgebung weideten Rinder, Schafe, Pferde und Schweine; nur ein kleiner Bereich konnte als Ackerland benutzt werden.

Aber im 5. Jahrhundert endete die Besiedlung plötzlich, nachdem vorher etwa von jeder zweiten Generation die vorhandenen, dann baufällig gewordenen Gebäude abgerissen und neu auf dem Schutt der alten gebaut worden waren. Dadurch entstand in der moorigen Ebene im Laufe der Zeit ein beachtlicher Hügel. Zum Schluss halfen allerdings alle technischen Möglichkeiten der damaligen Zeit nichts mehr gegen den steigenden Wasserstand.

Keine „drei Schiffe", keine „Hengist und Horsa"

Hier ist es nötig, einige Meinungen richtig zu stellen, die aus alter Zeit bis in manche ganz modernen Geschichtswerke hinein über die „Sachsen" überliefert sind.

Was waren überhaupt diese Sachsen ? In römischen Geschichtswerken taucht dieser Völkername erst ab dem 2. Jahrhundert n. Chr. auf. Zu einer ausführlichen Erörterung der Frühgeschichte dieses germanischen Volkes ist in diesem Band kein Raum. Der Verdacht drängt sich allerdings immer mehr auf, dass für die an genaueren ethnologischen Beschreibungen uninteressierten römischen Schriftsteller der Name Sachsen (Saxones) ein willkommener Allgemeinname für d i e Germanen war, die mit Schiffen über die Nordsee ins Römische Reich einfielen.

Jedenfalls die Germanen, die von Feddersen Wierde und anderen Plätzen an der heutigen niedersächsischen Nordseeküste nach Britannien kamen, müssen sich selbst Sachsen genannt haben, denn sonst wären nicht in der neuen Heimat kleine Königreiche entstanden, die diesen Namen verewigt haben: Sussex (Süd-Sachsen), Essex (Ost-Sachsen) und Wessex (West-Sachsen)..Eine andere Frage ist es, ob sich zweihundert Jahre später die Einwohner des heutigen Landes Niedersachsen selbst als „Sachsen" bezeichnet haben. Denn aus dieser und der späteren Zeit kennen wir ausschließlich lateinische Texte, die von den Feinden der „Sachsen" geschrieben wurden, den Franken. Dieses Problem wird aber in einem späteren Kapitel dieses Buches noch näher behandelt werden.

Nun glaubte man zu wissen, dass „die Sachsen" im Jahr 449 „in drei Schiffen" nach Britannien geführt worden seien, und zwar von den Häuptlingen Hengist und Horsa. Doch betrachtet man diese Legende etwas genauer, dann stellt sich heraus, dass sie erst zu Beginn des 8. Jahrhunderts schriftlich fixiert worden ist, und zwar von dem berühmten britischen Kirchenlehrer und Historiker Beda Venerabilis. Den modernen Historikern ist wohl schon länger klar gewesen, dass hier ein Vorgang, der sich über mehrere Jahrzehnte erstreckt und viele, viele Schiffe benötigt hat – siehe den Anfang dieses Kapitels – von einem frühmittelalterlichen Autor nur der besseren Erzählung wegen zu einem Akt zusammen gezogen worden ist. Die „drei Schiffe" finden sich auch in einer ähnlichen Erzählung über die Auswanderung der Goten aus Skandinavien.

Auch die Angabe einer konkreten Jahreszahl – 449 nach Christi Geburt – wäre Zeitgenossen in der Mitte des 5. Jahrhunderts nicht möglich gewesen; die Festlegung der Geburt Jesu, das Jahr „1" unserer modernen Zeitrechnung, erfolgte erst etwa ein Jahrhundert später von einem christlichen Mönch in Gallien.

Bleiben die „Pferdenamen“ Hengist und Horsa (Horse: engl. Pferd) bei Beda. Für die Jahre um 450 können sie nicht stimmen. Die Sachsen dieser Zeit hatten zwar als Bauern auch ein paar Pferde, aber sie waren kein Reitervolk. Das waren jedoch die Sarmaten, die vermutlich erst im Laufe des 7. Jahrhunderts in den nördlichen Teil des heutigen Bundeslandes Niedersachsen eingedrungen sind und sich dort festsetzten (siehe Kapitel 28). Adligen Anführern aus diesem Volk (Schah) hätte man als treffende Kennzeichnung solche Pferdenamen beilegen können, doch zu der Zeit fuhren keine sächsischen Auswanderer mehr zu Schiff über die Nordsee nach „England“.

5

Das Ende des „ersten Reichs" der Burgunder

Des Königs Gundahari und seiner Nibelungen tapferer Tod

Spätherbst 436, in König Attilas Lager in Ungarn

König Gundahari lag in einem dunklen Verließ mit gebundenen Händen. Seine zahlreichen Wunden schmerzten, und er wusste, dass die Nornen in wenigen Stunden seinen Lebensfaden abschneiden würden. Er war ein alter Mann, der schon über 50 Winter erlebt hatte; ihn hielt jetzt weder eine Aufgabe noch eine Hoffnung am Leben. In Kürze würden die Schergen des verräterischen Hunnenkönigs Attila ihr schauriges Werk vollenden, wenn er nicht vorher verblutet war. Wenn es so weit war, würde sein Herz nicht vor Angst zittern.

Jetzt hatte er noch die Zeit, seine Gedanken zurückzuschicken auf seinen langen Lebensweg. Er hatte nichts an dem zu bedauern; was die Nornen ihm geschickt hatten, und oft war es seinem Königsheil möglich gewesen, Unheil von seinem Volk abzuwenden.

Wie lange war es her, seit er, jüngst zum König auf den Schild gehoben, frohgemut einen Teil der burgundischen Krieger und ihrer Familien nach Westen führte, fort von der

Drohung durch die Hunnen und in das gelobte Land der Römer ? Damals war es sein Schicksal geworden, einen Römer zum Augustus zu erheben und ihn in das Land weit im Süden zu begleiten *(siehe Kap. 2)*. Später, nach der unbeschadeten Rückkehr seiner Krieger aus dem fernen Südgallien in die neue Heimat westlich des Rheins, hatten seine Burgunder in der fruchtbaren Ebene zwischen der Colonia Agrippina *(Köln)* und der kleinen Römerfestung Juliacum *(Jülich)* friedlich ihre Äcker bestellt und ihr Vieh weiden lassen und dabei mehreren römischen Kaisern Treue geschworen..

Ein paar Jahre nach den Burgundern war ein früherer Kampfgenosse und Nachbar aus des Jovinus Zeiten, ein gewisser Irmund, aus Gallien zurückgekehrt. Er war einst Anführer der germanischen Leibwache des Jovinus gewesen und hatte vor und nach dem Tod seines Herrn dort unten Schreckliches erlebt. Vor allem war er Christ geworden und hatte mit seiner milden Väterlichkeit die Burgunder Gundaharis überzeugt, dass es zu ihrem Heil sein würde, wenn sie sich vom Bischof in der Stadt Colonia Agrippina *(Köln)* ebenfalls als Christen taufen ließen.

Erst seit zwei oder drei Jahren hatten Anzeichen darauf hingedeutet, dass König Gundaharis Königsheil nicht mehr allen Fährnissen trotzen konnte. Ein kurzer Kriegszug der rheinischen Burgunder in die benachbarte römische Provinz Belgica war schmählich fehlgeschlagen. Unter dem Vorwand, den dortigen Aufständischen, den sogenannten Bagauden, das von ihnen geplünderte Raubgut abzunehmen, hatte Gundaheri seine Burgunder nach Westen zum Plündern geführt. Doch wider Erwarten hatte der römische Befehlshaber Aëtius dort zahlreiche Truppenteile zusammengebracht und nicht nur die Bagauden schnell besiegt, sondern mit seiner Übermacht auch die Burgunder zum Rückzug gezwungen. Zur Schande seiner stolzen Krieger ließ Aëtius sogar die Burgunder bis zur Colonia Agrippina durch eine Hilfstruppe von Hunnen begleiten, die in des Aëtius Sold standen, eine Schmach, die Gundaharis Krieger nie vergaßen.

In den ganzen langen Jahren der Trennung waren die Beziehungen der Burgunder im Westen zu ihren Verwandten im Osten unter dem Bruder Gundaharis, König Gislahari, nie abgebrochen. Diese hatten sich ihrerseits etwas weiter nach Westen bewegt *(wahrscheinlich nach dem heutigen Franken, etwa im Raum Schweinfurt)* und mehrere Fehden mit germanischen Nachbarn ausgefochten.

Nach dem Vorbild ihrer Verwandten vom Rhein hatten auch die östlichen Burgunder sich als Christen taufen lassen, vor allem, bevor sie sich auf einen Kampf mit den Hunnen, ihren Nachbarn jenseits der Berge, einlassen wollten. In der Colonia Agrippina hatte der Bischof der Christen auch den König Gislahari und die hervorragendsten Krieger der östlichen Burgunder mit seinem neuen starken Gott versehen. Das hatte geholfen, denn danach war es König Gislahari tatsächlich möglich gewesen, die Hunnen des kurz zuvor gestorbenen Königs Oktar zu besiegen, obwohl diese in einer Überzahl gewesen waren. Diese Hunnen hatten ihren Hauptsitz hinter den hohen Bergen, in denen der große Fluss Albis *(Elbe)* entsprang *(im böhmischen Becken)*.

Doch wenige Jahre später drohte die Rache der wieder erstarkten Hunnen, die nun König Bleda führte, ein Neffe Oktars. Ein reitender Bote Gislaharis hatte den Bruder Gundahari dringend gebeten, seinen Stammesbrüdern mit möglichst vielen Kriegern zu Hilfe zu kommen. Gleich im Frühjahr war dann König Gundahari mit gut 500 seiner Krieger zum langen Ritt aufgebrochen, immer nördlich des Moenus *(Main)* nach Osten. Begleitet wurde Gundaheri auch von etwa 60 Kriegern aus seiner Leibgarde der Nibelungen.

Das war eine Gruppe fremder Germanen, die ein abenteuerliches Schicksal hinter sich hatten. Ursprünglich eine Truppe in römischem Sold unter dem Befehl eines chamavischen Königssohns Nebigast und im fernen Britannien stationiert, waren sie mit dem „Möchtegern-Kaiser" Constantinus *(siehe Kapitel 2)* nach Gallien gekommen, hatten ihren Anführer Nebigast durch Mord verloren, sich vorübergehend dem Kaiser Jovinus angeschlossen und waren schließlich mit Gundahari und seinen Burgundern ins nördliche Germanien zurück marschiert. Die kleine, aber auf ihren Ruf stolze Krieger-Einheit, die sich immer noch nach ihrem einstigen Anführer die „Leute des Nebigast" oder „Nibelungen" nannte, diente seitdem als Leibgarde des burgundischen Königs Gundahari. Von ihnen ging seit vielen Jahren ein Gerücht, sie seien die Hüter eines riesigen Schatzes von Gold und Geschmeide. Ob das stimmte, wusste niemand außer dem jeweiligen Befehlshaber der Nibelungen.

Noch hatte König Gundahari mit seinem kleinen Heer die Wohnsitze seiner Stammesbrüder im Osten nicht erreicht, als ihm ein Schwarm von deren Reitern entgegenströmte, mit allen Zeichen des Schreckens. Die gefürchtete Schlacht der Hunnen gegen die Burgunder war schon vorüber, und sie hatte das Ende gefunden, das man erwarten musste. Mehrere hundert burgundische Krieger waren nach tapferer Gegenwehr von den wütenden Hunnen mit ihren Pfeilen und Schwertern getötet worden, auch den König Gislahari hatte der Tod auf dem Schlachtfeld ereilt.

König Gundahari ließ sein Heer anhalten und Lager aufschlagen. Er wusste nicht, wie er sich verhalten sollte. Weiter nach Sonnenuntergang vorzurücken bis in die Wohngebiete seiner burgundischen Stammesbrüder, hieße, dem siegreichen hunnischen Heer in die Arme zu laufen. Vielleicht hätten die Burgunder gegen die Hunnen siegen können, wenn sie sich rechtzeitig hätten vereinigen können. Doch nun war für die verhältnismäßig kleine Schar der westlichen Burgunder die Hoffnung darauf viel geringer geworden.

Unentschlossen ließ Gundahari seine Truppen abwarten. Er wollte sich auch nicht schimpflich und ohne Kampf zurückziehen, und vielleicht konnte er seinen östlichen Stammesgenossen irgendwie helfen, wenn er in der Nähe blieb.

Sehr bald war das ängstliche Warten zu Ende. Denn die Hunnen Bledas tauchten auf, die die geflüchteten Reste der Ost-Burgunder verfolgt hatten. Ein wütender Kampf entbrannte, bei dem viele Hunnen ihr Leben lassen mussten, aber noch mehr von den Kriegern der Burgunder des Königs Gundahari. Dem Rest gelang mit anbrechender Nacht die Flucht nach Sonnenuntergang. Nach einem guten Tagesritt fanden sie Zuflucht in der Ruine eines alten römischen Kastells, dessen Mauern wenigstens einen gewissen Schutz gegen die hunnischen Verfolger bot *(möglicherweise das Kastell Altenburg in der Nähe von Hanau , Rest des um 260 aufgegebenen Limes um die bis dahin römische Wetterau).* Tatsächlich brachen die Hunnen die Verfolgung ab, als sie feststellten, dass die Burgunder die römischen Mauern gut verteidigen konnten.

König Gundahari zögerte, sofort in die Heimat zurück zu flüchten. Vielleicht, so dachte er, könnte er noch mit einer entschlossenen Wendung sein so schwer beschädigtes Königsheil wieder auffrischen. Etwas mehr als einen Vollmond später trat ein Ereignis ein, das dem unentschlossenen Warten ein Ende machte. Späher meldeten das Herannahen einer kleinen hunnischen Kriegerschar. Doch mit grünen Laubzweigen, dem allgemein bekannten Zeichen für einen Waffenstillstand, kam sie bis ins Kastell geritten.

Was der Anführer dieser Hunnen dem König Gundahari zu verkünden hatte, war höchst erstaunlich. Der andere König der Hunnen, Attila, der sein Lager weit im Süden in den Ebenen Pannoniens *(Ungarn)* hatte, ließ eine Botschaft ausrichten: Er wolle König Gundahari zum König aller Burgunder, auch der im Osten, machen und lade ihn deshalb zu einem Besuch in seiner Lagerstadt ein. Er könne sich von seiner berühmten Leibwache, den Nibelungen., begleiten lassen, und er würde unter dem Schutz der versprochenen Gastfreundschaft stehen.

König Gundahari war im Zweifel. War das die erhoffte Wende für sein Königsheil ? Oder barg diese eigentlich sehr ehrenvolle Einladung Gefahren in sich ? Nach einigem Zögern stimmte der König zu, die Schar der Gesandten zu König Attila zu begleiten. In einem langen Zug, der zwei Monde lang dauerte, ritten Gundahari, einige wenige Burgunder und seine Leibwache aus Nibelungen erst nach Süden, der Donau entgegen, und dann im Tal dieses Stromes immer weiter nach Osten.

König Attila empfing seinen Gast mit überschwänglicher Höflichkeit und einem Gastmahl, das alles übertraf, was Gundahari je erlebt hatte Doch in dem anschließenden Gespräch im kleinsten Kreis ließ der Hunnenkönig keinen Zweifel daran, dass er die Ausrufung Gundaharis zum König aller Burgunder nur erlauben werde, wenn seine Leibwache der Nibelungen ihren berühmten Hort ihm, Attila, übergeben würde.

Gundahari war sofort klar, dass dies das eigentliche Ziel der scheinbar großzügigen Geste des Hunnenkönigs gewesen war. Es konnte nur eine Antwort geben, die er auch im Namen seiner ihm verschworenen Nibelungen aussprach: „Nein !“.

Der anschließende Kampf in der Halle des Hunnenkönigs war blutig, und sein Ende war vorauszusehen, denn die Übermacht der Hunnen war zu groß. Tapfer verteidigten sich die burgundischen Krieger mit ihren Schwertern gegen die gelbhäutigen Feinde, aber einer nach dem anderen erlag der großen Zahl der Gegner. Zuletzt war nur noch die Krieger der Leibwache der Nibelungen übrig, die mit ihren Körpern den König Gundahari deckten und eher starben, als das Geheimnis ihres Schatzes zu verraten. Doch auch sie fielen Mann für Mann, und König Gundahari, aus vielen Wunden

blutend, konnte als Letzter seiner Schar niedergerissen und gebunden werden.
Nun lag der alte König schon fast einen Tag im Verließ des Königs Attila, und er wusste, dass seine letzten Lebensstunden verrannen. Doch er wusste auch, dass Attilas Gier nach dem Schatz der Nibelungen nicht befriedigt werden konnte, denn wenn es diesen sagenhaften Hort je gegeben hatte, dann lag er längst verborgen in einem Fluss. Und das machte den Burgunderkönig froh, so froh, dass er anfing, in der Finsternis seines Gefängnisses ein altes Heldenlied zu singen, das vom Triumph eines Tapferen erzählte, der noch im Tod wusste, dass seine Feinde ihre Ziele nicht erricht hatten.

Geschichtsforschung widerlegt und bestätigt das Nibelungenlied

Den unbefangenen Leser wird die vorstehende Episode wohl sehr erstaunen. Er findet darin einen Teil der Ingredienzien, aus denen das weltberühmte Nibelungenlied einst zusammengebraut wurde. Aber doch weichen viele davon ganz erheblich von dem Personen-Ensemble und dem dramatischen Ablauf ab, das diesen „Roman" seit 250 Jahren so beliebt gemacht hat.

Zugegeben, auch die Episode in diesem Buch wurde mit gewisser Phantasie entwickelt. Allerdings handelt es sich hier um eine Phantasie, die historisch sehr Wahrscheinliches mit dem geographisch Möglichen zusammen bringt

Das historisch Wahrscheinliche: Hier wird auf die Forschungen eines Kollegen vor wenigen Jahren Bezug genommen. Er hat, anders als wohl die meisten der Geschichtsprofessoren, die sich diesem Thema gewidmet haben, nicht nur die zehn oder 15 lateinischen oder griechischen Zeilen noch einmal sehr genau betrachtet, die irgendwie die Burgunder in der fraglichen Zeit erwähnen; mehr sind es ja nicht. Sondern er hat sie auch mit vermutlichen „historischen Kernen" verschiedener germanischer Heldensagen, darunter einige Edda-Liedern, in Beziehung gesetzt. Denn den frühen germanischen Heldensängern waren ganz andere Dinge wichtig als den römischen oder byzantinischen Geschichtsschreibern, die stets nur ganz beiläufig von einem eigentlich sehr uninteressanten Barbarenvolk weitab von den Zentren römischer Kultur berichteten. Deswegen sind in der vorstehenden Episode einige Wendungen eingebaut, die vielleicht dem einen oder anderen guten Kenner der Edda bekannt vorkommen.

Die Schilderung dieses Kapitels weicht ausdrücklich von Vermutungen ab, die noch vor gut zehn Jahren in dem Buch „Bevor es Deutschland gab" beschrieben worden sind. Wenn neue intensive Forschungen zu neuen Ergebnissen führen, soll man sie ja nicht missachten ! Hier wird den neuen Erkenntnissen von Werner Keinhorst gefolgt, und so erzählt, wirkt der Ablauf in sich geschlossen und stimmig, historisch eben sehr wahrscheinlich. Es ist möglich, jede Sachaussage in der Episode, sei sie historischer oder geographischer Art, genau zu begründen, allerdings nicht in diesem Buch, das ja kein „Wälzer" für Fachgelehrte sein will.

Über die Siedlung oder die „Wohnsitze" der nomadischen Hunnen-Reiter während ihres Aufenthalts in Europa weiß man verhältnismäßig wenig, denn die römischen Schriftsteller interessierten sich nicht dafür. Außer, dass Pannonien (Ungarn) das Zentrum der hunnischen Herrschaft bildete, tappt die heutige Forschung ziemlich im Dunkeln. Man weiß, dass nach dem Tod des Hunnenkönigs Oktar im Jahr 430 dessen Neffen Bleda und Attila sich die Herrschaft teilten, bis zehn Jahre später Bleda starb, angeblich auf Veranlassung Attilas, und dieser die Alleinherrschaft antrat.

Es ist wenig wahrscheinlich, dass beide Brüder von e i n e r Stelle aus ihre vielen tausend Krieger regierten. So erscheint es als möglich, dass Bleda als Anführer der „nördlichen" Hunnen irgendwo im böhmischen Becken seine Befehlszentrale hatte, während Attila in der ungarischen Puszta die „südlichen Hunnen" befehligte und von dort aus vorrangig das oströmische Reich an der unteren Donau in Angst und Schrecken versetzte. Bleda tat vermutlich das Gleiche gegenüber den Germanenvölkern im mittleren Europa, etwa den Thüringern.

Außer den Hunnen hier im Osten Europas gab es im 5. nachchristlichen Jahrhundert auch noch mehrere große Hunnen-Gruppen im Westen; sie waren für längere oder kürzere Zeit gegen guten Sold in den Dienst der weströmischen Kaiser oder seines Militärbefehlshabers Aëtius getreten, der damals noch im bester Freundschaft mit den beiden Hunnenkönigen lebte. Vielleicht hatte dieser Aëtius sogar seine Hand im Spiel gehabt, als Bleda gegen die östlichen Burgunder zu Felde zog. Eine solche Intrige wäre dem Reichsfeldherrn durchaus zuzutrauen, weil er noch mit den westlichen Burgundern „ein Hühnchen zu rupfen" hatte, wegen ihres bewaffneten Einfalls in die Belgica Secunda ein Jahr vorher.

Wir w i s s e n es nicht, weil keine Schriftquellen dazu existieren, aber gut vorstellbar ist es, dass der machthungrige und „schatzgierige" Attila auch bei Kriegen, die eigentlich sein Bruder Bleda führte, versucht hat, für sich Vorteile herauszuholen. In diesem Fall könnte er tatsächlich die westlichen Burgunder und deren „Nibelungenschatz" in seinen Machtbereich gelockt haben. Damit wäre überraschend der im Nibelungenlied geschilderte Weg der Burgunder und ihrer Nibelungen an der Donau entlang durch Österreich als historischer Kern bestätigt ! Und die Ruine des einstigen Römerkastells Altenburg an der Kinzig – war das die „welsche Halle“, in der nach einem Edda-Lied der König Gundahari die trügerische Einladung Attilas erhielt ?

Für die Kenner des Nibelungenliedes muss angemerkt werden, dass dieses wohl bereits vom Dichter selbst aufgeschriebene Werk auf gut 750 Jahre zurückblickte, in denen die darin vereinigten Erzählungen ausschließlich mündlich überliefert worden sind. Viele der Personen, die eine wichtige Rolle spielen, wie Siegfried und Kriemhild, Brunhild und Hagen, sind sehr wahrscheinlich erst aus späteren Jahrhunderten und anderen Zusammenhängen in das Kompendium von Gedichten gewandert, das dem Dichter des Nibelungenliedes als „Steinbruch“ diente. Doch der in der obigen Episode wiedergegebene „historische Kern“ könnte sehr wohl den tatsächlichen Ablauf der Ereignisse beschreiben.

Über die „Herrschaft“ der Hunnen über die Germanenstämme in Mitteleuropa, vor allem die Thüringer, macht man sich sehr wahrscheinlich ziemlich falsche Vorstellungen. Hier dürfte es nützlich sein, sich die Geographie der Mitte dieses Kontinents genauer anzusehen - - sowie die Leistungsfähigkeit von Pferden.

Die in diesem Buch erzählten Ereignisse spielten sich alle in einer Region weitab von den schnurgeraden gepflasterten Straßen des Römerreichs ab. Im nicht-römischen Mitteleuropa gab es vor 1500 Jahren durchaus schon ein recht engmaschiges Netz alter Handelswege, die teilweise bereits in der Steinzeit begangen worden waren. Auf ihnen konnten kleine Menschengruppen oder wagemutige Kaufleute mit einigen Pferden gut von Ort zu Ort gelangen und auch Berghöhen überqueren.

Aber nur ganz, ganz wenige dieser Handelswege waren in der Lage, einer großen Volksmasse oder einem Heer von mehreren tausend Reitern Durchlass durch die Schutzmauer der Gebirgszüge zu gestatten, die Süd-, Mittel- und Norddeutschland vom Süd-

osten Europas abschirmen. Erst ein Blick auf eine physikalische Karte Mitteleuropas und nicht auf eine moderne Straßenkarte macht das klar.
Diese wenigen natürlichen Völkerstraßen waren das Tal der Donau von Ungarn über Österreich nach Süddeutschland, ferner die Zuflüsse der Weichsel und der jungen Oder nach Polen und Schlesien, und schließlich die Täler der March und der oberen Elbe durch Mähren und Böhmen mit dem natürlichen Tor durch das Elbsandsteingebirge, das den Weg nach Sachsen und Thüringen und weiter nach Norddeutschland freigab. Ein ebenfalls noch möglicher Weg aus dem rings von hohen Gebirgen umgebenen böhmischen Becken führte im Tal der Eger (tschechisch Ohre) aufwärts nach Oberfranken. Im weiteren Verlauf dieses Buches werden diese wenigen Völkerstraßen noch eine wichtige Rolle spielen.

Die Hunnen besaßen als Reitervolk sehr leistungsfähige und auf das Zurücklegen großer Distanzen trainierte Pferde. Eine wichtige Nachricht konnte dem Hunnenkönig in nur wenig mehr als einer Woche über eine Entfernung von 1000 Kilometern überbracht werden, von Boten, die in passender Entfernung frische Pferde und wahrscheinlich auch andere Stafettenreiter vorfanden, die nötigenfalls Tag und Nacht im Galopp unterwegs sein konnten. Ähnlich war es übrigens auch im Römerreich, solange dort noch das System der Straßen mit ihren Poststationen intakt war.

So ist es also sehr wohl vorstellbar, dass die Nachricht von dem Sieg Bledas über die östlichen und die westlichen Burgunder und der Tod Gislaharis den Hunnenkönig Attila schon sehr kurz nach den Ereignissen erreichte und dass er eine kleine Reitergruppe als Boten losschickte, um Gundahari zu sich einzuladen, über eine Entfernung von gut 750 Kilometer.
Eine völlig andere Sache war jedoch, ein großes Reiterheer von vielen hundert oder gar tausenden Kriegern auf den Weg zu schicken, auch für die Hunnen. Kein noch so gut trainiertes Pferd

kann den ganzen Tag Galopp laufen, und auch im Schritt würde es schlapp machen, wenn es viele Tage hintereinander ohne ausreichende Pausen zum Weiden und Ausruhen angetrieben würde, und ohne zwischendurch Kraftfutter zu bekommen. Die zähen, auf lange Märsche geübten römischen Fußsoldaten waren da durchaus leistungsfähiger als die Kavallerie !

Deswegen darf man sich über die Marschgeschwindigkeit antiker Heere, vor allem auch Reiterheere, keine falschen Vorstellungen machen. Ein Kriegszug benötigte nun einmal im Durchschnitt 80 bis 100 Tage, um eine Entfernung von 1000 Kilomezern zurückzulegen, auch ein Kriegszug der Hunnen. Und mit solchen Entfernungen hatten sie zu tun, wenn sie, wie man offenbar noch immer glaubt, ständig plündernd im rechtsrheinischen Germanien unterwegs waren. Allerdings scheinen normale Historiker solche Überlegungen nicht in ihrem Programm zu haben.

Die in der Episode erwähnte Bekehrung erst der westlichen, später auch der östlichen Burgunder zum (katholischen) Christentum wird nur ganz beiläufig, aber wohl nicht zu bezweifeln, vom Historiker Orosius berichtet. Sehr eingehende Forschungen in einem ganz anderen Zusammenhang nach einem mysteriösen Heiligen, der im 5. Jahrhundert in der Nähe von Mundiacum (siehe Kapitel 2) auftrat, nämlich des heiligen Irmundus, lassen diese katholische (!) Taufe der Burgunder schon um das Jahr 417 nun äußerst plausibel erscheinen. Sie waren danach die ersten Germanen, die sich nach katholischem Ritus taufen ließen, neunzig Jahre vor dem angeblichen „Franken“ Chlodwig !

Burgunder, ein Volk, das wanderte

Die wenigsten Leser dieses Buches werden Experten für die Geschichte Mitteleuropas im Frühmittelalter sein. Daher sollen noch ein paar Informationen über die späteren Schicksale des Volkes der Burgunder angefügt werden, das alle Franzosen und alle Weinkenner normalerweise ausschließlich in F r a n k r e i c h vermuten.

Offenbar haben sich der römische Magister Militum Aëtius und die Hunnenkönige zusammengetan, um dem nunmehr führerlosen Volk der Burgunder eine neue Herrschaft zu geben. Es existierte ein Brüderpaar aus der westgotischen Königsfamilie, das aber eine burgundische Prinzessin zur Mutter hatte, Gundioch und Hilperich. Im Jahr 439 scheint Aëtius den Gundioch zum König der West-Burgunder bestellt zu haben, und Bleda seinen Bruder Hilperich zum König der Ost-Burgunder. Daraus lässt sich auch ablesen, dass beide Volksteile noch eine beachtliche Größe hatten. Doch blieben beide unter der bisherigen Befehlsgewalt.

Die West-Burgunder, noch immer im Rheinland ansässig. wurden wohl im Jahr 442 durch römischen Befehl nach Südostgallien umgesiedelt, nach „Sapaudia“ (Savoyen) zwischen Genfer See und Lyon. Möglicherweise haben sich später Reste der Ost-Burgunder dorthin durchgeschlagen. Auch die im Rheinland zurückgebliebenen Familien der nibelungischen Leibgarde König Gundaharis wanderten mit ihren burgundischen Verbündeten an den Genfer See. Dort kann man heute noch Ortsnamen finden, die auf die Anwesenheit von „Nibelungen“ in dieser Gegend schließen lassen.
Ein Jahrzehnt später kam für die West- wie für die Ost-Burgunder genau wie für einige andere germanische Völker die tragische Schicksalsstunde. Sie mussten in der berühmten Schlacht „auf den Mauriacischen (katalaunischen) Feldern“ zwischen Hunnen und dem Feldherrn Aëtius auf verschiedenen Seiten kämpfen, möglicherweise tatsächlich direkt gegen ihre Stammesgenossen (siehe dazu Kapitel 7).
Doch bald nach dieser Schlacht, die den Anfang des Endes der Hunnen-Herrschaft in Europa bildete, begann ein offenbar steiler

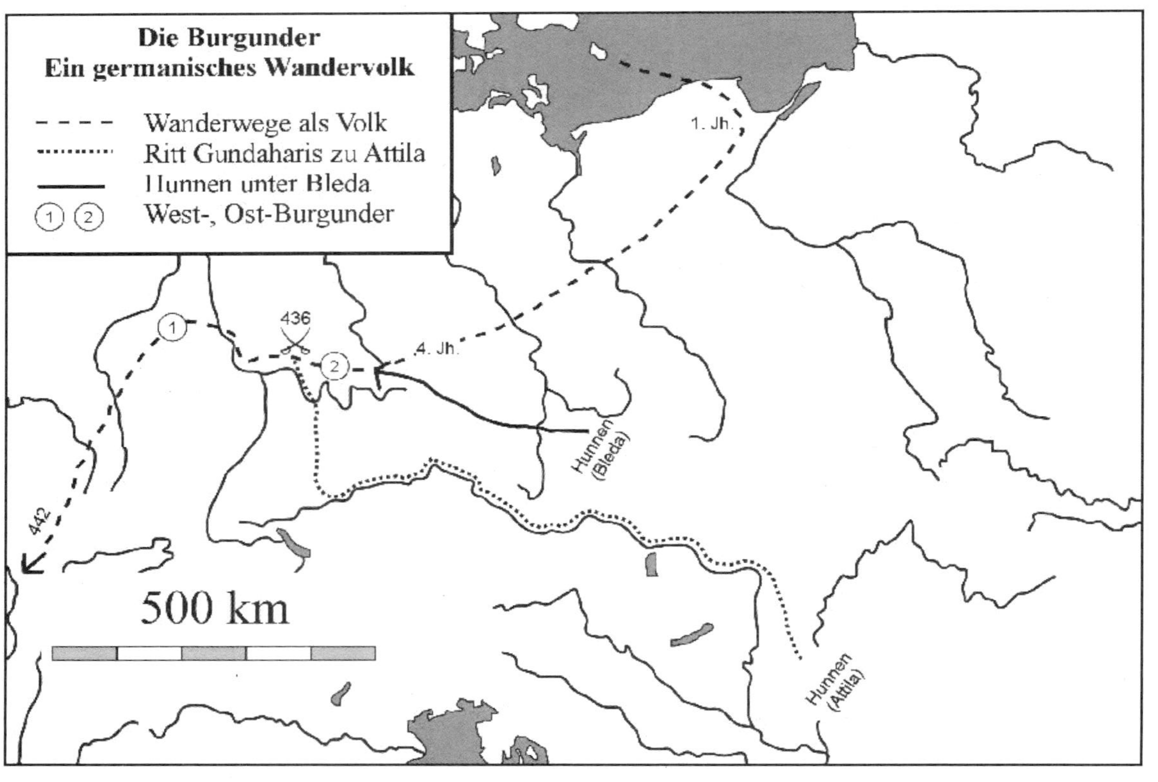

Die Burgunder
Ein germanisches Wandervolk
Wanderwege als Volk
Ritt Gundaharis zu Attila
Hunnen unter Bleda
West-, Ost-Burgunder
1. Jh.
4. Jh.
436
442
Hunnen (Bleda)
Hunnen (Attila)
500 km

Aufstieg der Burgunder zur Macht in ihrer neuen Heimat in Südostgallien. Schon im Jahr 463 gewann der westburgundische König Gundioch das höchste Militäramt, das das Imperium Romanum zu vergeben hatte. Als Nach-Nachfolger des ermordeten Aëtius wurde er zum Magister Militum und damit zum eigentlichen Machthaber im zerfallenden weströmischen Kaiserreich.

Bald danach waren die Könige der Burgunder in ihrer neuen Residenz Lyon (lateinisch Lugdunum) Oberhäupter eines stolzen und selbstbewussten Reichs, des „zweiten burgundischen Reichs". Doch das sind Ereignisse, die nun nicht mehr in die d e u t s c h e , sondern in die f r a n z ö s i s c h e Frühgeschichte fallen.

6

Kölns Weg aus dem Römerreich in eine neue Zeit

Ein Heil zu wenig ?

Sommer 442, in Köln

Nachdenklich stand Prinz Sigimer am Fenster des Statthalterpalastes in der Colonia Agrippina und blickte hinaus auf die Straße. Gegenüber erhoben sich einige aus Steinen gemauerte prächtige Häuser vornehmer Römer, doch zeigten sich an ihnen schon Spuren des Verfalls, denn viele davon waren seit Jahrzehnten von ihren Einwohnern verlassen worden. Menschen mit ganz verschiedener Kleidung liefen unten hin und her: Immer noch war die einstige Hauptstadt der Provinz Germania Secunda eine große Stadt, in der mehrere tausend Menschen wohnten. In diesem von Menschen wimmelnden Steinhaufen würde auch er, Sigimer, nunmehr leben müssen. Doch er hatte es so gewollt.

Sigimer holt tief Atem, als er sich das klar machte. Er, der älteste Sohn des Fürsten der Sicambrier, war seit wenigen Tagen Herr dieser Stadt. Er hatte Macht über sie, eigentlich im Namen eines Imperators der Römer, dessen Namen er aber gar nicht kannte, tatsächlich jedoch ohne dass ihm jemand Vorschriften machen konnte, nicht einmal sein Vater Chlogio im heimischen Turnacum *(Tournai in Westbelgien)*.

Der Gedanke an seinen Vater ließ Sigimer die Erinnerung an seine Jugend aufsteigen. Von seiner frühesten Kindheit hätte er nichts mehr gewusst, wenn nicht Mägde ihm später oft davon erzählt hätten. Er war geboren worden in dem abgelegenen römischen Kastell Vetera am Rhein, als der Draco der Sicambrier dort noch stationiert war. Seine Mutter war eine edle Frau aus dem Norden gewesen, Sigse, die mit ihrem Bruder Sigmund vom Zufall an den Rhein geweht worden war und bald den jungen Chlogio heiratete, den Enkel des Sicambrier-Fürsten Genebaud und Anwärter auf die Herrschaft über den Draco. Doch schon zwei Jahre nach der Geburt des Urenkels Sigimer war die Fremde aus dem Norden gestorben, im Kindbett, zusammen mit ihrer neugeborenen kleinen Tochter.

Sigimers Vater Chlogio, damals immer noch sehr jung, war bald nach der Übersiedlung des sarmatischen Draco in das Kastell Fanum Martis für einige Monate verschwunden gewesen, erzählten die Mägde am sicambrischen Fürstenhof dem kleinen Sigimer,. Danach war er mit einer wunderschönen jungen Frau zurückgekommen, die er irgendwo weit nach Mittag zu gefunden und geheiratet hatte.

Als Sigimer älter geworden war und sein Vater Chlogio längst selbst der Fürst der Sicambrier, hatte der Thronerbe gemerkt, dass es mit seiner Thronanwartschaft offenbar eine besondere Bewandtnis hatte. An sich war es das Normalste auf der Welt für alle Sarmaten, dass der älteste Sohn des jeweiligen Fürsten nach dem Tod seines Vaters die Herrschaft antreten würde.

Sigimers Stiefmutter Frimutel hatte ihrem Mann in kurzer Folge drei Söhne und zwei Töchter geschenkt, doch diese Söhne behaupteten von sich, ein größeres Heil zu besitzen als ihr älterer Stiefbruder Sigimer. Denn i h r e Mutter sei eine leibliche Nachfahrin des jüdischen Messias Jesus, den inzwischen die meisten Menschen im Römischen Reich als Christus und Gottes Sohn verehrten. In ihren Adern flösse das Blut von z w e i Göttern, von Fro u n d von Jesus, beharrte vor allem der aufgeblasene älteste der Stiefbrüder Sigimers, Merowech. Mit ihm war Sigimer in aufrichtiger Feindschaft verbunden.

Bei Sigimer war das Heilszeichen des Gottes Fro unübersehbar, die Eberstacheln auf seinem Rücken, die durch seinen Vater Chlogio von dessen Mutter Argotta und damit aus der Familie der sigambrischen Priesterfürsten stammten. Auch seine Stiefbrüder konnten sich dieses Zeichens rühmen. Doch die „doppelte Heiligkeit“ und den Titel als „Desposyni“, die seine Stiefbrüder für sich in Anspruch nahmen, konnte man nicht sehen, nur behaupten, so argumentierte der Älteste in den vielen zornigen Diskussionen, die er deswegen mit seinen jüngeren Brüdern gehabt hatte.

Je älter die Söhne Chlogios wurden, desto deutlicher wurde die Gegnerschaft zwischen Sigimer auf der einen und Merowech und seinen Brüdern auf der anderen Seite. Fürst Chlogio hatte längst erkannt, dass eine normale Thronfolge nur Mord und Totschlag zwischen seinen Söhnen zur Folge haben würde. Deswegen hatte er beschlossen, das Gebiet seiner Herrschaft in vier gleichberechtigte Regionen aufzuteilen. Jeder seiner Söhne solle unabhängig von den anderen in seinem kleinen Bereich herrschen können, doch sollten sie einen heiligen Eid schwören, die jeweils anderen nicht in ihrer Herrschaft zu beeinträchtigen und ihren Brüdern oder deren Nachfolgern zu helfen, falls diese durch äußere Feinde in Bedrängnis kommen sollten.

Bei der Beratung im Familienkreis kurz vor Chlogios Tod hatte sich Sigimer wohl oder übel gezwungen gesehen, diesen Eid abzulegen, aber er hatte es abgelehnt, das Gebiet zu beherrschen, das sein Vater für ihn vorgesehen hatte, nämlich die Hafenstadt Bononia *(Boulogne am Ärmelkanal)*. Stattdessen hatte er unmittelbar nach dem Hinscheiden seines Vaters mit einer kleinen Gefolgschaft die Provinz Belgica verlassen.

Auf der alten Römerstraße, die Bononia mit dem Rhein verband, war Sigimer nach Osten gezogen. Unterwegs hatten sich ihm immer wieder kleine Gruppen abenteuerlustiger Krieger der Franken angeschlossen. In der Colonia Agrippina in der Provinz Germania Secunda hatte nun Sigimer den Ort gefunden, wie er ihn sich erträumt hatte.

Die Colonia war immer noch eine große Stadt, deren Einwohner sich als Römer fühlten, auch wenn seit einigen Jahren keinerlei römischen Soldaten oder Behörden mehr dort ansässig waren. Als Sigimer mit seinen nur wenig über hundert Kriegern hier eingezogen war, hatten die Einwohner stumm an den Straßen gestanden, allerdings weder Zeichen der Freude noch des Schreckens erkennen lassen. Denn der sarmatische Adlige kam ja nicht als Feind, sondern, wie er sofort verlauten ließ, als Schützer der Stadt im Namen des römischen Kaisers. Für die Römer am Rhein war er nur einer der vielen Repräsentanten des unsterblichen Reiches, die diese Stadt schon in den vergangenen Jahrhunderten erlebt hatte.

Sigimer fühlte sich nicht als Feind der Römer. Schließlich hatten seine Vorfahren viele Generationen lang für diese gekämpft. Und von seinem Vater Chlogio hatte der junge Fürst gelernt, wie seine wenigen, aber disziplinierten sarmatischen Krieger Ruhe und Ordnung in einem ganzen Landstrich aufrecht erhalten konnten, dem in den letzten Jahren jede andere römische Autorität abhanden gekommen war. Denn in der Heimat, im Norden der belgischen Provinz, war es ja in den letzten Jahren nicht anders gewesen als hier in der Colonia Agrippina.

Er, Sigimer, hatte sich vorgenommen, in seinem neuen Amtsbereich, der großen Stadt Colonia, für Frieden zwischen den Angehörigen der verschiedenen Völker zu sorgen, die dort lebten, auch zwischen den Priestern der verschiedenen Götter, die die Menschen dort anbeteten. Dafür sollten die Menschen seinen Kriegern Steuern zahlen.

Allerdings würde das nicht mehr wie sonst im römischen Reich in Form blanker Bronze- und Silbermünzen möglich sein, sondern nur in Naturalien. Denn die Münzen, mit denen man alles kaufen konnte, waren längst zu einer Seltenheit im Land geworden. Die vielen reichen Römer, die in den letzten Jahrzehnten aus Angst vor der ungewissen Zukunft still und heimlich das Land verlassen hatten, hatten sie mitgenommen. Den Menschen, die sie in der Colonia Agrippina zurückgelassen hatten, blieb nur wie in ganz alten Zeiten der Tauschhandel.

Bauern und Handwerker waren da noch gut dran, sie konnten gegen ihre landwirtschaftlichen Erzeugnisse oder gegen ihre Arbeitsleistung sich andere Waren oder Dienstleistungen eintauschen. Nur die wenigen noch übrig gebliebenen Angehörigen einst reicher Familien der römischen Oberschicht, die weder Gutsbesitzer noch Besitzer von Fabricae *(Produktionsstätten aller Art, wie z. B. Bergwerke oder Manufakturen)* waren, verfielen in tiefe Armut.

Im Haus gegenüber dem Statthalterpalais lebte eine alte Frau aus einer solchen Familie. Ihr verstorbener Mann war einst ein berühmter Lehrer der Rhetorik gewesen und hatte zu den angesehensten Bürgern der Stadt gehört, doch nun war Faustina Witwe. Die meisten Bediensteten, die man für das große Haus benötigte, waren fortgelaufen, weil die alte Dame nicht mehr genug Vermögen hatte, um die Verpflegung für ihre Sklaven zu bezahlen.

Zu allem Unglück hatte vor wenigen Tagen ein Barbar das Haus der Faustina einfach beschlagnahmt. Denn seit kurzem liefen wieder zahlreiche schwer bewaffnete Barbaren durch die Stadt und taten so, als gehöre sie ihnen. Das war für die Römer in der Colonia schwer erträglich. Als wirkliche Römer empfanden sich nur diejenigen, die sich etwas darauf zugute hielten, dass sie noch ein reines Latein sprachen, so wie es der einstige Rhetorik-Lehrer Cleomenos seinen Studenten beigebracht hatte.

Jetzt lebte plötzlich ein Dutzend Menschen in dem großen, zuletzt so leeren Haus der Faustina. Das war ein junger Offizier aus der Kriegertruppe des neuen Stadtherrschers Sigimer mit seiner Frau und seinem Kind, dazu einige Mitglieder aus der kleinen Schwurfamilie dieses Offiziers. Die alte Frau Faustina war stillschweigend in die Gemeinschaft dieser Schwurfamilie aufgenommen worden und musste sich auf einmal keine Sorgen mehr um ihr tägliches Essen machen. Dafür allerdings wurde von ihr erwartet, dass sie wie die fünf anderen Frauen und Mädchen aus der unteren Kaste das Haus sauber hielt, kochte und alle anderen Arbeiten erledigte, die nun einmal in einem so großen Haushalt anfielen. Für die einst so vornehme Dame Faustina war dies die schlimmste Demütigung ihres Lebens.

Zitternd dachte die alte Faustina an die Zeit vor wenigen Jahren, als die Hunnen Colonia bedroht hatten. Da hatten alle Einwohner der Stadt vor Angst den Atem angehalten. Genau wusste damals eigentlich niemand, was wirklich passiert war. Es hieß nur, ein riesiger Haufen der im ganzen Reich gefürchteten Hunnen sei von Westen her auf die Stadt zugeströmt, und ein vornehmes junges Mädchen namens Ursula sowie zehn ihrer Gefährtinnen seien von ihnen durch Pfeile getötet worden. Danach waren allerdings durch Gottes Hilfe die hunnischen Unmenschen wieder schnell verschwunden. Ob die neuen Barbaren, die jetzt die Stadt besetzt hatten, sich als ebenso gefährlich erweisen würden ?

Die alte Dame Faustina war froh, als sie auf der Straße den christlichen Priester Salvian traf und ihm ihr Leid klagen konnte. Der war einer der Gehilfen des angesehenen Bischofs Sylphadius, der der größten Religionsgemeinschaft in der Colonia Agrippina vorstand. Ihr gehörten auch Faustina und ihr verstorbener Mann an. Der Priester Salvian ließ sich zwar geduldig die Klagen der Faustina erzählen, erklärte aber nur, die neuen Leiden der Menschen in der Stadt seien eben die von Gott verhängten Folgen für ihre früheren Sünden und ihre Unbußfertigkeit.

Plausible Indizien gegen „Überzeugungen“

Der Inhalt der vorstehenden Episode beruht wie immer in diesem Buch auf Vermutungen, allerdings kann er zahlreiche Indizien für sich buchen, die die herkömmliche Geschichtsforschung offenbar bisher noch nicht für sich entdeckt hat.

Dass die Stadt Köln ein gutes halbes Jahrhundert später von einer Familie beherrscht wurde, die mit dem „Franken“-König Chlodwig verwandt war, wissen die Geschichtsprofessoren natürlich, denn Gregor von Tours hat es überliefert. Aber niemand hat sich wohl die Mühe gemacht, sich zu überlegen, wie und wann diese Verwandten dorthin gekommen sein könnten. Auch der Name des Vetters (?) Sigibert aus Köln, der beim Frankenhistoriker zweimal vorkommt, gab nie Anlass zum Aufmerken. Die Merowinger waren ja „Franken“ und daher Germanen, und der germanische Name Sigibert war infolgedessen für die bisherigen Geschichtsforscher überhaupt nicht erstaunlich.

Doch die Forschungen nach der Vorgeschichte des Königshauses der Merowinger (siehe Kapitel 3) machen ja eine Herkunft dieser Familie aus dem Volk der Sarmaten wahrscheinlich. Die Verbindung des Fürsten Faramund mit einer „Erbtochter“ aus der uralten Familie der Priesterfürsten der Sigambrer am Niederrhein und damit der Erwerb eines „erblichen Heils“ in Form des Götterzeichens der „Eberborsten“ wurde ebenfalls dort begründet.

Der Sohn aus dieser Verbindung Faramunds mit der Sigambrerin Argotta, Chlogio, muss eine ganz besondere Bedeutung für die spätere Dynastie gehabt haben. Im Buch „Die Geheimnisse der

Merowinger" werden ausführlich die Argumente behandelt, die dafür sprechen, dass dieser Fürst es war, der eine Tochter aus einer vornehmen jüdischen Familie in Südgallien geheiratet hatte. Diese war dem Volksglauben zufolge ein Zweig der leiblichen Nachkommenschaft des jüdischen Messias Jesus. Derselbe Jesus wurde von den Christen, der damals längst herrschenden Religion, als Gott-Sohn Christus und Teil der heiligen Dreifaltigkeit verehrt. Doch die Juden und auch die von den christlichen Bischöfen als Ketzer verfolgten „Nazoräer" glaubten das nicht, sondern hielten Jesus für einen sterblichen, wenn auch als Messias ausgezeichneten Menschen. Die leiblichen Nachkommen dieses Jesus wurden „Desposyni" (Erben des Herrn) genannt, und die Menschen, die an diese „heilige Nachkommenschaft" glaubten, trugen zur Unterscheidung von den „wahren Christen" den Namen Nazoräer.

Ob der älteste Sohn des Sicambrier-Fürsten Chlogio wirklich Sigimer hieß, wie er in der vorstehenden Episode genannt wurde, weiß man nicht sicher. Doch dessen Sohn trug, von Gregor so überliefert, tatsächlich den Namen Sigibert. Woher sollte dieser „nordische Einschlag" in die Namen der Familie der Merowinger plötzlich gekommen sein, wenn nicht durch eine Ehe mit einer Frau aus dem germanischen Norden ? In der nordischen „Wölsungensage" tauchen die Namen Sigmund und Sigse, seine Schwester, sehr geheimnisvoll auf, doch scheint diese Sage keineswegs in Skandinavien, sondern in Nordwestdeutschland ihren historischen Ursprung zu haben.

Allein logische, aber höchst plausible Überlegungen begründen den in der Episode geschilderten Gegensatz zwischen dem ältesten Sohn Chlogios , eben Sigimer, und seinen Stiefbrüdern, darunter vor allem Merowech, und die daraufhin von Chlogio verfügte Aufteilung seines Herrschaftsgebiets in vier Teile. Der von der Geschichtswissenschaft aufgebrachte angebliche „Brauch" der „Frankenkönige“, ihr Reich unter ihren Söhnen zu teilen, ist jedenfalls weit weniger logisch.

Deutsche Historiker des 19. Jahrhunderts haben auch die „Mär“ erfunden, neben den „Salfranken“, das heißt den in Belgien ansässigen Vorfahren des Volkes des Königs Chlodwig, habe es auch ein großes „Reich“ der „Rheinfranken“ gegeben, das in der quellenlosen Völkerwanderungszeit das gesamte Rheinland beherrscht gehabt habe. Wieder ist das eine nie näher hinterfragte „Überzeugung“ der Geschichtswissenschaft, die sich von Generation zu Generation fortgeerbt hat.

Die reale Geschichte dürfte jedoch ganz anders ausgesehen haben: Neben der örtlich sehr begrenzten Herrschaft des Chlogio-Sohnes „Sigimer“ und seiner Nachkommen über die Stadt Köln dürfte es noch einige weitere sehr kleinräumige Herrschaften germanischer Gruppen im Rheinland gegeben haben; sie waren teils im Bündnis miteinander, teils aber auch in typisch germanischer nachbarlicher Feindschaft verbunden. Köln hatte jedoch so Gelegenheit, ganz ohne „Eroberung“ allmählich aus einer „römischen“ zu einer „fränkischen“ Stadt zu werden.

Zu der in der Episode am Schluss geschilderten Lage der einst vornehmen, aber nun verarmten römischen Frau in Köln genau zu der Zeit der „Machtübernahme“ Sigimers gibt es sogar eine literarische Quelle. Der christliche Kirchenvater Salvian hat sie hinterlassen. Ganz kurz nach dieser Zeit muss der bis dahin in Köln tätige Priester Salvian in Gegenden geflüchtet sein, die weniger „von Barbaren wimmelten“. Dort, in Südgallien, hat er dieses Einzelschicksal in einem Brief beschrieben, natürlich allein aus dem römischen Blickwinkel, der alle Barbaren zutiefst hasste und verachtete.

Die Furcht vor dem Volk der Hunnen muss sich in dem halben Jahrhundert ihrer Herrschaft in Osteuropa nicht nur dort, sondern im gesamten Reich der Römer vom Atlantik bis zum Schwarzen Meer tief in das Bewusstsein aller Menschen eingebrannt haben. In der Episode am Anfang dieses Kapitels konnte sie nur angedeutet werden. Der historische Kern der Legende um die „heilige Ursula" scheint damit zu tun zu haben.

Noch heute zeigt das Kölner Stadtwappen elf „Striche", die angeblich diese Heilige und die elftausend Jungfrauen symbolisieren sollen, die einst in dieser alten Römerstadt von Hunnen getötet worden sein sollen. Höchstens Kirchenhistoriker haben sich der Forschung nach dieser seltsamen Legende angenommen, bestimmt keine normalen Historiker.

Doch als realer historischer Kern könnte sich herausschälen, dass eine große Gruppe hunnischer Krieger, die als Söldner der Römer in Gallien stationiert waren, im Jahr 435 die von Aëtius zum Rückzug gezwungenen Burgunder (siehe Kapitel 5) bis in die unmittelbare Nähe der Stadt Köln eskortiert hatte. Denn dies wäre die einzige Gelegenheit gewesen, dass hunnische Krieger das Land am Niederrhein erreichten; der spätere Zug Attilas nach Gallien (siehe Kapitel 7) berührte Köln nicht. Doch die Verbindung der „heiligen Ursula" mit den Hunnen und mit der Stadt Köln ist zu deutlich, um als reine Erfindung antiker Legendendichter für völlig unglaubwürdig erklärt zu werden.

7

Der Anfang vom Ende Attilas

Hunnen am Rhein

Spätherbst 451 bei Unkel/Rhein

Angestrengt spähten die fünf alten Männer von der steilen Anhöhe ins Tal hinunter. Sie hatten sich unter einigen Bäumen verborgen und konnten von unten nicht entdeckt werden. Doch die Menschen, die dort in der Tiefe wimmelten, hätten auch gar keinen Blick nach oben übrig gehabt. Was die Beobachter sahen, war ein Schauspiel, das sich ihnen zum ersten Mal in ihrem Leben bot. Nein, ganz stimmte das nicht. Drei der Beobachter erinnerten sich, ganz zeitig in diesem Jahr bereits einmal eine ähnlich große Menschenmenge gesehen zu haben, allerdings war sie in umgekehrter Richtung gezogen. Sonst nutzte alle paar Monate einmal ein kleiner Zug von Handelsleuten die bequeme Möglichkeit, den breiten Strom zu überqueren. Aber von einer so großen Menge von Menschen hatten weder die alten Männer auf dem Berg noch ihre Väter und Großväter je gehört.

Jetzt kehrten die Krieger dort unten offensichtlich von ihrem Zug hinüber ins Römerreich zurück. Es waren tausende und aber tausende von Reitern, die ohne Pause auf der noch immer stabilen Holzbrücke den Rheinstrom überquerten. Aber auch Krieger zu Fuß waren in großen Gruppen dabei, und immer wieder von Ochsen gezogene Wagen, auf denen Gepäck und Verpflegung und wahrscheinlich auch geplünderte Kostbarkeiten befördert wurden. Die Beobachter konnten auch menschliche Körper in diesen Wagen sehen, das waren wohl Verwundete, die wenigen, die das riesige Heer aus einer verlorenen Schlacht hatte retten können.

Den Beobachtern auf dem Berg schauderte es. Es waren Bauern aus den kleinen Weilern in den Bergen, die den Rheinstrom nach Sonnenaufgang zu begleiteten *(Westerwald)*. Auf die erste Nachricht, dass ein großes Heer die Brücke überqueren würde, waren sie von ihren Dörfern bestimmt worden, das Ereignis zu beobachten und ihre Familien zu warnen, falls ihnen Gefahr drohen sollte. Die alten Männer auf dem Berg hatten sich vorsichtshalber Verpflegung und warme Mäntel mitgebracht, und sie hatten recht damit getan. Denn der Rückzug des Heeres dauerte nun schon drei Tage, und es hatte den Anschein, als würde der Heerwurm nie aufhören, der drüben auf der anderen Rheinseite auf der alten Römerstraße von Mittag her heranzog, um hier auf die Brücke einzubiegen.

Am diesseitigen Ufer machten die Scharen von Reitern und Wagen und die vielen Menschen zu Fuß nur eine kurze Rast, um dann nach Norden weiter zu ziehen. Dort begann dann bald ein Heerweg, der in einigen Kurven auf die Höhe der Berge führte, die die Römer einst Silva Abnoba *(Westerwald)* genannt hatten *(die alte „Westerwaldstraße“ im Dorf Rheinbreitbach)*. Von dieser Hochfläche gab es mehrere Wege, die zur Lana *(Lahn)* und zum Moenus *(Main)* und weiter in die Länder nach Sonnenaufgang zu führten.

Die Beobachter auf ihrem Berghügel wussten, was das für Menschen waren, die da unten an ihren vorbeizogen. Denn so abgelegen auch die kleinen Dörfer der hiesigen Bauern waren, so hatte sich doch längst bis zu ihnen das Gerücht herumgesprochen, die gefürchteten Hunnen unter ihrem König Attila seien unterwegs, um im fernen Land Gallien die Schätze der Römer zu plündern und eine Braut für den König zu holen.

Jetzt waren diese Hunnen offenbar wieder auf dem Rückweg ins Land Pannonien, das sie bestimmt nicht vor dem Einbruch des Winters erreichen würden. Und alles, was die Beobachter erkennen konnten, deutete darauf hin, dass die hunnischen Reiter, die von allen Römern und von allen Bewohnern des freien Landes diesseits der Rheins so überaus gefürchtet waren, eine schwere Niederlage erlitten hatten.

Nein, von diesem Heer hatten die kleinen Bauerndörfer in der weiteren Umgebung offensichtlich nichts zu fürchten. Diese Bauern waren auch viel zu arm, um den Kriegern irgendetwas zu bieten, was sie hätten plündern können. Aber vor allem hatten die Hunnen und ihre Verbündeten dort unten wohl keinen anderen Wunsch, als möglichst rasch in die Heimatländer der verschiedenen Völker zurückzukehren, ehe der Winter einbrach.

Wenn es keine Heimatforscher gäbe...

Wie gut, dass es die Heimatforscher gibt ! Sie können aus genauer Kenntnis ihres Wohnorts auch Details aufklären, die den Koryphäen der Geschichtsforschung in ihren Studierstuben weitab

„vom Schuss“ entgehen. Aber mit mildem Spott übersehen diese Koryphäen gerne die Bemühungen ihrer örtlichen Kollegen ohne entsprechende Universitätsexamen. Dennoch steht es fest: ohne solche Heimatforscher würde es wohl keine Fortschritte in der Aufklärung historischer Ereignisse gerade in den „unbekannten Jahrhunderten“ geben.

Die Darstellung des Rückzugs des Heeres der Hunnen und ihrer germanischen Verbündeten über den Rhein nach der „Schlacht auf den katalaunischen oder mauriakischen Feldern“ aus der Sicht der wenigen germanischen Bauern rechts des Rheins, wie in der vorstehenden Episode erzählt. entspricht in etwa der wahren Bedeutung, die der historische Vorgang des Hunnen-Feldzugs im Jahr 451 für das heutige D e u t s c h l a n d hatte. Unser Land war nichts anderes als Durchzugsgebiet, viel zu arm, um für die plünderungswütigen Hunnen irgendwie interessant zu sein. Für F r a n k r e i c h war der Feldzug dagegen ein wichtiges historisches Ereignis. Dies wird im nächsten Abschnitt dieses Kapitels etwas näher dargestellt, um dem Leser die Zusammenhänge zu verdeutlichen.

Hier soll zunächst einmal nur auf das technische Problem eingegangen werden, wie ein Heer von vielen tausend Reitern, Fußkriegern und von Ochsen gezogenen Gepäckwagen vor 1500 Jahren den breiten Rhein-Strom schnell und bequem überqueren konnte. Über diese Frage hat sich wohl kaum einer der renommierten Historiker den Kopf zerbrochen, die kluge Bücher über die Hunnen geschrieben haben – wohl aber ein Heimatforscher aus dem Städtchen Unkel am Rhein.

Am Ende der Römerzeit, im 5. Jahrhundert, dürfte es nur drei feste Brücken über den Rhein gegeben haben, der für das Römische Reich Jahrhunderte lang zugleich Grenze wie auch wichtige Handelsstraße war. Eine Brücke hatte Kaiser Konstantin in Köln bauen lassen, eine andere verband die Hauptstadt Obergermaniens

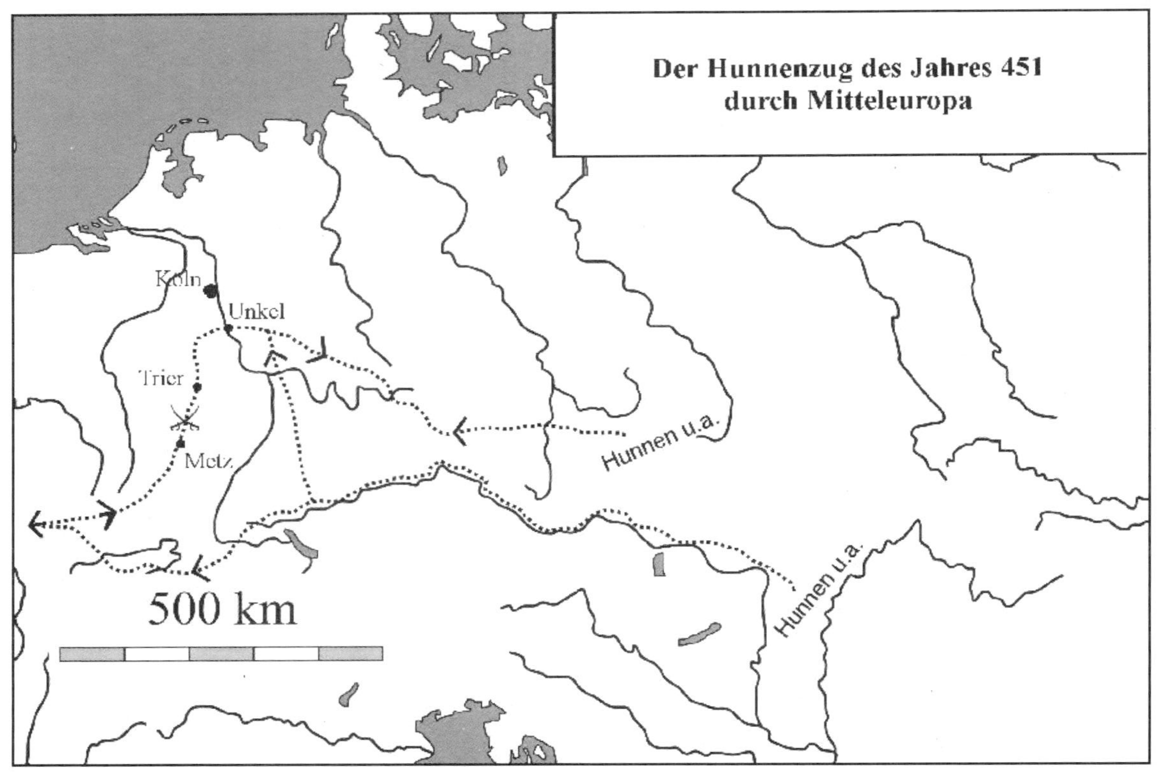
Der Hunnenzug des Jahres 451
durch Mitteleuropa
Köln
Unkel
Trier
Metz
Hunnen u.a.
Hunnen u.a.
500 km

Mainz, mit dem gegenüberliegenden Ufer – und eine dritte Brükke dürfte seit Caesars Zeiten bei Unkel den Rhein überquert haben. Vielleicht existierte auch noch ganz im Süden, beim römischen Kastell Kaiseraugst (bei Basel), eine weitere Brücke über den Hochrhein. Das waren die einzigen Stellen, an denen ein großes Heer damals relativ schnell und geschlossen über den Rhein setzen konnte. Mit Kähnen und Flößen hätte das Wochen gedauert.

Aus zahlreichen Indizien konnte der Heimatforscher Albert Vollmer erklären, dass eine stabile Holzbrücke seinen Heimatort Unkel (ca. 20 km südlich von Bonn) einst mit dem Westufer des Rheins verbunden haben müsse. Wahrscheinlich war sie bereits von Caesar im Jahr 53 v. Chr. errichtet worden, als dieser römische Feldherr, von Gallien (Frankreich) her kommend, für ein paar Tage in das Germanenland jenseits des Rheins eingefallen war. Caesar beschreibt diesen Brückenbau in seiner berühmten Schrift über den „gallischen Krieg", leider nicht so genau, dass es normalen Historikern möglich gewesen wäre, den konkreten Ort zu ermitteln. Erst Vollmer konnte nachweisen, dass der Ort Unkel einst auf einer schmalen Insel im Rhein gelegen war (inzwischen ist der zweite Rheinarm längst verlandet), so dass der Bau einer Brücke hier besonders einfach war. Und die Brücke muss bis ins Mittelalter noch bestanden haben, denn der auf der Insel entstandene Ort Unkel (lt. Vollmer „(H-)Unkelö", ein von „Hunnen-Furt" abgeleiteter Name) gehörte sehr lange zu einer Kirchengemeinde auf dem w e s t l i c h e n Rheinufer.

Der Hunnenkönig Attila hatte ja einen Heerzug nach Gallien vor; siehe dazu den nächsten Abschnitt dieses Kapitels. Für die vielen tausend eigenen Reiterkrieger und für die noch zahlreicheren Hilfstruppen aus mehreren Germanenvölkern, die ihn begleiten sollten, musste daher ein Weg gefunden werden, schnell den größten Fluss überqueren zu können, der sich diesem Marsch in den Weg stellte. Bis dorthin diente das Flusstal der Donau und später des unteren Main auch diesem Heer als Völkerstraße (siehe oben Kapitel 5) Nur eine stabile Brücke über den Rhein konnte jedoch dem Hunnenheer die Zeitersparnis bieten, auf die es bei diesem militärischen Unternehmen ankam.

Da offenbar die ehemalige, aber immer noch überaus reiche Kaiserstadt Trier das erste Ziel für den Plünderungszug der Hunnen und ihrer Verbündeten war, lag die Brücke bei Mainz (siehe Kapitel 1) zu weit südlich, die in Köln zu weit nördlich. Dagegen bot die Brücke bei Unkel den idealen Ort für die Rhein-Überquerung, denn gleich wenige Meilen südlich davon konnte man auf einer Römerstraße quer durch die Höhen südlich des Ahr-Flusses auf kürzestem Weg Trier erreichen.

Diese Römerstraße ist vom Verfasser dieses Buches vor einigen Jahren nach intensivem Kartenstudium und Exkursionen in der Landschaft wieder entdeckt worden. Das Tal der Mosel weiter südlich war zur Römerzeit noch nicht durch Straßen erschlossen, wohl aber gab es eine Römerstraße, die von Koblenz *(Confluentia)* über die Höhen nördlich der Mosel nach Trier führte. Doch die Nebenstraße, einige Dutzend Kilometer nördlich davon, lag noch günstiger.

Man soll nicht glauben, dass ein so hoch intelligenter König wie der Hunne Attila solche geographischen Details nicht gewusst haben soll, selbst wenn er im heutigen Ungarn , damals Pannonien genannt, zu Hause war. Übrigens sind im Städtchen Unkel einige Schmuckstücke gefunden worden, die von Hunnen stammen müssen, man hat sie nur bisher für „germanisch" gehalten - „weil nicht sein kann, was nicht sein darf". Doch immerhin feiert das Städtchen Unkel jetzt jährlich „Hunnentage" in Erinnerung an das große Ereignis.

Was wollte Attila in Gallien ?

Von der „Schlacht auf den Katalaunischen Feldern" gegen die Hunnen – angeblich in der französischen Champagne; dazu gleich unten mehr – haben auch historische Laien meist schon einmal etwas gehört. Aber was der Anlass für diesen Zug eines riesigen Heeres von Hunnen und germanischen Verbündeten nach Frankreich (Gallien) war, dürfte nur ausgewiesenen Fachleuten präsent sein.

Das kriegerische Reitervolk der Hunnen hatte sich in dem knappen Dreivierteljahrhundert, seit es in das Blickfeld der Menschen im Römischen Reich getreten war, einen furchtbaren Ruf erworben. Die „Geißel Gottes" (die angeblich gerechte Strafe für die Sünden der Menschen gegen Gottes Gebote) hat ein zeitgenössischer christlicher Kirchenvater den Hunnenkönig Attila genannt, und noch 1500 Jahre später dient der Völkername Hunne als Synonym für ein Volk, das man für blindwütige Plünderer und Mörder hält.

Es kann in diesem Buch unmöglich die ganze komplizierte Geschichte des Verhältnisses zwischen den Hunnen und den beiden römischen Reichen, dem im Osten und dem im Westen, in jener Zeit dargestellt werden. Meist befanden sich die hunnischen Reiter außerhalb der Grenzen dieser Reiche; ihr Siedlungsschwerpunkt war das heutige Ungarn. Dorthin waren sie in einem Eroberungszug über mehrere Jahrzehnte aus Innerasien gezogen. Aber allein die Drohung mit einem Einfall veranlasste die römischen Kaiser immer wieder, den Hunnenkönigen ein kostbares „Geschenk" (in wertvollen Goldmünzen) zu schicken, in Wirklichkeit natürlich als Bestechungssumme, um die Hunnen zu veranlassen, n i c h t römisches Gebiet anzugreifen. Kleinere Gruppen hunnischer Krieger befanden sich längst als römische Söldner im Inneren des Reiches, so etwa in Gallien, und auch sie scheinen sich bei den Zeitgenossen einen abschreckenden Ruf erworben zu haben (siehe Kapitel 6).

Der Hunnenkönig Attila hatte ab etwa 435 die Alleinherrschaft über sein Volk erreicht, nachdem es vorher mehrere Könige einzelner Gruppen gegeben hatte (siehe Kapitel 5). Seit dem Jahr 450 bereitete Attila einen Zug in das reiche Gallien vor, bei dem seine Krieger nach Herzenslust Städte erobern und deren Schätze plündern konnten. Doch dieser König war so „zivilisiert", dass er einen diplomatischen Vorwand für diesen Raubzug benutzte. Der war so romantisch wie unglaubwürdig, dennoch wurde er von den Gesandtschaften, die in diesem Jahr ständig von den römischen Kaisern ins Hauptquartier Attilas und zurück zogen, in achtungsvollem Ernst behandelt.

Eine Tochter des weströmischen Kaisers Constantius, Honoria, bot sich in einem aus Byzanz heraus geschmuggelten Brief an Attila diesem König selbst als Gattin an; sie war offenbar frustriert von den Klima der zahllosen Eunuchen am oströmischen Kaiserhof, an den sie wegen eines vorherigen „Fehltritts" verbannt worden war. Der Hunnenkönig hat das wahrscheinlich nicht besonders ernst genommen. Aber es war ein hoch willkommener Vorwand für den schon längst geplanten Zug nach Gallien. Attila forderte als „Mitgift" für diese Heirat die Einkünfte der „Diözese" (Reichsteil) Gallien, des reichsten des ganzen weströmischen Reiches.

Zum Zweck dieses Kriegszuges sammelte König Attila ein riesiges Heer. Nicht nur einen Großteil seiner eigenen hunnischen Reiter bot er dafür auf, sondern auch die verschiedenen germanischen Völker, die damals in Südosteuropa lebten und sich der hunnischen Herrschaft hatten unterwerfen müssen, waren gezwungen, große Kontingente ihrer Krieger dafür zu stellen, unter anderem Goten, Gepiden, Rugier, auch Krieger der Ost-Burgunder (siehe Kapitel 5) gehörten dazu.

Wie viele Krieger tatsächlich nach Gallien zogen, ist nirgends schriftlich festgehalten worden, zum Teil gab es früher abenteuerliche Schätzungen dazu. Aber einige zehntausend Menschen werden es schon gewesen sein, ein Heer, dessen Größenordnung wohl von kaum einem anderen in den vergangenen und in den späteren Jahrhunderten übertroffen worden ist.

Ganz früh im Jahr 451 war es dann so weit, dass die Hunnen und ihre Verbündeten in Pannonien zu dem Zug aufbrachen, der sie gut 900 Kilometer weit quer durch Mitteleuropa und wieder zurück führen sollte. Nach der Überquerung des Rheins auf Caesars alter Brücke bei Unkel stürmten sie an Trier, Metz, Reims und anderen Städten in Gallien vorbei. Fast jede wurde im Eiltempo erobert, gründlich ausgeplündert und dann liegen gelassen. Im Frühsommer (Juni ?) war das Heer an der Bischofsstadt Orleans an der Loire angekommen.

Doch dort traf es erstmals auf einen Gegner. Dem römischen Heermeister Aëtius war es gelungen, eine Koalition von Kriegern aus verschiedenen Gruppierungen zusammenzubringen, die längst in Gallien lebten, aber eigentlich gar keine Römer waren. Dazu gehörten die (West-)Goten, die (West-)Burgunder, aber auch Franken, Sarmaten, Alanen und andere. Der römische Feldherr befehligte selbst nur eine kleine Zahl direkt vom römischen Staat angeheuerter Söldner, aber er muss es verstanden haben, seine Verbündeten geschickt zu einem gemeinsamen Vorgehen zu überreden.

Attila, der gerade damit begonnen hatte, die Stadt Orleans zu belagern, ließ sich nicht auf eine größere Schlacht mit dem Entsatzheer ein, sondern zog sich zurück, immer auf den guten Römerstraßen nach Osten, gefolgt vom Heer unter römischem Befehl. Da große Heere damals kaum mehr als 10 – 15 Kilometer pro Tag im Marsch zurücklegen konnten – die vielen von Ochsen gezogenen Wagen des Trosses ließen kein schnelleres Tempo zu

– war auszurechnen, dass die Hunnen und ihre Verbündeten erst im Winter wieder ihre Heimat erreichen würden

Man wüsste gerne mehr über das Wunder, wie es zwei riesigen Heeren vor je mehreren zehntausend Kriegern und entsprechend vielen Pferden und Ochsen möglich war, sich und die Tiere auf diesem wochenlangen Rückzug und Verfolgung zu ernähren. Doch solche „Kleinigkeiten" der Logistik haben damals keinen Historiker interessiert. Außerdem sind die erhaltenen historischen Berichte darüber erst hundert Jahre danach oder noch später entstanden.

Bis zum September des Jahres 451 war das Hunnen-Heer bei seinem planmäßigen Rückzug – noch keiner Flucht ! – auf den römischen Straßen etwa in der Mitte zwischen den Städten Metz und Trier angekommen, als Attila eine Gegend fand, die er wohl für geeignet hielt, sich dem Verfolger Aëtius zu einer Schlacht zu stellen. Hier kam es dann tatsächlich zu einer der größten Schlachten der Spätantike und des Frühmittelalters, wenigstens was die Zahl der beteiligten Krieger betraf. Sie heißt bis heute die „Schlacht auf den katalaunischen (oder „mauriakischen") Feldern".

Die Schlacht muss auch außerordentlich blutig und verlustreich für beide Seiten gewesen sein, aber für Attila und seine Hunnen war sie eine Niederlage, keine „vernichtende", aber immerhin so schwer, dass der Rest seiner Krieger nunmehr so schnell wie irgend möglich auf der abgelegenen Römerstraße von Trier an den Mittelrhein zurück eilte. Dort wusste er ja die rettende Brücke über den Rhein.

Die Tragik dieser Schlacht wurde von den Zeitgenossen und auch späteren Historikern sofort erfasst, denn in ihr standen sich Angehörige der gleichen Völker als Gegner in den Schlachtreihen gegenüber: Goten und Burgunder, jeweils in Teilen im hunnischen und im römischen Heer (siehe auch Kapitel 5).

Den O r t dieser Schlacht haben viele Generationen von Historikern stets in der Champagne in Frankreich gesucht, denn dort, bei Chalons, hat man bereits im 17. Jahrhundert die angeblichen Überreste davon gefunden. Doch der deutsche Geographie-Professor Friedrich hat kürzlich sehr plausibel begründet, dass die Schlacht im Grenzgebiet zwischen Lothringen und dem Saarland, zwischen den Dörfern Eft und Oberleuken, auf heute deutschem Staatsgebiet, stattgefunden habe. 1998 musste auch das zuständige französische archäologische Amt zugeben, die Funde bei Chalons seien auf eine Erfindung französischer Honoratioren aus dem 17. Jahrhundert zurück gegangen. Der von Friedrich – nach Ansicht der Historiker ist er wahrscheinlich auch nur ein „Heimatforscher“ – gefundene Ort ist jedoch viel logischer, denn er liegt an der alten Römerstraße von Metz nach Trier und damit auf dem Weg zur rettenden Brücke über den Rhein. Von der Champagne aus wäre das flüchtende Hunnenheer in die unwegsamen Berge der Ardennen und des Argonnerwaldes geraten, wenn es den Rhein erreichen wollte.

Der Rückzug des Hunnenheeres, der nunmehr einer Flucht ähnlich sah, beschädigte erstmals in seinem Leben das „Heil“ Attilas. Diese unerlässliche „Gabe“ jedes Königs oder Heerführers in der Antike, gleich von welchem Volk, war eine Mischung aus persönlichem Erfolg und Charisma und angeblichen von Göttern verliehenen Eigenschaften; es spielte eine ungeheuer große Rolle im Glauben der Menschen jener Zeit, eine Rolle, die wir nüchternen Abendländer im 21. Jahrhundert nicht mehr nachempfinden können.

Bereits im nächsten Jahr, 452, versuchte Attila noch einmal einen Vorstoß ins Römerreich, diesmal südlich an den Ostalpen vorbei nach Norditalien. Doch auch der brachte keinen großen Erfolg, das Hunnenheer musste sich wegen einer dort auftretenden Seuche schnell wieder zurückziehen. Noch ein Jahr später, 453, starb König Attila plötzlich, angeblich durch einen Schlaganfall im Brautbett nach der Hochzeit mit einer Germanin namens Hildico.

Es dauerte nur noch ein weiteres Jahr, bis sich die so lange von den Hunnen unterworfenen Germanenvölker im Südosten Europas zusammentaten und eine große Schlacht gegen Attilas Söhne gewannen, die untereinander heillos zerstritten waren. Mit seinem „Heil" war auch die Furcht vor dem Tyrannen bei seinen fremdstämmigen Untertanen verschwunden. Der Hunnenspuk verschwand schneller, als er gekommen war. Und doch hatte dieses Ende noch ungeahnte Folgen gerade für unser Land. Davon mehr im nächsten Teil dieses Buches.

Teil II

Zuwanderer in ein menschenarmes Land (455 – ca. 500 n. Chr.)

Nichts oder wenigstens kaum etwas meint die Fachwelt zu wissen, was in der zweiten Hälfte des 5. Jahrhunderts im späteren Deutschland geschah. Denn die alten Quellen berichten nichts darüber.

Doch alle möglichen Zuwanderer betraten in dieser Zeit unsere Region, die in den vorherigen Jahrhunderten immer mehr Bewohner verloren hatte. Man muss nur bei den richtigen Wissenschaften auf entsprechende Indizien achten, dann kann man Erstaunliches selbst über diese „unbekannte“ Zeit erfahren.

8

Mit Mensch und Vieh ins Hunenland

Auf der Flucht vor den Kriegen der Anderen

Sommer 455 in Ungarn

Fürst Ermon hatte die Häupter der Schwurfamilien und Schwurbünde seines Draco zusammenrufen lassen, um mit ihnen zu beraten. Das, was er vorhatte, ging weit über das hinaus, was er als Oberhaupt seiner Leute allein anordnen konnte. Hier mussten wenigstens die Familienältesten aller Schah *(Adelskaste)* seines kleinen Volkskörpers vorher davon erfahren, und sie mussten die Möglichkeit haben, ihre Meinung dazu zu äußern.

So saß denn eine Runde würdiger Krieger um den brennenden Holzstoß and trank aus hölzernen Bechern das traditionelle Kumys *(zu Alkohol gegorene Stutenmilch)*. Fürst Ermon erinnerte noch einmal an die Ereignisse der vergangenen Jahre, die ja alle miterlebt hatten. Schon die Väter der jetzigen Schah hatten sich wohl oder übel mit der Herrschaft der Hunnenkrieger über ihren Draco, über seine Krieger und über sein Vieh, abfinden müssen. Auch wenn die stolzen Adligen oft mit den Zähnen knirschten, es wäre ihnen unmöglich gewesen, sich gegen Anordnungen der weitaus überlegenen Hunnen aufzulehnen, wenn diese verlangten, einen viel zu großen Teil ihrer Herden zur Verpflegung der Hunnenkrieger zu liefern oder auch selbst Krieger für die verschiedenen Raubzüge der Hunnen zu stellen.

Vor einem Jahr nun war die Herrschaft dieser verhassten Hunnen zusammengebrochen. Nach dem plötzlichen Tod des Königs Attila hatten sich die germanischen Völker zusammengetan, die wie die Sarmaten seit vielen Generationen hier an der Donau lebten, und sie hatten in einer großen Schlacht die Hunnen besiegt. Das war möglich geworden, weil Attilas Söhne untereinander heillos zerstritten waren.

Sarmaten wie Germanen hatten den Fall der tyrannischen Oberherren begeistert begrüßt. Aber was war dem gefolgt ? Bis zu Attilas Tod hatte wenigstens Frieden im Land an der Donau geherrscht, auch wenn die Völker dort unter den Anordnungen ihrer hunnischen Oberherren oft genug geächzt hatten. Aber jetzt waren die verschiedenen Könige der Gepiden, der Goten, der Heruler, der Sueben oder der Rugier in unaufhörliche Kriege gegeneinander verwickelt, etwas, was sie sich unter Attilas Herrschaft niemals hätten erlauben können.

Ständig zog ein germanischer Kriegerhaufe nach dem anderen durch das Weideland der Sarmaten, holte sich Pferde, Rinder und Schafe nach Belieben aus den Herden von Ermons Draco und ließ sich auch von empörten Protesten nicht beeindrucken. Die sarmatischen Dracones im Land beteiligten sich nicht an diesen Kriegen, deren Anlass sie nie verstanden, Aber sie zählten viel zu wenig Krieger, um sich gegen die zahlreichen Germanen ernsthaft wehren zu können. Und andere Dracones des eigenen Volkes lebten, wie schon lange, in größerer Entfernung, damit sich die Herden nicht gegenseitig in die Quere kommen konnten.

„Unser Draco lässt seit vielen, vielen Generationen sein Vieh hier an der Donau weiden," rief Fürst Ermon aus, „viel länger als unsere Nachbarn mit den anderen Sprachen. Aber jetzt müssen wir wandern. Wir müssen uns eine neue Heimat schaffen, und ich weiß auch schon, wo !"

Weit nach Mitternacht zu und dann noch ein tüchtiges Stück gegen Sonnenuntergang gebe es ein Land, das für große Viehherden geeignet sei, mit nur wenigen Bauern dort, mit einem günstigen Wetter, eben und mit wenig Wald. Ein weitgereister Kaufmann hatte davon erst kürzlich erzählt. Man müsse nur dem Lauf der großen Flüsse folgen, dem Ister *(Donau)*, der Morawa und der Albis *(March und Elbe)*. Dorthin wolle er, Ermon, seinen Draco so schnell wie möglich führen. Dort im Norden würde es sicher keine anderen Krieger geben, die Anspruch auf das Weideland erheben könnten, das die Herden von Pferden, Rindern und Schafen des Draco nun einmal benötigte.

Ein anderer Draco seines Volkes, sogar aus dem gleichen alten Stamm der Jazygen wolle, so berichtete der Fürst, aus den gleichen Gründen über das Waldgebirge nach Sonnenaufgang auswandern *(der Gebirgszug der Waldkarpaten)*, in ein Gebiet, in dem nur wenige einfache Bauern und Fischer lebten *(Slawen, heute etwa das Gebiet zwischen Krakau und Lemberg)*.

Schon einen Mondlauf später hatte Ermons Draco alle Vorbereitungen abgeschlossen und begann seine lange Wanderschaft nach Mitternacht zu.

„Man muss sich gegen die Schachmänner wehren !“

Sommer 456 an der oberen Lippe in Westfalen

Die Geschichten ähnelten sich alle, die aufgeregte Bauern ihrem Häuptling erzählt hatten. Da war ein Haufen fremder Krieger zu Pferde – „drei Hände voll waren es bestimmt !“ – zu ihrem kleinen Dorf im Hunenland gekommen und hatten etwas von ihnen verlangt, was aber niemand verstehen konnte, wegen der fremden Sprache. Die Pferde dieser Fremden hatten sehr merkwürdig ausgesehen, klein und hässlich und mit einer Mähne wie reife Weizenhalme. Schließlich hatten die Fremden mit Gewalt Haus und Vorratshütten durchsucht und einige Säcke Getreide und einen großen Topf mit eingepökelten Bohnen mitgenommen. Drei Schafe hatten die Fremden da gelassen, aber was sollten die Bauern mit den drei Schafen anfangen ?

Wortführer der Fremden waren stets Reiter gewesen, die einen rot-weiß karierten Wollmantel über ihrer Kleidung trugen. Einige der Bauern hatten mitbekommen, dass die anderen Fremden diese Krieger mit den auffallenden Mänteln als „Schach“ bezeichneten.

„So kann es nicht weiter gehen“, erklärte Häuptling Gerhold entschieden den versammelten Großbauern seines Bezirks. Es waren die Männer, die über ein Pferd verfügten und daher nur als Aufgebot gegen die gefährlichen Fremden in Frage kamen. „Man muss sich gegen diese Schachmänner wehren ! Sie sind Räuber und böse Menschen.“

So kam es, dass bald ein Heer von an die dreißig Reitern aus dem Hunenland wohl bewaffnet und voller Wut in das Land jenseits des Lupia-Flusses *(Lippe)* hineinritt, um die bösen Schachmänner zu bestrafen. Doch die mussten irgendwie gewarnt worden sein, jedenfalls stellte sich den hunischen Kriegern bald ein Heer von Reitern unter Anführung etlicher Schachmänner gegenüber, das wohl ebenso stark war.

Der Kampf war lang und erbittert, aber er endete nicht mit dem klaren Sieg einer Seite. Am Ende waren zwei Hände voll von den fremden Räubern tot, aber noch mehr von den Kriegern der Hunen. Mit hängenden Köpfen traten die Überlebenden den Rückweg an. Sie tröstete nur, dass sie diesen Schachmännern gezeigt hatten, dass sie hier auf einen ebenbürtigen Gegner gestoßen waren.

Von „Schachmännern" und „Schächern"

Die vorstehende Episode von Kämpfen zwischen Kriegern der Hunen und Schachmännern ist natürlich mit schriftstellerischer Vorstellungskraft ausgestaltet worden. Doch es gibt eine Schriftquelle dafür, nach Überzeugung der klassischen Geschichtswissenschaft unerlässliche Voraussetzung für jede Geschichtsschreibung. Allerdings ist diese Quelle von so außergewöhnlicher Herkunft und Art, dass sie bisher nie in das Blickfeld der Historiker geraten ist, sie gehört vielmehr zum Arbeitsbereich der Philologen, der Kollegen aus der Germanistik oder richtiger Skandinavistik. Es handelt sich um die sogenannte „Thidrekssaga".

Das umfangreiche Manuskript dieser „Sage" kennt die Fachwissenschaft aus einer Abschrift in altnordischer (norwegisch-isländischer) Sprache aus dem Ende des 13. Jahrhunderts. Doch enthält es Prosa-Erzählungen aus Mitteleuropa, nicht aus Skandinavien, und zwar von der Völkerwanderungszeit bis zu den Karolingern. Aus diesem Text stammen übrigens alle so genannten „deutschen Heldensagen" von den Nibelungen und Siegfried, von König Dietrich von Bern und anderen Helden. Umfangreiche Detailforschungen zu dieser Quelle in den letzten Jahrzehnten haben klar gemacht, dass sie tatsächlich einige historische Kerne zu realen geschichtlichen Vorgängen enthält.

Allerdings sind sie nur zu entschlüsseln, wenn man weiß, dass der größte Teil dieser Texte auf alten germanischen Heldenliedern beruht, die mehrere Jahrhunderte ausschließlich mündlich von Generation zu Generation weitergegeben und dabei mit immer mehr märchenhaften Zügen angereichert wurden. Eine sehr sorgfältige Analyse des Erzählten ist unbedingt notwendig.

In dieser Thidrekssaga gibt es nun eine Geschichte von einem Kampf von „Hunen" gegen „Schachmänner". Löst man vorsichtig die „Zwiebelschalen" märchenhafter Zutaten und Übertreibungen ab (z.B. die Besiegung eines „Drachens", der in seiner Höhle die „Schachmänner" gebar, die Zahl „3000 Schachmänner"), dann bleibt als möglicher historischer Kern übrig, dass es tatsächlich Kämpfe zwischen „Hunen" und „Schachmännern" gegeben haben dürfte, und zwar in einer Gegend an der oberen Lippe. Als „Heer" galt übrigens in dieser Zeit bereits eine Gruppe von mehr als etwa dreißig Kriegern.

Verschiedene Anzeichen, u.a. Ortsnamen, machen es sehr wahrscheinlich, dass im Frühmittelalter eine germanische Menschengruppe lebte, die man „Hunen" nannte. Ihre Heimat muss das Gebiet von der oberen Lippe bis ins nördliche Sauerland in Westfalen gewesen sein. Später wuchsen sie mit anderen zum Volk der „Sachsen" (Niedersachsen) zusammen. Natürlich hatten sie nichts mit dem Reitervolk der Hunnen aus Innerasien zu tun, aber der ähnliche Name provozierte geradezu spätere Verwechslungen.

Der Begriff „Schachmänner", der in der Thidrekssaga in einigen wenigen Fällen auftaucht, ist eine Übersetzung des nordischen *„skaekmenn"*. Schon der erste Übersetzer dieses Textes in Deutsche, Friedrich Heinrich von der Hagen (1816) fügte dem Wort „Schachmänner" die Anmerkung „Räuber, Mörder" zu, und alle späteren Übersetzer der Thidrekssaga benutzten nur noch diese deutschen Worte, nicht mehr „Schachmänner".

Sie wurden wohl von der Ähnlichkeit mit dem alten deutschen Wort „Schächer" dazu veranlasst. Heute kennt man es bestenfalls noch aus der Bibel-Übersetzung Luthers, nach der zusammen mit Jesus zwei „Schächer" – also „Übeltäter" – gekreuzigt wurden. Etymologische Wörterbücher können die Herkunft dieses Wortes nicht erklären, das es nur im Deutschen gibt. Aber der Zusammenhang scheint klar zu sein: die germanischen Hunen nannten ihre Feinde, die adligen Anführer der sarmatischen Reiterhirten, „scahhari" (so althochdeutsch, daraus wurde im späteren Neu-Hochdeutschen „Schächer"), weil sie erfahren hatten, dass diese sich selbst „Schah" nannten. Und für sie waren diese Feinde Übeltäter, Mörder und Räuber.

Mit dem Schachspiel hat das alles nichts zu tun, wohl aber mit dem sehr auffallenden Abzeichen der sarmatischen Adligen vom Stamm der Jazygen, einem Wollmantel, der in rot-weißen Karos gewebt war. Das ebenso karierte Spielfeld des Schach-Spiels – eine Erfindung aus dem alten Persien oder Indien ! – wurde vielleicht von diesen Mänteln der „Schah" inspiriert, hat aber einen völlig anderen kulturellen Entwicklungsgang als dieses alte Wort „Schächer" genommen. Und das Fachwort „geschacht" als Bezeichnung für „kariert in zwei Farben" in der heraldischen Beschreibung von Wappen hängt auch damit zusammen.

Die wenigen Zeilen in der Thidrekssaga scheinen die einzige erhaltene Textquelle zu sein, die das Eindringen sarmatischer Hirtenkrieger mit ihren Herden nach Westfalen, ja überhaupt nach

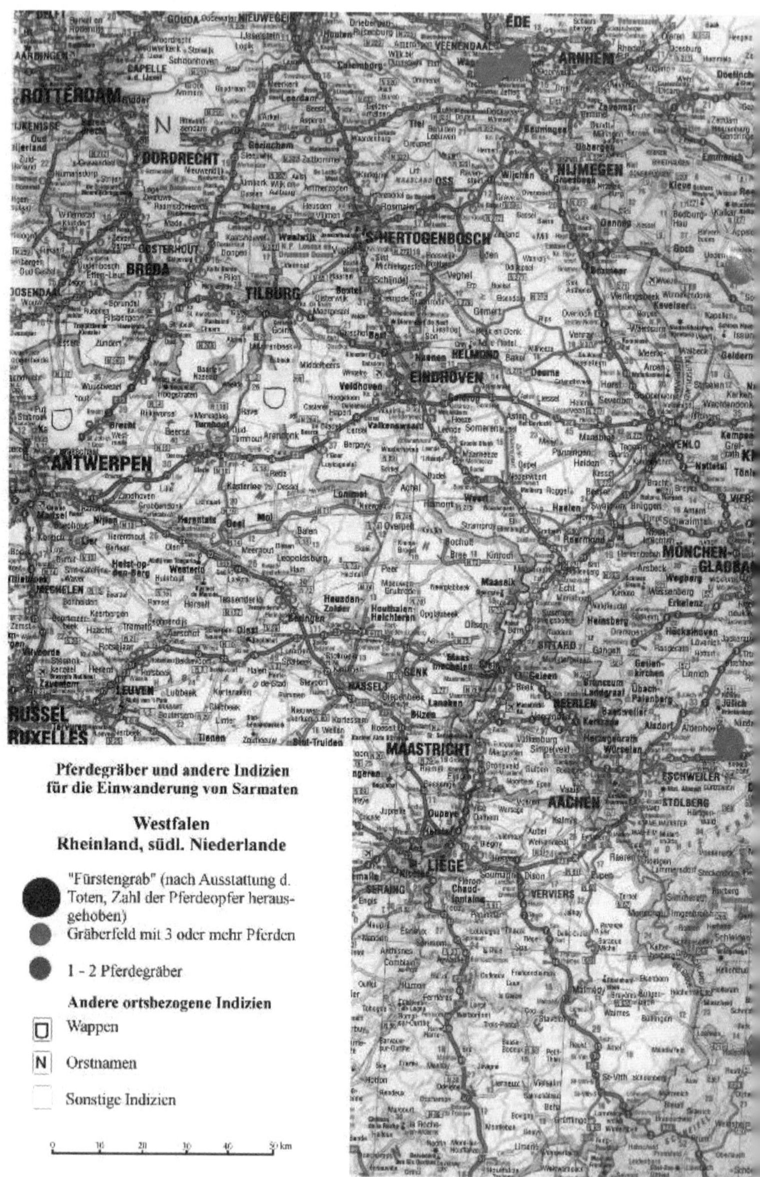
Pferdegräber und andere Indizien
für die Einwanderung von Sarmaten
Westfalen
Rheinland, südl. Niederlande
"Fürstengrab" (nach Ausstattung d. Toten, Zahl der Pferdeopfer herausgehoben)
Gräberfeld mit 3 oder mehr Pferden
1 - 2 Pferdegräber
Andere ortsbezogene Indizien
Wappen
N
Orstnamen
Sonstige Indizien
0
10
20
30
40
50 km
ROTTERDAM
DORDRECHT
BREDA
TILBURG
'S-HERTOGENBOSCH
EINDHOVEN
ANTWERPEN
ARNHEM
NIJMEGEN
EDE
VENLO
MAASTRICHT
AACHEN
LIEGE
VERVIERS
HASSELT
GENK
LEUVEN
MECHELEN
HELMOND
SITTARD
HEERLEN
MÖNCHEN-
GLADBA

MÜNSTER
BIELEFELD
GÜTERSLOH
AHLEN
HAMM
LIPPSTADT
RECKLINGHAUSEN
DORTMUND
BOTTROP
ESSEN
BOCHUM
MÜLHEIM
WITTEN
HAGEN
ISERLOHN
ARNSBERG
DÜSSELDORF
WUPPERTAL
REMSCHEID
SOLINGEN
LÜDENSCHEID
KÖLN
LEVERKUSEN
BERGISCH GLADBACH
GUMMERSBACH
SIEGEN
BONN
KOBLENZ
WETZLAR
GIESSEN
BAD HOMBURG

Mitteleuropa s c h r i f t l i c h dokumentiert hat, und zwar aus der Sicht ihrer einstigen Gegner. Die vorstehende romanhafte Episode hat versucht, das herauszuarbeiten, was vielleicht in der realen Geschichte damals wirklich passiert ist. Noch eine zweite Geschichte in der Thidrekssaga berichtet von einem Kampf zwischen Hunen und Schachmännern, sie wird im Kapitel 13 näher behandelt.

Natürlich existieren über diese e i n e Schriftquelle hinaus auch andere Indizien, die das Geschehen gerade an der oberen Lippe in Westfalen als sehr wahrscheinlich erscheinen lassen. Allerdings stammen diese Hinweise aus anderen Wissensbereichen als solchen, in denen sich die übliche Geschichtswissenschaft allein auszukennen pflegt.

Im südöstlichen Westfalen – und zwar vorwiegend nur dort – haben Archäologen inzwischen zahlreiche Pferdegräber und andere Hinweise auf eine Einwanderung sarmatischer Reiterhirten ab der zweiten Hälfte des 5. Jahrhunderts gefunden. Auch die merkwürdige Übereinstimmung des Wappens der uralten Grafschaft Mark, die dort an der Lippe entstand, mit dem Wappen des modernen, in Wirklichkeit ebenfalls sehr alten Staates Kroatien in Form von rot-weiß „geschachten" Karos deutet auf Zusammenhänge, die man allerdings erst einmal erkennen muss, um Schlüsse daraus ziehen zu können. Darüber wird im Kapitel 24 Näheres erzählt.

Nur zwei weitere Indizien soll hier schon behandelt werden. Sie haben eng mit der Region Westfalens zu tun, die die sarmatischen Einwanderer wohl zuerst betraten.

Mustangs in Westfalen

Als die Menschen aus dem Draco des Fürsten Ermon, von der oberen Weser her kommend, auf der Passhöhe über den Teutoburger Wald standen und damit etwa an der Grenze des heutigen Landschaftsverbandes Westfalen, hatten sie mindestens vier Monate ständigen Wanderns und Treibens hinter sich. Auf alten Völkerstraßen und Handelswegen entlang an Donau, March, oberer Elbe und Werra waren sie dorthin gekommen, wo ihr Fürst ihnen ein neues, friedliches Leben versprochen hatte.

Übrigens: der Name Ermon ist ein echter sarmatischer (oder skythischer) Name, nachzulesen in dem Buch des Abtes Johannes Trithemius aus dem Jahr 1515 über die „Taten des fränkischen Volkes und seiner Könige“ als Name eines der gut 30 „skythischen Edlen“, die den angeblich „skythischen König“ Markomir ungefähr 400 Jahre vor Christi Geburt auf seinem Weg ins „Frankenland“ am Niederrhein begleitet haben sollen (siehe dazu das Buch „König Chlodwig war kein Franke“). In der vorstehenden Episode ist der Fürst Ermon natürlich nur eine fiktive Romanfigur.

Nachdem die Einwanderer die Höhe zwischen den Felsblöcken des alten Heiligtums der Externsteine erreicht hatten, öffnete sich ihnen ein atemberaubender Ausblick auf eine unendliche Ebene tief unter ihnen, ideal geeignet für zahlreiche große Herden von Pferden, Rindern und Schafen.

Heute nennt man die Region am Westhang des Teutoburger Waldes – oder des Eggegebirges, das von dort weiter nach Süden reicht – die Senne. Es ist ein eigenartiges Heidegebiet, noch heute ziemlich menschenleer. Natur und Menschen haben im Lauf von tausend Jahren seine Gestaltung mehrfach stark verändert; das kann aber hier nicht näher beschrieben werden. Vor 1500 Jahren war das Gebiet vermutlich völlig unbesiedelt, nur durchzogen von der alten Handelsstraße vom Rhein zur Elbe (oder vom Atlantik zur Ostsee), deren Lauf im wesentlichen heute noch die Bundesstraße 1 folgt. Die alte Straße verlief genau zwischen den Externsteinen hindurch.

Man darf annehmen, dass die Sarmaten aus Pannonien hier zunächst für eine Weile ihr Lager aus im Kreis aufgefahrenen Ochsenkarren aufschlugen und ihre Herden nun in Ruhe weiden ließen. Einige kleine Bäche entspringen dort und spenden stets genug Wasser für Menschen und Vieh. Im weiteren Verlauf werden diese Bäche zu großen Flüssen, der Ems und der Lippe.

Es ist höchst merkwürdig, dass in dieser Gegend, in dem nördlichen Teil der Senne, das später zum Fürstentum Lippe gehörte, eine große Gruppe von Wildpferden lebte, die also weder Stall noch regelmäßige Fütterung durch Menschen kannten. Seit dem Jahr 1160 sind diese Pferde auch schriftlich bekannt. Im Zweiten Weltkrieg ist diese Wildpferdeherde leider praktisch eingegangen. Eine andere Herde in einer anderen Gegend Westfalens, beim Städtchen Dülmen im Münsterland, gibt es allerdings heute noch (erste schriftliche Erwähnung 1316).

Von wem mögen diese Pferde abstammen ? Sie hatten das Glück, jeweils in einer sehr menschenleeren und zugleich für größere, frei herumsteifende Pferdeherden sehr gut geeigneten Landschaft aufzuwachsen und konnten so bis in die jüngste Zeit, ja bis heute überleben, in den letzten Jahrhunderten natürlich bewusst von Menschen geschützt und gehegt.

Sind diese westfälischen Wildpferde die letzten Überreste der riesigen Wildpferdeherden, die in der Eiszeit nachweislich auch Mitteleuropa bevölkerten ? Das ist unwahrscheinlich, denn sonst hätte man vielleicht noch anderswo in Europa kleine Reste davon gefunden, wo die Landschaft sie schützte. Stammen sie von den Pferden ab, die die germanischen Bauern natürlich seinerzeit auch bereits kannten ? Doch die hiesigen Wildpferde scheinen anderen, primitiveren Rassen anzugehören, ähnlich den letzten wirklich wilden Pferden, den sogenannten Przewalski-Pferden in der Mongolei.

So drängt sich die Vermutung auf, dass diese Wildpferde in Westfalen Abkömmlinge von Tieren sind, die die aus Pannonien eingewanderten Sarmaten vor 1500 Jahren ins Land brachten. Ein Teil ihrer Pferdeherden dürfte sich damals der Aufsicht ihrer Hirten entzogen und danach ungestört in der menschenleeren Landschaft geweidet und sich vermehrt haben.

Genauso entstanden im Süden der USA in der frühen Neuzeit die Mustangs. Sie sind nachweislich Nachkommen von Pferden, die erst die Spanier im 16. Jahrhundert nach Mexiko brachten und von denen einige dann in die Bergländer New Mexicos und Arizonas flüchteten, wo sie sich zu einst riesigen Herden entwickeln konnten.

Ist es unter diesen Umständen ein Wunder, dass das Wappen der Provinz Westfalen – u n d das des Landes Niedersachsen ! – seit dem Mittelalter ein springendes weißes Pferd zeigt ? Es sind die einzigen heraldischen Zeichen mit d i e s e m Tier auf der ganzen Welt (bis auf Litauen, siehe dazu Kapitel 23).

Ein Mithras-Heiligtum an den Externsteinen

Eine noch sehr neue Erkenntnis ist es, dass an den Externsteinen auf der Höhe des Teutoburger Waldes ein Heiligtum des Gottes Mithras bestanden haben muss. Bereits vor 140 Jahren war diese Vermutung einmal geäußert worden, allerdings mit sicherlich historisch falschen Begründungen. Doch in jüngster Zeit haben mehrere Forscher mit guten Gründen behauptet, das berühmte Relief am „Felsen II" der Externsteine sei ursprünglich ein Weihebild des Mithras gewesen und erst viel später, zu bereits christlicher Zeit, von Mönchen in ein Relief umgestaltet worden, das die „Abnahme Christi vom Kreuz“ zeigen soll.

Die Externsteine sind mehrere hoch aus dem Bergkamm des Teutoburger Waldes ragende Sandsteinfelsen, an denen vor und nach der Zeitwende ein germanisches Heiligtum bestand. Nach der Missionierung des Sachsenlandes bemühte sich die katholische Kirche, diese uralte Kultstätte für sich umzuwidmen. Das Gelände gehörte lange dem Kloster Abdinghof in Paderborn. Unter der Ägide dieses Klosters dürfte ein schon lange vorher in den Fels geschlagenes Reliefbild in christlichem Sinne umgestaltet worden sein, ebenso zwei kleine in den Felsen eingearbeitete Kammern, die wohl den eigentlichen Raum der Mithras-Verehrung dargestellt hatten. .

Der Mithraskult, eine Mysterien-Religion, entstand im 1. Jahrtausend v o r Christi Geburt im persisch bestimmten Innerasien. Mithras war der göttliche Herr von Männerbünden. Im späten römischen Kaiserreich wurde diese synkretistische Religion (Synkretismus: eine Vermischung des Gedankenguts und der Bräuche verschiedener Religionen) zu einer überall verbreiteten Religion der römischen Soldaten. Das Christentum breitete sich erst viel später im Römischen Reich aus und hat übrigens viele Einzelheiten seiner Lehre von diesem Kult übernommen, nicht zuletzt den „Geburtstag“ ihres Gottes (Gott-Sohnes) am 25. Dezember.

Den Fachleuten für den Mithraskult war es bisher nur ein Rätsel, wie ein kunstvolles Relief in den Stein gekommen sein kann, das ursprünglich eine typische Szene aus diesem Kult zeigte, obwohl es weit außerhalb des von Römern beherrschten Gebiets rund um das Mittelmeer lag, eben an einem der Externsteine im Teutoburger Wald.

Doch die in diesem Buch behauptete Einwanderung von Sarmaten nach Westfalen im 5. Jahrhundert n. Chr., und zwar genau auf dem Weg, der durch das Heiligtum der Externsteine führte, gibt eine plausible Erklärung.

Über die ursprüngliche Religion der Sarmaten ist praktisch überhaupt nichts bekannt. Dieses Volk fand ja auch keinen Tacitus wie die Germanen. Keine antike Quelle nennt auch nur den Namen eines sarmatischen Gottes. Man ist auf Mutmaßungen angewiesen. Führten die Sarmaten den aus Innerasien – ihrem Herkunftsgebiet ! – stammenden Feuerkult der „Magier" weiter, dem das verwandte Volk der Meder angehangen haben soll ? Nahmen sie den durch den großen Religionsstifter Zarathustra aus Innerasien in der Mitte des 1. Jahrtausends vor der Zeitwende reformierten Glauben an, der so etwas wie eine frühe „Ein-Gott-Religion" war ?

Oder haben sie, die ja in der Spätzeit des römischen Kaiserreiches in großer Zahl hoch geschätzte Elitereiter im römischen Heer wurden, wie viele zehntausend andere römischen Soldaten dem Mithras-Kult gehuldigt, der ja ebenfalls aus ihrer innerasiatischen Heimat kam ?

Wenn die letztere Vermutung zutreffen sollte, dann haben wahrscheinlich die Priester der Sarmaten – sie werden in verschiedenen Kapiteln dieses Buches erwähnt, vor allem in ihrer Eigenschaft als „Hotar" (Sänger) – den rechten Ablauf der Zeremonien überwacht, die den Mithras-Kult auszeichneten. Diese kleine Gruppe von „Intellektuellen" aus dem Sarmatenvolk, häufig wahrscheinliche jüngere Söhne aus der jeweiligen Herrscherfamilie, war dann sicher auch in der Lage, eine Kultstätte nach den Regeln der Mithras-Religion zu schaffen. Wo anders dann als in dem seit Urzeiten als heilig geltenden Felsen der Externsteine ? Dort, am Fuß eines dieser Felsen, haben jüngste Untersuchungen nicht weniger als zwölf Pferdegräber gefunden. Gibt das nicht zu denken ?

Es ist wahrscheinlich, dass für diese Einwanderer das dort für sie geschaffene Heiligtum noch einige Jahrhunderte die gemeinsame Kultstätte war. Das musste nicht unbedingt bedeuten, dass die umwohnenden Germanen zum Mithraskult „bekehrt“ worden sind. Erst als Karl der Große die Bewohner des Sachsenlandes mit Gewalt zu Christen machte, dürfte das Mithras-Heiligtum an den Externsteinen für einige Zeit leer gestanden haben.

9

Das römische Köln noch einmal gerettet

Die Colonia in Bedrängnis

Herbst 460 in Köln

Sinnend stand Fürst Sigibert an den frisch aufgeschaufelten Grabhügeln seiner Krieger. Zwölf davon waren in den Kämpfen gefallen, die die letzten Monate mit sich gebracht hatten, viel zu viele für die kleine Schar, die hier in der großen Stadt Colonia Agrippina das Imperium Romanum repräsentieren und die Einwohner vor äußeren Gefahren schützen sollten.

Alle Gefallenen gehörten zwar der unteren Klasse seines Volkes an, aber sie waren ihm als treue Gefolgsleute ans Herz gewachsen. Sigibert wusste nicht, ob er ein Gebet zu den Göttern seiner väterlichen Familie aus dem Volk der Sarmaten sprechen sollte, ob er sich an Thor, den Kriegsgott seiner germanischen Großmutter Sigse aus dem Norden, wenden sollte – manche seiner Krieger hätten das auch getan – oder ob er, wie es die Christen in seiner Stadt taten, im Andenken an die Verstorbenen Kerzen anzünden sollte.

Zu viel Schreckliches war in den letzten Monaten geschehen, auch wenn es letztlich noch einmal gut ausgegangen war. Vor zwei Jahren war Vater Sigimer gestorben, und das Szepter des Fürsten der Sigambrer in der Colonia Agrippina war auf Sigibert übergegangen, der mit seinen 22 Wintern im besten Alter stand und schon manche Erfahrungen hatte sammeln können. Sigibert kannte es nicht anders, aber leicht war es wirklich nicht, die Römerstadt am Rhein zu beherrschen.

Beherrschen war ein viel zu großes Wort für das, was zur Aufgabe des Fürsten und seiner kleinen Truppe von vielleicht nur 100 Kriegern gehörte. Die Menschen, die in der Römerstadt verblieben waren, nagten seit vielen Jahren am Hungertuch, und sie waren arm, bitter arm. Seit es keine römischen Behörden mehr in der Stadt gab, waren alle Reichen geflüchtet, und die Zurückgebliebenen hatten so gut wie kein Geld mehr, um etwas zu essen zu kaufen. Längst war jeder geeignete Fleck in der Stadt, auf Plätzen, auf Ruinenhügeln oder dicht hinter den Stadtmauern, zu Gärtchen oder kleine Äckern gemacht worden, um dort Gemüse oder Getreide anzubauen, und magere Kühe oder Ziegen nagten an den wild wachsenden Sträuchern in den Straßen herum.

Die wenigen Bauern im Umland der Stadt waren inzwischen reich geworden, denn sie ließen sich von den Bürgern der Stadt reichlich bezahlen, was sie ihnen an Erträgnissen ihrer Äcker oder Ställe überließen. So wanderten die letzten Römermünzen und darüber hinaus zahlreiche goldene oder silberne Schmuckstücke aus den Stadthäusern in die kleinen Bauernhäuser rund um die Colonia. Wie lange das noch so gehen könnte, das heißt, wie lange noch solche Gegenstände in den Haushalten der Stadteinwohner vorhanden sein würden, wusste niemand.

Auch die Krieger des Fürsten Sigibert und seine eigene Familie blieben vom Hunger nicht verschont. Sie hätten die Macht gehabt, Steuern von den Einwohnern der Stadt Colonia zu erheben, aber Geld, um sie zu zahlen, war ja nicht vorhanden, und woher sollten die Städter Naturalien nehmen, um in dieser Form Steuern zu entrichten ? So hatte schon Vater Sigimer die Lösung eingeführt, mit den Bauern in der Umgebung der Stadt zu vereinbaren, dass diese ein Zehntel ihrer Ernte oder ihrer tierischen Produkte den Kriegern des Stadtherrn brachten. Diese sollten umgekehrt dafür sorgen, dass die Kolonen auf den stark zusammengeschrumpften einst römischen Gütern nicht von Feinden ausgeplündert werden konnten.

Doch seit dem letzten Jahr war das unmöglich geworden. Aus dem Gebiet von jenseits des Rheins hatte sich ein größerer Haufen von Germanen gleich südlich der Kölner Stadtmauer festgesetzt, dort, wo sie ans Flussufer stieß *(der heutige Kölner Stadtteil Bayenthal)*. Sie nannten sich Beyeren und zählten immerhin einige hundert Krieger. Damit waren sie zu schwach, um die Stadt Colonia zu erobern oder auch nur zu belagern, wenn an den Toren und auf der Stadtmauer gute Wacht gehalten wurde.

Aber diesen bösen Franken, wie alle Leute in der Colonia sie nannten, war etwas viel Besseres eingefallen. In unregelmäßigen Abständen suchten ihre Krieger die einzeln liegenden Landgüter rund um die Stadt heim und stellten die dortigen Bauern vor die Wahl, ihre kleinen Schätze von Münzen und Schmuck herauszugeben sowie reichlich Lebensmittel für die fränkischen Krieger, oder aber zuzusehen, wie ihre Hütten und Scheunen in Flammen aufgingen. Die

Krieger des Stadtfürsten Sigibert waren ihrerseits viel zu schwach, um außerhalb des Schutzes der Stadtmauer die fränkischen Räuber zu vertreiben und die Bauern zu schützen.

So hatte schon im vorigen Herbst Fürst Sigibert einen reitenden Boten an seinen Vetter Childerich in der Provinz Belgica geschickt, mit der dringenden Aufforderung, ihm mit einem Heer zu Hilfe zu kommen. Der Bote hatte an den Schwur erinnert, mit dem sich einst die Söhne Chlogios verpflichtet hatten, sich gegenseitig beizustehen, wenn eines der kleinen Reiche dieser Söhne oder deren Nachfolger von außen bedroht würde *(siehe Kapitel 6)*.

Childerich war nicht selbst gekommen. Konnte er nicht oder wollte er nicht ? Aber dafür war im Spätsommer dieses Jahres der römische Heermeister Ägidius mit einer großen Schar seiner Bucellarii *(angeworbene Söldner)* aus dem fernen Gallien bis an den Rhein nach der Colonia marschiert. Es hatte einige Wochen harter Kämpfe bedurft, bis im Zusammenwirken der römischen Krieger mit den Leuten Sigiberts so viele von den kampfkräftigen Männern der Beyeren gefallen waren, dass der Rest gezwungen war, Frieden zu schließen. Bei diesen Kämpfen hatten auch die zwölf Krieger des Sigibert ihr Leben lassen müssen, zusammen mit etlichen Soldaten des Ägidius.

Der von beiden Seiten feierlich beschworene Frieden sah vor, dass die Beyeren sich mindestens 30 Meilen *(45 Kilometer)* über den Rhein nach Sonnenaufgang zurückziehen und sich verpflichten müssten, nie wieder in die Nähe der Colonia zu kommen.

Die schlimmste Gefahr für die Stadt war damit gebannt, und der römische Anführer konnte mit seinen Leuten wieder nach Gallien zurück marschieren. Die pax Romana war hier am Rhein wieder hergestellt, konnte Ägidius stolz verkünden. Aber der Hunger für die Menschen in der Stadt, auch für die Leute des Sigibert und ihre Familien, war damit nicht behoben. Das Herz des Fürsten Sigibert war schwer, wenn er an die Zukunft dachte. Ihn fröstelte, und er zog daher seinen warmen Mantel aus dunkelblauer Wolle enger um sich.

Fiktive und realistische Geschichtsdarstellung

Normalerweise wird man annehmen, dass eine erzählende Geschichtsdarstellung wie die vorstehende „fiktiv", das heißt „erfunden", ist, während eine sachlich-wissenschaftliche Aussage in einem Geschichtsbuch der Realität entspricht. Hier dürfte es umgekehrt sein.

Natürlich ist die „Rahmenhandlung", das Selbst-Gespräch des Fürsten Sigibert, erfunden, aber die darin untergebrachten Geschichtsabläufe dürften weit eher der historischen Realität entsprechen als die Annahmen der Geschichtswissenschaft. Als Beispiel dafür ein Auszug aus Wikipedia (2011) zur Geschichte der Stadt Köln: *„Spätestens als Aëtius im Jahr 454 ermordet wurde, bedeutete das auch das Ende der Römerherrschaft in Köln. Die Franken eroberten Köln und machten die Stadt zum Vorposten eines ihrer Gaue ...".*

Die vorstehend erzählte Episode soll dem Leser von einem Ereignis berichten, das in fast allen Geschichtsdarstellungen übersehen wird, selbst in den speziellen für die Stadt Köln. Dabei sind der Vorgang selbst und die Berichte darüber in verschiedener Hinsicht exemplarisch, so unbedeutend das Ganze auch eigentlich erscheinen mag.

Einmal zeigt es das völlig unberechtigte Vertrauen der meisten Historiker in die wenigen schriftlichen Quellen jener Zeit, die meist nur in schwer verständlichen Andeutungen, natürlich in Latein, bestehen. Doch werden diese Quellen – die einzigen, die die etablierte Geschichtswissenschaft akzeptiert ! – zu Ausgangspunkten oft abenteuerlicher Spekulationen, die aber als „feststehende Geschichte“ dargeboten werden. Auch die obige Erzählung beschreibt eine Hypothese, allerdings stützt sich diese auf zahlreiche zusammen passende Indizien aus mehreren ganz verschiedenen wissenschaftlichen Forschungszweigen.

Die Ereignisse des Jahres 460 in Köln widerlegen die fast allgemein vertretene Ansicht, das Rheinland sei in dieser Zeit in der Hand eines ausgedehnten „Königreichs der ripuarischen Franken“ gewesen, mit Köln als dessen Hauptstadt. Wie sollten Germanen („Franken“ in der damaligen Ausdrucksweise und nach Ansicht der heutigen Historiker) in der Lage gewesen sein, ein großes Land und vor allem die immer noch zahlreichen Bewohner einer Stadt zu „beherrschen“, die im Grunde am Verhungern waren ? Die Machtmittel, die im späteren Mittelalter den Grafen oder Landesherren zur Verfügung standen, vor allem die Leibeigenschaft der Bauern, hatten diese frühen germanischen Anführer gewiss noch nicht.

Plausible Gründe gegen eine „Herrschaft“ von Germanen am Rhein

Die Lage in Köln in jenen Jahrzehnten muss etwa der Situation der deutschen Großstädte unmittelbar nach dem Ende des zweiten Weltkriegs entsprochen haben, als die Währung „Reichsmark“ praktisch entwertet und ein Rückfall in eine reine Naturalwirtschaft eingetreten war. Doch die meisten Stadtbewohner hatten weder Waren noch Dienstleistungen als Gegenwert für Lebensmittel anzubieten, und das damalige Geld war praktisch nichts mehr wert.

So wie erzählt, wird dem Leser vielleicht klarer, in welch kritischer Lage sich die Bewohner der ganz wenigen Städte des einst römischen Germaniens befanden, als der frühere Motor der Wirtschaft, ein lebhafter Geldumlauf in Form von Münzen, zusammengebrochen war. Das galt auch für die „Herren" dieser Städte, wenn man dieses Problem einmal nüchtern logisch bis zu Ende durchdenkt.

Der Bericht soll auch erklären, warum wohl germanische Gruppen in dieser Zeit wiederholt diese wenigen einst reichen Städte überfielen, um in ihnen zu plündern, aber gerne darauf verzichteten, sie zu „erobern" und „beherrschen". Denn diese im Grunde noch recht primitiven „Barbaren" lockte der Reichtum in Form von mit Händen packbaren Wertgegenständen, wobei Münzen nur als Stücke wertvollen Metalls galten. „Herrschaft" über ein „Königreich" war wohl ein Wunsch, den nur moderne Historiker ihnen angedichtet haben.

Nahezu das Gleiche muss auch für die noch größere Stadt Trier gegolten haben; hier existieren ja Berichte über mehrere Plünderungen im 5. Jahrhundert. Allerdings traf diese völlige Verarmung infolge Mangel an Geld wohl fast ausschließlich die Städte in den einstigen römischen Provinzen Germania und Belgica, nicht das übrige Gallien, wo die Verhältnisse nicht so katastrophal waren.

Zur vorstehend erzählten Episode in Köln aus dem Jahr 460 finden sich zwei Quellen aus dem Frühmittelalter. Beide berichten, der „König der Römer" Ägidius, habe in Köln gekämpft, aber er sei von dort geflohen. Und beide Quellen erwähnen jeweils im nächsten Satz, aber völlig ohne Zusammenhang mit den Zeilen zu Ägidius, es habe eine Verwüstung der Stadt Trier an der Mosel begonnen. Die wenigen Zeilen aus dem „Liber historiae Francorum" aus dem Anfang des 8. Jahrhunderts sind unter den Literaturangaben zu diesem Kapitel abgedruckt, für Leser, die den lateinischen Text selbst nachprüfen möchten. Ein ähnlicher Text, wahrscheinlich aus dem erwähnten übernommen, steht in den „Gesta Francorum" aus dem 11. Jahrhundert.

Diese Angaben scheinen dem Inhalt der vorstehenden Episode völlig zu widersprechen. Jeder Geschichtsprofessor würde ohne zu zögern die Beschreibung in diesem Buch für falsch halten und sich dafür auf die „Quellen" berufen. Schließlich seien diese ja .Geschichts s c h r e i b u n g und daher „verlässlich".

Aber würden Historiker, Vertreter einer ausgesprochenen „Schrift-Wissenschaft", dabei bedenken, dass der Autor des „Liber historiae Francorum" mit größter Wahrscheinlichkeit zumindest diese Episode nur m ü n d l i c h überliefert bekam ? Zweieinhalb Jahrhunderte ausschließlich mündlicher Überlieferung können viel verändern. Das zwingt, in der schriftlichen Wiedergabe nur mit äußerster Vorsicht nach den minimalen Geschichtskernen zu suchen, die darin stecken können, ähnlich wie in den „deutschen Heldensagen" (siehe Kapitel 7).

Dieser „Kern" könnte hier der Name Ägidius sein, der irgendwann zu Beginn der 60er Jahre des 5. Jahrhunderts etwas mit der Verteidigung von Köln zu tun hatte. Ägidius war damals Magister Militum per Gallias (Militärbefehlshaber für den Reichsteil Gallien). Ein Jahr später wurde er von seinem Intimfeind, dem Reichsfeldherrn Ricimer, abgesetzt und erklärte sich und das von ihm beherrschte Nordgallien für unabhängig vom Römischen Reich. Er wurde bis zum Ende seines Lebens ein enger Freund des Königs Childerich. Vermutlich nutzte Ägidius im Jahr 460 die

Chance, noch einmal mit verhältnismäßig geringem Einsatz die „römische Macht am Rhein" wiederherzustellen.

Beide erwähnten Quellen dienten ein Jahrhundert später der Verherrlichung der Vorfahren des „Staatsvolkes" des „fränkischen Königreichs". Daher erscheint es ziemlich plausibel, wenn diesen Vorfahren ein Sieg über den „rex Romanorum" angedichtet wurde, der danach schmählich aus Köln fliehen musste. Aber das muss nicht die historische Realität gewesen sein.

„Bayern" in Köln ?

Was soll aber die Erwähnung von Germanen namens „Beyeren" in oder bei Köln ? Wieder eine „unglaubliche" Fiktion ?

Hier ist es nicht nur der heutige Name des Kölner Ortsteils Bayenthal, der als Anhaltspunkt diente. Zu denken gibt auch, dass der gleiche Ortsname, von einer Person, wahrscheinlicher noch von einer Menschengruppe abgeleitet, nämlich Bayenburg, rund 50 Kilometer östlich von Köln auftaucht, als Vorort der Stadt Wuppertal.

Die beiden Ortsnamen, die sich möglicherweise mit einer germanischen Menschengruppe im 5. Jahrhundert verknüpfen lassen, sind Mosaiksteinchen für ein erst in groben Umrissen erkennbares Bild eines „neutralen" Landstreifens, der ö s t l i c h des Niederrheins das Römische Reich von einem oder mehreren „Reichen" germanischer Völker trennte.

Geschichtskennern fällt auf, dass eine Grenze in Deutschland sich offenbar bis ins Altertum zurück n i c h t verändert hat, wo doch sonst die Grenzen zwischen verschiedenen Herrschaften auch in unserem Land ständig wanderten. Das ist die Grenze zwischen den Landschaftsverbänden (so die heutige offizielle Bezeichnung) oder Provinzen Westfalen und Rheinland, früher zwischen den Herzogtümern oder Grafschaften Mark und Berg und noch früher offenbar zwischen den „freien“ Germanen und dem Römischen Reich. Jedenfalls verläuft sie nicht direkt am Rhein, sondern stets einige bis viele Kilometer weit nördlich bzw. östlich des Stromes.

Achteten die Römer, so lange sie den Rhein als den „Limes“ und als ihre Grenze verstanden, darauf, dass jenseits des Stromes ein Landstreifen von erheblicher Breite als „römisches Einflussgebiet“ zu gelten hatte ? Aus mehreren Friedensschlüssen römischer Kaiser mit Germanenkönigen ist bekannt, dass eine Klausel in diesen Verträgen den besiegten Germanen verbot, sich dem Grenzfluss (Donau oder Rhein) über eine festgelegte Entfernung zu nähern. Die in der romanhaften Episode am Anfang dieses Kapitels erwähnte Klausel, die Ägidius den besiegten Beyeren auferlegte, mindestens 30 römischen Meilen (ca. 45 Kilometer) Abstand vom Rhein zu halten, ist eine praktische Anwendung dieses Wissens.

Eine nur speziellen Sagenforschern bekannte Schriftquelle aus dem Hochmittelalter, noch dazu in altschwedischer Sprache, die so genannte „Svava“, berichtet höchst geheimnisvoll von vier *„Völkern und Landesherren“*, die in einem Kampf um die Festung Bern (Bonn am Rhein ?) dem dortigen Fürsten zu Hilfe gekommen seien: *„Ungeren und Swaveren und Beyeren und Torkeren.“* Wenn ein historischer Kern darin verborgen sein sollte, muss er in die späte Völkerwanderungszeit am Rhein verweisen. Was es damit auf sich haben könnte, muss in einem späteren Kapitel dieses Buches (Kapitel 12) näher erklärt werden.

Man sollte sich jedenfalls von den Vorstellungen des 19. Jahrhunderts lösen, dass die Auseinandersetzung zwischen Germanen und Römern auf Seiten der Germanen stets nur vom Wunsch nach „Erobern“, „Beherrschen“ und „Erschlagen von Feinden“ genährt wurde, und dass jeweils riesige Zahlen von Kriegern daran beteiligt waren.

Genauso falsch scheint es zu sein, in den Germanen des 5. Jahrhunderts exakt die gleichen „Völker" zu sehen, die 400 Jahre früher von Tacitus und anderen römischen Historikern erwähnt wurden. Die winzige Intelligenzschicht der Römer, diejenige, die lesen und schreiben konnte, interessierte sich nicht für wissenschaftliche ethnologische Berichte. Also wurden keine geschrieben, sondern nur von „vernichtenden Niederlagen" berichtet, die die späteren römischen Feldherren hier und da einmal den Barbaren angeblich zugefügt hätten. Und da reichte die Bezeichnung „Franken" für alle diese Barbaren völlig hin.

10

Sarmatische Könige in Thüringen ?

Die Männer in den blauen Umhängen

Sommer 465 im heutigen Erfurt

Nahe der Furt über den kleinen Fluss, den die Thüringer Erpha nannten *(heute Erfurt),* hatte sich eine große Zahl stolzer Krieger im Kreis niedergelassen. Die meisten davon trugen dunkelblaue Umhänge aus Wolle über ihren Kettenpanzern. Etliche der kleinen, von Ochsen gezogenen Reisewagen, in denen die Familien der Hirtenkrieger nachts zu schlafen pflegten, standen im weiten Halbkreis um den Platz herum, denn manche der Krieger waren von weither gekommen.

An den brennenden Holzstoß, der zu jeder Beratung der Schah gehörte, trat Calomer heran, der Oberpriester und Hotar *(Sänger).* Man nannte ihn auch den „Bewahrer des Gestern". Mit lauter Stimme forderte er die Krieger auf, nun zu schweigen und ihm zuzuhören, denn er habe Wichtiges über die Vergangenheit und die Zukunft der verbündeten Dracones zu verkünden, deren Schah sich hier versammelt hatten.

Zu den Klängen seiner Leier trug Calomer ein Lied vor, das die Zuhörer längst kannten. Aber der öfter wiederholte Vortrag dieses Liedes sollte helfen, dass es nicht nur der Sänger, sondern auch die Zuhörer unauslöschbar im Gedächtnis behielten. Es beschrieb die ruhmvolle Vergangenheit der stolzen Sarmaten aus dem Stamm der Roxolanen in ihrer Heimat Pannonien. Im Gesang schilderte Calomer, wie sie große Herden von Pferden, Rindern und Schafen aufgezogen hatten und reich dadurch geworden waren, und wie sie vor langer Zeit von den bösen Hunnen mit Gewalt zu deren Gefolgsleuten gemacht worden waren. Der Hotar sang auch davon; wie vor einigen Jahren die Herrschaft der Hunnen nach dem Tod des grausamen Königs Attila auf einmal zu Ende war, und wie in den Weidegebieten der Roxolanen aber nun plötzlich Kriege zwischen den Nachbarvölkern der Goten, Gepiden und anderen ausbrachen, die auf die Herden der daran gar nicht beteiligten Hirten keine Rücksicht nahmen.

Das Lied berichtete weiter, wie im Sommer vor dem letzten Winter drei Dracones der Roxolanen sich zusammengetan hatten, um gemeinsam mit Pferden und Rindern, mit Frauen, Kindern und zahlreichem Gesinde von der Donau ins Land der Thüringer zu ziehen. Vor vielen Generationen war schon einmal ein Draco ihres Volkes dorthin gezogen; das wusste der Oberpriester Calomer von seinem Großvater.

Hier waren sie nun in diesem Land. Es war so, wie sie es sich für ihr Vieh wünschten, und die Menschen, die dort seit jeher lebten, hatten schon gelernt, dass die neu angekommenen kräftigen Krieger mit ihren Pferden und Rindern anders waren als die Hunnen. Denn die hatten auch die Thüringer noch in schlechter Erinnerung.

Die neuen Herren plünderten und mordeten nicht wie die Hunnen, sondern sie waren bereit, den Bauern ein paar

Schafe oder Wolle oder Milch und einige Kälbchen oder auch ein Pferdefohlen abzugeben, wenn sie dafür Getreide und Gemüse oder ein Schwein bekamen.

Manche der freien Bauern der Thüringer waren sogar schon bereit gewesen, sich freiwillig den Schwurfamilien des einen oder anderen Adligen der Roxolanen anzuschließen: sie schworen ihm Treue und Gefolgschaft, aber sie erhielten dafür auch den Schutz und die Fürsorge des neuen Herrn, und das war viel wert, wie die Bauern bald erkannt hatten. Die Schah konnten inzwischen schon viele wichtige Sätze in der Sprache der einheimischen Thüringer sagen.

Calomer machte eine bedeutungsvolle Pause in seinem Gesangsvortrag, um anzudeuten, dass jetzt etwas Neues, Wichtiges kam, etwas, was für die Zukunft gelten sollte, nachdem er das über die Vergangenheit vorgetragen hatte, was allen bewusst bleiben sollte. Es gelte jetzt, dem Volk der Thüringer einen neuen Anführer zu geben, einen Herrn, der im Notfall auch den vielen selbstbewussten Schah aus den drei unterschiedlichen Dracones der Roxolanen und den alteingesessenen Bauern Befehle geben könne. Die Häupter der Schwurbünde hätten sich geeinigt, den Fürsten Bisin zum König zu machen. Der habe ja schon mit großem Erfolg die Wanderung der Dracones von der Donau nach Thüringen befehligt.

„So spreche ich dir, Bisin, die Würde des Königs der Thüringer zu“, wandte sich der Oberpriester nunmehr direkt an den kräftigen jungen Mann, der wie ein strahlender Held mit seinem dunkelblauen Mantel vor ihm und dem Kreis der sarmatischen Schah stand. Alle hatten sich zu seinen Ehren erhoben. Feierlich überreichte Calomer dem neuen Herrscher das Stück eines kleinen Baumes, in dessen seltsam verzweigten Ästen eine faustgroße Kugel aus Bergkristall eingezwängt war. Darin unterschied sich das Szepter eines Königs, der niemandem anderen mehr untertan war, von dem Befehlsstab eines Fürsten. Mit laut hallenden Hoch-Rufen begrüßten die vielen stolzen Adligen diese Erhöhung der Würde ihres hoch geachteten Anführers.

Doch damit war die feierliche Versammlung nicht beendet. Denn jetzt trat ein fremder Krieger in den Kreis, auch er mit einem dunkelblauen Umhang bekleidet. Aber die Kundigsten unter den Schah konnten erkennen, dass der Panzer, den er darunter trug, römischer Herkunft war. Oberpriester Calomer stellte den Fremden vor: „Hier spricht der Edle Wiomad zu euch. Er ist aus einem Land weit nach Sonnenuntergang zu uns gekommen und will uns einen ehrenvollen Antrag machen."

Was Wiomad zu verkünden hatte, war für die meisten der Schah der Roxolanen erstaunlich, weil sie nichts von den Gesprächen im kleinsten Kreis um den Fürsten Bisin wussten, die in den Tagen zuvor gepflogen worden waren. Der Fremde benutzte die Sprache der Sarmaten flüssig, aber immer wieder einmal kamen darin Brocken einer fremden Sprache vor; einige wenige unter den Schah erkannten sie als Latein, die Sprache der Römer.

Der Fremde berichtete, er sei der Bote des Königs Childerich, des Sohnes des Merowech, aus dem Land am großen Wasser im Westen. Sein König sei ein entfernter Verwandter des neuen Königs Bisin, denn vor acht oder neun Generationen hätten zwei Brüder aus der Königsfamilie der Roxolanen die zwei neuen Zweige dieser Dynastie begründet. Durch Kaufleute habe König Childerich von der Ankunft seiner Verwandten im Lande der Thüringer gehört, und er beglückwünsche seinen Vetter Bisin dazu.

Sein König habe auch von Basina vernommen, der jungen und schönen Schwester des Königs Bisin; er werde sich sehr geehrt fühlen, wenn diese und ihr Bruder seine Werbung annehmen würde und sie als seine zukünftige Gemahlin zu ihm, Childerich, ziehen würde.

Ebenso höflich antwortete der neue König Bisin dem Boten. Er werde mit seiner Schwester beraten, ob diese bereit sei, die ehrenvolle Werbung anzunehmen. Sowohl Bisin wie der Bote Wiomad und einige wenige der Schah aus der Umgebung Bisins wussten natürlich, dass alles längst im kleinsten Kreis abgesprochen war und dass die Prinzessin Basina dabei am wenigsten mitzureden gehabt hatte.

Warum Archäologen nie etwas von den Sarmaten finden konnten

Wieder dürfte die Lektüre der vorstehenden Episode bei Lesern vor allem aus Thüringen helles Erstaunen und Unglauben hervorgerufen haben. Von der Existenz eines Königreichs der Thüringer im 5. und 6. Jahrhundert weiß man Einiges - - aber nichts von einer massiven Einwanderung aus dem Donauraum und erst recht nichts von Sarmaten.

Dabei war die Zunft der Archäologen in Thüringen und allgemein in Mitteldeutschland in den letzten hundert Jahren erfreulich

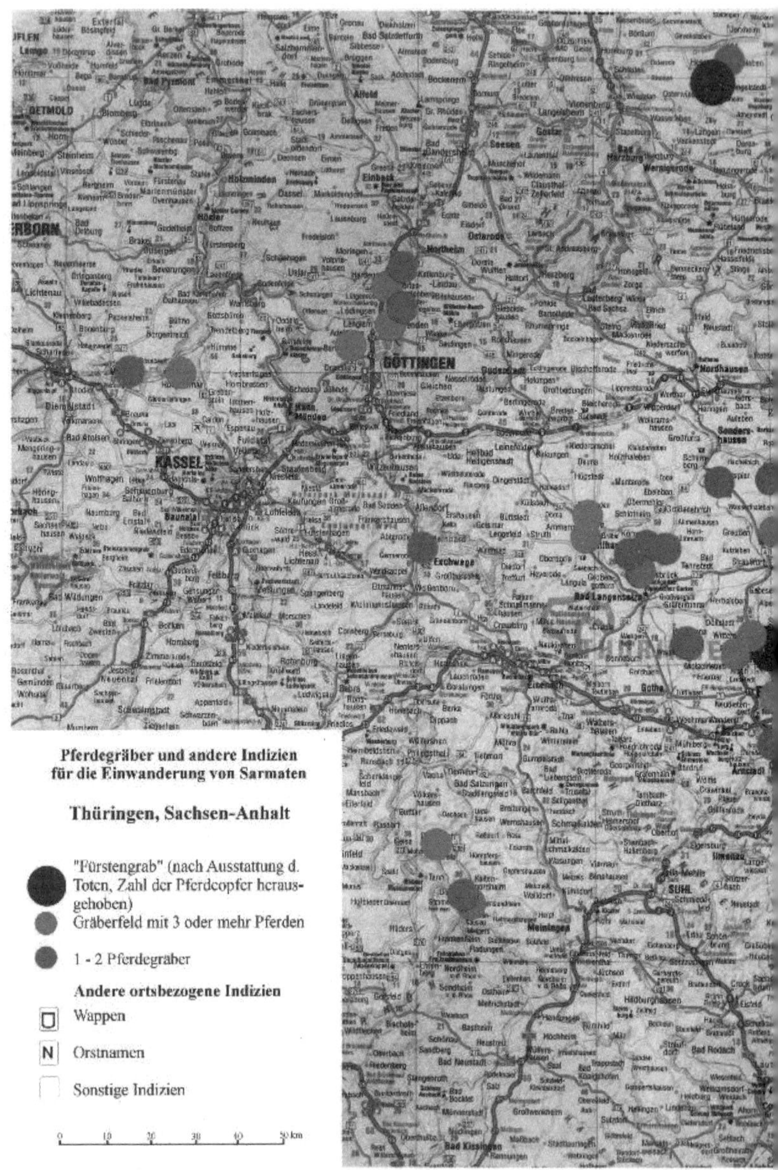
Pferdegräber und andere Indizien für die Einwanderung von Sarmaten
Thüringen, Sachsen-Anhalt
"Fürstengrab" (nach Ausstattung d. Toten, Zahl der Pferdeopfer herausgehoben)
Gräberfeld mit 3 oder mehr Pferden
1 - 2 Pferdegräber
Andere ortsbezogene Indizien
Wappen
N Ortsnamen
Sonstige Indizien
0 10 20 30 40 50 km

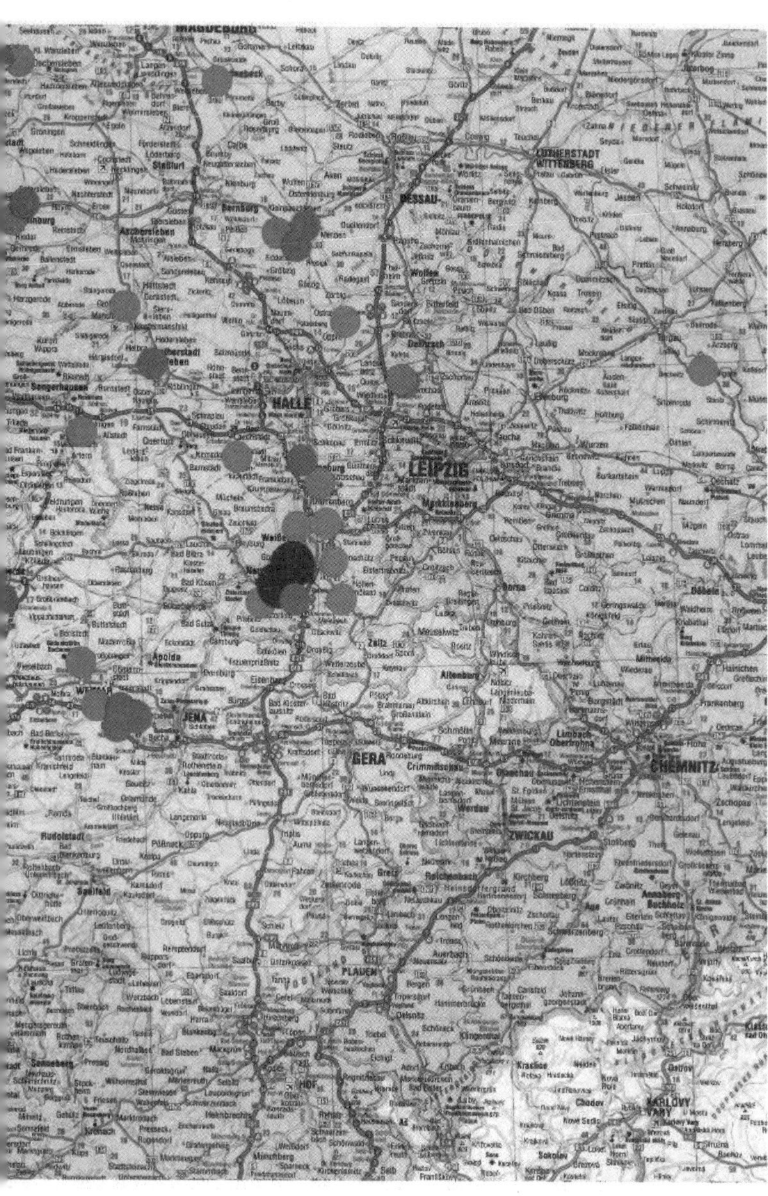
LUTHERSTADT WITTENBERG
DESSAU
HALLE
LEIPZIG
JENA
GERA
CHEMNITZ
ZWICKAU
PLAUEN
HOF
KARLOVY VARY

fleißig und konnte zahlreiche Aufsehen erregende Funde von Gräbern gerade auch aus der Völkerwanderungszeit machen. Man hat sie sogar in sehr eindrucksvoller und übersichtlicher Form in Büchern dar allgemeinen Öffentlichkeit vorgestellt und sie nicht in internen Dokumentationen der einschlägigen Museen vergraben.

Aber das Stichwort Sarmaten taucht in diesem Schrifttum nicht auf. Das hat seinen Grund darin, dass die Texte der Historiker der Spätantike dieses Volk nicht mehr nennen, sondern nur die der germanischen Völker aus dem Balkanraum, die in jenen Jahrhunderten von dort ins Römische Reich strömten. Und nur aus den alten Schriftwerken beziehen die heutigen Geschichtsforscher ihr Wissen. Die Archäologen wiederum, die materielle Überreste früherer Menschen aus der Erde graben, sind an das Wissen der Historiker gebunden, wenn sie ihre Funde dem einen oder dem anderen Volk zuordnen sollen.

Was sind die Fakten ? Rund um den Ostteil des Harzes herum, nördlich, östlich und südlich dieses bis zum Frühmittelalter unzugänglichen Waldgebirges, wurden zahlreiche Gräber gefunden, die die Archäologen selbst als „Adelsgräber" bezeichnet haben, weil sie so reich ausgestattet waren. Die Sitte, verstorbenen Kriegern oder auch angesehenen Frauen Waffen, Schmuck und Haushaltsgeräte mit auf die Reise in die Ewigkeit zu geben, war in Mitteleuropa erst etwa hundert Jahre früher aufgekommen; ob es eine spezielle Eigenart der G e r m a n e n war, ist noch ungeklärt. Bei R ö m e r n war sie unbekannt.

Unter diesen Gräbern stachen viele dadurch hervor, dass man auch geopferte Pferde in ihrer unmittelbaren Nähe fand, ein, zwei oder mehrere Pferde. Das war eine Sitte speziell bei den Sarmaten, nicht bei den Germanen, doch hat das in der Zunft der deutschen Archäologen bisher noch niemand gemerkt. Was diese geopferten Pferde für die Sarmaten bedeuteten, wird in anderen Kapiteln dieses Buches näher erklärt werden (Kap. 1 und 11).

Bedeutsam ist, dass Gräber dieser Art in Thüringen und im östlichen Harzvorland erst frühestens n a c h der Mitte des 5. Jahrhunderts angelegt wurde; bis ins 6. Jahrhundert hinein waren sie im Gebrauch. Natürlich fiel den Ausgräbern in Mitteldeutschland auf, dass diese Grabausstattungen große Ähnlichkeit mit Gräbern von Ostgoten und anderen Germanen im Donauraum hatten. Daher wurde zur Erklärung der Gräber in Thüringen behauptet, es habe sich hier *„donauländischer Einfluss bemerkbar gemacht."*

Solche Formeln werden in der Archäologie gerne verwendet, wenn es zu einer auffallenden Art von Funden keine bisher bekannte historische Ursache gibt. Aber eine plausible Erklärung können solche absichtlich vagen Behelfsfloskeln nicht liefern. Ist aber nicht die Annahme einer zwar nicht riesigen, aber doch recht massiven E i n w a n d e r u n g von Menschen aus dem Donauraum, und zwar von S a r m a t en , nicht von Germanen, um das Jahr 464 doch die plausibelste Erklärung ?

Erstaunliches über die Verbindung von Thüringen zu den Merowingern

Von irgendwelchen Verbindungen der Merowinger-Könige zu den Königen der Thüringer berichtet zwar der „Franken-Historiker" Gregor von Tours, doch bleiben dessen Andeutungen – mehr als 100 Jahre später niedergeschrieben – stets legendenhaft, geheimnisvoll und bruchstückhaft. Man hat in der modernen Geschichtsforschung zwar gerne diese Legenden wiederholt und meistens für bare Münze gehalten, aber selten einen Gedanken daran verschwendet, was wohl wirklich dahinter stecken könnte.

Gregor berichtet, der König Childerich sei von seinem Volk gezwungen worden, acht Jahre lang im Exil bei den Thüringern zu leben; nach seiner Rückkehr an die Schelde sei ihm des Thüringerkönigs Frau Basina nachgereist, um Childerich zu heiraten. Sie wurde die Mutter des berühmten Königs Chlodwig. Eine andere Legende, aufgezeichnet vom frühmittelalterlichen Autor Fredegar, erzählt die Sache ähnlich, weiß aber noch etwas von einem Vertrauten Childerichs namens Wiomad, der ihm nach Thüringen nachgereist sei, um ihn aus seinem Exil zurückzuholen.

Nirgendwo in der Geschichtsliteratur ist bisher der Gedanke geäußert worden, die Merowinger-Dynastie und die Könige der Thüringer seien bereits von alter Zeit her verwandt gewesen, Doch die aus völlig anderen Indizien bereits höchst plausibel nachgewiesene Abstammung sowohl der Merowinger wie der Thüringerkönige aus dem Volk der Sarmaten macht auch diese alte Verwandtschaft durchaus wahrscheinlich, sogar die gemeinsame Abstammung aus e i n e m Stamm der Sarmaten (siehe dazu den nächsten Abschnitt dieses Kapitels).

Man sollte sich im 21. Jahrhundert mit seinen modernen Nachrichtenverbindungen nicht einbilden, die Menschen vor 1500 Jahren in Europa seien völlig blind gewesen hinsichtlich der Ereignisse in 500 oder 1000 Kilometer Entfernung. Wenigstens die Anführer erfuhren auch damals schnell und über recht große Entfernungen von dem, was für sie wichtig war.

So ist die Behauptung in der erzählenden Episode zu Anfang dieses Kapitels, der Merowech-Sohn Childerich habe von der Einwanderung einer verwandten Sarmatengruppe in Thüringen gehört, durchaus realistisch. Warum soll er dann nicht seinen Vertrauten Wiomad – übrigens ein ausgesprochen sarmatischer und nicht germanischer Name ! – nach Thüringen geschickt haben ? Der hatte vielleicht einen zweifachen Auftrag.

Er sollte dem Anführer seiner Verwandten in Thüringen den Vorschlag machen, den Königstitel anzunehmen, den Childerich bereits längst trug. Und zweitens sollte Wiomad um die Schwester Bisins werben, denn Childerich sollte und wollte heiraten. Doch für einen König kam nur eine Prinzessin aus einer Familie in Frage, die auch den Königstitel besaß. Mit den Königen in seiner näheren Umgebung, den (West-)Goten und den Burgundern, war Childerich aus politischen Gründen tief verfeindet.

So lässt sich zumindest sehr plausibel die bekannte Geschichte Thüringens in jener Zeit mit den später über Childerich verbreiteten Legenden verbinden, überraschend sicherlich, aber nicht unwahrscheinlich !

Im Grab des Königs Childerich – siehe dazu auch den nächsten Abschnitt dieses Kapitels – wurde übrigens eine Kristallkugel gefunden, deren Sinn sich die Wissenschaft bisher nicht erklären konnte. Die in der romanhaften Episode behauptete Bedeutung ist zumindest nicht unmöglich. Die Sarmaten kannten keine Krone als Abzeichen ihrer Könige, sondern einen Stab mit Ästen, ein „Szepter“.

Wie aus Mänteln Feldzeichen und aus diesen Wappen wurden

Wenn man bereits von einigen Teilchen die richtige Stelle in einem großen Puzzle kennt, wird es leichter, weitere Stücke dort einzufügen. Wieder einmal ist die Angabe in der Episode zu Beginn dieses Kapitels keine willkürliche Erfindung, ein blauer Wollmantel sei das Abzeichen der Adelskaste bei dem sarmatischen Stamm gewesen, dem sowohl die Merowinger wie die Könige der Thüringer entstammten. Für die Behauptung, es habe sich dabei um den alten Stamm der R o x o l a n e n gehandelt, sprechen einige Indizien. Die Beweisführung hierfür erfordert einen Abstecher in die Geschichte der Heraldik, der Wappenkunst, und damit in die allmähliche Entstehung der Wappen als Unterscheidungszeichen für adlige Familien.

Wenn die Farbe der Wollmäntel bei den Sarmaten ein gemeinsames Kennzeichen für die Mitglieder der Adelskaste (Schah) war, dann waren vermutlich diese Farben bei verschiedenen S t ä m m e n dieses Volkes unterschiedlich, gewissermaßen als weithin sichtbares Feldzeichen oder Fahne. Das war wichtig, wenn die Stämme Kämpfe gegeneinander ausfochten, was wenigstens in der Frühzeit häufig vorkam. Herodot berichtet aus dem 5. Jahrhundert v o r der Zeitwende von schwarzen Mänteln der Sarmaten („Melachlainen") als deren auffallendes Kennzeichen. Fast tausend Jahre später kann sich die Farbe geändert haben, oder der „Vater der Geschichtsschreibung" hat nur von e i n e m der damaligen sarmatischen Stämme dieses Merkmal erzählt bekommen.

Offenbar hatten die Dracones, die ihre genealogische Herkunft auf den sehr alten Sarmatenstamm der J a z y g e n zurückführten, als gemeinsames Abzeichen ihrer Adligen den rot-weiß karierten Mantel, die Abkömmlinge des ebenso alten Stammes der R o x o l a n e n dunkelblaue Mäntel. Diese S t ä m m e, deren Namen man noch aus Quellen der frühen römischen Kaiserzeit kennt, hatten wohl im 5. Jahrhundert nur noch als eine Art halb vergessener Ahnen- und Kultverband eine Bedeutung für die verschiedenen kleineren sarmatischen Gruppen, nicht mehr als politische Einheit mit gemeinsamer Führung. Ähnlich dürfte es übrigens auch bei den Germanen in der gleichen Zeit gewesen sein.

Die Rückführung der späteren rot-weiß karierten „Schachwappen" einst sarmatischer Adelsfamilien auf ihre Mantelfarbe ist jedenfalls durchaus plausibel (siehe Kapitel 1), wenn man bereit ist, solche Argumente in der Geschichtsforschung überhaupt anzuerkennen. Allerdings mussten diese Adelsfamilien, und mit ihnen die Erinnerung an ihr sichtbares Abzeichen, mindestens 600 Jahre überleben, bis sich ihr einstiges Feldzeichen in ein heraldisch korrektes Wappen auf dem Schild gepanzerter Ritter verwandelt hatte. Denn diese kamen erst etwa ab dem Jahr 1100 auf.

Weder in Nordfrankreich noch in Thüringen sind jedoch rot-weiß karierte Wappen aufgetaucht (wenn man von der kleinen Grafschaft Hohnstein in Thüringen absieht, die vermutlich ihr Schachwappen erst im Mittelalter durch Erwerb oder Erbschaft erhielt).

Aber im Jahr 1542 hat ein Heraldiker ein Wappen des „Königreichs der Thüringer" gemalt, das 6 goldene Lilien in blauem Feld zeigt (abgebildet in Wikipedia 2011; „Geschichte Thüringens"). Dieses Wappen ist auf jeden Fall eine Fiktion, denn im 5. Jahrhundert – der Zeit dieses Königreiches – gab es bestimmt so etwas noch nicht. Aber woher hatte dieser Wappenkundige aus Thüringen die Idee mit den Lilien auf blauem Feld ? Es war damals das Wappen der Herzöge von Bourbon, die bald darauf Könige von Frankreich wurden. Wusste oder ahnte der Heraldiker etwas von einer Verwandtschaft der Könige von Thüringen mit diesem Adelshaus ?

Bei den strengen Regeln der Heraldik im Mittelalter war es undenkbar, dass mit Wappenzeichen und Farben eine Verwandtschaft von Familien nur vorgegaukelt werden konnte. Verwandtschaften aufzuzeigen war in dieser Zeit bereits der wichtigste Zweck der Wappen. Mindestens eine seinerzeit ernsthaft b e h a u p t e t e (oder wenigstens noch unterbewusst erahnte) Verwandtschaft musste gegeben sein, wenn sich Wappen verschiedener Familien ähnelten oder sogar gleich waren.

Die Adelsfamilie der Bourbonen rühmte sich, Nachkommen der Kapetinger zu sein, den ersten Königen Frankreichs n a c h den Karolingern. Die Kapetinger wiederum behaupteten, Merowinger-Blut in sich zu haben. Die noch sehr neue Wissenschaft der Humangenetik hat Blutreste des während der französischen Revolution hingerichteten Königs Ludwig XVI. untersucht und festgestellt, dass er einer „Haplogruppe“ angehörte, deren Nachkommen auch die Merowinger waren. Diese „Haplogruppen“ sind „Marker“ in den Genen jedes Menschen, die ihn unverwechselbar mit einem Vorvater vor vielen tausend Jahren verbindet. Im Einzelnen ist dieses Verfahren zu kompliziert, um hier erklärt zu werden.

Möglicherweise finden hier wieder einige Puzzlestücke aus völlig verschiedenen Regionen und Forschungsbereichen die richtige Lage zueinander. Im Grab des Königs Childerich im belgischen Tournai, der ja in diesem Kapitel eine bedeutende Rolle spielt, hat man neben anderem Schmuck zahlreiche kleine Abbildungen von Bienen oder Zikaden aus Gold gefunden. Der damalige Ausgräber Chiflet hat, übrigens schon 1653, erfreulicherweise seine Funde in einem reich bebilderten Buch beschrieben, denn die meisten der Schätze wurden im Anfang des 19. Jahrhunderts aus dem Museum gestohlen und sind unwiederbringlich verloren. Bereits dieser Chiflet nahm an, dass die „Bienen“ auf einen M a n t e l geheftet gewesen waren. Der Mantel selbst war natürlich nach 1170 Jahren in der Erde völlig vergangen.

Lebten diese „Bienen“ mit ihrer uns unbekannten Symbolik in goldenen „Lilien“ weiter ? Auch dies ist von einem Historiker schon für möglich gehalten worden. Diese Form war ja eigentlich nur eine kleine technische Verschönerung der Schmuckstücke durch die mittelalterlichen Goldschmiede. Goldene Lilien auf blauem Feld bildeten nachweislich seit dem 12. Jahrhundert das Wappenschild der französischen Könige aus dem Haus dem Kapetinger und später auch aus dem Haus der Bourbonen. Gibt damit dieses Wappenbild die Mantelfarbe (blau) und den Schmuck des Königs Childerich wieder ? In der Symbolsprache der Heraldik ist die Kombination der Farben blau und gold übrigens immer auch ein Hinweis auf besondere Heiligkeit.

Ohne natürlich auch nur irgendetwas von der hier behaupteten Abstammung der Merowingerkönige von sarmatischen Adligen zu ahnen, hat ein prominenter deutscher Historiker, Reinhard Wenskus, in einem umfangreichen Aufsatz die hier gefundenen Mosaiksteinchen erwähnt. Aber er hat nicht nach ihrem Platz in dem riesigen Mosaikbild gesucht, das sich erst allmählich unserem Blick erschließt.

11

Aus Turkerern und Sueben werden Schwaben

Der Ritt ins Anderland für einen Edlen

Herbst 480, bei Donzdorf, Baden-Württemberg

Gleich nach dem plötzlichen Tod des Edlen Babai war ein Bote auf schnellem Pferd zum obersten Priester des Turkerer-Stammes aus dem Volk der Sarmaten geschickt worden; er lebte jetzt einen Tagesritt entfernt in einer der verstreuten Siedlungen des Stammes. Doch ohne den Priester, der zugleich der Hotar *(Sänger)* war, konnte ein so angesehener Edler wie Babai nicht seinen Ritt ins Anderland antreten. Nicht nur, dass er zu den Schah des Stammes gehörte, er war auch der Neffe des vor zwölf Jahren im Kampf gegen die Goten gefallenen Königs Babai gewesen und trug sogar noch dessen Namen.

Bis der Priester ankam, hatten die Männer und Frauen aus der Schwurfamilie des Babai alle Vorbereitungen getroffen, die für die Beisetzung des Verstorbenen nötig waren. Die knapp 20 Männer und Frauen hatten einen Platz für die Gräber gefunden, nahe dem Ort, wo die Reisewagen der Familie in einem Kreis aufgefahren waren und somit den gegenwärtigen Mittelpunkt der Weideplätze ihrer Pferde-, Rinder- und Schafherden bezeichneten. Doch neben den Wagen stand schon ein kleines Holzhaus nach Art der benachbarten

Sueben – Häusle sagten diese zu dieser Art der Schlafstätten - , ein Zeichen, dass die Leute Babais bereit waren, sich hier fest anzusiedeln.

Zwei tiefe viereckige Löcher in der Erde waren gegraben worden, eines für den verstorbenen Herren, eines für sein Pferd. Seit uralten Zeiten gab es feste Bräuche für die Art, wie mit Menschen aus dem Volk der Sarmaten nach ihrem Tod umzugehen sei. Die Toten aus der unteren Kaste mussten auf einem Scheiterhaufen verbrannt werden, um für das Leben im Anderland durch das Feuer die nötige Reinheit zu erhalten; dasselbe galt im Allgemeinen für die Frauen.

Anders war es mit den Männern aus der oberen Kaste des Volkes, den Schah. Sie hatten bereits in ihrem Leben einen höheren Grad der Reinheit inne und mussten daher nach ihrem Tod nicht durch das reinigende Feuer des Scheiterhaufens gehen. Sie konnte man unverbrannt bestatten, mit ihren Waffen und anderen Geräten, die sie für ihren Aufenthalt im Anderland benötigten.

Wenn allerdings der Älteste der Schwurfamilie, das Familienoberhaupt, gestorben war, kam noch eine weitere Zeremonie dazu. Dann erhielten die Götter eine besondere Gabe. Es war ein schmerzhaftes Opfer für die Menschen, die Pferde über alles liebten und sie als ihren kostbarsten Besitz ansahen. Ein Hengst musste den Verstorbenen auf seinem Weg ins Anderland begleiten, weit wertvoller als jede Stute, obwohl die letzteren für die Vermehrung der Herden sorgten. Allerdings brauchten die Menschen nur einmal in jeder Generation ein solches Opfer darzubringen, normalerweise nur alle zwanzig oder dreißig Jahre einmal.

Als nach drei Tagen der Priester in der Siedlung des Babai eingetroffen war, konnte die Trauerzeremonie beginnen. Der verstorbene Edle wurde sorgfältig und mit der gebührenden Ehrfurcht in seine Grabgrube gelegt, mit seiner Rüstung, seiner Lanze und seinem Schah-Mantel, in auffälligem Gelb und Schwarz senkrecht geteilt.

Dann führte man einen zweijährigen Hengst vorsichtig zum zweiten Grab und geleitete ihn den kleinen Abhang hinunter bis zum Boden der Grube. Aus Mitgefühl mit der Kreatur wurde dem Pferd danach ein Tuch um Kopf und Augen gebunden, damit es den wuchtigen Schwertstreich nicht mit ansehen musste, der ihm mit einem Schlag den Kopf abtrennen würde. Danach bettete man den blutenden Kopf in eine kleine Nische, die am Kopfende des Pferdegrabes ausgehoben worden war.

Nun konnte der Priester als Hotar seinen Dienst beginnen. Leise klangen die Töne der Leier unter seinen Fingern, während er das Lied vortrug, das Lied von den abenteuerlichen Erlebnissen des Stammes der Turkerer in den letzten zwölf Jahren, voll von schrecklichen Niederlagen und monatelangen Wanderungen, teils auf der Flucht, teils in der Hoffnung auf neue friedlichere Wohnsitze. Vom Süden, wo der Ister *(Donau)* majestätisch an fruchtbaren Landschaften vorüber floss, hatten diese Wanderungen das Volk weit fort geführt in das Land Italien und später zwischen den steilen Bergen der Alpen hindurch in die Landschaft Rätien.

Die Witwe des verstorbenen Babai und seine drei erwachsenen Kinder sowie die übrigen Mitglieder der Schwurfamilie aus der unteren Kaste wussten genau, wovon der Hotar sang, schließlich hatten sie alle das in den letzten Jahren mit erlebt und mit durchleiden müssen. Aber es gehörte zum Brauch bei der Beisetzung eines erwachsenen Schah, dass sein Leben und das seiner Leute vom Hotar noch einmal beschrieben wurde.

Heutzutage lebten die Leute des Babai und die vielen anderen Schwurfamilien der Turkerer hier weit verteilt in der Landschaft, die so ganz anders war als einst bei Singidunum *(römische Stadt in der Nähe des heutigen Belgrad),* und sie hatten die Sueven als Nachbarn, ja als Freunde, denn zu ihrem Schutz hatte sie vor einigen Jahren der König Italiens, Odoaker, hierher in die nördlichste Provinz dieses Reiches, nach Raetien, geschickt.

Die Reiterkrieger der Turkerer, immer noch berühmt für ihre Tapferkeit und Kampfkraft, sollten verhindern, dass die Sueven noch einmal von den gottverdammten Goten angegriffen werden konnten. Denn Sueven, Turkerer und den König Odoaker in Ravenna einte der gemeinsame Hass gegen die Ketzer und Christus-Leugner, das Volk der Goten.

Zum Schluss der Zeremonie ging der Priester mit seinem Sprechgesang in eine andere Sprache über, die seine Zuhörer nicht verstanden. Sie wussten aber, dass diese Worte Griechisch waren und zum Gebrauch der Christen gehörten. Damit sollte der Segen des dreieinigen Gottes – Gott Vater, Gott Sohn und Gott Heiliger Geist – auf den Verstorbenen und seine Hinterbliebenen herabgefleht werden.

Danach blieb der kleinen Trauergemeinde noch die Aufgabe, die Gräber zuzuschütten und einen deutlichen Hügel über der letzten Ruhestätte des edlen Babai aufzuhäufen, so wie es die Vorfahren stets getan hatten, als sie noch vor unendlichen Zeiten in den Steppen nördlich des Pontus Euxeinos *(Schwarzes Meer)* gelebt hatten.

Die unglaubliche und dennoch wahre Geschichte der Turkerer im Schwabenland

Fiktiv, das heißt vom Autor erfunden, ist an der vorstehenden Geschichte der Anlass, die Beisetzung eines Edlen namens Babai, nicht aber alles das, was darin dem Leser an Wissen über eine Zeit und eine Gegend vermittelt werden sollte, das für die „offizielle" Geschichtsforschung angeblich überhaupt nicht existent zu sein scheint.

Zuerst einmal die Begräbnissitten beim Volk der Sarmaten, das ja in diesem Buch eine so große Rolle spielt. Die je nach dem Stand in der Gesellschaftsordnung stark differenzierte Form der Beisetzung Toter ergibt sich aus der speziell sarmatischen Anschauung über die abgestufte spirituelle „Reinheit" von Menschen während ihres Lebens. Daraus ergaben sich für dieses Volk bezeichnende Unterschiede, wie nach dem Tod für das „Leben im Anderland" die notwendige Reinheit hergestellt werden musste.

Hier wichen die Prägungen der Sarmaten weit von den Vorstellungen der Germanen oder anderer Europäer ab und verbanden dieses Volk viel mehr mit ihren persischen und indischen Vettern aus der Sprachfamilie der Indoeuropäer. Da Historiker und dementsprechend auch Archäologen bisher nicht wahrgenommen haben, dass es Sarmaten auch in Deutschland gegeben hat, wurden die von diesem Volk stammenden Gräber und Totengebräuche hierzulande stets für germanisch, aber eigentlich nicht recht erklärbar gehalten.

Die Andeutungen in der vorstehenden Episode über die Schicksale des Volkes der Turkerer würden natürlich ohne nähere Erläuterungen dazu unverständlich bleiben. Auch sie sind, wie stets in diesem Buch, keine Erfindung des Autors, sondern entstanden aus zahlreichen Puzzlestücken, die man nur bisher nie für zusammengehörig gehalten hat, ja die man souverän übersehen oder für falsch gehalten und umgedeutet hat.

Der Name des Stammes, Turkerer, hat nichts mit dem heutigen Volk der Türken zu tun, obwohl die lateinische Schreibweise „Turci" oder „Turcilingi" natürlich alle Historiker bisher dazu verführt hat. Aber das heutige Staatsvolk auf der Halbinsel Kleinasien trat erst frühestens im 11. Jahrhundert in das Blickfeld des Abendlandes. Hier aber handelt es sich um ein Volk oder richtiger um einen Stamm aus dem Volk der Sarmaten, der im frühen Mittelalter, vor dem Jahr 500 n. Chr., offenbar eine nicht unbedeutende Rolle gespielt hat.

Eine sehr lange zurückliegende Erinnerung an dieses Volk der „Turkerer" findet sich in einer „Franken-Geschichte" aus dem Frühmittelalter, dem Buch des Fredegar aus dem frühen 7. Jahrhundert. Der Autor erwähnt mehrere sehr frühe Teilungen der angeblichen „Flüchtlinge aus Troja", aus denen später das „Staatsvolk" des Königreichs der Franken, eben die „Franken" geworden sein soll. Diese Flüchtlinge hätten sich in „Frigier" (Phryger ?) und „Makedonen" geteilt, später die Frigier noch einmal. Die Hälfte sei mit ihrem König „Francio" nach Europa gezogen, die andere Hälfte sei am Ufer der Donau zurückgeblieben und habe sich nach ihrem König Torcoth „Turci" genannt.

Es kam modernen Historikern nicht in den Sinn, dass hier eine offenbar gut 1000 Jahre alte, stets mündlich weitergegebene Erinnerung in Form einer Art Legende bei den Nachkommen überlebt haben könnte. Der Völkername im lateinischen Text des „Fredegar" wurde ohne näheres Nachdenken mit „Türken" übersetzt, und so konnte diese ganze Erzählung leichten Herzens zur „gelehrten Erfindung“ erklärt werden. Dabei scheinen darin unbewusste Erinnerungen der Sarmaten an die Neugruppierung von Völkern indoeuropäischer Sprache und Kultur nördlich der Griechen auf der Balkanhalbinsel und in Kleinasien in der ersten Hälfte des 1. Jahrtausends v o r der Zeitwende ihren Niederschlag gefunden zu haben.

Der Name „Turcilingi“ taucht dann viel, viel später beim Goten-Historiker Jordanis aus dem 6. Jahrhundert n a c h Christus auf, in Kapiteln seines Buches, die wohl nur wenige Fachleute für die Frühmittelaltergeschichte mit Aufmerksamkeit gelesen haben dürften. Er berichtet vom Einfall des Königssohnes der germanischen Skiren, Odoaker, nach Italien etwa im Jahr 469/70, mit einem bunten Haufen von Kriegern meist germanischer Herkunft aus dem Balkanraum nach Italien, um sich den römischen Kaisern dort als Söldner anzubieten. Jordanis beschreibt das mit den Worten: *„Odoaker, der König der T u r c i l i n g e r , zog mit Skiren, Herulern und anderen Hilfsscharen aus verschiedenen Stämmen nach Italien ...“* Vielleicht war das von Jordanis gebrauchte Wort „rex“ nur als „Anführer“, nicht als „König“ gemeint. Deutsche Historiker, die ja das Wort „Turcilinger“ nicht kannten, dichteten es aber rasch in „Thüringer“ um, was etwa ebensoviel Sinn ergibt, als wäre Odoaker mit einer Gruppe der h e u t i g e n Türken aus Anatolien nach Italien gezogen.

Derselbe Autor Jordanis erzählt kurz vor dieser Stelle von einer Schlacht, die im heutigen Serbien stattgefunden haben muss, vermutlich im Jahr 468. Darin kämpften Krieger der germanischen Suaven (Sueven), Skiren, Gepiden und Rugier gegen die auf der Balkanhalbinsel verbliebenen Goten (Ostgoten), die ja ebenfalls eine germanische Sprache benutzten. Ihr König hieß damals Thiudemir. Zum Heer der Goten-Gegner gehörten auch, wie Jordanis berichtet, s a r m a t i s c h e Krieger unter den Königen Beuka und Babai. Einen Namen des speziellen sarmatischen Stammes nennt Jordanis nicht, jedoch lässt sich schließen, dass es sich dabei um Teile der kurz danach von ihm „Turcilinger" genannten Krieger handelte. Das germanisch-sarmatische Koalitionsheer verlor die Schlacht gegen die Goten.

Die (Ost-)Goten müssen einen derartigen Hass gegen die von ihnen an der unteren Donau besiegte Gruppe der Suaven verspürt haben, dass sie bereits im nächsten Winter (468 ?) über das Eis der zugefrorenen Donau mehr als 1000 Kilometer weit nach Westen zogen, um die dort *„an der Quelle der Donau"* lebenden Volksgenossen der Balkan-Suaven zu „züchtigen". Das berichtet ebenfalls Jordanis. Außer dem Niederbrennen einiger Dörfer und der Erzeugung von Hass- und Angstgefühlen gegen die Goten nun auch bei den germanischen Suaven im heutigen Schwaben dürfte dieser gotische Rachefeldzug nicht viel erreicht haben.

Ein Jahr später kehrte der Sohn des Ostgotenkönigs Thiudemir, Theoderich, als junger Mann von seiner ehrenvollen Geiselhaft in Konstantinopel zu seinem Volk zurück. Auf dem Weg soll er, gewissermaßen im Vorbeiziehen, den Sarmatenkönig Babai bei Singidunum (in der Nähe des heutigen Belgrad) besiegt und getötet haben. Die Reste des Sarmatenheeres – das waren wohl die „Turcilinger" – flohen vermutlich zu den Kriegern, die der Skire Odoaker gerade damals bereits irgendwo auf der Balkanhalbinsel sammelte, um sie kurz danach als Söldner nach Italien zu führen.

Im Jahr 476 setzte Odoaker dort den letzten weströmischen Kaiser Romulus Augustulus ab und ließ sich selbst zum „König von Italien" ausrufen. Formal als Beauftragter des (ost-)römischen Kaisers in Konstantinopel, praktisch aber völlig unabhängig regierte er die Reste des weströmischen Reiches 14 Jahre lang, durchaus auch in dem Sinn, diesen Rest als „Reich" zu bewahren.

Die weiteren Schicksale der Turcilinger, die hier erzählt werden müssen, beruhen nur auf Vermutungen, doch haben sie, wie sich gleich noch zeigen wird, sehr plausible Gründe für sich. Der „König von Italien“ Odoaker muss wohl die Reste der tapferen sarmatischen Reitertruppe in den nördlichsten Teil seines Reiches, nach Rätien, geschickt haben. So hieß die römische Provinz, die das westliche Bayern, Baden-Württemberg und Teile der Schweiz südlich der Donau umfasste. Dort sollten sie die Suaven vor neuen gotischen Angriffen schützen. Denn alle drei, Odoaker, Turcilinger und Suaven, einte der Hass auf die Ostgoten.

In diese Zeit der ersten Ansiedlung von kleinen Gruppen von Turcilingern im heutigen Schwaben fällt die Episode, die um die Beisetzung des Edlen Babai, „Neffe des Königs Babai“, herum erzählt wurde. Die sarmatischen Krieger kamen als Beschützer der germanischen Suaven oder „Suevi“ ins Land und freundeten sich mit ihnen an, ohne sie unbedingt „beherrschen“ zu wollen. Wahrscheinlich nahmen sie bald auch deren Sprache an, gaben ihr aber einen eigenen, bis heute von deutschen Nachbardialekten unterscheidbaren Klang, sie wurden zusammen mit den „Suevi“ zu „Schwaben“.

Fachleute für die Dialekte der deutschen Sprache streiten, ob „Schwäbisch“ nur eine Teilgruppe des verwandten „alemannischen“ Dialektes ist oder einst eine eigenständige Sprache war. Gebürtige „Schwaben“ und „Badenser“ oder Schweizer (mit alemannischem Dialekt !) wissen aber um die tiefen, auch psychologischen Gegensätze zwischen den Menschen beider Sprachgruppen, die wohl durch die Geschichte der Region vom Mittelalter bis in die jüngste Zeit hervorgerufen worden sind.

Es ist eigenartig, dass die heutige Verbreitung des schwäbischen Dialekts zwischen Lech und Iller südlich der Donau, - genau dort verlief zu dieser Zeit noch die Grenze des Römischen Reiches ! – und nördlich dieses Stromes von der Ostalb bis zum mittleren Neckar, sich fast genau mit den Funden „typisch sarmatischer“ Pferdegräber in Südwestdeutschland deckt. Die Archäologie be-

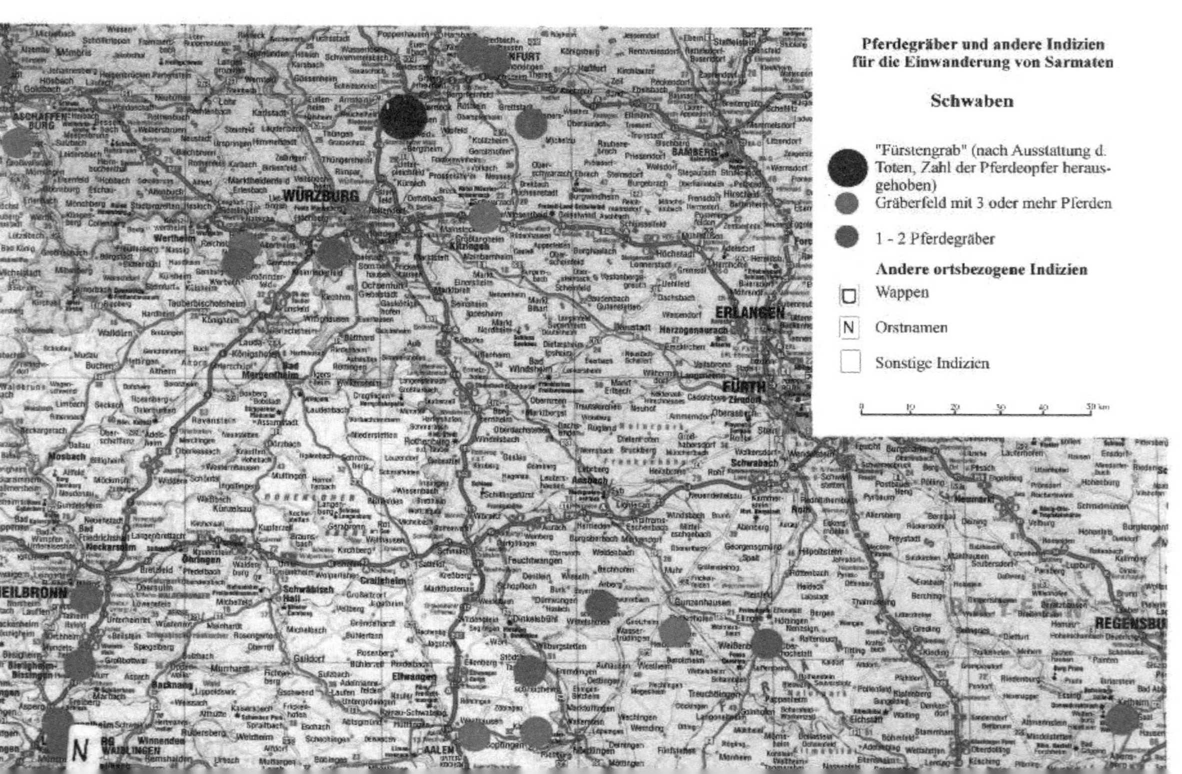
Pferdegräber und andere Indizien
für die Einwanderung von Sarmaten
Schwaben
"Fürstengrab" (nach Ausstattung d. Toten, Zahl der Pferdeopfer herausgehoben)
Gräberfeld mit 3 oder mehr Pferden
1 - 2 Pferdegräber
Andere ortsbezogene Indizien
Wappen
N
Orstnamen
Sonstige Indizien
0
10
20
30
40
50 km
WÜRZBURG
BAMBERG
ERLANGEN
FÜRTH
Schwabach
Ansbach
Crailsheim
Schwäbisch Hall
Ellwangen
AALEN
Nördlingen
Dinkelsbühl
Neumarkt
Bad Mergentheim
Wertheim
Kitzingen
Öhringen
Neckarsulm
Mosbach
N

N
N
MÜNCHEN
AUGSBURG
ULM
KEMPTEN
Memmingen
Landsberg
REUTLINGEN
FRIEDRICHSHAFEN
KONSTANZ
ST. GALLEN
DORNBIRN
Ravensburg
Weingarten
Lindau
Bregenz
Garmisch-Partenkirchen

zeichnet diese Pferdegräber generell als „alemannisch“, hat aber offenbar nicht begriffen, dass gebürtige „Schwaben“ das als Beleidigung ansehen könnten.

Der Völkername „Turcilinger“ wird erst wieder in einer hochmittelalterlichen Chronik schriftlich genannt, im „Chronicum imperatorum et pontificum Bavariae“ aus dem 13. Jahrhundert. Hier wird diesem „Volk“ bescheinigt, es sei *„beim Untergang der Sueven (in Pannonien) von Germanien nachgerückt“,* und es habe später *„vom Ursprung der Donau bis zum Rhein bei Trier“* gelebt. Das mag eine typisch mittelalterliche Verzeichnung der Geografie sein, zeigt aber doch, dass offenbar der Völkername auch Jahrhunderte später immer noch nicht völlig vergessen war. Wahrscheinlich lebt er in den Ortsnamen „Türkheim“ (heute zu Stuttgart gehörig, sowie in Esslingen, aber auch in Bayerisch-Schwaben) weiter, übrigens auch in „Dürkheim“ (an der Weinstraße, südwestlich von Mannheim).

Im nächsten Kapitel (12) werden „Suaveren“ und „Torkeren“ noch einmal gemeinsam auftauchen – am Rhein bei Bonn ! Doch das Rätsel dieser Namensnennung muss dort eingehender behandelt werden.

Vom toten Babai zum Kaiser Barbarossa ?

Es ist eine Tatsache, dass in dem schwäbischen Ort Donzdorf (südlich von Schwäbisch Gmünd) ein frühmittelalterliches Gräberfeld mit (bisher gefundenen) 106 Toten und dabei mindestens drei Pferdebestattungen ausgegraben worden ist. Das lässt vermuten, dass hier über mehrere Generationen hinweg die Toten aus dem Adelsstand (Schah) einer sarmatischen Familie beigesetzt worden sind, die dort ein großes Gut bewirtschafteten. In hundert oder zweihundert Jahren konnte auch ein ausgesprochener Familien- oder Guts-Friedhof eine solche Zahl an Beisetzungen aufweisen. Die Brandgräber der Menschen aus der unteren Kaste sind entweder nicht gefunden oder nicht beachtet worden. Und wie oben beschrieben, erhielt nur das gestorbene Familienoberhaupt zusätzlich ein geopfertes Pferd als „Transportmittel in das Anderland".

Ein Blick auf die Landkarte zeigt: Donzdorf liegt nur 10 Kilometer südöstlich des Berges Hohenstaufen, auf dem 500 Jahre später die Adelsfamilie der Staufer ihre steinerne Burg errichten ließ. Zwei Kilometer weiter gibt es das Dorf Büren (heute Wäschenbüren), aus dem der Urahne Kaiser Friedrichs (I.) Barbarossa, auch ein Friedrich (gestorben 1094) nach einem frühen schriftlichen Dokument stammte. Wiederum nur 5 Kilometer weiter nördlich, im Kloster Lorch, hatte im Hochmittelalter die spätere Herrscherfamilie der Staufer die „Grablege" für ihre verstorbenen Angehörigen eingerichtet. Und weniger als 30 Kilometer weiter nach Westen zeigt der eben erwähnte uralte Ort „Türkheim" die Einwanderung von „Turkerern" ins Schwabenland noch heute an.

Ist daher die Schlussfolgerung völlig abwegig, dass die sarmatische Adelsfamilie aus dem Stamm der Turkerer, die um das Jahr 480 n. Chr. ihr Oberhaupt „Babai" zur letzten Ruhe bettete, die Vorfahren der späteren schwäbischen Adelsfamilie der Staufer waren ? Die Staufer haben als bezeichnende Wappenfarben Schwarz und Gelb geführt (gelbe Löwen auf schwarzem Grund; sie schmücken das heutige Wappen des Landes Baden-Württemberg). Dann war wohl zur „Sarmatenzeit" die Farbe des Wollumhangs der Schah dieses Turkerer-Stammes schwarz und gelb; das kann man im Wissen um die spätere Weiterentwicklung von Bedeutung und Form dieser Mantelfarben inzwischen wohl mit Fug und Recht behaupten (siehe dazu auch die Kapitel 25 und 33).

Waren die Sarmaten bereits Christen ?

Erklärt werden muss noch die Anspielung in der Episode zu Beginn dieses Kapitels, dass der Oberpriester bei der Beisetzung des Edlen Babai in griechischer Sprache ein christliches Gebet gesprochen habe. Hier, in der Erzählung, ist es natürlich nur eine gewagte Vermutung des Autors. Aber grundsätzlich ist das tatsächlich nicht auszuschließen !

Die Erklärung hierfür ist kompliziert und verlangt Ausflüge in die deutsche Sprachgeschichte. Sie hängt mit dem Wort „Pfaffe" zusammen, das im alten Deutsch ja die Bezeichnung für katholische Geistliche (nicht Mönche !) war. Aber dieser Entdeckungsgang ermöglicht wiederum einen Blick in einen bisher völlig unbekannten Winkel der Frühgeschichte Deutschlands.

Die Germanisten, genauer die Fachleute für die Entwicklung der deutschen Sprache, können erklären, dass sich die verschiedenen Dialekte des Deutschen im frühen Mittelalter zu verändern begannen. Von Süden her breitete sich eine Mode aus, bestimmte Laute anders auszusprechen als vorher. Man nennt diese Sprachentwicklung die „zweite" oder „hochdeutsche Lautverschiebung". Die süddeutschen Dialekte („Hochdeutsch", z. B. Alemannisch, Schwäbisch, Bayerisch) haben sie vollständig übernommen, nach Norden zu immer weniger, das „Niederdeutsche" überhaupt nicht mehr. Typisch vor allem: der Laut „p" wurde in „f", „pf" oder „v" verändert.

Das Ganze ist eigentlich nur für Germanisten und Spezialisten unter den Sprachhistorikern interessant. Und doch kann man, wenn man genauer hinsieht, auch bedeutsame Schlussfolgerungen für die deutsche G e s c h i c h t e daraus ziehen, über die es sonst keinerlei schriftliche Hinweise gibt.

Nach den Forschungen der Fachwissenschaft begann diese neue „Sprachmode" im 6. Jahrhundert n. Chr. und war im 7. Jahrhundert praktisch schon abgeschlossen. Zu dieser Zeit war das Christentum östlich des Rheins und nördlich der Donau – also außerhalb der einst römischen Gebiete – noch nicht bei der Bevölkerung und vor allem nicht in ihrer Sprache angekommen. Man kann das daran erkennen, dass verschiedene Worte aus dem Bereich der christlichen Kirche wie Priester, Probst, Predigen diese Lautverschiebung nicht mitgemacht haben, also nach wie vor das ursprüngliche „P" aus der lateinischen Sprache am Wortanfang haben. Diese Worte kamen, wie man schließen muss, erst in die süddeutschen Dialekte, als deren Sprecher nicht mehr aus jedem „P" ein „Pf" machten, also erst frühestens seit dem Jahr 700 n. Chr. Das passt auch zu dem Wissen über die christliche Mission in Deutschland, die eben auch nicht früher die meisten Gebiete unseres Landes erreicht hat (siehe dazu auch Kapitel 33).

Aber da gibt es ja noch das Wort „Pfaffe". Nach den Erklärungen der Etymologen stammt es von dem griechischen Wort „papá", das etwa „niederer Geistlicher" bedeutete (heute noch im Russischen „Pope"). Mit der Betonung auf der ersten Silbe („pápa") war es dann die ehrenvolle Anrede an Bischöfe und der Titel des Papstes. Natürlich gehen beide Bezeichnungen auf das Grundwort „pater" oder ähnlich zurück, was in vielen indoeuropäischen Sprachen „Vater" heißt.

Warum aber steht hier am Wortanfang ein „Pf", wenigstens in den oberdeutschen („hochdeutschen") Dialekten ? Im Niederdeutschen heißt es „Pape" und zeigt, dass sich die Mode der Lautverschiebung eben nicht bis Norddeutschland ausgebreitet hat.

Sollten christliche Geistliche, die den g r i e c h i s c h e n Titel „papá" trugen, bereits v o r dem 6. Jahrhundert nach Deutschland gekommen sein ? Also bevor die Menschen die Mode anfingen, bestimmte Laute anders als früher auszusprechen ? Diese

Vermutung widerspricht allem, was man bisher über die Geschichte der christlichen Mission in Deutschland weiß.

Doch wieder dürften es die ja bisher stets in der Geschichtsforschung übersehenen Sarmaten gewesen sein, die für diese „Sensation“ für die deutsche Geschichte verantwortlich waren.

Wenn, wie hier dargestellt, sarmatische Turkerer am Ende des 5. Jahrhunderts ins „Schwabenländle“ kamen, dann ist es sogar wahrscheinlich, dass ihre kleine Schicht gebildeter Priester in ihrer Heimat längst zu Priestern des Christentums geworden waren, Wo die Turkerer herkamen, wohl aus dem heutigen Serbien, dort waren die Römer schon längst Christen. Und diese Region gehörte zum o s t römischen Reich, in dem die Sprache der Gebildeten G r i e c h i s c h war. Warum sollten also nicht auch die dort lebenden Sarmaten zumindest Priester gehabt haben, die dem Christentum in seiner griechischen Version anhingen ? Man nannte sie dann wohl auch „papá“, woraus bald, im Zuge der „zweiten Sprachverschiebung“, das Wort „Pfaffe“ wurde.

Ein schlagender Beweis für diese These ist der „Kirchenvater“ aus der ersten Hälfte des 6. Jahrhunderts, Dionysius Exiguus. Man nannte ihn „den Skythen“, und das bedeutete damals nichts anderes als „Sarmate“, denn die Römer unterschieden dieses Volk nicht von seinen Ahnen, den Skythen. Zu seiner Zeit war er offenbar der einzige gebildete Mönch in Rom, der in der Lage war, theologische Texte aus dem Griechischen ins Lateinische zu übersetzen. Außerdem ist er der „Vater“ der christlichen Zeitrechnung, der Zählung der Jahre seit Christi Geburt. Als Angehöriger einer uralten sarmatischen Priesterfamilie kannte er vermutlich genau den alt-iranischen Kalender, der ein ähnliches „Null-Jahr“ besessen haben muss.

Die Annahme, es habe unter den Sarmaten im späteren Deutschland christliche Priester gegeben, muss nicht als Widerspruch zu der Behauptung im Kapitel 8 empfunden werden, dass es Priester der Sarmaten waren, die nur wenig früher die Religion des Mithras an die Externsteine nach Westfalen gebracht haben. Denn das Volk der Sarmaten war damals längst in verschiedene Stämme aufgespalten und auch in ganz verschiedenen Regionen Osteuropas zu Hause. Die Schah dieser Stämme trugen nicht nur Wollmäntel in unterschiedlichen Farben als Unterscheidungsmerkmale, sondern werden auch sonst vermutlich in zahlreichen kulturellen und praktischen Fragen voneinander abweichende Bräuche gekannt haben.

Wenn die hier geäußerte Vermutung zutrifft, dann haben die Priester der Turkilinger das Christentum nicht in der „römisch-lateinischen Version" vertreten. Wohlgemerkt, sie waren offenbar auch nicht Anhänger der Glaubensform des Arianismus, der fast alle G e r m a n e n stämme anhingen, die in der Völkerwanderungszeit im Römischen Reich eine Rolle spielten.

Diese besondere „Konfession" des Christentums unterschied sich von der katholischen („allgemeinen") Kirche durch eine andere Ansicht über die Natur, die Jesus Christus gehabt haben sollte. Für den Bischof Arius, den Gründer dieser Abspaltung im frühen 4. Jahrhundert, war Jesus Mensch gewesen und nicht ein „Gott dem Vater" und „Gott dem Heiligen Geist" gleichstehender „Gott der Sohn". So hatte es ja die berühmte „Trinitätslehre" verkündet, die beim Konzil aller christlichen Bischöfe von Nicäa (in Kleinasien) im Jahr 325 als verbindlicher Glaubenssatz für alle Christen beschlossen worden war. Die Glaubensgemeinschaft der „Arianer" war in der Frühzeit des Christentums die größte Konkurrenz der katholischen Lehre. Ihr gehörten, wie erwähnt, ursprünglich fast alle Königshäuser der Germanen an, die ins Römerreich kamen. Es dauerte Jahrhunderte, bis die offizielle katholische Kirche die letzten Reste dieses Glaubens ausgerottet hatte. Dass wir heute über diesen „arianischen Glauben" außer seinem Namen praktisch nichts wissen, liegt auch an der Konsequenz, mit der die siegreiche Kirche möglichst alle Erinnerungen daran unterdrückt hat.

Ein solcher theologischer Unterschied bestand nicht zwischen dem Christentum, wie es im griechischsprachigen Osten und im lateinischsprachigen Westen des Römischen Reiches praktiziert wurde. Dennoch gab es Konkurrenzneid und zunehmende Distanz zwischen den Repräsentanten der Kirche in den beiden Reichsteilen mit verschiedener Sprache, je mehr die Jahrhunderte vergingen. Die Missionare, die ab dem frühen 8. Jahrhundert aus dem längst christlichen Frankenreich nach Osten ins heidnische Germanien vordrangen, sprachen natürlich lateinisch. Sie werden auch dafür gesorgt haben, dass auf keinen Fall Erinnerungen an etwaige Konkurrenten mit griechischer Sprache übrig blieben, die schon vor ihnen im Heidenland den Glauben Christi verkündet hatten.

Waren die Sarmaten Christen ? Sicherlich nicht alle und vor allem nicht so, wie man sich das heutzutage vorstellen möchte. Dieses Volk scheint auch nie die von ihm beherrschten Völker anderer Sprache zu ihren religiösen Vorstellungen „bekehrt“ zu haben. Aber mindestens, so darf man annehmen, hatten die Menschen, die bald zu „Schwaben“ wurden, schon sehr früh von der neuen Religion gehört.

Im Kapitel 28 werden noch einmal von Griechen beeinflusste sarmatische „Papen“ eine Rolle spielen, diesmal in einer völlig anderen Gegend Deutschlands, nämlich am Unterlauf der Ems.

12

Einwanderung von der Maas an den Rhein

Der Mutige kann König werden

Sommer 495, im Maifeld, Rheinland-Pfalz

Ermenrich hielt die Hand auf das Herz seines soeben verstorbenen Vaters Samson, um sich zu vergewissern, dass es nicht mehr schlug. Gerade noch rechtzeitig, kurz vor dem letzten krampfhaften Atemzug des Sterbenden hatte der Sohn daran gedacht, seinem Vater mit einem scharfen Messer einen Schnitt in den Unterarm zu machen und ein paar Tropfen Blut aus der Wunde zu pressen. Es war das Wodanszeichen, das den unsichtbaren Walküren den Tod eines Tapferen in der Schlacht vorgaukeln sollte, damit sie dessen Seele in das Walhall der Götter geleiten könnten; wer den schimpflichen Strohtod ohne eine Wunde starb, war dieser Auszeichnung für Helden nicht wert.

Dann drehte sich Ermenrich zu seiner Frau, seinen Söhnen und deren Frauen und zu den paar Liudi *(unfreie Gefolgsleute)* um, der kleinen Gruppe von Menschen, die das Sterben des Königs in der letzten Stunde in ehrfürchtigem Schweigen verfolgt hatte, „Setzt euch und hört zu, was ich euch vom Leben dieses Mannes zu sagen habe, der soeben gestorben ist.“

Einige Minuten sammelte sich der kräftige Krieger, den der Tod seines Vaters nun selbst zum König gemacht hatte. Er ließ seinen Blick durch das Vestibül der Villa schweifen, die einst vor Dutzenden von Jahren ein römischer Gutsherr hatte erbauen lassen, hier in der fruchtbaren Landschaft Puli *(Maifeld nördlich der unteren Mosel).* Seit einigen Monaten bildete das einstige römische Gut zusammen mit vielen anderen dazu nun das Reich des Königs Samson aus der Aumlungen-Sippe. Die kostbaren Mosaikbilder auf dem Fußboden des Hauses waren längst löcherig geworden und der Putz blätterte von den Wänden ab, denn der letzte römische Besitzer des Hauses hatte schon vor langen Jahren die Flucht ergriffen, Und von den armen Kolonen, die noch immer in armseligen Hütten in der Nähe der herrschaftlichen Villa mit ihren Familien lebten und mehr schlecht als recht die so fruchtbaren Äcker bestellten, hatte nie jemand daran gedacht, hier im Herrenhaus irgendetwas auszubessern.

„Einst," so begann Ermenrich den Bericht über das Leben seines Vaters, „es war lange vor dem Zug des bösen Hunnenkönigs Attila nach Gallien *(siehe Kapitel 7; eine derartige Zeitangabe war die einzige Art, wie man im „oralen Zeitalter" länger zurück liegende Jahre bezeichnen konnte)*, da war mein Vater Samson ein junger Krieger. Er bewachte mit seinem Vater und ein paar Gefolgsleuten ein Schloss der Römer *(gemeint: ein kleiner steinerner Wachtturm, „burgus")* an der Mosa *(Maas).* Da schickte ihn sein Vater zum Erl Rodger ins übernächste Schloss, um zu lernen, was ein junger edler Krieger wissen muss."

Ermenrich hatte die Geschichte von der Jugend seines Vaters in seiner eigenen Jugend oft genug von seiner Mutter Hilleswid erzählt bekommen, so dass sie unverlöschlich in seinem Kopf saß. Der junge Samson, der damals gerade 15 Winter zählte, verliebte sich in die Tochter des Erl *(alter germanischer Adelstitel, etwa Graf)* und entführte sie in den riesigen Wald, der in der Nähe des Schlosses lag, das der Erl selbst zu bewachen hatte *(der sogenannte Kohlenwald, der damals Belgien von Norden nach Süden durchzog, etwa vom heutigen Antwerpen bis Namur)*.

Im Wald baute der kräftige junge Samson für sich und seine Frau Hilleswid auf einer kleinen Lichtung eine Hütte und lebte von der Jagd und gelegentlichen Überfälle auf Kaufleute, die auf der großen Straße durch den Wald zogen *(die Römerstraße Köln-Bavai-Boulogne; sie durchschnitt den Kohlenwald in schnurgerader Linie nördlich der mittleren Maas)*. Nach etwa einem Jahr hatte Erl Rodger mit ein paar Kriegern die Hütte Samsons im Wald aufgespürt und wollte den Entführer seiner Tochter zur Rechenschaft ziehen. Doch Samson war kräftig genug, nicht nur seinerseits den rachedürstenden Vater seiner Frau zu erschlagen, sondern auch noch zwei seiner Gefolgsleute. Die anderen flüchteten Hals über Kopf.

Inzwischen waren draußen in der Welt, außerhalb des Waldes, wichtige Dinge geschehen. Keinem Römer mehr waren die Krieger zum Gehorsam verpflichtet, die in den vielen Schlössern *(„Burgi")* entlang der Mosa und der Römerstraßen das Land bewachen und vor feindlichen Einfällen schützen sollten. Als der Bruder des Erls Rodger, Brunstein, die Nachfolge im Befehl über die Schlosswächter antrat, wurde er vom Thing zum König ausgerufen, denn er hatte keinem Befehlshaber mehr einen Schwur der Gefolgschaft zu leisten.

Zwei Winter später versuchte auch Brunstein, den Tod seines Bruders an dem Räuber Samson zu rächen, doch vergebens. Auch er und seine kleine Gefolgschaft fielen den kräftigen Armen Samsons und seiner Spießgesellen zum Opfer. Die letzteren hatten sich nach und nach heimlich bei Samson eingefunden, weil der im ganzen Land als Held berühmt geworden war.

Samsons Erstaunen war groß, als das kleine Grüppchen um ihn, seine Frau Hilleswid und seine inzwischen zwei kleinen Söhne vorsichtig aus dem Wald herauskam, um zu sehen, ob es möglich sei, nicht mehr so abgeschieden zu leben, im Land der 13 Schlösser *(am südöstlichen Rand des Kohlenwaldes, heute die Landschaft Hesbaye nördlich der mittleren Maas)*. Denn überall hießen die Leute Samson laut willkommen und ließen ihn hochleben. Als er zum nächsten Schloss und zum übernächsten kam, da schlossen sich ihm immer mehr Menschen an. Und dann war der Tag da, wo man den mutigen Helden Samson selbst zum König ausrief. Seither hatte er den Namen und das Heil eines Königs. Über 13 römische Schlösser herrschte er im ganzen Land Hesbanien *(Hesbaye)*.

Viele Sommer und Winter waren seitdem vergangen, als dem alt gewordenen König Samson Sorgen heimsuchten. Jenseits des Kohlenwaldes, bis hin zu großen Meer *(Nordsee, Englischer Kanal)* hatte ein anderer König die Herrschaft übernommen, Chlodwig, der Sohn Childerichs aus der Sippe der Sicambrier. Nach einem Sieg über den Römer Syagrius *(im Jahr 486 bei Soissons, Nordfrankreich)* hatte dieser Chlodwig die Hälfte von ganz Gallien erobert, so dass er dort fast ein König der Römer geworden war. Er hatte die Macht über unzählige große und kleine Städte und deren römische Bewohner und über tausende Söldner, die wie die Krieger Rodgers einst aus dem Land jenseits des Rhenus *(Rhein, gemeint Germanien)* gekommen waren und römische Schlösser bewacht hatten.

Vor drei Wintern war es gewesen, da war dieser König Chlodwig mit vielen dieser Krieger auf der Römerstraße zum anderen Ende des riesigen Kohlenwaldes marschiert, um das kleine Königreich der Thüringer, das dort lag *(im südlichen Teil der heutigen belgischen Provinz Brabant, südlich von Löwen),* in sein Reich einzugliedern. Er hatte dort angeblich Erbansprüche geltend gemacht.

Für König Samson, dessen Land südlich an das der Thüringer grenzte, war das höchst bedrohlich gewesen. Man wusste längst von dem König Chlodwig, dass er rücksichtslos danach strebte, sein Reich zu vergrößern und dass er dabei sich nicht scheute, selbst Verwandte heimtückisch umzubringen. Gegen die tausende von Kriegern, über die Chlodwig gebot, hatte König Samson mit seinen zweimal zehn Dutzend Männern nichts auszurichten.

Daher hatte sich König Samson entschlossen, mit allen seinen Kriegern und deren Familien und Gesinde, mit Vieh und Fahrhabe, so schnell wie möglich wegzuziehen von den 13 Schlössern an der Mosa. Heimlich waren auf einmal alle die vielen kleinen Dörfer leer geworden, die die Leute der

Aumlungen-Sippe über mehrere Generationen bewacht und bewohnt hatten.

Samson wusste auch schon, wohin er ziehen wollte. Nämlich an den Rhenus nach Bern *(Bonn)*. Dorthin war einst zur Lebzeit von Samsons eigenem Vater einer von dessen Gefolgsleuten namens Elsung entwichen. Dieser treulose Vasall hatte sich dem Zug des Fürsten Sigimer nach der Colonia Agrippina angeschlossen *(siehe Kapitel 6)*. Danach hatte er sich mit seinen wenigen Kriegern in dem einstigen römischen Kastell Bonna angesiedelt, nicht weit südlich von der großen Colonia. Elsung war dadurch Vasall des Sigimer aus der Sicambrier-Sippe geworden.

Das alles lag viele, viele Jahre zurück, aber diese fast vergessenen Vorgänge hatten dem König Samson als willkommener Vorwand gedient, seinem heimlichen und plötzlichen Aufbruch mit Mann und Maus von der Maas an den Rhein ein rechtfertigendes Mäntelchen umzuhängen. Denn die Zahl der Krieger im Ort Bonna, den man jetzt auch Bern nannte, war nur gering. Selbst Samsons kleine Schar würde damit fertig werden können.

Der Kampf um Bern war kurz und heftig gewesen; Samson, seine erwachsenen Söhne und seine Krieger hatten rasch gesiegt, obwohl den Verteidigern von Bern einige Krieger aus befreundeten Völkern zu Hilfe gekommen waren, Ungeren und Suaveren, Torkerer und Beyeren.

König Samson hatte mit diesem Sieg über den jungen Elsung – der jetzige Herr trug den gleichen Namen wie sein Vater – gleich zwei wichtige Absichten erreicht. Er hatte auf Umwegen sich an seinem Feind Chlodwig drüben in Gallien und an der ganzen verhassten Sippe der Sicambrier rächen können, indem er einen von deren Gefolgsleuten erschlagen hatte. Und zweitens hatte König Samson mit der Eroberung von Bern seinem zweiten Sohn Dietmar ein eigenes, wenn auch kleines Reich übergeben können. Dietmar konnte sich nun König von Bern nennen.

Samson selbst war bald mit seinem ältesten Sohn weiter nach Süden gezogen, um in der fruchtbaren Landschaft Puli *(Maifeld zwischen Mosel, Koblenz und Mayen)* die Stadt der Römer *(Ochtendung, 15 Kilometer westlich von Koblenz,)* zu erobern. Die hatte nun Ermenrich als König erhalten sollen, doch war das allerdings noch nicht geglückt. Die dort lebenden Krieger aus verschiedenen Völkern hatten bisher erfolgreich ihren Sitz gegen die Leute Samsons und Ermenrichs verteidigen können. Samson hatte ja auch viele der Männer seines ursprünglichen, ohnehin nicht sehr großen Heeres dem Sohn Dietmar in Bern lassen müssen.

Aber immerhin lebten nun Samson, Ermenrik und seine übrig gebliebenen Männer mit ihren Familien auf den vielen Gütern, die Römer dort einst in der Gegend durch Kolonen hatten betreiben lassen, und sie konnten es sich gut gehen lassen.

Doch nun war Samson, der alte Mann, schwer krank geworden, und heute hatte er seinen letzten Atemzug getan. Die Walküren waren sicher schon auf dem Weg, seine unsichtbare Seele nach Walhall zu begleiten, den Ort der Götter, den die Mutigen und die Tapferen auf ewig mit ihnen teilen durften. Er würde zusammen mit Gott Donar sicher schon süßen Met aus dem großen Trinkhorn trinken dürfen...

Die Samson-Geschichte in der Thidrekssaga

Die vorstehende Erzählung kann man, sogar erheblich ausführlicher, in der nordischen Thidrekssaga nachlesen (siehe Kapitel 8). Sie bildet den Anfang dieser rätselhaften Sagensammlung und scheint noch am wenigsten von hochmittelalterlichen Umdeutungen und Ausschmückungen betroffen zu sein. Sie macht sogar den Eindruck, als berichte sie ziemlich unmittelbar von Vorgängen, die sich so oder fast so tatsächlich zugetragen haben. Hier, in diesem Buch, wird sie etwa so wiedergegeben, wie sie in die reale Geschichte gepasst haben könnte, zugleich in einer Form, wie Menschen vor 1500 Jahren gedacht haben dürften.

Die anschließend behandelten näheren Verbindungen mit der realen Geschichte und Geographie stützen sich auf Arbeiten verschiedener privater Forscher, die in den letzten Jahren zahlreiche ganz unterschiedliche Einzelheiten darin in Spezialuntersuchungen haben klären können. Die Thidrekssaga ist, wie schon erwähnt (Kapitel 8), wohl die einzige s c h r i f t l i c h e Quelle, aus der man Vorgänge im rechtsrheinischen Germanien während des Frühmittelalters entnehmen kann. Nur hat sie bisher kein Geschichtsprofessor beachtet.

Die Erlebnisse Samsons und wie er König wurde, haben sich möglicherweise ähnlich mehrfach in jenem Raum „jenseits aller Schrift“ zugetragen, und in einer Zeit, als die Autorität der römischen Kaiser stillschweigend und stückweise wegbrach und eine weiter reichende Macht der Könige der Franken bis zum Rhein und darüber hinaus noch nicht existent war. Nur in diesem relativ kurzen Zeitfenster waren solche Vorgänge denkbar.

Die erzählte und in ihren Grundzügen offenbar realistische Geschichte sollte mit einigen grundsätzlichen, aber hartnäckigen Missverständnissen der Geschichtsforschung für jene Epoche aufräumen. Es gab nicht nur die bekannten großen und mächtigen germanischen Königreiche damals, wie die der Goten oder Vandalen. Sondern wenn man auch unscheinbare Hinweise in zeitgenössischen Quellen beachtet, existierten daneben auch noch manche andere sehr kleine Königreiche. Jedoch waren auch deren Herrscher wenigstens zeitweilig unabhängig von Befehlen Anderer, vor allem der Römer, geworden. „Reguli" pflegten die römischen Quellen diese Herren zu nennen.

Ganz wichtig ist es, zu erkennen, dass die intensivere Besiedlung des von der römischen Verwaltung und vielen römischen Einwohnern verlassenen Rheinlands mit *germanischen* Siedlern – zunächst wenigstens – von *Westen* her erfolgte. Sie kam aus *der* Region Nordfrankreichs, die vorher ein Jahrhundert oder länger von germanischen Söldnern im Auftrag Roms bewacht worden war. Für die Römer waren alle diese Söldner und ihr Gefolge „Franken"; sie selbst werden sich vermutlich nie so genannt oder empfunden haben. In späteren Kapiteln dieses Buches wird der Vorgang der Wiederbesiedlung des Rheinlands mit germanisch sprechenden Menschen noch näher beleuchtet.

Die Episode von Samson kann auch deutlich machen, dass in diesen Jahrzehnten des 5. Jahrhundertes nicht nur Sarmaten nach Deutschland einwanderten, wie man nach der Lektüre dieses Buches vielleicht geneigt ist zu glauben. Sondern es kamen durchaus auch Menschen mit germanischer Kultur und Sprache, viele sogar, aber eben oft aus dem einstigen römischen Reich, wo ihre Dienste nicht mehr gebraucht wurden.

An der mittleren Maas etwas unterhalb der heutigen Stadt Namur in Belgien ergießt sich ein kleines Flüsschen in den hier schon mächtigen Strom. Es trägt wahrscheinlich schon seit mehr als

2000 Jahren den Namen Samson. Auch das Dorf an der Mündung heißt heute noch Samson. Auf dem Bergsporn hoch über der Maas – der Fluss hat sich hier tief zwischen den hohen Kreidefelsen ein Tal gegraben – und dem Bett des Flüsschens Samson hat zur römischen Zeit ein kleiner römischer Wachtturm gestanden. Reste von hunderten solcher „Burgi" sind überall in den römischen Provinzen Germania und Belgica entdeckt worden. Von dem Turm am Flüsschen Samson aus konnte man das Tal der Maas weithin übersehen.

Ganz in der Nähe haben archäologische Ausgrabungen in den 60er Jahren des 20. Jahrhunderts einige Gräber vornehmer Söldner-Anführer germanischer Abstammung gefunden. Sie müssen dort über mehrere Generationen – Großvater, Vater, Sohn ? – Wache geschoben haben. Das Schwert des letzten dieser Häuptlinge ähnelte im Typ sehr dem Schwert, das man im Grab des Königs Childerich (gestorben 482) gefunden hat.

So ist die Vermutung wohl sehr berechtigt, dass die Erzählung vom jungen Ritter namens Samson – so heißt er tatsächlich in der Thidrekssaga ! – hier ihren realen Anfang hatte. Die geographischen Erläuterungen, vorne in Klammern eingefügt, erlauben dem interessierten Leser bereits recht gut, die „Sage" mit der historischen Wirklichkeit zu verknüpfen.

Der Sagentext dürfte auf ein uraltes germanische Heldenlied zurückgehen, das die Taten des Königs Samson pries, natürlich lobend, aber doch im Wesentlichen einigermaßen realistisch. Denn solche Heldenlieder wurden noch zu Lebzeiten des Helden gedichtet und vor ihm selbst und seinem Gefolge vorgetragen, und dieses hätte bestimmt laut protestiert, wenn der Sänger allzu stark von der Wahrheit abgewichen wäre.

Später, nach dem Tod der Augenzeugen, war eine grundsätzliche Veränderung nicht mehr nötig, nur eine vorsichtige „Umformung“ der erzählten Geschichte, so dass mit ihr den Zeitgenossen zwei oder drei Generationen später eine damals gerade aktuelle historische Situation plastisch erklärt werden konnte, weil sie ähnlich war wie die im Lied. Im Fall des Königs Samson hat sich wohl später kein vergleichbares historisches Ereignis eingestellt, so dass eben gerade dieser Bericht ziemlich unverändert geblieben ist.

Doch einige Passagen in der Samson-Geschichte der Thidrekssaga lassen den sorgfältigen Forscher aufmerken. Ohne jede Erklärung zieht hier Samson mit allen seinen Leuten nach „Bern“, fordert aber vorher dessen Herrn in einem B r i e f in überheblichster Weise zur schuldigen Steuerzahlung auf. Hier, in den zweiten Teil des alten „Preisliedes“ über Samson, sind ganz offenbar sehr spät in der langen rein mündlichen Überlieferung des Textes hochmittelalterliche Vorstellungen und unglaubliche Übertreibungen hinein geraten, doch keine Begründung für den Abzug von der Maas an den Rhein. Das darf man wohl so verstehen: ein Preislied auf einen Heldenkönig durfte doch nicht dessen eigentlich ziemlich schmähliche Flucht erwähnen ! Lieber überging der Sänger diesen peinlichen Vorgang völlig.

Die Darstellung im ersten Abschnitt dieses Kapitels, als fiktive Erzählung des neuen Königs Ermenrich, passt genau in die reale historische Lage und lässt ein wenig auch die mitunter ziemlich primitiven Gedankengänge von Königen vor 1500 Jahren erkennen.

Für den Schluss der Geschichte sind noch einige historische Erklärungen nötig. Es ist eine Tatsache, dass die Stadt Bonn ihren Namen von einem römischen Kastell namens Bonna erhielt. Doch lange Zeit, spätestens vom 9. – 13. Jahrhundert, trug die daraus entstandene kleine Stadt a u c h den Namen „Bern“, lateinisch „Verona“ - - warum, das konnte bis heute noch nicht endgültig geklärt werden. Zu der Zeit, als Samson sich dort festsetzte, also um das Jahr 495, gab es keinerlei römische Soldaten mehr, und die Ansiedler hatten sich in einer kleinen Ecke des einstigen Mauergevierts des Kastells ein paar Hütten gebaut.

Ganz anders als im Bericht über den „Kampf um Bern" endet die Samson-Story in der Thidrekssaga wieder außerordentlich nüchtern. Es heißt da nur: *„Samson ritt von dort* (Bern) *weg auf Rom zu. Sein Sohn Ermenrich begleitete ihn. Da erkrankte Samson tödlich und starb. Ermenrich zog vor Rom und kämpfte mit den Römern und errang großen Ruhm. Auch gewann er den größten Teil von Rom. Er zog auch nach Grekin* (Graach) *und gewann den größten Teil des Landes dazu und weithin andere Orte und wurde sogleich ein mächtiger König."* Dieses wörtliche Zitat ist zugleich ein Beispiel für die – hier natürlich ins Deutsche übersetzte – Sprachform der Thidrekssaga.

Dieses „Rom" war natürlich nicht die Hauptstadt Italiens und auch nicht Trier, das im 4. Jahrhundert lange die Residenz der weströmischen Kaiser war. Sondern sorgfältige Untersuchungen des Heimatforschers Karl Weinand machen es plausibel, dass der kleine Ort Ochtendung, 15 Kilometer westlich von Koblenz, damit gemeint war. Er war bis zur Lebenszeit Samsons noch ein wichtiges Verwaltungszentrum in der einstigen römischen Provinz Germania Prima. Vermutlich war er auch noch Wohnsitz etlicher germanischer Söldner, die sich eine Eroberung ihrer neuen Heimat durch einen „wildfremden" König ebenso wenig gefallen lassen wollten, wie Samson selbst nicht bereit war, sich als angeblicher „Franke" unter die Oberhoheit eines fremden Königs – hier Chlodwig – zu begeben.

Liest man die schlichten Sätze der Thidrekssaga unvoreingenommen und im Wissen um diese reale historische Situation, dann lassen sie auch erkennen, wie winzig oft die „Heere" gewesen sein müssen, die damals um „Reiche" kämpften.

Ein König Ermenrich spielt in weiteren Teilen der Thidrikssaga noch eine große unheilvolle Rolle als Widersacher seines Neffen „Dietrich von Bern". Doch ob dieser Sagen-Ermenrich mit dem Sohn des Königs Samson in der realen Geschichte etwas zu tun gehabt hat, ist mehr als fraglich, ebenso ob es e i n e n Helden „Dietrich von Bern" überhaupt gegeben hat. Denn Vieles deutet darauf hin, dass bei Germanen (und Kelten !) der Begriff „Dietrich" (= Volksherr, auch der Name Theoderich bedeutet nichts anderes) eine Art Ehren t i t e l für verschiedene wichtige Persönlichkeiten war. Der Dietrich von Bern, der nach der Sage nahezu überall dabei war, wo es Kampf gab - - waren das in Wirklichkeit etwa mehrere ganz verschiedene Personen ?

Rätselhafte „Völker" in der „Svava"

Nicht ohne Grund wurden vorne, in der Erzählung des Ermenrich", einige „Völker" genannt, die angeblich dem Elsung bei der Verteidigung Berns (Bonns) geholfen hätten: „Ungeren und Svaveren und Torkeren und Beyeren". Was es mit diesen Namen auf sich hat, muss jetzt noch wenigstens kurz erklärt werden.

Diese Namen finden sich nur in der „Svava", einer Kurzfassung der Thidrekssaga. Es dürfte nur sehr wenige Experten unter den Germanisten und Skandinavisten geben, die mit dem Begriff „Svava" etwas anfangen können oder gar näher darüber Bescheid wissen.

Im Verhältnis zum „Rätselbuch Thidrekssaga" ist die „Svava" noch viel rätselhafter, was ihre Entstehung und ihre historische Bedeutung angeht. Es handelt sich um eine Übersetzung in die altsschwedische Sprache, niedergeschrieben im 15. Jahrhundert, daher wohl der Name „Svava". Doch erzählt das schwedische Manuskript alle Geschichten aus der Thidrekssaga stark verkürzt, dennoch ohne wesentlichen Inhaltsverlust und normalerweise in der gleichen Reihenfolge wie das Manuskript der Thidreksaga in altnordischer (norwegisch-isländischer) Sprache. Die „Samson-Episode“ nimmt z.B. in der gedruckten deutschen Übersetzung der „Svava“ 13 Seiten ein, in der Übersetzung der Thidrekssaga 28 Seiten.

Doch nur in dieser schwedischen Fassung tauchen die erwähnten Völkernamen auf. Wie ist das möglich ? Und welche Bedeutung kann das haben ?

Man weiß, dass das altschwedische Manuskript eine Übersetzung ist, aber weder, aus welcher Sprache übersetzt wurde (aus dem Altnordischen, dem Dänischen, dem [Nieder-]Deutschen ?) noch wie alt der schriftliche Text gewesen sein könnte, der dieser Übersetzung zugrunde lag. Es muss einen solchen Schrifttext gegeben haben, denn man kennt sogar zwei Übersetzungen ins Altschwedische, die unabhängig von einander vorgenommen wurden, aber ganz deutlich nur auf e i n gemeinsames Ausgangs-Manuskript zurückgehen. Dieser Ausgangstext ist leider offenbar spurlos verschwunden.

Die literaturhistorischen Rätsel um die „Svava“ können hier nicht gelöst werden. Aber nicht nur das Beispiel mit den erwähnten Völkernamen zeigt, dass der Urtext, auf dem die Übersetzung ins Schwedische beruht, manches eigene Wissen über historische Zustände im Frühmittelalter in Mitteleuropa enthielt, das nicht in die Übersetzung ins Altnordische geflossen ist. Nur deshalb wäre er für die Geschichtsforschung wichtig.

Wenn man die Erklärungen im vorigen Abschnitt berücksichtigt, dass die „Heere“ und auch die „Königreiche“ im Frühmittelalter nach heutiger Anschauung oft nur winzig klein waren, dann wird die Erwähnung in der „Svava“ der *„Völker und Landsherren“*, die den Erl Elsung in Bern unterstützten, nicht mehr als völlig frei erfunden empfunden werden müssen. Akademische Erklärer der

Passage haben natürlich aus diesen Namen „Ungarn, Schwaben, Türken und Bayern“ gemacht und konnten sich dann über die Phantasie der späten Sagenerzähler mokieren.

In dieser Zeit am Ende des weströmischen Reiches muss es im „freien“ Germanien rechts des Rheins zahlreiche Volkssplitter gegeben haben, kleine Gruppen, die sich aus den verschiedensten Gründen von einem größeren Stamm gelöst hatten und nun irgendwo anders lebten, oft inmitten anderer derartiger Volkssplitter, aber immer noch an ihren Stammesnamen festhielten.

Es sind n i c h t mehr die germanischen Stämme, die 400 Jahre zuvor von römischern Schriftstellern wie Tacitus erwähnt wurden. Das ist auch logisch: in so langer Zeit wandelt sich auch der Name von Völkern – denken wir doch nur an unser Land, in dem es vor 400 Jahren den Erzherzog von Österreich, den Kurfürsten von Brandenburg, den Herzog von Württemberg oder den Grafen von Wied gab, das aber niemand „Deutschland“ genannt hätte.

Nur die akademische Geschichtsforschung scheint das nicht gemerkt zu haben. Sie hält immer noch an der Fiktion fest, es habe im Frühmittelalter ein „Stammesbündnis“ der „Franken“ gegeben, das mit einem „mächtigen Reich“ das Rheinland beherrschte.

Von den „Beyeren“ war schon im Kapitel 9 dieses Buches die Rede, als offenbar eine Germanengruppe dieses Namens die Stadt Köln bedrohte. Warum soll nicht ein kleiner Schwarm von Kriegern dieses Stammes ein Drittel-Jahrhundert später bei Bonn aufgetaucht sein, um dem dortigen Stadtherren bei der Verteidigung zu helfen – gegen Sold natürlich ?

Die „Ungarn“, die man aus den *„vngare“* des schwedischen Manuskripts gemacht hat, waren möglicherweise eine Gruppe von Kriegern aus dem kleinen germanischen Stamm der Engern, der damals am mittleren Rhein ansässig war. Im Mittelalter gab es gegenüber Koblenz rechtsrheinisch einen „Engersgau“, und das Schloss Engers bei Neuwied trägt heute noch diesen Namen. Es liegt nur 45 Kilometer stromaufwärts von Bonn.

Die Namen „Suaven“ und „Torkerer“ kennt der Leser dieses Buches bereits aus dem Kapitel 11. Er dürfte sich nur fragen, was Krieger mit diesen Stammesnamen weitab von der Schwäbischen Alb getrieben haben mochten. Aber das oben bereits erwähnte „Chronicum imperatorum et pontificum Bavariae“ aus dem 13. Jahrhundert behauptet, das „Volk der Torkerer“ habe später vom *„Ursprung der Donau bis zum Rhein bei Trier“* gelebt. Geographisch ist das ziemlich abenteuerlich, aber wer weiß, was für Erdkunde-Kenntnisse der oberbayerische Mönch hatte, der damals diese Chronik aufschrieb.

Das Zeugnis der „Svava“ lässt sich durchaus als zweiter Beleg für das Vorkommen dieser Völkernamen am Rhein im Frühmittelalter erkennen, ohne dass man daraus bereits eine konkrete „Geschichte der Turkerer am Rhein“ konstruieren kann. Können nicht Volkssplitter der damals noch nicht zu vereinten „Schwaben“ gewordenen, aber bereits verbündeten Torkerer und Sueben auch bis in die Pfalz, ja sogar bis nach Bonn an den Rhein gekommen sein, um hier gegen die Aussicht auf gute Beute für Fremde zu kämpfen ? Vielleicht waren es ja nur „Räuberbanden“, als die nach einer Definition eines Gesetzes eines frühen angelsächsischen Königs solche Gruppen galten, die zwischen einem Dutzend und 30 Kriegern zählten. Größere Kriegeransammlungen waren bereits ein „Heer“.

13

Schachmänner und Hunen in Westfalen

Das Kastell an der Lippe

Sommer 500, an der Lippe nördlich von Dortmund

Der Vollmond beleuchtete das Gelände mit unheimlichem weißem Licht, obwohl es noch tiefste Nacht war und kein Lebewesen im Wald wach zu sein schien. Doch vier dunkle Gestalten krochen vorsichtig auf die Wand aus kräftigen Holzbohlen zu.

Der Zaun bildete ein Viereck unmittelbar vor der alten Holzbrücke über den Fluss Lupia *(Lippe),* und in ihm gab es nur zwei jetzt verschlossene Tore. Sie versperrten jedermann den Weg über den Fluss, und genau das war seit vielen Wintern ständiger Anlass für die Wut der Hunen. Denn wer auch immer den Fluss auf dem alten Handelsweg nach Mitternacht oder nach Mittag zu überqueren wollte, musste an den Torwachen der verfluchten Schachmänner vorbei und ihnen Schatzung leisten. Ganz nach Laune der Wachen waren das ein paar Eisenringe, ein Huhn, ein Stück Tuch oder auch Wertvolleres, je nachdem, was der Wanderer oder Kaufmann gerade bei sich hatte.

Die vier Gestalten hatten sich lautlos der Palisadenwand genähert und packten nun aus Säcken lange Seile aus, an deren einem Ende eiserne Haken befestigt waren. Die jungen Hunen hatten lange damit geübt, so dass es ihnen gelang, schon beim ersten Versuch die Haken so über den Zaun zu werfen, dass sie sich oben festkrallten. So konnten die Angreifer sich an den Seilen nach oben ziehen.

Fast ohne Geräusch war es so den heimlichen Besuchern möglich gewesen, in das Innere des Kastells zu gelangen. Doch jetzt kam erst der gefährlichste Teil des ganzen Unternehmens. Zuerst mussten die Torwachen ausgeschaltet werden. Die beiden Wachhabenden hockten hinter den geschlossenen Torflügeln und waren jetzt, mitten in der Nacht, wahrscheinlich längst eingeschlafen. Zwei entschlossene Schwerthiebe setzten sie außer Gefecht.

Das ging nun nicht mehr ohne Lärm ab, denn der Klang der eisernen Schwertklingen auf eiserne Helme und Rüstungen musste die anderen Krieger der Kastellbesatzung unweigerlich wecken. Doch hier setzte der nächste Schritt des vorher sorgfältig einstudierten Plans für den Überfall ein. Die vier jungen Hunen begannen plötzlich überlaut zu schreien, so dass die noch schlaftrunkenen Krieger der Schachmänner vor Schreck zusammenzuckten, während sie aus den beiden Hütten hervorkrochen, in denen sie geschlafen hatten. Nur einige der Verteidiger hatten es geschafft, rechtzeitig ihre Schwerter zu ziehen.

Im bleichen Licht des Vollmonds begann nun ein erbitterter Kampf Schwert gegen Schwert, doch hatten die Angreifer den Vorteil der Überraschung für sich. Obwohl die zwölf Bewacher des Kastells in der Überzahl waren, gelang es den jungen kräftigen Hunen, sehr schnell sechs oder sieben der Wachen mit ihren Schwertern niederzuschlagen, darunter die beiden Schachmänner, die hier das Kommando über das Kastell an der Lippe geführt hatten. Die letzten der Verteidiger fanden keinen anderen Ausweg aus ihrer Not, als den Torflügel zu öffnen, der zur Brücke führte und auf dem stabilen Holzsteg über den Fluss zu flüchten.

Überrascht ließen die jungen Hunen ihre blutigen Schwerter sinken und umarmten sich vor Freude. Sie selbst hatten nur unwesentliche Schnitte davongetragen, ihre Helme und dikken Lederpanzer hatten manchen schlimmen Schwertstreich von ihnen ferngehalten.

Was den Angreifern nun noch übrig blieb, war eine gründliche Suche nach Wertgegenständen in den Hütten des Kastells. Dann öffneten sie das südliche Tor von innen und begannen, sorgfältig die Hütten und vor allem die hölzernen Tore und die Zäune mit Fackeln zu entzünden. Mit Jubel beobachteten sie,. wie der Mantel aus rot-weiß karierten Wollstoff in Flammen aufging, der so lange als unübersehbares Zeichen der Herrschaft der verhassten Schachmänner über den Flussübergang an einer Stange über dem südlichen Tor geweht hatte.

Indizien aus Sage und Geographie

Ein solcher nächtlicher Kampf mag sich tatsächlich vor gut anderthalb Jahrtausenden an der Lippe abgespielt haben – so oder ähnlich. Auch dafür existiert eine schriftliche Quelle in der schon mehrfach erwähnten Thidrekssaga (siehe Kapitel 8 und 12). Allerdings ist hier der historische Kern komplizierter heraus zu präparieren als in der Geschichte vom jungen Frauenräuber Samson, der König wurde.

Germanisten, die den Schrifttext in nordischer Sprache lediglich als Literaturerzeugnis e i n e s Dichters ansehen, hätten wahrscheinlich Schwierigkeiten, die in der Thidrekssaga erzählte Geschichte vom Kampf in dem vorstehend geschilderten Ereignis wieder zu erkennen. Der Schrifttext erzählt von einer Gruppe von vier unternehmungslustigen und reichlich großsprecherischen jungen Helden – sie sollen später zum Gefolge des berühmten Königs Dietrich von Bern stoßen –, die von N o r d e n her die Lippe überqueren wollen, dabei zunächst in Wortgefechte mit den als grausam und bösartig geschilderten Schachmännern kommen und diese dann doch trotz ihrer Überzahl besiegen.

Doch wieder ist zu berücksichtigen, dass wohl ein ursprüngliches Lied über viele Jahrhunderte mündlich weitergegeben wurde, das einmal die Heldentat von vier jungen Hunen feierte, die von S ü d e n her kommend das „Kastell" eroberten und verbrannten. Einen ähnlichen Kampf gegen die Bewacher einer Brücke und Vorfahren der späteren Zollbeamten mag es mehrfach im frühen Mittelalter gegeben haben, und damit Gelegenheit für die damaligen „Publicity Manager", die Dichter-Sänger, das Ur-Lied mit leichten Veränderungen an das jeweils aktuelle Vorkommnis und auch an den gewandelten Geschmack der Zuhörer anzupassen. Aber als möglichen realen Kern lässt sich die Geschichte so herausschälen, wie im vorstehenden Abschnitt beschrieben.

Der Text der Thidrekssaga (Kap. 35) erwähnt ausdrücklich, das „Kastell" habe an der Lippe gelegen, und er nennt sogar den Namen eines Ortes in der Nähe: *„An der Brücke steht eine Burg, die heißt Brictan"*. Der erste Übersetzer der Saga ins Deutsche, von der Hagen, fügte als Erläuterung diesem Ortsnamen bei: *„Wahrscheinlich Brixen in Südtirol"*. Denn bis heute ist die Mehrheit derjenigen Fachgelehrten, die sich mit dieser Sage auskennen, fest überzeugt, der Sagenheld Dietrich von Bern sei in der historischen Wirklichkeit der berühmte Ostgotenkönig Theoderich der

Große gewesen, der ja in Oberitalien residierte. Doch diese Annahme lässt sich aus zahlreichen Gründen nicht halten.

Der Privatgelehrte und Sagenforscher Dr. Heinz Ritter (-Schaumburg) – ihm ist das neu erwachte Interesse an der nordischen Thidrekssaga und ihrer genaueren Betrachtung durch private Forscher zu verdanken – hat jedoch schon vor 40 Jahren behauptet, dieses „Brictan" sei das kleine Dorf Brechten dicht südlich der Lippe gewesen; es gehört heute als Ortsteil zu Dortmund. Dort hat man beim „Haus Buddenberg" am nördlichen Lippe-Ufer die Ruinen eines einstigen kleinen römischen Kastells nachgewiesen, genau da, wo ein uralter Handelsweg von Norden nach Süden die Lippe überquerte.

Die Lippe war ja in den frühen Zeiten der Herrschaft der Römer in Germanien die wichtigste Aufmarschstraße für ihre Heere nach Osten, und die einstige Existenz zahlreicher großer und kleiner Festungen an ihren Ufern ist ein Faktum. Ist es nicht mehr als plausibel, dass eine Menschengruppe, die ein paar Jahrhunderte später versuchte, sich in eben dieser Gegend festzusetzen und aus geographischen Gegebenheiten Vorteile zu ziehen, genau dort eine höchst schlichte „Burg" aus Holzbohlen baute ?

Ist es nicht weiter zu vermuten, dass die sarmatischen „Schachmänner" später mit erheblich mehr Kriegern zurückkamen und ihre „Schatzquelle", die Wache am Flussübergang für Reisende, erneut aufzubauen und besser zu bewachen ? Ähnliche „Zollstellen" an Flussübergängen in Nordwestdeutschland lassen sich noch an mehreren anderen Orten vermuten (siehe Kapitel 28). Vielleicht, ja wahrscheinlich hätten die Hunen es nicht anders gehalten, wenn sie die Macht gehabt hätten, eine Wachstation an der Lippe zu unterhalten.

Bereits im Kapitel 8 wurde erwähnt, dass ursprüngliche Gegner der ins spätere Westfalen eingewanderten Sarmaten vom Stamm der Jazygen ein germanisches „Volk“ namens Hunen waren. Von Sängern aus dieser Menschengruppe scheinen viele der frühen Heldenlieder und Geschichten zu stammen, die später in das Sammelkompendium der Thidrekssaga aufgenommen und dort zu einer „Lebensgeschichte des Helden Dietrich von Bern“ umgestaltet worden sind.

Es ist klar, dass aus der Sicht der germanischen Gegner der „Schachmänner“ diese als finstere und mordlustige Gesellen geschildert werden mussten, um die Leistungen der eigenen Helden umso stärker hervortreten zu lassen. Umso größere Bedeutung gewinnt aus dieser Sicht die Thidrekssaga als einzige Schriftquelle über die Einwanderung sarmatischer Gruppen in unser Land, das damals noch längst nicht Deutschland hieß.

Teil III

Das Reich der Franken greift über den Rhein

(ca. 500 – 560 n. Chr.)

Von Gallien her dehnte sich das Frankenreich der Merowingerkönige in das Gebiet des späteren Deutschlands hinein aus, meist – aber nicht immer ! - relativ friedlich, und es gewann immer mehr Einfluss. wenigstens in der Mitte und im Süden.

14

König Chlodwig und die Alemannen

In der neuen Patria Francorum

Spätherbst 506, in Worms / Rhein

Genüsslich streckte Hedan, der Dux der fränkischen Krieger am Rhein, seine Füße in die Nähe der Bodenöffnung, aus der wohltuende Wärme strömte. Es war schon angenehm, in einem Haus der Römer zu leben, wenn der Winter herankam, noch dazu in einem Haus, in dem die fabelhafte Erfindung der Fußbodenheizung noch funktionierte. Hedan war froh über seine Entscheidung, das ehemalige Kastell der Römer in Borbetomagus *(Worms)* am Rhenus als Standquartier gewählt zu haben. Hier waren die Befestigungsmauer und auch einige der Häuser, die die Römer einst darin gebaut hatten, noch nicht so zerfallen wie anderswo.

Hedan hob den Becher mit römischem Wein und prostete den vier jüngeren Männern zu, die mit ihm zusammen auf den römischen Triklinien *(Liegesofas, die Art, wie vornehme Römer das Essen einnahmen)* lagen. Es waren jüngere Offiziere aus einigen der Adelsfamilien, die einst die Fürsten der Sicambrier auf deren langen Weg von der Donau nach Gallien begleitet hatten. Wie Hedan selbst trugen sie den dunkelblauen Mantel, der das Erkennungszeichen aller Schah aus dem alten Stamm der Roxolanen war.

Zusammen mit seinen vier treuen und einfallsreichen Gehilfen hatte Hedan seit mehr als einem Jahr die Pläne für den Feldzug gegen die treulosen Alemannen entwickelt und ihre Durchführung überwacht, den ihr König Chlodwig befohlen hatte. Zufrieden und entspannt plauderte Hedan mit seinen Gehilfen; er tat es in lateinischer Sprache, wie es am Hofe des Königs in Paris üblich war.

Allerdings hätte wohl ein gebildeter Römer mit Schaudern angehört, was diese Soldaten aus der Sprache eines Vergil oder Livius gemacht hatten. Schließlich kannten sie nur das, was seit vielen Generationen in der römischen Armee die Kommandosprache gewesen war, und die hatte nun einmal mit der Sprache der Dichter nicht viel gemein. Mit den einfachen fränkischen Kriegern konnten die Befehlshaber aber auch flüssig in deren Sprache verkehren, weil die nie richtig Latein gelernt hatten.

Jetzt, fast am Ende des Feldzugs, musste Hedan nur noch auf die Nachrichten warten, die alle paar Tage durch reitende Boten aus allen Richtungen bei diesem zentralen Ort bei ihm ankamen. Von überall her konnten die Boten Erfolge melden. Dabei hatte der Feldzug der fränkischen Krieger in diesem Jahr so viele ganz verschiedenartige Vorbereitungen erfordert und war in so viele Teile zerfallen, wie es wohl noch nie in der erst kurzen Geschichte des Königreichs der Franken nötig gewesen war.

Erst zehn Winter war es her, seit König Chlodwig die bösen Alemannen bei Tulbiacum *(Toul an der oberen Mosel)* besiegt hatte. Die alemannischen Anführer, soweit sie überlebt hatten, mussten damals dem König der Franken Treue und

Gefolgschaft schwören und den Teil Galliens verlassen, in dem sie sich einige Jahre zuvor hatten ansiedeln wollen. Doch seit dem vorigen Jahr hatte König Chlodwig genug davon gehabt, dass die Alemannen immer wieder ihre schuldigen Tribute verweigerten und damit die Treueschwüre verletzten. Jetzt müsse die alemannische Brut ausgerottet werden, hatte der König entschieden, wenigstens dort, wo sie die Franken stören könnten. Die Ausführung dieses Befehls hatte er seinem vertrauten Heerführer Hedan übertragen.

Als erstes, so hatte Hedan seinen König überzeugt, müssten die vielen fränkischen Söldner, die in zahlreichen kleinen Befestigungen im ganzen Norden Galliens einst Wachtdienste für die Römer geleistet hatten, von dort abgezogen und zu einem gemeinsamen Heer gemacht werden, wenigstens vorübergehend. Dieses Heer solle eine neue Aufgabe erhalten, denn die Wacht gegen Feinde, die doch nicht mehr kamen, war sinnlos geworden. Stattdessen sollten diese Krieger im Namen des Frankenkönigs Chlodwig sich selbst neue Heimstätten am Rhein und darüber hinaus nach Sonnenaufgang zu erobern. Die kriegerischen Alemannen, die beiderseits des Rheins siedelten, störten dabei. Wenn man sie vertrieb oder zu Sklaven machte, konnte man zwei Fliegen mit einer Klappe schlagen.

So hatten Hedan und seine jungen Gehilfen schon vor weit mehr als einem Jahr damit begonnen, die fränkischen Krieger in ihren kleinen Ansiedlungen aufzusuchen. Es war ihnen gelungen, die meisten davon zu überzeugen, sich zu einem großen Heer zu vereinigen, nach den Befehlen Chlodwigs und Hedans während eines Sommers zu marschieren und zu kämpfen und anschließend für sich und ihre Familien neues Land in den eroberten Gebieten zu gewinnen, wo sie als Untertanen des Frankenkönigs Chlodwig leben sollten.

Der Plan war aufgegangen. Während die Frauen und Kinder und das Gesinde der fränkischen Krieger mit all ihrem Vieh und ihrer Fahrhabe sich allmählich bei Mettis *(Metz)* sammelten und unter kleiner Bedeckung nach Süden und später nach Osten geleitet worden waren, hatte Hedan die Krieger selbst zu einem Heer gedrillt. Sie hatten seit Generationen von einander isoliert gelebt und mussten erst wieder lernen, einem einheitlichen Befehl zu gehorchen. Doch sie waren begeistert und lernfähig und gehorchten Hedan und seinen jungen adligen Gehilfen willig.

So war der Feldzug dieses Sommers ein großer Erfolg geworden. Auf der alten Römerstraße war das Frankenheer aus dem Herzen des Frankenreiches von Tulbiacum aus über Pons Saravi *(Saarburg)* und Tres Tavernae *(Zabern)* nach Osten zum Rhein marschiert. Dort begann dann das, was Hedan die „Entfernung des alemannischen Schmutzes“ genannt hatte. Eine Ansiedlung der Alemannen nach der anderen wurde von stets in der Zahl überlegenen fränkischen Kriegern angegriffen, geplündert und niedergebrannt. Den Einwohnern, soweit sie nicht in den Kämpfen gefallen waren, wurde bedeutet, nach Süden zu verschwinden und sich nie wieder in der Gegend sehen zu lassen. Gefangene und verletzte Krieger wurden gesund gepflegt und dann als Sklaven auf die künftigen fränkischen Dörfer verteilt.

Die fränkische Armee hatte auf diese Weise in einem ständigen Siegeszug einen breiten Streifen Landes von dem „alemannischen Schmutz“ gesäubert, zunächst westlich des Rheins zwischen den kleinen Römerstädten Brocomagus *(Brumath im Elsaß, nördlich von Straßburg)* und Bingium *(Bingen am Rhein)* weit im Norden. Die verstreuten Ansiedlungen sarmatischer Rinderhirten im Umkreis von Moguntiacum *(Mainz)* wurden sorgfältig geschont, denn König Chlodwig und seinem Heerführer Hedan war bewusst, dass diese die gleiche Muttersprache wie sie selbst benutzten und vom gleichen Volk der Sarmaten abstammten, wenn auch von einem anderen alten Stamm.

Die dazwischen liegende Stadt Moguntiacum *(Mainz)* hatte König Chlodwig schon einige Jahre zuvor in seine Gewalt gebracht, indem er veranlasst hatte, dass ein neuer Bischof dorthin geschickt wurde, als der alte Oberhirte dort gestorben war. Ein junger Geistlicher aus der Umgebung des Bischofs Remigius in Durocortorum *(Reims)* wurde mit der Aufgabe betraut, die alte, nun weitgehend in Ruinen liegende Römerstadt zu einem verlässlichen Bestandteil des Königreichs der Franken zu machen. Eine ausreichend große Truppe verlässlicher fränkischer Krieger unter dem Befehl eines sicambrischen Kommandeurs unterstützte ihn dabei. Das war vor acht Jahren geschehen, nur kurz nachdem Bischof Remigius den König als Christen hatte taufen können

Nach den Erfolgen dieses Frühsommers hatte Hedan sein Heer geteilt. Ein kleiner Teil erhielt den Auftrag, auf der Brücke bei Moguntiacum den Rhein zu überqueren und östlich des Stromes das Säuberungswerk fortzusetzen, so weit das in diesem Jahr zu schaffen sei. In den nächsten Jahren konnte dort die Arbeit fortgesetzt werden, immer der Gegend des Sonnenaufgangs zu.

Ein größerer Teil der fränkischen Truppen wurde mit einem anderen strategischen Auftrag in den Süden geschickt. König Chlodwig hatte entschieden, dass die Säuberung des Landes von Alemannen und die Ansiedlung fränkischer Familien zunächst nur nördlich des Punktes durchgeführt werden sollte, wo die Römerstraße von Westen her auf den Rhein stieß, eben ab Brocomagus *(Brumath)*. Auch südlich davon lebten Alemannen, sogar wohl die meisten von ihnen. Sie sollten nicht vertrieben werden, dafür waren es zu viele.

Aber ihre einflussreichen Gaufürsten oder wenigstens deren Gefolgsleute sollten gezwungen werden, dem Frankenkönig einen unverbrüchlichen Eid der Treue und Gefolgschaft zu leisten. Und um sie dazu bereit zu machen, hatten sich der König und seine Berater eine Art des Zwanges ausgedacht, die wohl erstmalig angewandt wurde. Jedenfalls konnte sich keiner der Würdenträger im Regnum Francorum daran erinnern.

Das nach Süden geschickte Frankenheer hatte den Auftrag, die fünf Höhenburgen zwischen Rhenus und Nicar *(Neckar)*, die befestigten Sitze der wichtigsten alemannischen Gauherren, nacheinander, aber so überraschend wie möglich zu überfallen, zu erobern und zu zerstören. Dafür würde es bis an den südlichen Rand des Herzynischen Waldgebirges *(Schwarzwald)* und bis in die Nähe des Lacus Brigantium *(Bodensee)* vorstoßen müssen. Doch dieser lange Marsch würde sich lohnen, wenn dann diese Nester möglicher alemannischer Aufsässigkeit ausgeschaltet wären. Nach Erfüllung dieses Auftrages sollte das Heer in den Norden zurückkehren, und die einzelnen Gefolgschaften sollten in die Dörfer ziehen, die ihre Familien inzwischen links und rechts des Rheins bezogen haben würden.

Jetzt, wo das Wetter kalt geworden war und schon bald die Zeit der Vorbereitung auf die Geburt des Erlösers Jesus Christus begann *(die Adventszeit)*, mussten die Teile des fränkischen Heeres schon längst auf dem Rückmarsch in ihre künftige Heimat sein. Heute war ein reitender Bote von dem Heeresteil bei Hedan eingetroffen, der die erfolgreiche Eroberung und Zerstörung einer alemannischen Adelsburg ganz im Süden, nicht weit von dem längst in Trümmern liegenden römischen Kastell Augusta Rauracorum gemeldet hatte *(Kaiseraugst bei Basel, gemeint ist hier der einstige alemannische Herrensitz auf dem Burgberg bei Freiburg/Breisgau)*. Die dortige alemannische Adelssippe der Fagana war, so hatte der Bote mitgeteilt, allerdings rechtzeitig geflüchtet und hatte sich über den Fluß Licus *(Lech)*, die Grenze zum Römerreich, unter die Herrschaft des Gotenkönigs Theoderich gerettet.

Sollten sie doch bei den Römern – oder bei den Goten – selig werden, meinte der Dux Hedan zu seinen Beratern, als er das gehört hatte. Er hob erneut seinen Becher mit gutem römischem Wein. „Unsere fränkischen Krieger haben gute Arbeit geleistet, und ihr, meine Freunde, habt großen Anteil daran ! Sie haben sich selbst eine Heimat erobert, die ihnen nie mehr zu nehmen sein wird. Trinken wir auf die neue Patria Francorum, meine Freunde!“

Nur aus Indizien zu schließen

Der „Historiker der frühen Franken", der Bischof Gregor von Tours, lässt uns im Stich bei dem Teil der Erfolge des Königs Chlodwig, die in diesem Kapitel beschrieben werden. Seine Erwähnung einer Schlacht Chlodwigs gegen die Alemannen beschränkt sich darauf, ausführlich zu erzählen, dass der König gelobt habe, sich als Christ taufen zu lassen, wenn er den Sieg gewänne. Die einzige Ortsangabe, die Gregor dazu macht, nämlich „Tulbiacum", hat viele Generationen deutscher und französischer Geschichtsforscher dazu verführt, den Ort einer Schlacht gegen die Alemannen bei Zülpich im Rheinland anzunehmen, 35 Kilometer westlich von Köln. Denn dieser Marktflecken und Pferdewechselstation hieß zu römischen Zeiten „Tolbiacum".

Tatsächlich muss e i n e Schlacht der Franken gegen die Alemannen bei T o u l an der oberen Mosel in Ostfrankreich stattgefunden haben, und zwar vermutlich im Jahr 496. Doch werden wohl noch weitere Generationen von Historikern mit Überzeugung die Ansicht vertreten, die Alemannen hätten im R h e i n l a n d gegen die Franken gekämpft ...

Der z w e i t e Feldzug der Franken gegen die Alemannen im Jahr 506, so wie er in der vorstehenden Episode vom fränkischen Dux Hedan und seinem kleinen Stab jüngerer Offiziere erzählt wurde, kann nur aus verschiedenen Indizien erschlossen werden. Das heißt, ob er sich genau so abgespielt hat, wie erzählt, muss offen bleiben. Doch dass eine Art Generalstab dabei am Werke war, mit ziemlich komplexen Vorbereitungen und strategischen Zügen, bleibt eine plausible Annahme. Jedenfalls muss etwas sehr Gravierendes im Verhältnis zwischen den beiden Völkern in dieser Zeit passiert sein.

Es ist eine nicht zu leugnende Tatsache, dass der alemannische Dialekt (siehe dazu auch Kapitel 11) heute von der Schweiz im

Süden bis etwa zu einer Linie gesprochen wird, die vom nördlichen Elsass quer über den Rhein bis etwa Baden-Baden reicht. Nördlich davon können die Sprachforscher das Vorherrschen eines „fränkischen" Dialekts und auch eine geschlossene „fränkische" Siedlung seit dem Frühmittelalter registrieren. Dabei ist aus manchen antiken Quellen wenigstens andeutungsweise zu entnehmen, dass Alemannen v o r den ersten Jahren des 6. Jahrhunderts auch nördlich dieser Linie ansässig waren.

Aus dem Jahr 507 stammt ein Brief des Kanzlers des Ostgotenkönigs Theoderich, der den Frankenkönig Chlodwig in höflichen Worten, aber unmissverständlich davor warnt, die in den Machtbereich des Römischen Reiches über den Lech geflohenen Alemannen zu verfolgen. Theoderich war sorgfältig darum bemüht, wenigstens pro forma den römischen Kaiser in Konstantinopel zu vertreten, und noch gehörten die Provinzen Rätien und Noricum nördlich der Alpen zum römischen Reichsteil, in dem der Gotenkönig die Macht innehatte. Auf die gleiche Zeit, also um 506 oder 507, können Archäologen Funde in verschiedenen alten alemannischen Höhenfestungen in Süddeutschland datieren, die auf Belagerung, Eroberung und Zerstörung dieser Adelssitze hindeuten. Andere, weniger einflussreiche Adlige wurden gezwungen, lebenslange Treueide auf den Frankenkönig Chlodwig abzulegen.

Etwa zur gleichen Zeit „erloschen" – so erklären die Archäologen – die vielen Siedlungen germanischer Söldner im nördlichen Gallien, die bis dahin, zum Teil über mehrere Generationen, kleine „Burgi" oder andere römische Kleinfestungen bewacht hatten. Wohin sind diese „Franken" danach geraten ? Die Menschen waren doch sicher nicht alle plötzlich ausgestorben !?

Und sollten sich nicht Archäologen und Heimatgeschichtsforscher auch einmal fragen, woher wohl die „Franken" kamen, die nach Ausweis zahlreicher Grabungen seit dem Beginn des 6. Jahrhunderts sich am Rhein und bald auch östlich davon angesiedelt haben müssen ? Woher bekam im mittelalterlichen Deutschland die Region beiderseits des Main ihren Namen „Franken“ ? Auch hierzu fehlt jede schriftliche Quelle aus der alten Zeit. Nur wenn man alle diese Indizien zusammen betrachtet, ergibt sich ein plausibles Bild.

Bereits so früh, zu Beginn des 6. Jahrhunderts n. Chr., hat sich demnach in einen Teil des späteren Gebietes Deutschlands die Bevölkerung in etwa so gruppiert, wie man sie noch in der Neuzeit antraf, und das fränkische Königreich unter seinem Herrscher Chlodwig hatte seine Hand dabei im Spiel.

15

Endlich König in Köln

Chlodwig am Ziel seiner Wünsche

Paris, Weihnachten 509

Die Tage um die Feier der Geburt des Erlösers und Gott-Sohnes Jesus Christus *(Weihnachten)* waren für die neuen Gläubigen in der Umgebung des Frankenkönigs Chlodwig eine ziemlich unbequeme Folge ihrer Taufe. Denn hier musste an drei Tagen die Kirche für stundenlange unverständliche Zeremonien aufgesucht werden, und darüber hinaus musste an diesen drei Tagen streng gefastet werden. Auch weltliche Belustigungen, wie etwa die Jagd, waren verboten.

Für die Bewohner des königlichen Palastes in der Stadt der Parisii *(Paris)* gab es auch kein heimliches Schlupfloch, denn einige sehr eifrige junge Römer mit geschorenem Haar und der schwarzen Kutte der Geistlichen, Beauftragte des Bischofs Remigius, achteten hier sehr genau auf die Einhaltung der Vorschriften der heiligen katholischen Kirche. Jeder heimliche Verstoß wäre für die „offenbar Abtrünnigen“ mit strengen Bußübungen geahndet worden.

Dem Edlen Kolan fiel für diese Tage nichts Besseres ein, als mit seinem Sohn ein sehr vertrauliches Gespräch zu führen. Der Sohn zählte jetzt 15 Jahre und war damit zu seinen Jahren gekommen *(volljährig geworden)* und infolgedessen in dem Alter, in dem man ihm wichtige Geheimnisse anvertrauen konnte, die er als der älteste Sohn eines sarmatischen Familienoberhaupts und künftiger Erbe wissen und für seine eigenen Söhne bewahren sollte.

Kolan hatte ein wichtiges Amt am Hof des Frankenkönigs inne. Er war Befehlshaber der berittenen Leibwache des Königs Chlodwig und führte den Titel „Comes stabuli" *(auf Altfranzösisch Connetabel, auf Altdeutsch Mareskalk, Marschall: wörtlich „Pferdeknecht")*. Neben ihm gab es noch andere Ämter am Hof, wie den Mundschenk *(verantwortlich für die Lebensbedürfnisse des Hofstaates)*, den Schatzmeister und den Kanzler, den schrift- und lesekundigen Verfertiger von Briefen. Aber Kolan war erbliches Oberhaupt der kleinen Schwurfamilie, die schon in früheren Generationen den Vorfahren Chlodwigs aus dem Stamm der Roxolanen als engste Leibwache gedient hatte. Er genoss daher das besondere Vertrauen des Königs, der ihn auch oft mit höchst geheimen und mitunter sehr bedenklichen Aufträgen betraute.

Von dem letzten Auftrag dieser Art musste Kolan seinem Sohn erzählen; er musste es sich von der Seele reden, sonst wäre er daran zerbrochen. Bei einem Geistlichen zu beichten, wäre – das Beichtgeheimnis hin oder her – einem Bruch des vom König auferlegten strikten Schweigens gleichgekommen. Nur beim eigenen erwachsenen Sohn war er sicher, das Geheimnis wahren zu können.

Vor kurzem erst war Kolan zusammen mit König Chlodwig von einem langen Ritt aus der Colonia Agrippina in die ständige Königsresidenz Paris zurückgekommen. Dort am Rhein hatten die wenigen heimischen Krieger den Frankenkönig Chlodwig auf den Schild gehoben und ihn mit lauten Hochrufen als den König in der Colonia ausgerufen. Der König der Franken hatte damit ein heimlich seit Jahrzehnten verfolgtes Ziel erreicht, und er war sehr stolz darauf.

Kolan war es nicht, denn er wusste nur zu gut um die Mittel, mit denen es erreicht worden war, und sein Gewissen sträubte sich dagegen. Dennoch hatte er wortwörtlich die Befehle seines Königs ausgeführt, wie es ihm als Schwurmann seines Oberherrn zukam.

„Du musst etwas wissen, mein Sohn", begann Kolan das Gespräch, „was du sehr gut in deinem Gedächtnis behalten sollst. Einst, wenn du selbst einen Sohn im gleichen Alter hast, sollst du ihm das weitergeben, was ich dir jetzt anvertraue. Aber versprich mir beim Schwurfeuer unserer alten Götter, meinetwegen auch beim Herrn Jesus Christus, dass dir nie und zu niemandem anderen ein Wort von dem über die Lippen kommt, was ich dir jetzt erzähle."

Erst nachdem der junge Mann diesen Schwur in aller Feierlichkeit geleistet hatte, begann der Edle Kolan mit seinem Bericht. Er ging dabei auf den Feldzug gegen die Westgoten zurück, den er stets in der unmittelbaren Nähe seines Schwurherrn Chlodwig verbracht hatte *(gemeint ist der Krieg im Jahr 507, bei dem der Frankenkönig fast das ganze Westgotenreich in Gallien erobern konnte).*

Damals vor zwei Jahren hatte auch Fürst Chloderich mit einem Aufgebot seiner Krieger aus der Colonia seinem

Vetter Chlodwig geholfen, getreu dem Schwur, den einst die Söhne Clogios abgelegt hatten, als sie sich in vier unabhängige Reiche verteilten, die sich aber gegenseitig helfen sollten, wenn einer von ihnen von außen bedroht wurde (*siehe Kapitel 6*).

Am Lagerfeuer der obersten Kriegsherren hatte der Frankenkönig seinen Vetter erstmals persönlich kennen gelernt. Der war zwar älter als Chlodwig selbst, aber immer noch nicht König in der Colonia. Denn sein Vater Sigibert herrschte dort noch in voller Lebenskraft. Dabei war er mehr als siebzig Winter alt und hatte ein steifes Bein wegen einer Verletzung, die er sich zehn Jahre früher beim Kampf gegen die Alemannen vor Tulbiacum *(Toul an der oberen Mosel)* zugezogen hatte, als er seinem Vetter Chlodwig half, so wie nun der Sohn Chloderich gegen die Westgoten. Wegen dieser Behinderung hatte er für diesen Feldzug den Befehl über das Kriegerkontingent aus der Colonia seinem Sohn übertragen.

Damals vor zwei Jahren bei seinen Gesprächen am Lagerfeuer hatte dieser Chloderich offen durchblicken lassen, wie sehnlich er das Ende seines Vaters erwartete, damit er selbst König werden konnte. Dem Frankenkönig Chlodwig war es nicht schwer gefallen, dem geistig wohl nicht sehr gewitzten Vetter den Gedanken in den Kopf zu setzen, dass so ein alter Mann doch einmal einen Unfall, etwa bei einer Jagd, haben könne. Comes Kolan hatte als stummer Ohren- und Augenzeuge dieses damaligen Gesprächs sofort gewusst, was sein König Chlodwig damit bezweckte.

Jetzt, im Frühsommer dieses Jahres, war ein Bote aus der Colonia beim Frankenkönig angekommen. Der teilte mit, König Sigibert sei bei einem Jagdausflug in den nahen Buchenforst von Mördern umgebracht worden, allerdings seien diese Mörder nicht bekannt. Nun sei Chloderich Herr in der Colonia, und er sei bereit, dem Vetter in Paris einen angemessenen Teil seines Schatzes abzugeben. Offenbar wollte der neue Kleinkönig in der Stadt am Rhein damit vermeiden, dem mächtigen Vetter gegenüber einen ausdrücklichen Gefolgschaftseid abzulegen, wie es nahe gelegen hätte.

Nach einem vertraulichen Gespräch und mit sehr genauen Handlungsanweisungen hatte König Chlodwig daraufhin seinen engsten Vertrauten, den Comes Kolan, an den Rhein geschickt. Arglos habe dort der neue König Chloderich dem Abgesandten des Frankenkönigs die stabile Holzkiste geöffnet, in der er seine Goldmünzen, die Edelsteine und den Schmuck aufbewahrte. Sie bildeten den Schatz, den jeder König sein Eigen nennen musste, wenn seine Herrschaft auch nur irgendetwas wert sein sollte.

Weisungsgemäß hatte daraufhin Kolan den Chloderich aufgefordert, doch einmal ein besonders schönes Schmuckstück vom Boden der Kiste herauszuholen. Als er sich dazu tief in die Kiste beugte, hatte Chlodwigs Gesandter dem neuen Kölner König mit seinem Schwert den Schädel eingeschlagen und dabei gerufen: „So trifft dich das gleiche Los wie du es deinem Vater bereitet hast !“ Diese vom Schwurherren Chlodwig befohlene Tat lag Kolan noch heute schwer auf der Seele, denn er wusste ja nur zu genau, dass auch der Mord an König Sigibert in Wahrheit nur infolge der Anstiftung durch den fernen Frankenkönig ausgeführt worden war.

Chlodwig hatte sich schon zur Reise bereit gehalten, als er die Nachricht vom Tod des Königs Chloderich erhielt. Vor den zusammen gerufenen Kriegern aus der Gefolgschaft der Kölner Könige hatte er ausführlich seine völlige Unschuld an dem Tod dieser beiden Herren beteuert, dann aber vorgeschlagen, da nun die Gefolgschaft ohne Herren sei, solle sie doch ihn, Chlodwig, zum König auch in Köln wählen.

Nachdem das geschehen war und die Adligen aus der Kölner Kriegerschar mit ihrem neuen König beim Festtrunk zusammen saßen, hatte Chlodwig seinen Schwurmann Kolan bedeutungsvoll angesehen. Doch der brachte es nicht fertig, seinem Herrn lange ins Auge zu blicken. Er senkte den Kopf.

Kolan wusste, wie sehr sich sein Herr schon lange die Vereinigung aller kleinen Königreiche in der Nachfolge des Fürsten Clogio in seiner eigenen Hand gewünscht hatte. Bei den kleinen Reichen der Vettern Ragnachar in Camaracum *(Cambrai)* und Chararich in Atrabatum *(Arras)* war ihm die Ausschaltung der Vettern mit Hilfe ähnlicher listiger und moralisch durchaus anfechtbarer Maßnahmen bereits gelungen. Der Comes billigte auch im Grundsatz das große Ziel seines Königs. Aber musste es wirklich mit solchen Mitteln erreicht werden ?

Das Zeugnis des Bischofs Gregor von Tours

Die Geschichte vom Tod der Kölner Könige Sigibert und Chloderich und der Erhebung Chlodwigs zum König in Köln kennt die Geschichtswissenschaft aus dem großen Werk des Bischofs von

Tours, Gregor, sogar noch etwas ausführlicher und mit wörtlichen Reden ausgeschmückt. Woher mochte der Geistliche, der sich vorgenommen hatte, etwas über die Geschichte der frühen Frankenkönige zu schreiben, die Informationen über Vorgänge erhalten haben, die sich etwa achtzig Jahre früher zugetragen hatten ? Kein moderner Historiker hat die grundsätzliche Wahrheit der Gregor-Erzählung je bezweifelt, und tatsächlich passt das Verhalten des Frankenkönigs Chlodwig, wie es uns aus dieser Geschichte entgegentritt, voll und ganz zu seinem aus vielen anderen Indizien zu erschließenden Charakter.

Gregor berichtet im gleichen Zusammenhang auch von der Ausschaltung zweier anderer Vettern und der Vereinnahmung von deren kleinen, aber bisher unabhängigen Reichen in das Frankenreich Chlodwigs. Doch hier sind die Informationen nur sehr spärlich, bei einem Reich – in der vorstehenden Episode als Atrabatum *(Arras in Nordfrankreich)* angenommen – wusste der Historiker nicht einmal den Namen des betreffenden Ortes oder „Reichs".

Daher ist die Vermutung durchaus plausibel, die der vorstehend erzählten Episode zugrunde liegt, dass die „ausführende Hand" Chlodwigs – hier der fiktive Comes Kolan – sein Gewissen dadurch erleichterte, indem er die Geschichte seinem Sohn unter dem Siegel der Verschwiegenheit erzählte, der wiederum seinem Sohn, und vielleicht erst der Urenkel nach achtzig Jahren bereit war, dem Historiker Gregor das Familiengeheimnis zu offenbaren. Es gibt zahlreiche Belege dafür, dass solche wichtigen Familienerinnerungen gerade in Adelsfamilien über viele Generationen sehr getreu allein durch mündliche Weitergabe überliefert werden konnten.

Gregors eigene, sehr naiv anmutende Geschichtsauffassung tritt am Schluss seiner Erzählung von dem moralisch anrüchigen Handeln Chlodwigs hervor. Er schließt ohne jeden Übergang den

Satz an: *„Gott aber warf Tag für Tag seine Feinde zu Boden und vermehrte sein* (Chlodwigs) *Reich, darum dass er rechten Herzens vor ihm wandelte und tat, was seinen Augen wohlgefällig war."*

Chlodwigs umfassendes Konzept

Weil außer dieser Erzählung Gregors nichts über weitere Aktivitäten Chlodwigs am Rhein, also im Osten seines Reiches, aus Schriftquellen des Frühmittelalters bekannt ist, steht auch in den Werken moderner Geschichtsforscher nichts dazu. Diesen Teil der langfristigen und geschickten Strategie des zum „König der Franken" aufgestiegenen einstigen Befehlshabers eines Reiterregiments sarmatischer Herkunft muss man aus anderen Indizien erschließen.

Eine wichtige Grundlage für eine eigene Herrschaft am Rhein und darüber hinaus hatte Chlodwig bereits durch die Vertreibung der Alemannen aus den Regionen beiderseits des mittleren Rheins und die Unterwerfung der südlich davon lebenden Angehörigen dieses Volkes geschaffen, wie es im Kapitel 14 beschrieben worden ist. Das hatte schon einige Jahre vor der „Machtübernahme" in Köln stattgefunden. Sein Sohn und Nachfolger im Osten des groß gewordenen Frankenreiches, Theuderich, sollte diese Politik fortsetzen, wie in den folgenden Kapiteln erzählt werden wird.

Die „Machtübernahme" oder „Unterwerfung" darf man sich allerdings nicht im Sinn moderner zivilisierter Staaten des 21. Jahrhunderts vorstellen. Damals im Frühmittelalter musste ein Treueschwur eines unterlegenen „Königs" oder Häuptlings und vielleicht ein mehr symbolischer Tribut von einigen Rindern oder Schweinen als Beweis für die Unterstellung unter die Befehlsgewalt eines fremden Königs ausreichen.

16

Die letzten Römer werden Franken

„Im Auftrag des Königs der Franken…“

Sommer 515, in Krefeld-Gellep

Vorsichtigerweise hatte der Edle Arpvar die Ankunft seiner Truppe durch einen berittenen Boten schon vor ein paar Tagen ankündigen lassen. Daher waren die Bewohner des Kastells Gelduba *(Krefeld-Gellep am Rhein)* auf das militärische Schauspiel vorbereitet, das sich ihnen heute bot. So stand auch Alt und Jung auf beiden Seiten der Römerstraße vor dem weit geöffneten Tor der alten Festung, die schon so viele Jahrhunderte hier am Rhenus den Namen Roms verkörpert hatte.

Es waren nicht mehr viele Krieger, die hier die militärische Besatzung bildeten, nur noch gut drei Dutzend. Ein Jahrhundert zuvor waren es noch mehrere hundert gewesen. Aber damals hatte es ja auch noch einen gottgleichen Kaiser gegeben, dessen Befehle vom fernen Lusitanien *(Portugal)* und Afrika *(die Nordküste Afrikas am Mittelmeer)* bis hier an den Rhenus galten. Nun hatten die fränkischen Krieger, die hier ihren Beruf immer vom Vater auf den Sohn vererbten, stark abgenommen. Wenn sie ehrlich mit sich waren, konnte sich keiner davon erinnern, je noch ernsthaft mit der Waffe Dienst getan zu haben. Sie waren längst, wie schon ihre Väter und Großväter, Bauern. Unter Mithilfe ihrer Familien und ihres unfreien Gesindes pflügten und besäten sie in der Umgebung des Kastells die Äcker und ließen ihr Vieh dort weiden. Das hatte ihnen einst ein römischer Kaiser erlaubt, und sie mussten auch keine Steuern dafür bezahlen; das war ihr Sold als Krieger. Aber stolz darauf, Soldaten Roms zu sein, waren diese Männer immer noch.

Allerdings war nun schon seit ewigen Zeiten kein römischer Offizier mehr gekommen, um die Krieger im Kastell Gelduba zu befehligen oder auch nur zu prüfen, ob sie richtig bewaffnet seien.

Als Gerücht wussten die Franken in Gelduba natürlich inzwischen längst, dass es gar keinen römischen Kaiser mehr gab, sondern einen mächtigen König der Franken in Gallien, weit nach Sonnenuntergang zu. Der betrachtete sich als Herr aller freien Franken, auch der Soldaten, die die Römer so genannt hatten, woher auch immer sie gestammt haben mochten. Und der Frankenkönig würde gerne die Bewohner Geldubas unter seine mildtätige Obhut nehmen, so hatte es der Bote verkündet, der vor ein paar Tagen am Rhein eingetroffen war und die Ankunft des edlen Herrn Arpvar angekündigt hatte, eines Beauftragten des Königs Theuderich in Mettis *(Metz)*.

Schon von ferne hatten die Einwohner von Gelduba die dumpfen Schläge der Pauken gehört, die stets den Marsch eines Draco der gefürchteten sarmatischen Panzerreiter begleiteten und die Kommandos angaben, wenn diese Reiter ins Gefecht gingen. Was jetzt auf das Tor des Kastells zu ritt, war allerdings kein vollständiger Draco *(Regiment)*, sondern vielleicht nur ein Zehntel davon, eine Turma *(Schwadron, etwa 40 Reiter)*.

Aber an der Spitze ritt in voller Festmontur der Befehlshaber. Ihm folgte, wie es die Dienstanweisung verlangte, der Draco-Träger, der eine lange Stange im Sattelschuh trug; an deren Spitze drehte sich ein grässlicher Drachenkopf aus gehämmertem Blech im Wind, sein Körper aus buntem Stoff wand sich immer hinter ihm her *(eine Art Windsack; dieser Draco = Drachenkopf diente als „Fahne" des Regimentskommandeurs, und zugleich sollte der bewegliche „Drache" beim Feind Furcht erregen)*.

Arpvar war ein Mann in den besten Jahren, angetan mit einem silberglänzenden Schuppenpanzer und einem kostbaren Spangenhelm, von dessen Spitze ein buntgefärbter Pferdeschweif wehte. Über dem Panzer trug er einen bunten Wollmantel, gewebt in roten und weißen Karos.

Als die Reiter des Frankenkönigs langsam in den Innenhof des Kastells eingeritten waren, verkündete die Pauke die Kommandos „Absitzen" und „Aufstellung". Wie entlang einer Schnur bildeten nun die Krieger eine gerade Linie. Auf entsprechende Winke des Befehlshabers begriffen die fränkischen Krieger von Gelduba, dass sie gegenüber dieser Reihe das Gleiche tun sollten.

Dann ergriff Arpvar das Wort. Er sprach zuerst das Latein der einfachen Menschen im Königreich der Franken und auch der Soldaten. Aber er merkte sofort, dass ihn hier am Rhein niemand verstand, und er wechselte gleich in die

Sprache der Germanen, die er wie jeder Offizier des Frankenkönigs inzwischen ebenfalls beherrschte.

Mit freundlichen Worten überbrachte er Grüße seines Herrn Theuderich, König der Franken und Schutzherr aller Menschen hier am Rhein. „Im Auftrag des Königs ergreife ich hiermit Besitz vom Kastell Gelduba, und ich fordere euch, die freien Krieger in dieser Festung, auf, aus freien Stücken dem König Theuderich den Treueid zu schwören, so wie eure Vorväter einst den römischen Kaisern gegenüber einen Eid des Gehorsams ablegten. Ich kann euch die gleichen Vorteile und Freiheiten zusichern, die ihr einst unter den Römern genossen habt, und den Schutz und die Fürsorge unseres Königs. Seid ihr bereit dazu ?“

Bereitwillig klopften die fränkischen Soldaten mit ihren Schwertern auf die Holzschilde, das Zeichen der Zustimmung. Dann hoben sie die rechte Hand und sprachen den Eid nach, den ihnen der Edle Arpvar Wort für Wort vorsprach. „Meine Götter sollen mich verderben, wenn ich diesen Eid brechen sollte; und ebenfalls der Herr Jesus Christus, der Sohn Gottes, des Allmächtigen“. So endete die Schwurformel, wie sie in allen möglichen Sprachen, aber inhaltlich fast gleich, seit vielen Generationen von zehntausenden von Kriegern im Heer der Römer und ihrer Nachbarvölker abgelegt worden war.

Der edle Herr Arpvar konnte zufrieden sein; er hatte die ihm vom König Theuderich, dem Sohn des kürzlich verstorbenen Chlodwigs, übertragene Aufgabe ohne jedes Problem gelöst, diesen letzten vergessenen einstigen Vorposten Roms am Rhein friedlich seiner Herrschaft zu unterstellen.

In Zukunft würde er hier in Gelduba den Befehl führen, und er konnte schon bald drei Viertel seiner Schwadron wieder zurück nach Mettis schicken, der Residenz seines Königs. Ihm würden fünf seiner eigenen Schwurmänner und fünf des Königs und deren Familien genügen, denn hier in Gelduba war keine Auflehnung gegen die neue Herrschaft zu erwarten.

Arpvar stammte nicht aus der Gruppe von sarmatischen Kriegern, die einst mit den Vorfahren der jetzigen fränkischen Könige durch halb Europa bis nach Belgien gezogen waren. Sondern seine Vorfahren waren über ein Jahrhundert zuvor aus Pannonien in die Gegend gewandert, wo der Moenus in den Strom Rhenus mündet *(siehe Kapitel 1)*. Aber als vor knapp 20 Wintern Beauftragte des Frankenkönigs Chlodwig in die Gegend kamen und bei den Adelssitzen der dort schon so lange ansässigen Sarmatengruppen vorsprachen *(siehe Kapitel 14)*, da hatte der ganz junge Arpvar es nicht mehr im langweiligen Dorf seiner Adelsfamilie ausgehalten.

Er hatte sich begeistert als Offizier im Heer des Frankenkönigs Chlodwig angeboten, und er war gerne aufgenommen worden. Denn schließlich sprach er die gleiche Sprache wie die Ahnherren der Merowinger-Könige, er war von Adel wie sie, und er kannte von seinem Großvater noch manche von den Traditionen, die die berühmten Panzerreiter der Sarmaten im römischen Heer einst ausgezeichnet hatten.

Hier in Gelduba würde Arpvar sein Leben beschließen, nach einem langen Dienst als Offizier im Heer des Frankenkönigs, in dem er zu immer verantwortungsvolleren Posten aufgestiegen war. Hier würde er, wenn er seinen letzten Ritt antreten müsste, befriedigt von sich sagen können, dass er als Adliger aus dem alten Stamm der Jazygen seine Aufgabe als sorgender und schützender Herr der Menschen erfüllt haben würde, die sich als Schwurfamilie seinem Schutz anvertraut hatten. Und er seinerseits hatte dem König die Treue gehalten, dem er einst dies zugeschworen hatte. Etwas Würdigeres konnte es für einen hohen Adligen aus dem uralten Volk der Sarmaten nicht geben.

Das größte römische Gräberfeld nördlich der Alpen

Im östlichsten Ortsteil der rheinischen Großstadt Krefeld, in Gellep dicht am Rhein, haben Archäologen seit mehr als 70 Jahren den größten Friedhof aus der Römerzeit ausgegraben, der bisher nördlich der Alpen gefunden worden ist. Das zugehörige Kastell Gelduba und auch die Zivilsiedlung sind heute fast völlig verschwunden; der Rhein, an dessen Ufer beide einst lagen, hat im Mittelalter mehrfach seinen Lauf verändert und sie in seinem Wasser verschlungen. Mehr als 6000 Gräber hat man dort gefunden. Allein aus ihnen muss man heute erschließen, was sich im Laufe von sechs Jahrhunderten dort am Grenzstrom des Römischen Reiches abgespielt hat.

Eines dieser Gräber, die „Nummer 1782“, gilt als „Fürstengrab“, weil es eine einzigartige kostbare Ausstattung zeigte. Im Gegensatz zu vielen anderen der dortigen Gräber war es nicht schon kurz nach der Beisetzung des Toten ausgeranbt worden. Die Waffen und Ausstattung, die man dem Toten mit ins Leben im Anderland gegeben hatte, zeugen von seinem Reichtum. Sein vergoldeter Spangenhelm schmückte vor etlichen Jahren eine Briefmarke der Deutschen Post. Die Nachprägung einer oströmischen

Münze, die man dem Toten nach alter Sitte in den Mund gelegt hatte, beweist, dass er nach dem Jahr 518 begraben wurde, man vermutet erst um das Jahr 530.

Aus dem Grab und anderen, damit zusammenhängenden Indizien hat schon die langjährige Betreuerin der archäologischen Ausgrabungen in Gellep, Renate Pirling, den Schluss gezogen, dass dieser Adlige im Auftrag des Frankenkönigs nach Gelduba kam, um es dessen Herrschaft zu unterstellen, ganz so, wie in der vorstehenden Episode erzählt. Zwar kein Schrifttext, aber doch sehr eindeutige archäologische Funde bieten diesmal die sachlich-wissenschaftliche Grundlage dieses Kapitels.

Die historische Bedeutung dieses Fundes wird aber erst klar, wenn man ihn in den politischen Gesamtplan der Frankenkönige einordnet, nämlich eine feste Herrschaft am Rhein und auch weit darüber hinaus zu gewinnen. Dieser Plan und seine Durchführung sollen in diesem Teil III des Buches dem Leser nahe gebracht werden.

Besonders aufschlussreich war eine Bronzekanne aus römischer Produktion in dem Grab dieses Edlen. Sie zeigte nämlich eine Inschrift, die den Namen des vermutlichen Besitzers zeigte: „Arpvar war glücklich und überall hoch angesehen“: Hier kannte man also endlich einmal den Namen des Toten.

Woher will man wissen, dass der Tote ein Sarmate war ?

Über das „Grab 1782“ gibt es eine beachtliche Zahl von archäologischen Fachveröffentlichungen mit Vermutungen über die Herkunft der dort gefundenen Ausrüstung. Kein Wort verlieren diese Experten allerdings über die mögliche Herkunft des Toten selbst.

In der vorstehenden Episode ist er als Sarmate beschrieben worden. Zahlreiche Indizien weisen darauf hin, allerdings muss man sie erst einmal als Indizien für die sarmatische Abstammung erkannt haben.

Der Name „Arpvar“ ist nun einmal ganz bestimmt kein germanischer Name, sondern weist viele Ähnlichkeiten mit anderen bekannten Namen sarmatischer – oder „skythischer“ – Adliger auf, die man kennen könnte -- wenn man bereit ist, darauf zu achten.

Zu den Waffenbeigaben des Grabes gehörte eine Axt, die man, allerdings erst ein Jahrhundert später, mit dem Namen „Franziska“ als „zu den Franken gehörig“ kennzeichnen sollte. Es handelt sich dabei um eine Axt, die sowohl zum Zweikampf Mann gegen Mann wie auch zum Wurf verwendet werden konnte, ähnlich den Tomahawks der nordamerikanischen Indianer, die ebenfalls Reiter geworden waren. Es war eine Waffe, die bei einem Reitervolk wie den Sarmaten außerordentlich nützlich war. Unter den „fränkischen“ Söldnern im römischen Heer in Nordgallien tauchte sie plötzlich in der Mitte des 5. Jahrhunderts auf, und natürlich hat man sie stets für „germanischer Herkunft“ gehalten.

Doch eine plausible Annahme dazu ist die, dass diese Waffe auf Anregung des Anführers eines sarmatischen Draco von den R ö m e r n für ihre germanischen („fränkischen“) Söldner eingeführt wurde, weil ihre Herstellung weit weniger Eisen (oder Stahl) benötigte als die bisher gebräuchlichen Schwerter, die sich noch dazu ziemlich leicht verbogen, wenigstens die Schwerter einfacher Herstellung für die gewöhnlichen Soldaten.

Im Grab des Edlen Arpvar fand man zwar kein Pferd nach sarmatischem Totenbrauch (siehe Kapitel 11), wohl aber ein aufwändig verziertes Pferdekopfgeschirr und Trense sowie einen ganz ungewöhnlichen Sattel. Er war geschmückt mit zahlreichen kleinen Goldbeschlägen, die mit geschliffenen Almandin-Granatsteinen verziert waren. Außerdem wies er lederne Steigbügel auf, was bei römischen Kavalleriepferden nie vorkam. Eine sorgfältige Nachbildung schmückt heute die entsprechende Ausstellung im Museum Burg Linn ganz in der Nähe des Fundorts.

Die Vermutungen von Archäologen – so an einen Journalisten weitergegeben, der unlängst einen Bildbericht über diesen Sattel veröffentlicht hat – sind geradezu abenteuerlich: *„Die Franken haben offenbar die Sattelfertigung von den Hunnen abgeguckt, den römische Sättel sahen ganz anders aus... Die ledernen Steigbügel sind wahrscheinlich von den Awaren mitgebracht worden ...“* . Das müssen schon erstaunliche Sattelmacher bei den Franken gewesen sein, die einen angeblichen awarischen Brauch mindestens 30 Jahre v o r dem Auftauchen dieses neuen Reitervolks aus Innerasien in Mitteleuropa gekannt haben sollen ! Denn dass es Sarmaten längst vor diesem Volk in der Mitte unseres Kontinents gab und dass diese die Steigbügel als Reithilfe seit Jahrhunderten kannten, das hat man ja in der Wissenschaft der Archäologie bisher noch nicht gemerkt.

Und schließlich zur Behauptung in der erzählten Episode, Arpvar habe einen rot-weiß karierten Mantel getragen, das Adelsabzeichen des alten sarmatischen Volkes der Jazygen (und nicht den blauen Mantel der roxolanischen Adligen wie der Merowinger). Im Museum Burg Linn kann man eine Nachbildung des Grabes sehen, so wie der Tote und seine Beigaben wohl vor anderthalb Jahrtausenden zur letzten Ruhe gebettet wurde, nach allen Erkenntnissen der modernen Naturwissenschaft sorgfältig rekonstruiert.

Dort zeigt der Mantel, mit dem der Tote einst bedeckt war, am unteren Saum einen Fries aus rot-weißen Karos. Sehen kann das jeder, der das Museum besucht. Doch die Bedeutung dieser Farben zu erkennen, das ist bis heute der Geschichtswissenschaft und der Archäologie noch nicht möglich gewesen.

17

Völkerwanderungen an der Ostsee

König Granmars trauriges Ende und die Auswanderung der Dänen

Spätsommer 520, an der Warnow in Mecklenburg

Die Gilde der Bootsbauer ließ sich an diesem Tag gerne von den anderen bewirten und die besten Fleischstücke vorlegen, hatten sie doch mehrere Monde lang allesamt wie die Wilden geschuftet, um die Ruderboote fertigzustellen, die morgen oder übermorgen aufbrechen würden. Heute Abend feierten die Reste der Königsfamilie der Reidgoten mit ihren Bauernkriegern sowie ihren Familien und Gesinde, die das Gemetzel des Frühjahrs überstanden hatten, Abschied von einem Land, das ihnen kein Glück gebracht hatte. Drüben, auf den Inseln im Meer *(gemeint sind die dänischen Inseln Falster, Lolland und Seeland)* würden sie ihr Glück erneut versuchen und es auch finden, davon waren alle überzeugt.

Für den heutigen Abend des Abschieds hatten alle noch einmal kräftig in ihre zusammengeschmolzenen Vorräte an Lebensmitteln gegriffen, die doch eigentlich für die Tage der Seefahrt und die ersten Wochen im neuen Land nötig sein würden. Doch der Vorabend des Aufbruchs gehörte bei den Reidgoten, die Fahrten über die See gewohnt waren, einem Fest, bei dem das Öl *(Bier)* in Strömen fließen und der Tisch mit Speisen aller Art reichlich gedeckt sein musste. Und die Dichter mussten Gelegenheit haben, von den großen und den traurigen Augenblicken der Vorfahren der Menschen zu singen, die morgen in die Boote gehen würden.

Im Grunde waren es Angehörige von drei recht verschiedenen Völkern, die sich da gemeinsam auf ihren Aufbruch vorbereiteten, und daher waren es auch drei Sänger, die nacheinander zur Laute ihre schwermütigen Gedichte vortrugen. Sie taten es jeweils in ihren Sprachen, doch hatten die Menschen der anderen Völker meistens so viel davon gelernt, dass sie dem Inhalt durchaus folgen konnten.

Der erste war der letzte übrig gebliebene alte Sänger der Warnen, die seit vielen, vielen Generationen das Land an den Seen und Flüssen zum Meer *(gemeint ist Mecklenburg)* bewohnt hatten. Er war zu alt, um noch mit auf Seefahrt zu gehen, er würde im Lande zurückbleiben und bei den letzten wenigen Bauern seines Volkes das Gnadenbrot bekommen.

Aber gerade, weil er so alt war, wusste er noch davon, wie vor vielen, vielen Wintern der größte Teil seines Volkes die Äcker hier aufgegeben hatte und mit aller Fahrhabe und ihrem Vieh nach dem Land der Thüringer gezogen war, um von diesem Volk freundlich aufgenommen zu werden,. Dort war der Boden fruchtbar und reichte noch für mehr Menschen, als bisher dort gelebt hatten. Hier unten in der Nähe des Meeres *(Ostsee)* hatten aber mehrere völlig verregnete Sommer damals den Warnen eine Hungersnot gebracht, der sie nur dadurch entfliehen konnten, indem die meisten dieses Volkes geschlossen auswanderten *(vermutlich nach Thüringen)*. Für den Rest der Warnen hatte dann die frei gewordenen Ackerböden und Weideflächen gerade gereicht, um sich und ihr Vieh durch die harten Zeiten zu bringen.

Lange war das schon her, schloss der warnische Sänger seine Strophen, aber man wusste immer noch von den Vorvätern, die damals fort gewandert waren. Und jetzt würde wieder ein Teil der warnischen Krieger-Bauern mit ihren Familien Abschied von ihrem Land nehmen. Es waren nicht mehr als gut drei Dutzend. Sie würden in die Boote der Reidgoten steigen, die seit drei Generationen im Land waren und mit den Warnen, den Ur-Einwohnern, in gutem Einvernehmen lebten. Die Warnen nannten ihre neuen Nachbarn „Dänen", denn sie waren aus dem Land der dunklen Tannen *(im altniederdeutschen Dialekt „Danen")* im Norden des großen Meeres gekommen.

Der zweite der Sänger kam aus dem stolzen alten Volk der Geaten. Einst, vor vielen Wintern, waren ihre Vorfahren mit Schiffen aus dem kargen Land mit den vielen kleinen Inseln *(gemeint ist die südostliche Schärenküste von Schweden, südlich des heutigen Stockholm)* aufgebrochen, um Ruhm, Glück und neues Land über dem Meer zu gewinnen. Die Fahrt mit Ruderbooten über das große Wasser lag ihnen allen im Blut, und daher war die südliche Küste dieses Meeres das gegebene Ziel ihres Aufbruchs. Unterwegs hatten sie noch ein paar Dörfer auf der langen schmalen Insel vor ihrer Heimatküste *(die schwedische Insel Öland)* geplündert und die Reste der Bevölkerung gezwungen, sich ihrem Zug anzuschließen.

Ob sich damals vielleicht ein Sohn mit seinem Vater, dem König dort, gestritten hatte und so den Aufbruch eines Teils der Geaten ausgelöst hatte, wusste der Sänge heute nicht mehr genau. Auf jeden Fall war die Königsfamilie mit der alten Heimat immer in Kontakt geblieben. Der König Granmar, dessen heldenhafter, aber schrecklicher Tod den neuen, den jetzigen Auszug ausgelöst hatte, war der Schwiegersohn des Königs Högne in Östergötland gewesen, und er hatte auch noch den Titel eines Königs von Södermanland geführt, obwohl er dort ja längst nicht mehr hatte herrschen können *(es handelt sich um zwei kleine Provinzen im Südosten des heutigen Schweden)*.

Hier an der Südküste des Meeres *(in Mecklenburg)* hatten sich die ausgewanderten Geaten bald eingelebt, an den vielen Flüssen und Seen, zwischen den Wäldern und Sümpfen. Es gab dort kaum noch Menschen, seit die meisten der vorherigen Einwohner ausgewandert waren. Es musste keine Feindschaft um die besten Ackerflächen geben. Mit den Resten der Warnen hatten die Einwanderer bald Freundschaft geschlossen, obwohl deren Sprache doch erheblich von der eigenen abwich, aber zur Not konnten sich die Angehörigen der beiden Völker schon miteinander verständigen.

Fast zur gleichen Zeit waren damals noch andere Menschen im Land an der Küste eingetroffen, wusste der Sänger seinen Zuhörern zu berichten. Sie kamen von Mittag her, und sie ritten alle auf Pferden und trieben große Herden von Rindern vor sich her. Das Land war groß und leer genug, um auch den Pferden und Rindern der Neuankömmlinge Platz zu gewähren, ohne dass die Äcker der Bauern dafür zerstört werden mussten. Aber von diesem Volk würde gleich sein Freund, der Hotar der Roxolanen, mehr erzählen, schloss der Sänger der Geaten diesen Teil seines Gesangsvortrags.

Dieser Hotar setzte nach nur kurzer Pause in seiner Sprache die Erzählungen fort, die von den frühen Schicksalen der drei hier benachbarten und gut befreundeten Völker berichteten. Einst war ein Draco der Roxolanen, jenes früher so großen Stammes des stolzen Volkes der Sarmaten, aus den Steppen Pannoniens aufgebrochen, weil dort die benachbarten Goten und Gepiden und andere Völker unaufhörlich Kriege führten und dem Vieh der Roxolanen keinerlei Ruhe mehr gönnten.

Dieser Draco war den Spuren einer Gruppe aus dem Stamm der Jazygen gefolgt, die damals an March und Elbe entlang nach Norden gezogen war *(gemeint sind die Sarmaten, die dann zur Herrenschicht in Thüringen werden sollten, ab etwa 470, siehe Kapitel 10)*. Doch damals waren ihre eigenen Vorfahren nicht nach Westen abgebogen, sondern immer weiter gen Mitternacht gewandert, bis sie schließlich an ein unendlich großes Meer kamen *(dem heutigen Mecklenburg)*.

Die Landschaft an dessen Ufer war geeignet für die Pferde- und Rinderherden, die die Roxolanen stets mit sich trieben. Zwischen den Wäldern, Seen, Sümpfen und Flüssen gab es genügend kleine und größere Lichtungen, auf denen die Tiere gute Nahrung fanden, Mit den wenigen fremden Bauern in der Nähe konnten die Roxolanen friedlichen Handel treiben und sich Erzeugnisse von deren Äckern einhandeln; im Tausch gegen Milch, Käse, Felle oder Fleisch von ihren Tieren.

Fast gleichzeitig, als die Roxolanen das Land am Meer erreichten, waren viele andere Menschen dort angekommen. Sie waren in großen Ruderbooten über die unendliche Wasserfläche gefahren; das war etwas, was die Leute aus den großen Steppen im Süden sich nie hätten einfallen lassen. Sehr bald hatten beide Völker bemerkt, dass sie die fremden Ankömmlinge nicht zu fürchten hatten, sondern sich recht gut ergänzten.

Die edlen Familien der Geaten schlossen bald Ehen mit Töchtern aus dem Adel der Roxolanen und umgekehrt, Die jungen Sarmatinnen brachten als Mitgift ihren Männern jeweils eine kleine Pferdeherde mit, wie das Brauch in ihrem Volk war, und die Adligen der Geaten lernten die ihnen vorher fremde Kunst des Reitens. Es dauerte nicht lange, bis die Geaten an der Südküste des Meeres von ihren Vettern im Norden „Reidgoten" *(„Reit-Goten" ?)* genannt wurden.

So friedlich die Angehörigen der drei Völker hier im Land der Seen und Sümpfe zusammenlebten – es war ja Platz genug für die nur wenigen Menschen –, so schwierig wurde es im Laufe der Zeit, sie und ihr Vieh ausreichend zu ernähren. Denn jedes Jahr wurde der Winter etwas länger und der Sommer etwas nässer und kühler. Man wusste, dass man hier nicht lange mehr würde bleiben können.

Doch nun schaltete sich der Skop der Geaten oder Reidgoten wieder in die abwechselnden Gesangsvorträge ein. Er wollte nämlich jetzt von den Ereignissen berichten, die ganz kürzlich, im Frühjahr dieses Jahres, zu dem traurigen Ende des Königs Granmar und zum Entschluss seines Sohnes Starkadr geführt hatten, das Land zu verlassen und als Seekönig wieder über das Meer zu fahren, um eine neue. bessere Heimat zu finden.

Granmar, der König der Reidgoten, saß schon viele Winter in seiner Burg auf dem Swarinshügel *(vermutlich die Insel im Schweriner See, auf der seit dem 19. Jahrhundert das großherzogliche Schloss = heute Landtag steht)*. Da hatte er sich entschlossen, für einen Besuch in die alte Heimat zu fahren; zwei Ruderboote mit kräftigen Kriegern begleiteten ihn. Das war im Sommer vor einem Jahr gewesen.

Während dieses Aufenthalts im Norden hatte Granmar an einer Hochzeit eines entfernten Verwandten teilgenommen, und dabei war er in Streit geraten mit Aslang, einem Mitglied der Königsfamilie von Östergötland, mit der ja auch Granmar verschwägert war. Es war zu einem Holmgang *(Zweikampf nach nordgermanischer Art, auf einer kleinen Insel = Holm)* gekommen, und Granmar hatte dabei gesiegt. Denn der König hatte zwar bereits viele Winter auf dem Buckel, aber er war immer noch ein Kämpfer voller Kraft. Bald danach war Granmar wieder ins Reidgotenland zurückgekehrt.

Doch als der Winter vorüber war und der Frühling auch ins Land südlich des großen Meeres gekommen war, da nahm das Unheil für die Menschen dort seinen Lauf. Denn der tote Aslang hatte einen Bruder, Ingiald Illräde, der seine Pflicht zur Blutrache bei weitem übertrieb. Dieser Bruder sammelte fünf Schiffe voller kräftiger Kämpfer und brach bei günstigem Wind zur Rachefahrt nach Reidgotland auf. Auf dem großen Fluss der Warnen *(Warnow)* fuhr er mit seinen Schiffen weit in deren Land hinein, bis er gar nicht weit vom Swarinshügel anlegen und mit seinen Kriegern heimlich an Land gehen konnte.

Eine Truppe reidgotischer Bauern-Krieger, die die Ankunft von Feinden im letzten Augenblick gemerkt hatten und sich ihm in den Weg stellten, konnten die geatischen Angreifer schnell erschlagen oder in die Flucht jagen. Und dann waren sie im Dunkel der Nacht am Swarinshügel und umstellten den hölzernen Saal des Königs Granmar, der am Abend zuvor mit zahlreichen seiner Edlen ein Fest gefeiert hatte. Mit Holzstämmen rammten die Leute Ingialds die Tore und Fenster des Saales von außen zu und legten Feuer. Als die Flammen schon lichterloh emporschlugen, rief Ingiald dem König Granmar dort drinnen mit lauter Stimme zu, dies sei die Blutrache für die Tötung seines Bruders Aslang.

Einen Tag später waren die Mannen Ingialds schon wieder mit ihren Ruderbooten unterwegs in die Heimat im Norden. König Granmars Söhne waren dem Feuerbrand entkommen, da sie sich zu der Zeit anderswo aufgehalten hatten. Starkadr war auf Kaufmannsfahrt zu den nördlichen Inseln gewesen, dort, wohin er jetzt mit einem großen Teil seines Volkes erneut aufbrechen wollte, Gudmund und Hödbrod in entfernten Teilen des Reidgotenlandes.

Als die drei Söhne nach dem Heldentod ihres Vaters gemeinsam Rat hielten, war ihr Entschluss bald gefasst. Der Verlust an tapferen Kriegern hatte die Reidgoten stark geschwächt. Hinzu kam die Erkenntnis, die schon lange gereift war, dass wieder einmal ein großer Teil der Menschen hier würden auswandern müssen, um für den kleinen Rest Platz zu schaffen, weil die Äcker nicht mehr genug Ertrag brachten, um alle Menschen dort satt zu machen.

Gudmund als der älteste der Söhne würde die schwere Aufgabe übernehmen, über diese Reste der Reidgoten – wozu ja noch wenige Warnen und Roxolanen kommen würden – im Lande zu herrschen. Starkadr sollte die Auswanderer auf ihrer Fahrt nach den nördlichen Inseln anführen, da er dort schon vor kurzem einmal gewesen war, und Hödbrod sollte seinem Bruder Gudmund zur Seite stehen.

Und so feierten die Auswanderer aus drei Völkern heute den Abschied von einem Land, das ihnen allen wenigstens für einige Generationen Heimat gewesen war, und von ihren Nachbarn und Verwandten, die zurückbleiben würden. Obwohl alle wussten, dass sie am nächsten Morgen mit einem dicken Kopf aufwachen würden, ließen sie die Krüge mit Öl *(Bier)* fleißig in die Runde gehen – es war schließlich ein Abschied fürs Leben: *Skol* !

Ein Geschichtsbild aus Mosaiksteinchen rekonstruiert

Die im vorstehenden Abschnitt erzählten Wanderungen und Ereignisse können sich durchaus in der realen Geschichte um das Jahr 520 abgespielt haben, so oder wenigstens ähnlich. Allerdings weiß die „klassische" Geschichtsforschung nichts davon. Die Jahrhunderte des Frühmittelalters gelten für Norddeutschland als völlig quellenlos und daher als „dunkles Loch".

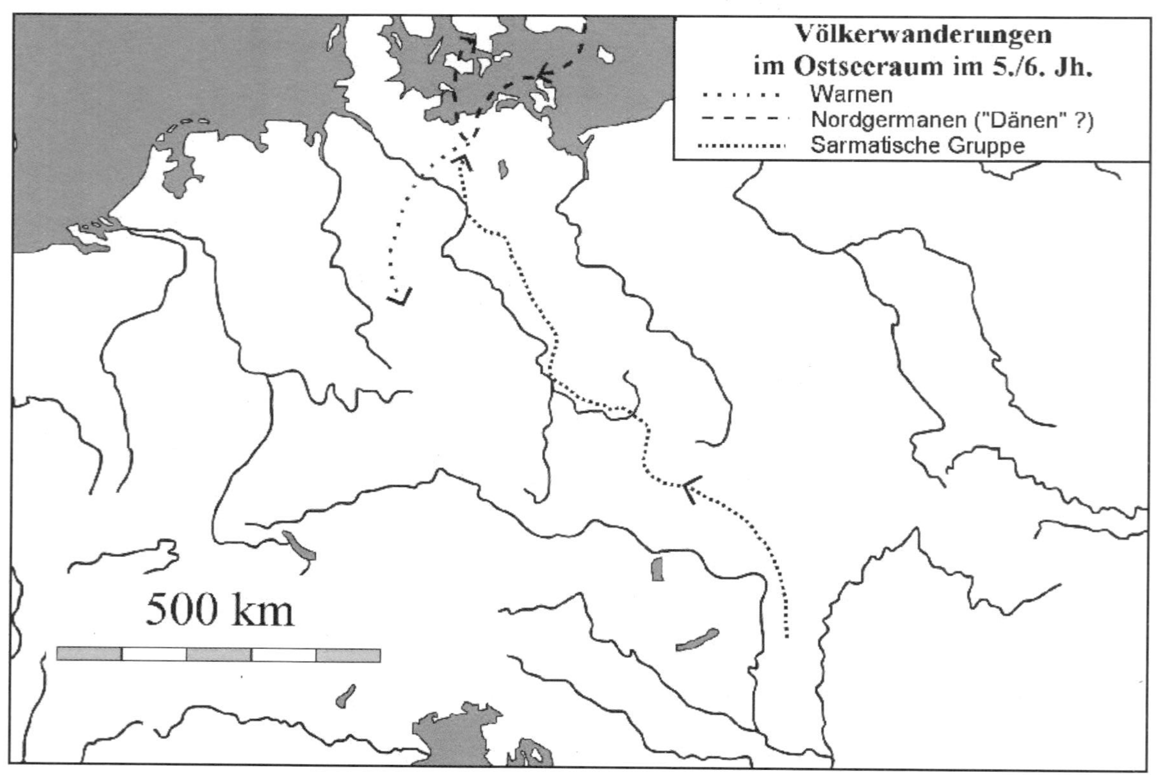
Völkerwanderungen
im Ostseeraum im 5./6. Jh.
Warnen
Nordgermanen ("Dänen" ?)
Sarmatische Gruppe
500 km

Hier wurde es gewagt, die durchaus vorhandenen modernen archäologischen Forschungen über Vorgänge im Ostseeraum im 5. und 6. Jahrhundert – sie müssen naturgemäß ohne Völkernamen auskommen – mit einzelnen Mosaiksteinchen zusammen zu bringen, die schwedische Historiker von der frühen Neuzeit bis in die erste Hälfte des 19, Jahrhunderts über ihre „Vorfahren" gesammelt haben. Einem privaten Forscher, Hermann Wittig in Schwerin, gebührt der Verdienst, diesen längst vergessenen Schatz wieder entdeckt zu haben. Wie weit die meist nur punktartig auftauchenden Informationen über die Geaten und „Reidgoten" nur erfundene Legenden sind oder doch reale Geschichtskerne darin stecken, kann nicht sicher entschieden werden. Aber immerhin gibt der vorstehende Entwurf eines Geschichtsbildes eine plausible Erklärung für viele Vorgänge, die nachzuweisen sind, die man sich aber bisher nicht erklären konnte.

Der Nordosten des heutigen Deutschland, einschließlich Pommerns und Westpreußens bis zur Weichsel, war in den Jahrhunderten vor und nach der Zeitenwende stets ein beliebtes Ziel für die Auswanderung germanischer Gruppen aus Skandinavien, vor allem aus dem südlichen Schweden. Sogenannte „Elb-Germanen", die vorher dort gelebt hatten – darunter sind die germanischen Gruppen zu verstehen, die später einen wichtigen Teil des deutschen Volkes bilden sollten – waren allmählich nach Süden und Westen abgewandert, aus vielerlei Gründen. Doch auch die Nordgermanen blieben nicht auf Dauer im Land südlich der Ostsee. Goten und Burgunder (von der Insel Bornholm ?) z.B. waren schon längst wieder bis nach Südrussland bzw. nach dem mittleren Deutschland gezogen.

Schwedische Patrioten in der frühen Neuzeit waren überzeugt., dass die „Geaten", die im Frühmittelalter in Südschweden lebten, die nicht ausgewanderten Nachkommen der Goten waren; heute ist das unter Fachwissenschaftlern umstritten. Und es scheint festzustehen, dass Auswanderer aus diesem Volk für längere Zeit auch das südliche Ostseeufer, also Mecklenburg und Pommern beherrscht haben. Der Name „Reidgoten" für sie ist wohl historisch, wenn auch die Erklärung für diesen Namen, wie sie in der vorstehenden Erzählung gegeben wurde – es seien die „Goten" gewesen, die reiten gelernt hatten – nur von einem Teil der schwedischen Fachleute geteilt wurde.

Wohl aus klimatischen Gründen hatte im 5. Jahrhundert ein großer Teil der Warnen, des bis dahin in Mecklenburg lebenden Germanenstammes, das Land verlassen und in Thüringen Zuflucht gefunden. In das weitgehend entleerte Land kamen später offenbar geatische Einwanderer, wie erzählt. Der polnische Archäologe Godlowski hat in einer zusammenfassenden Studie aus den 70er Jahren des 20. Jahrhunderts festgestellt, dass am Ende des 5. Jahrhunderts kriegerische Einfälle Pommern und Mecklenburg überzogen haben. Doch auch diese Eroberer verschwanden einige Jahrzehnte später weitgehend. Waren es die Geaten oder „Reidgoten", die dann als „Dänen" auf die großen Inseln die späteren „Dänemark" auswanderten ? Denn auch die E i n wanderung dieses Germanenvolkes von Süden her wird von der Fachwissenschaft für diese Zeit vermutet.

Die Personennamen in der obigen Erzählung stammen aus den Bruchstücken, die, wie erwähnt, schwedische Historiker vor Jahrhunderten aus alten, teilweise obskuren Quellen herausgezogen haben. Ob es eine Blutrache war, die einen gewissen Ingiald Illräde veranlasst hatte, den König Granmar in seiner Halle „auf dem Swarinshügel" zu verbrennen, lässt sich aus diesen Bruchstücken nicht herauslesen. Aber was könnte sonst der Grund gewesen sein ?

Nach gängiger Annahme begannen die skandinavischen Germanen erst im 8. Jahrhundert, als „Wikinger" mit großen Segelschiffen über die Nord- und Ostsee zu fahren und fremde Küsten zu überfallen und auszuplündern. Doch das kann nicht so stimmen.

Genau wie die Sachsen an der Nordseeküste waren die Nordgermanen schon viel früher Seefahrer und haben todesmutig die Meere überquert, als Auswanderer, als Kaufleute oder als Räuber. Im Frühmittelalter wurden ihre Schiffe größer und leistungsfähiger, und mit jedem erfolgreichen Raubzug wuchs ihre Erfahrung und ihre Habgier.

Nun aber wieder das fast Unglaubliche: Sollten tatsächlich auch in Mecklenburg und in Dänemark Sarmaten ihre Hand im Spiel gehabt haben ? Auch hier sind es winzige Indizien aus den verschiedensten Bereichen, die erst zusammen genommen wirkliche Hinweise geben.

Sowohl in Mecklenburg wie auch in Teilen Dänemarks deuten Anzeichen darauf hin, dass hier zeitweise – und zwar sehr früh – Sarmaten hingekommen sind. In Dänemark sind es sonst unerklärliche Pferdegräber, in Mecklenburg die Tatsache, dass das slawische Volk der Obotriten dort später als ausgesprochen kriegstüchtig und als Rinderzüchtervolk galt. Dabei sind Menschen mit slawischer Sprache und Kultur sicher erst einige Jahrzehnte n a c h den in diesem Kapitel beschriebenen Vorgängen an die Ostseeküste gekommen. An der Auswanderung der „Dänen" haben offenbar keineswegs alle Sarmaten vom Stamm der Roxolanen teilgenommen, sondern ein Teil blieb im nun wieder fast leeren Land. Als später Gruppen von Slawen dort einzogen, konnten die sarmatischen Adligen wohl sehr bald „das Sagen" bei diesen einfachen Bauern und Fischern übernehmen (siehe dazu Kapitel .32)
.

In einem Land, dessen Menschen skandinavischer Herkunft noch im Frühmittelalter die Brandbestattung für ihre Toten kannten, fallen zwei in Mecklenburg (in der Nähe von Neubrandenburg) aufgefundene Körpergräber von Männern hohen Ranges mit kostbaren Waffen und anderen Beigaben aus den Jahren um 470 und 500 auf. Die Ähnlichkeit der Beigaben zu „fränkischen" und hunnischen Gräbern fiel den Ausgräbern schon am Anfang des 20. Jahrhunderts auf, doch blieb das natürlich damals völlig rätselhaft. Waren es sarmatische Adlige ?

Noch ein kleiner Hinweis. Zur Zeit Karls des Großen, also drei Jahrhunderte nach der in diesem Kapitel beschriebenen Zeit, gab es einen aus zeitgenössischen Quellen bekannten Fürsten der Obotriten namens Thrasko. Er hatte einen Nachfolger namens Slaomir. Man hat diesen Namen bisher stets für slawisch gehalten. Doch ordnet er sich mühelos in die vielen Namen mit gleicher, bezeichnender Endung -mir ein, die etwa zur gleichen Zeit frühe kroatische Fürsten trugen. Und die muss man heute wohl klar als Anführer eines slawischen Volkes, aber aus sarmatischer Herkunft bezeichnen.

Aus ganz frühen Zeiten Dänemarks kennen alte nordische Chroniken eine Episode, wonach ein „slawischer" Fürst namens Widimir dort einen Königshof überfallen und die Prinzessinnen, Töchter des Königs, geraubt und als Sklavinnen nach Norwegen und Deutschland verkauft haben soll. War dieser „Slawe" vielleicht in Wirklichkeit ein Sarmate aus dem Stamm der Roxolanen, der die „Dänen" bei ihrer Eroberung des neuen Landes begleitet hatte ?

18

Ganz unmerklich wächst der Einfluss

Eine Heirat zwischen Freunden

Sommer 525, in Alt-Paffrath b. Bergisch Gladbach

Über den Wäldern jenseits des Berferd stand die Sonne schon hoch am Himmel, als die Festgesellschaft aus den Schlafkammern ins Freie trat. Gestern abend war es spät geworden, da die vornehmen Gäste ja mit Bier und Wein, mit Fleisch und Brot gut hatten versorgt werden müssen. Wenn der König selbst mit seiner kleinen Leibwache und seinem Comes Giselher beim Walter *(alter germanischer Titel, etwa „Vogt")* Rodinger zu Gast waren, musste das Beste aufgetischt werden, was der einsame Hof zu bieten hatte.

Das galt vor allem für den heutigen Tag, an dem Rotrud, die Tochter Rodingers, den königlichen Comes heiraten sollte. Das war der Wunsch des Königs der Franken, Theuderich, gewesen, und der Brautvater hatte diesem Wunsch freudig zugestimmt.

Seit vielen Generationen hatten die Vorfahren des Walters Rodinger hier in der Einsamkeit der Sümpfe und Wälder eine Aufgabe erfüllt, die sie zwar nicht zu Untertanen des großen Reichs jenseits des nahen Rhein-Stromes machte, die aber voraussetzte, dass die Bewohner des Berferd in Frieden und Freundschaft mit den mächtigen Nachbarn lebten und deren Wünsche zu achten bereit waren.

Nur wenige hundert Schritte von dem Gebäude, das man Berferd *(„Bergfried")* nannte, vereinigten sich zwei uralte Kaufmannswege, die von der großen Römerstadt Colonia Agrippina nach Sonnenaufgang führten. Der eine kam direkt von der Stadt, wo man auf einer Brücke trockenen Fußes nach Divitia *(Deutz)* gehen konnte. Der andere kam vom Norden her, von der Furt durch den Rhein, dort, wo Duna *(Dhünn)* und Rhein zusammenkamen (*(heute bei Köln-Merkenich, etwa an der Stelle, wo heute die Autobahnbrük-ke bei Leverkusen den Rhein überquert).* Vom Berferd aus führte der nun vereinigte Weg immer nach Osten, bis ins Hunenland und noch weiter zur Wisara *(Weser)* und Albis *(Elbe).*

Die Besatzung des festen Hauses, das vor unendlichen Zeiten die Römer hier errichtet hatten, sollte dazu dienen, durchziehende Kaufleute und andere Wanderer zu kontrollieren und das Heranziehen von Haufen feindlicher Krieger frühzeitig zu bemerken. Im Notfall konnte ein berittener Bote die Verantwortlichen in der Colonia vorwarnen. Als Entgelt für diese Wache durfte der Herr auf dem Berferd stets kleine Abgaben von den durchziehenden Kaufleuten und Wanderern erheben.

Im Laufe von vielen Generationen waren den jeweiligen Oberhäuptern der Sippe, die Herren auf dem Berferd waren, mancherlei andere Aufgaben zugewachsen. Sie waren zu Vögten der Menschen in der weiteren Umgebung geworden. Sie mussten daher die Thinge *(etwa Ratsversammlungen und Volksgerichte, thingberechtigt waren alle erwachsenen und freien Bauern = Krieger)* einberufen und leiten, sie waren Richter bei Streitigkeiten zwischen den Bauern der Umgebung, und sie mussten versuchen, den Ansiedlungen ihres Gebietes zu helfen, wenn Unwetter oder Räuber sie heimgesucht hatten. Dafür hatten diese Vögte den „Forstbann", das Recht der Jagd und der Verwertung des Holzes aus den Wäldern ringsumher.

Dies war schon so seit undenklichen Zeiten gewesen, und die jeweiligen Herren des Berferd waren bei diesen Verhältnissen stets gut gefahren, früher, als noch Römer in der Colonia Agrippina herrschten, und später, als es Herren und Könige waren, die sich Könige der Franken nannten. Denn übergeordnete Herren aus dem eigenen Volk kannten die Walter vom Berferd schon seit vielen Generationen nicht mehr.

Dass heute der König des mächtigen Nachbarreiches, Theuderich, persönlich über den Rhein kam, um seinen treuen Vasallen, den Comes Giselher, mit der Tochter des Walters auf dem Berferd zu verheiraten, war natürlich eine besondere Ehre. Vor einigen Wochen waren durch Gesandte des Königs die Vertragsverhandlungen zufriedenstellend abgeschlossen worden, die nun einmal zu jeder Hochzeit gehörten. Schließlich war der Eheschluss ja im Grunde nichts anderes als ein Handelsgeschäft zwischen zwei Sippen, die dadurch in eine engere Beziehung zu einander traten.

Der Vogt Rodinger hatte seiner Tochter als Mitgift den Waldbesitz bis zur Sülz *(kleiner Zufluss zur Agger und Sieg bei Rösrath, südöstlich von Köln)* übertragen; diesen Besitz brachte sie ihrem künftigen Gatten Giselher in die Ehe mit. Rodinger war auch bereit, dem König Theuderich einen besonderen Eid der Treue zu schwören. Der König wiederum zeichnete seinen treuen Comes Giselher dadurch aus, das er ihm zur Hochzeit einen kostbaren Zierhelm römischer Offiziere schenkte, geschmückt mit Gold und kostbaren Edelsteinen.

Die Hochzeitszeremonie war nur kurz: die Brautleute legten die Hände ineinander, und die Trauzeugen, der Frankenkönig Theuderich und der Brautvater Rodinger, legten ihre Hände auf die vereinigten Hände und sprachen gute Wünsche aus. Danach musste das Brautpaar den Brautlauf antreten, das uralte Zeichen dafür, dass die Eheleute nun gemeinsam durch das Leben gehen würden. Das feierliche Geleiten der frisch Vermählten in das Brautgemach würde erst am Abend erfolgen.

Doch hier folgte noch ein seltsamer Vorgang, den sich die Bewohner des Berferd nicht erklären konnten. Ein schwarz gekleideter Mann, dem man in der Mitte seines Kopfes die Haare weggeschnitten hatte *(die Tonsur katholischer Geistlicher)*, trat vor, betete in einer fremden Sprache, legte noch einmal die Hände des Brautpaares ineinander und machte mit der rechten Hand ein merkwürdiges Zeichen, das aussah wie ein Kreuz. Der Fremde war im Gefolge des Frankenkönigs aus dessen Hauptstadt Metz mit nach der Colonia und zum Berferd gekommen.

Auf einen weiteren feierlichen Vorgang an diesem Vormittag legte der Frankenkönig großen Wert: Der Vogt Rodinger schwor ihm mit den üblichen alt-ehrwürdigen Worten Treue und Gefolgschaft zu, gute Nachbarschaft zu halten und besonderen Befehlen des Königs Folge zu leisten, so sie denn ergehen sollten. Nun erst konnten die Brautleute und die Festgäste zum wohl verdienten „Trinken zum Brautlauf" übergehen.

Kleine Anfänge der „Herren von Berg"

Der vorstehend beschriebene Vorgang ist nur zu einem sehr kleinen Teil fiktiv. Vieles spricht dafür, dass sich eine solche Hochzeit tatsächlich etwa um diese Zeit in der einsamen Ansiedlung in den Wäldern einige Kilometer östlich von Köln abgespielt hat. Selbst die Namen sind nicht erfunden, sondern lassen sich teilweise aus einer kleinen Episode der Thidrekssaga entnehmen. Dort ist die Rede von einem „Markgrafen Rodinger", der dem Bruder des durchreisenden Burgunderkönigs Gunter, Giselher, seine (hier namenlose) Tochter zur Frau anbietet. Allerdings diente diese Szene wohl den Dichter-Sängern des 6. Jahrhunderts zur „verhüllten" Wiedergabe eines damals gerade aktuellen Vorgangs, bei dem die früheren historischen Akteure sehr wahrscheinlich andere Namen getragen haben.

In der Thidrekssaga wird der „Markgraf Rodinger" – sein Wohnsitz heißt hier Bakalar – als westlicher Außenposten des Hunenkönigs Attala im westfälischen Soest dargestellt (siehe dazu Kapitel 8). Oder richtiger, der moderne Ausleger der Thidrekssaga, Heinz Ritter-Schaumburg, hat das so gesehen.

Auch der Heimatforscher Ernst F. Jung aus Bergisch Gladbach ging davon aus, als er 1986 eine kleine Broschüre unter dem Titel „Der Nibelungen Zug durchs Bergische Land" veröffentlichte. Ob tatsächlich „die Nibelungen" diesen Weg je genommen haben, mag fraglich sein. Fraglich ist auch, ob „Rodinger" wirklich von einem „König Attala der Hunen" im recht fernen Soest abhängig war. Viel wahrscheinlicher ist, dass der damalige „Walter" auf dem Berferd dicht östlich von K ö l n eine den späteren „Markgrafen" ähnliche Funktion im Verhältnis zu dieser großen Nachbarstadt hatte.

Doch hat Ernst F. Jung sehr kundige und höchst plausible Ausführungen über den Zustand der Region zwischen Rhein und den Bergen östlich davon bis zur Wasserscheide nach Westfalen im 6. Jahrhundert n. Chr. gemacht. Aus dieser Gegend wurde später die Herrschaft, danach Grafschaft und noch später das Herzogtum Berg, das „Bergische Land".

Im 6. Jahrhundert bestand das Gebiet noch weit überwiegend aus Wald und Sümpfen, mit nur ganz wenigen kleinen Weilern. Vielleicht lebten damals zwischen Rhein und der heutigen Stadt Wipperfürth – also in einem großen Teil der späteren Grafschaft Berg – nicht mehr als 800 Menschen, darunter höchstens 200 freie Bauern, die zugleich auch Krieger waren.

Der Begriff „Markgraf" taucht in der realen Geschichte des fränkischen Reiches frühestens im 9. Jahrhundert auf, er ist damit in der Thidrekssaga eine typische Zutat des späteren Mittelalters. Aber die F u n k t i o n eines Beauftragten mit besonderen Aufgaben in einem Grenzgebiet („Mark") hatte wohl der „Walter" Rodinger bereits im 6. Jahrhundert.

Wie schon an anderer Stelle dieses Buches angedeutet (Kap. 9), besteht die Vermutung, dass seit den frühen Zeiten des Römerreiches ein gewisser Landstreifen nördlich und östlich des Rheins, der „Grenze", zwar nicht formal zu diesem Reich gehörte, aber unter starken römischen Einfluss stand. Die germanischen Herren in dieser „Pufferzone" werden aus eigenem Interesse, aber vermutlich auch gefördert durch römischen Druck und Anreize, in etwa die Aufgaben erfüllt haben, wie sie in der vorstehenden Erzählung dem „Walter“ Rodinger zukamen. Das dürfte über viele Jahrhunderte so gegangen sein, auch dann, als das Römerreich am Rhein durch das Königreich der Franken abgelöst wurde.

Der Begriff „Walter“ ist uns heute fremd, wir kennen das Wort nur noch als deutschen Vornamen. Aber im alten Volkslied „Wer nur den lieben Gott lässt walten…“ lässt sich noch ein wenig von der tiefen Bedeutung dieses Wortes erahnen, das anders als „König“ oder „Häuptling“ etwas von der Fürsorge für die ihm anvertrauten Menschen – nicht „Untertanen“ ! – spüren lässt. Der mittelalterliche „Vogt“ (lateinisch „advocatus“) hatte etwa dieselbe Bedeutung. Im englischen (angelsächsischen) Wort „Commonwealth“ schwingt der gleiche Unterton mit. Das moderne deutsche Wort „ver-walten“ lässt nur noch eine bürokratische Abwandlung des ursprünglichen Sinnes erkennen.

Nichts deutet darauf hin, dass um die Mitte des 6. Jahrhunderts im heutigen Westdeutschland noch halbwegs fest gefügte Stämme oder gar „Völker“ der Germanen bestanden. Wenn es sie ein paar hundert Jahre zuvor noch gab, wie man aus den römischen Quellen entnehmen muss, dann hatten sich diese höheren gesellschaftlichen Ordnungen längst in den Wirren der Völkerwanderungszeit aufgelöst. Nur in der Überzeugung mancher modernen Geschichtsforscher in Deutschland bestehen sie noch.

Nach den von Ernst F. Jung zusammengetragenen Forschungen verschiedener Heimathistoriker des Bergischen Landes muss ein wahrscheinlich schon von den Römern angelegter „Bergfried“ aus Stein auf einem kleinen Hügel in Paffrath bestanden haben, etwa 3 Kilometer östlich des Zentrums der heutigen Stadt Bergisch Gladbach (sie wurde erst viel später gegründet !), und 11 Kilometer nordöstlich von Köln. Diese „Kontrollstelle“ lag tatsächlich dort, wo zwei uralte Handelswege vom Rhein nach Osten sich vereinigten. Von dort aus führte diese „West-Ost-Achse“ am heutigen Dortmund und Soest vorbei durch Westfalen, weiter –

wie im Kapitel 8 erwähnt – durch die Senne und zwischen den Externsteinen hindurch zur Weser und schließlich bei Lübeck zur Ostsee.

Die Herren dieses „Bergfrieds“ (niederdeutsch: Berferd; der Ort erhielt wohl erst im hohen Mittelalter den Namen „Paffrath“ = Rodung für einen Pfaffen) hatten daher stets eine sehr wichtige Aufgabe, die sie nie ohne diplomatisches Geschick und die Bereitschaft zur Kooperation mit dem starken Nachbarn jenseits des Rheins ausüben konnten.

Jung macht Andeutungen, dass Nachkommen des „Markgrafen“ oder „Walters“ Rodinger ein paar Jahrhunderte später ihren Sitz 6 Kilometer nach Nordosten verlegten, wo im Tal des Flusses Dhünn ganz in der Nähe des späteren Klosters Altenberg (mit seinem „Bergischen Dom“) die Ruine einer Burg Berg als Stammsitz der Grafen von Berg gilt.

„Tu, felix Francia, nube ...“

Hochzeiten, wie oben beschrieben, dürften ein sehr beliebtes und wirkungsvolles Mittel der frühen Könige der Franken aus dem Geschlecht der Merowinger gewesen sein, ihre Macht in die riesigen Gebieter östlich des Rheins auszuweiten. Es gab eine Zeit tausend Jahre später, da man dem Kaiserhaus der Habsburger in Österreich nachsagte: „Bella gerant alii, tu, felix Austria, nube – Kriege mögen andere führen, du, glückliches Österreich, heirate“. Tatsächlich konnten damals die Habsburger durch geschickt eingefädelte Heiraten für eine gewisse Zeit ein Reich erwerben, in dem „die Sonne nicht unterging“ (weil das spanische Südamerika dazu gehörte).

Ähnlich muss der Frankenkönig Theuderich vorgegangen sein, der Sohn Chlodwigs. Seine Regierungszeiten werden mit den

Jahren 511 bis 533 angegeben. Bei der Erbteilung der vier Söhne Chlodwigs war er mit dem östlichsten Teil des Frankenreichs in Gallien (aber auch mit kleinen Stücken in Südwestgallien, wo die Steuerquellen besser sprudelten) bedacht worden, und damit mit der Aufgabe der „Ausdehnung über den Rhein" hinweg. Daher hat sich der Bischof und Frankenhistoriker Gregor von Tours kaum mit diesem König beschäftigt, der ja nur mit den „wilden Völkern jenseits des Rheins" – das war ein typischer Ausdruck Gregors ! – zu tun hatte. Dennoch muss er, wenigstens für das Gebiet des späteren Deutschland, eine viel größere historische Bedeutung gehabt haben als sein Vater Chlodwig.

Im beschriebenen Fall konnte König Theuderich durch eine arrangierte Heirat eines seiner hochrangigen Adligen – hier von der Thidrekssaga „Giselher" genannt – seine eigene Macht ganz unauffällig vergrößern. Wie vorne erwähnt, bekam die Braut von ihrem Vater Rodiger als Mitgift ein großes Waldgebiet, zu dem der „Jagdbann" gehörte. Nach fränkischem Recht ging das Eigentum der Frau im Normalfall in das Eigentum ihres Mannes über, und der war ja „Franke" und gehörte noch dazu vermutlich zur besonderen Gefolgschaft des Frankenkönigs. Es liegt nahe, die heute „Königsforst" und „Frankenforst" genannten großen Waldgebiete östlich von Köln als diese Gabe anzusehen, die bei der offenbar historischen Hochzeit unmerklich in die Verfügungsgewalt des fränkischen Königs übergingen.

Die Erwähnung eines Priesters in der erzählten Geschichte, der die sonst „heidnische" Hochzeit nachträglich mit dem Segen des Christentums versieht, ist nur ein Einfall des Autors. Aber es könnte durchaus so gewesen sein; und in diesem 6. Jahrhundert war vermutlich sowohl im Frankenreich im einstigen Gallien wie erst recht östlich des Rheins kaum mehr vom Christentum zu spüren, wenigstens nicht bei den herrschenden „Franken".

Nicht nur diese Hochzeit diente dem Frankenkönig zur unauffälligen Ausweitung seiner Macht über Nachbarn. Ein weiterer Fall wird in einem Buch erwähnt, dessen Autor sehr „weit vom Schuss“, nämlich in Konstantinopel, lebte und erst Jahrzehnte nach dem Ereignis sein Geschichtsbuch verfasste. Es ist das bekannte Werk des Prokop über die Goten- und Vandalenkriege seines (oströmischen) Kaisers bis zur Mitte des 6. Jahrhunderts. Darin gibt der Autor eine Anekdote wieder, die ihm ein Gewährsmann aus Gallien mündlich mitgebracht haben muss. Hier setzte der Frankenkönig sogar seine eigene Tochter als „Kaufpreis“ ein. Der reale Geschichtskern darin muss für die Zeitgenossen derart skandalös gewirkt haben, dass dieses eigentlich historisch ganz unwesentliche Detail so genau in den Köpfen haften blieb und mehr als 1500 Kilometer entfernt noch von einem Historiker aufgezeichnet wurde.

Nördlich der Grenze des Frankenreiches der frühen Merowingerkönige, etwa im Mündungsdelta des Rheins und der Maas, muss es im Frühmittelalter ein unabhängiges Kleinkönigreich der Warnen gegeben haben. Eine kampfkräftige Gruppe dieses Germanenstammes von der westlichen Ostsee (siehe Kapitel 17) war wohl – eventuell um das Jahr 410 ? – als römische Föderaten dorthin geraten. Einige historische Indizien sprechen dafür.

Mit dem Thronfolger dieses Kleinkönigtums – er führte interessanterweise den gleichen Namen wie der „Markgraf“ in der eben erzählten Geschichte – soll der Frankenkönig Theuderich seine Tochter Theudechildis verlobt haben. So gibt Prokop die Erzählung seines Gewährsmannes wieder. Das muss der realen Geschichte entsprochen haben, denn einer erst kürzlich gefundenen Urkunde Theuderichs zufolge hat dieser König etwa um das Jahr 530 dieser Tochter die Einkünfte aus einer Region in Südwestfrankreich aus Anlass ihrer Verlobung mit *„Radigis, dem König der Varnii“* versprochen. Bei der Erbteilung des Frankenreiches nach Chlodwigs Tod war dem ältesten Sohn Theuderich auch dort ein Anteil zugefallen, vermutlich, um das Erbe der vier Chlodwig-Söhne finanziell etwa gleichmäßig zu verteilen.

Doch dieser Prinz „Radigis“ (Rodiger ?) war vorher bereits mit einer Prinzessin verlobt gewesen, die von einer Insel „Brittia“ stammte, so Prokop. Radigis hatte die Verlobung gelöst, um die sicher lukrativere Heirat mit Theudechilde eingehen zu können. Die junge Königstochter aus „Brittia“ muss jedoch eine für damalige Vorstellungen völlig unweibliche Energie besessen haben. Sie habe alsbald eine Armee zusammengestellt und sei mit Ruderschiffen zu den Warnen gefahren. Dort habe sie Radigis mit Waffengewalt gezwungen, sein ursprüngliches Heiratsversprechen einzuhalten. Die Merowinger-Prinzessin Theudechildis wurde offenbar wieder nach Hause geschickt.

Es leuchtet ein, dass dem Frankenkönig diese Geschichte mehr als peinlich war, in das „Geschichtsbuch“ des Gregor von Tours gelangte jedenfalls kein Wort davon, wohl aber als mit heimlichem Behagen weiter erzählte Skandalgeschichte mitten in die Feldzugsberichte des Prokopius von Caesarea über die Kriege gegen die Goten und Vandalen.

Entgegen manchen Kommentaren moderner Historiker kann die von Prokop „Brittia“ genannte Insel n i c h t Britannien gewesen sein. Viel eher handelte es sich um „Bertunia“; so wurde der Ort fünfzig Jahre später von Gregor von Tours genannt, und das war das alte römische Vetera oder das heutige Dorf Birten am Rhein an der Einmündung der Lippe, unweit der Ruinen der alten Römerstadt CUT (Colonia Ulpia Traiana) und der heutigen Stadt Xanten (siehe dazu Kapitel 3).

Das damals dort noch vorhandene alte römische Kastell Vetera (II, siehe Kapitel 3) muss in der Nach-Römerzeit eine wahre Goldgrube gewesen sein, denn von dort aus konnte man den gesamten Schiffsverkehr auf dem Rhein und auf der Lippe kontrollieren und Abgaben erheben. Ein Kleinkönig germanischer Herkunft, der sich in den „herrenlosen" Zeiten zwischen dem Zusammenbruch des Römerreichs und der fränkischen „Machtübernahme" am Rhein (siehe dazu auch Kapitel 12) dieses Platzes bemächtigt hatte, konnte dadurch reich werden, auch wenn sein „Reich" eigentlich nur aus einem kleinen ehemals römischen Kastell bestand.

Von dort aus mit Booten zu den Rhein- und Maasmündungen ins Land der Warnen zu kommen, war für die „Prinzessin von Brittia" gewiss keine Schwierigkeit, ca. 100 Kilometer stromab. Von der Insel Britannien aus wäre ein solcher Rachefeldzug sicher sehr viel problematischer gewesen. Das Kastell Vetera II liegt seit etwa 700 Jahren tief unter Wasser und wird daher bei archäologischen und historischen Untersuchungen immer vergessen.

19

Die Frankenkönige erobern das Thüringerreich ihrer Vettern

Ein Aufstand kurz vor dem Ausbruch gescheitert

Sommer 534, Großörner bei Eisleben, Sachsen-Anhalt

Der Zeitpunkt und der Ort waren gut gewählt für das heimliche Treffen vieler Adliger aus dem Volk der Thüringer. Schon seit einem Mond hatten Boten sie zum Sitz des Fürsten Roccolen bestellt. Jetzt am Tage des Vollmonds trafen sie aus allen Richtungen ein, jeweils nur von ein oder zwei getreuen Leibwächtern aus ihren Schwurfamilien begleitet. Größere Gruppen wären den fränkischen Besatzern aufgefallen, und das war das Letzte, was sich die Schah der Thüringer gewünscht hätten.

Nach alter Reiterhirtenart hatten die zwanzig Adligen rund um ein großes Feuer am Rande der Viehweiden Platz genommen, um im vertrauten Kreis Rat zu pflegen, während das Fleisch eines den alten Göttern der Sarmaten geopferten Hengstes sich auf dem Bratspieß drehte. Allen war klar, dass jetzt die Zeit gekommen war, sich von der schmählichen Knechtschaft zu lösen, in die vor einigen Jahren die verräterischen Franken die stolzen Thüringer gezwungen hatten.

Schneller als jeder Reiter war das Gerücht zu ihnen gedrungen, dass König Theuderich im fernen Mettis *(Metz)* gestorben war, jener König, auf den die thüringischen Adligen damals einen Eid der Treue und des Gehorsams hatten ablegen müssen. Unter dem Eindruck mehrerer verlorener und sehr verlustreicher Schlachten und schließlich eingekesselt von einer Vielzahl fränkischer Krieger mit gezückten Schwertern war den thüringischen Schah einst nichts anderes übrig geblieben als den Wortlaut des Eides nachzusprechen, den ihnen ein schwarzgekleideter Priester der Christen vorgesprochen hatte.

Ein solcher feierlicher Eid konnte nach dem Verständnis sarmatischer Schah nicht gebrochen werden, mochte er auch noch so drückende Verpflichtungen enthalten und sei er auch noch so sehr erzwungen worden. Aber nun war der König tot, dem sie das zugeschworen hatten, und die Adligen fühlten sich wieder frei. Was sie nun unternehmen sollten, um auch die fränkischen Krieger in ihrem Lande los zu werden, das zu beraten, waren die Anführer der Thüringer hier zusammen gekommen.

Doch vorher war wie immer bei solchen feierlichen Gelegenheiten ein Blick zurück in die Vergangenheit des eigenen ruhmreichen Volkes notwendig, ein Blick, den der gesungene Vortrag eines Hotars vor die inneren Augen der Zuhörer zaubern würde. Ergriffen lauschte die Runde den Worten in der alten heimischen Sprache, der sie nur noch mit Mühe folgen konnten, weil sich die thüringischen Adligen im Allgemeinen längst der Sprache der einheimischen thüringischen Bauern bedienten.

Es war eine traurige Geschichte, die da vor der Runde zur Sprache kam. Die Zuhörer kannten sie alle, hatten sie doch alles selbst mit erlebt. Aber gerade deswegen bewegte das Gehörte sie besonders.

Einst, vor langer Zeit waren die Vorfahren der jetzigen Adligen mit ihren Schwurfamilien und ihrem Vieh aus Pannonien hierher nach Thüringen gekommen, unter Führung eines Fürsten Bisin, der dann bald zum König der Thüringer gewählt worden war. Dessen Schwester Basina war an den König eines verwandten Volkes weit im Westen, in Gallien, verheiratet worden *(siehe Kapitel 10)*, und das war der Anfang des Unheils, wie die thüringischen Adligen heute wussten.

Doch zunächst hatten König Bisin und danach sein gleichnamiger Sohn mit großem Heil über die thüringischen Bauern und ihre zugezogenen adligen Herren aus dem alten sarmatischen Stamm der Roxolanen in deren neuer Heimat geherrscht, und allen war es gut gegangen. Ihr Land Thüringen war so berühmt für das gute Leben, das man dort führen konnte, dass zwei kleinere Gruppen fremder Völker, der Warnen und der Angeln, hierher gewandert waren und gastliche Aufnahme im Land der Thüringer gefunden hatten. Mit den alten Thüringern konnten diese Zuzügler sich gut verständigen, wenn auch manche Worte ihrer Sprachen sich unterschieden.

Erst nach dem Tod des zweiten Königs Bisin begann das Unheil, wie sich alle erfahrenen Adligen einig waren. Denn dessen drei Söhne Baderich, Irminfred und Berthachar konnten sich nicht einigen, wer als oberster Herrscher König der Thüringer sein sollte. Das führte zu einer Teilung des Landes und bald auch zu einem Krieg, in dem Berthachar sein Leben und seinen Anteil am Thüringer Land verlor. Das war erst vor wenigen Jahren geschehen,

Irminfred hatte einige Zeit zuvor Amalaberga geheiratet, die Nichte des großen Gotenkönigs Theoderich in Ravenna, und er glaubte daher, mit dem riesigen Ansehen und dem Heil seines Schwagers im Rücken den Anspruch auf das ganze Reich zu haben, Er musste jedoch fürchten, mit den relativ wenigen ihm verschworenen Schah seines Volkes nicht so leicht die Oberhand über den übrig gebliebenen Bruder Baderich gewinnen zu können. Daher beging er den Fehler, seinen entfernten Verwandten aus dem Reich der Franken in Gallien um Hilfe zu bitten, den König Theuderich. Der hieß zwar ganz ähnlich wie der gotische Schwager in Ravenna, war aber anders als der Thüringer voller Gier auf neues Land – was Irminfred nicht wusste.

Tatsächlich kam der Frankenkönig Theuderich auch mit einem Heer fränkischer Krieger über den Rhein und half dem Irminfred, seinen Bruder zu besiegen. Auch Baderich starb den Heldentod in der Schlacht. Doch statt das eroberte Land mit dem Helfer zu teilen, wie wohl Theuderich erwartet hatte, schickte der neue alleinige Thüringerkönig Irminfred seinen Verwandten mit freundlichem Dank, aber ohne jede Belohnung in Form von Land wieder nach Hause.

Das wiederum konnte der ehrgeizige Frankenkönig nicht auf sich sitzen lassen. Drei Winter waren nach dem Feldzug in Thüringen vergangen, als Theuderich erneut ein Heer ausrüstete, diesmal zusammen mit seinem königlichen Bruder

Chlothar, denn die fränkischen Brüder, die sich in die Herrschaft über das riesige Land in Gallien teilten, waren gerade einmal nicht so sehr untereinander verfeindet wie die Verwandten in Thüringen.

Wieder zog ein Heer von vielen hundert fränkischen Kriegern – meist waren es Nachkommen der ehemaligen sarmatischen Reiter aus Sicambria – über den Rhein und dann am Main und am Fluss Kinzig aufwärts nach Thüringen und lieferte dem König Irminfred mehrere blutige Schlachten, in denen die Thüringer den Kürzeren zogen. Die meisten der jetzt beim Fürsten Roccolen versammelten Fürsten waren damals gefangen genommen worden und hatten unter der Drohung fränkischer Schwerter einen Eid des Gehorsams auf den Frankenkönig Theuderich ablegen müssen.

König Irminfred selbst war es gelungen, mit etlichen seiner Krieger zu entkommen. Vorübergehend hielt er sich im benachbarten Hunenland auf und kehrte dann nach Thüringen zurück, um die fränkischen Besatzungssoldaten aus dem Hinterhalt immer wieder mit Überfällen zu beunruhigen.

Um diese Bedrohung zu beenden, hatte Frankenkönig Theuderich den Irminfred nach zwei Jahren zu einem Friedensgespräch in sein Reich eingeladen und ihm freies Geleit versprochen. Das Treffen fand in der alten Bischofsstadt Tulbiacum *(Toul an der oberen Mosel)* in Gallien statt, weil Irminfred sich geweigert hatte, quasi als Besiegter nach Theuderichs Hauptstadt Metz zu kommen. Doch in Tulbiacum fand Irminfred einen plötzlichen und schimpflichen Tod, denn er wurde von einem Turm der alten römischen Stadtmauer gestürzt. Theuderich leugnete zwar hartnäckig, die Hand dabei im Spiel gehabt zu haben, doch niemand, der die Geschichte hörte, glaubte ihm das.

Im vorigen Sommer war das gewesen, und nur wenige Monde später ging die Mär *(Geschichte, auch Gerücht)* durch das Land, der Frankenkönig Theuderich selbst sei ebenfalls tot, in seinem Bett gestorben. Nun fühlten sich die thüringischen Adligen endlich frei, und sie wollten beraten, wie sie die Krieger der Franken ausschalten könnten, die noch immer an verschiedenen Stellen, meist Kreuzungen wichtiger Handelswege, feste Burgen *(damals noch ausschließlich Holzhäuser innerhalb kleiner Erdwälle mit Holzzäunen)* besetzt hielten,.

Zu dieser Beratung hatten sich die Schah ja hier zusammen gefunden, waren aber gestern noch nicht dazu gekommen, Die Erinnerungen an das traurige Schicksal ihrer Könige und auch an ihre eigenen Erlebnisse, und nicht zuletzt die berauschenden Getränke, denen sie dabei zugesprochen hatten, waren Schuld daran, dass sie alle heute morgen viel zu lange geschlafen hatten.

Aus diesem Schlaf wurden die zwanzig thüringischen Adligen unsanft geweckt, als laute Kommandorufe rund um die Wohnwagen ertönten, mit denen sie zum Schlafen zum Sitz des Fürsten Roccolen gekommen waren. Draußen standen Dutzende, nein Hunderte von fränkischen Kriegern. Ihre Schwerter und Lanzen waren drohend auf die Männer gerichtet, die verschlafen aus den Wagen blickten.

Höflich, aber bestimmt forderte ein hoher fränkischer Befehlshaber die thüringischen Adligen auf, sich um ihn zu versammeln und einen Eid des Gehorsams und der Treue auf den neuen König der Franken Theudebert abzulegen, den Nachfolger Theuderichs. Was blieb den Thüringern anderes übrig, als diesem Befehl nachzukommen, angesichts der Überzahl der Franken und ihrer Schwerter ?

Der fränkische Comes war so rücksichtsvoll, mit keinem Wort zu erwähnen, ob er etwas von der heimlichen Absicht der sarmatischen Adligen geahnt hatte, einen Aufstand zu planen. Er fand es einfach sehr gelegen, dass die meisten davon bereits versammelt waren, um den Treueid auf den neuen König nachzusprechen.

Versuch eines Blicks auf die Politik hinter den Ereignissen

Die eben geschilderte Versammlung thüringischer Adliger ist natürlich ein Einfall des Autors. Doch das, was der Leser dabei über das Schicksal des Königreichs der Thüringer zwischen etwa 475 und 534 erfahren konnte, ist es natürlich nicht. Zwischen dem, was im Kapitel 10 erzählt wurde, und dem „Geschichtsbericht" in diesem Kapitel liegt die nur kurze Zeit des „Königreichs der Thüringer".

In Großörner, nicht weit von Eisleben im südlichen Sachsen-Anhalt, haben Archäologen übrigens eines der bedeutendsten, angeblich germanischen „Fürstengräber" aus dem 5. und 6. Jahrhundert gefunden, mit zahlreichen kostbaren Pferdebestattungen. Nördlich, östlich und südlich des damals noch ganz unbesiedelten Waldgebirges des Harzes liegt eine der Regionen in Deutschland, wo Pferdegräber ja massiert gefunden wurden.

Das Wissen über die Kriege der Franken gegen die Thüringer muss man sich aus wenigen Bruchstücken in zeitgenössischen Schriften herauspicken, Doch hier gilt, was fast immer in der Weltgeschichte der Lauf der Dinge ist: „Der Sieger schreibt die Geschichte", und in diesem Fall war der „Sieger" ein Historiker, der erst fünf Jahrzehnte später lebte, nur einige mündliche „Anekdoten" von den verschiedenen Feldzügen gehört hatte und diese dann noch in ganz eigener Weise für sein Geschichtsbuch aufbereitet hatte. Die Rede ist vom Bischof Gregor von Tours, dessen Schriften ja für das 6. Jahrhundert nahezu die einzigen anerkannten Geschichtsquellen sind.

Den frommen Historiker interessierten nicht die Motive hinter den von ihm beschriebenen Taten früher fränkischer Könige, wenn er denn überhaupt je davon erfahren haben sollte. Er reihte in höchst naiver Weise Wissensbruchstücke aneinander. Wenn man allerdings die allgemeine politische Lage in der Mitte unseres Erdteils in jenen Jahrzehnten des 6. Jahrhunderts mit in Betracht zieht, enthüllt sich weitgehend der wahre Sinn der damaligen Vorgänge.

Nach dem Tod des Königs Chlodwig im Jahr 511, des Begründers des „Königreichs der Franken", war der Ostgotenkönig Theoderich der Große im norditalienischen Ravenna unbestritten der mächtigste Herrscher im mittleren Europa. Er hatte Einfluss auf alle umliegenden Königreiche mit meist germanischen Herrschern, teils durch geschickte Heiraten, die seine Sippe mit den anderen Königsfamilien verbanden, teils durch sein enormes Ansehen, das er durch seine geschickte Friedenspolitik überall gewonnen hatte. Er galt ja auch noch als der Beauftragte des römischen Kaisers für den größten Teil der Westhälfte des einst so riesigen Reiches. Durch die Verheiratung seiner Nichte Amalaberga mit dem König der Thüringer Irminfried hatte er sich auch zum Schutzherren dieses fernen Landes gemacht.

Doch im Jahr 526 war Theoderich gestorben. Seine Nachfolger auf dem Königsthron der Ostgoten in Italien waren zerstritten und schieden als mächtige „Ordner“ in Zentraleuropa aus. Jetzt konnte Theuderich, der Franke, an die Erfüllung seines Herzenswunsches gehen, sein Reich nach Osten hin zu erweitern. Trotz der Namensähnlichkeit war er übrigens nicht nach dem eine Generation älteren Ostgotenkönig getauft worden, sondern hatte seinen bedeutsamen Namen *(„Volks-Herrscher“, fast eine Art Titel für besonders angesehene Könige in mehreren germanischen und anderen Völkern indoeuropäischer Sprache)* wohl über seine Mutter erhalten; ihren Namen kennt man nicht. Möglicherweise stammte sie aus dem Teil der Sigambrer am Niederrhein, mit denen ja schon die Merowinger-Vorfahren mehrere Generationen früher eine wichtige Ehe-Verbindung eingegangen waren (siehe Kapitel 3).

Das angebliche, von Gregor so betonte Versprechen des thüringischen Königs Irminfred, seinem entfernten Vetter Theuderich für seine Hilfe im Bruderkampf die Hälfte des Reiches abzutreten, muss in der realen Geschichte nicht so explizit gelautet haben. Viel wahrscheinlicher war der offizielle Grund für den Kriegszug zweier Frankenkönige nach Thüringen im Jahr 531 ein Erbanspruch, den die Enkel der Königin Basina nach gut 60 Jahren geltend machten. Vorher wären aus machtpolitischen Gründen die Frankenkönige überhaupt nicht in der Lage gewesen, ihn mit Aussicht auf Erfolg zu erheben. Aber nun war der Schutzherr Theoderich der Große tot, und das Frankenreich war mächtig geworden und hatte sein Gebiet schon bis in die Nachbarschaft Thüringens ausgedehnt.

In den Jahrzehnten nach der inoffiziellen „Machtübernahme“ in der Bischofsstadt Mainz (siehe Kapitel 14) hatte der Frankenkönig sicher alles aufgeboten, um sich im Rhein-Main-Gebiet und östlich davon einen festen Stand zu verschaffen. Damals wohl schon wurde dort, wo eine alte Handelsstraße mittels einer Furt über den Main führte, an der „Franken-Furt“, eine kleine Burg gegründet, die Ur-Zelle der späteren Stadt Frankfurt. Auch weiter main-aufwärts und auch nach Norden an der Kinzig entlang waren wohl schon Franken angesiedelt worden, mit dem Auftrag, die dortigen Handelsstraßen zu überwachen. In der Zeit ihrer vorübergehenden Herrschaft dort (siehe Kapitel 5) hatten die Römer dort auch schon etliche ihrer berühmten Straßen angelegt, die noch immer für Märsche größerer Heere nützlich sein konnten.

Dabei waren vermutlich wieder ungewollt die sarmatischen Adligen sehr nützlich, die schon seit einem Jahrhundert dort zwischen den Hängen des Taunus und des Odenwalds angesiedelt waren (siehe Kapitel 1). Gegen eine Oberhoheit ihrer kulturell und sprachlich Verwandten, der Könige aus der Merowinger-Sippe, hatten sie wohl nichts einzuwenden. Wahrscheinlich werden sich auch jüngere Angehörige der dortigen Adelsfamilien freiwillig, ja begeistert in den Dienst des Frankenkönigs Theuderich begeben haben, dessen Heilsruf schon längst weit über die Grenzen erstrahlte.

So betrachtet war der gemeinsame Feldzug der Frankenkönige nach Thüringen im Jahr 531 keineswegs das Abenteuer, als das er ohne dieses Wissen um die Hintergründe erscheinen muss. Weder in zusammenfassenden Werken über die deutsche Geschichte noch in Spezialuntersuchungen moderner Historiker etwa über Thüringen ist dieser Aspekt allerdings – soweit dem Autor bekannt – je näher behandelt worden.

Als reichlich unglaubwürdig ist übrigens auch die Darstellung des Krieges der Franken gegen die Thüringer in der „Sachsengeschichte“ des Mönches Widukind von Corvey anzusehen, die dieser berühmte Historiker s e i n e s Volkes fast fünfhundert Jahre später niederschrieb. Darin wird behauptet, Sachsen seien den fränkischen Königsbrüdern bei ihren Kämpfen in Thüringen zu Hilfe gekommen, und als Belohnung dafür sei das Land zwischen beiden „Siegermächten" geteilt worden. Thüringen nördlich des Flusses Unstrut sei an die Sachsen gefallen.

Der Thüringer Archäologe und Historiker Berthold Schmidt hat diese lange von deutschen Geschichtsforschern geglaubte Geschichte aufgrund der archäologischen Fakten für falsch erklärt. Die ausschließlich mündliche Überlieferung, die der Mönch Widukind – übrigens ein Nachkomme des berühmten Sachsen-Herzogs gleichen Namens – heranziehen musste, hat da wohl manches zugunsten der angeblichen Sieger verschoben.

20

Eine Klimakatastrophe und ihre Folgen für das Frankenreich

Das Heer, das die Sonne suchte

Sommer 536, in Metz/Frankreich, später in Soest/Westfalen

Es war offenbar, Gott zürnte den Menschen im Königreich der Franken. Seit über einem Jahr ließ er es zu, dass sie nie mehr die Sonne gesehen hatten, keinen blauen Himmel, keine Wolken, keinen Mond und keine Sterne und auch keinen Schatten. Stattdessen stand eine grau-gelbliche Suppe, manchmal mit roten Blutstropfen, dort, wo eigentlich die Sonne scheinen musste. Dass sich trotzdem Tag und Nacht abwechselten, merkte man nur daran, weil es zeitweise so hell wurde, dass man seine Umgebung erkennen konnte. Und den Wechsel der Jahreszeiten spürte man daran, dass es eisig kalt wurde. Aber der Schnee des Winters fiel nicht, auch kein Regen. Alles dürstete nach Wasser, Wälder und Wiesen, Menschen und Tiere.

Als es langsam wieder etwas wärmer geworden war und die Zeit des Dunkels und der Helligkeit etwa gleich lang, hatten die Bauern wie in jedem Frühjahr die Äcker gepflügt und die Saat eingebracht. Aber sie wussten nicht, ob sie auch würden ernten können, und wenn, ob die Ernte auch alle Menschen würde ernähren können. Denn es blieb viel kälter als gewöhnlich, weil die Sonne nicht erschien, die mit ihren

Strahlen alles hätte erwärmen können. Der Gott der Christen musste sehr zornig sein mit den Menschen.

In den Städten liefen die Leute in die kleinen Kirchen, die es dort neuerdings gab. Sie beteten zu Gott, er möge seinen Zorn von ihnen nehmen. Aber die Priester konnten den Gläubigen nichts Tröstliches sagen. Das Erlöschen der Sonne sei die Strafe Gottes für die vielfältigen Sünden der Menschen, sagten die meisten Geistlichen. Man müsse eben aufhören zu sündigen, mahnten sie.

Einen geistlichen Hirten gab es allerdings, den das Elend der Menschen jammerte und der nicht glauben wollte, dass die Schafe seiner Herde so viele Sünden auf sich geladen hätten, dass Gott so zornig war. Es war der ehrwürdige Herr Medardus, Bischof von Turnacum *(Tournai in Belgien).* Er führte den Zorn Gottes darauf zurück, dass es noch so viele Heiden in der unmittelbaren Nachbarschaft des Königreichs der Franken gab. Es würde sicher den Zorn Gottes besänftigen, wenn es gelänge, möglichst viele dieser Heiden mit dem reinigenden Bad der Taufe in den Kreis der gläubigen Christen zu führen.

Dieser fromme Bischof schickte zeitig im Jahr einen tüchtigen jungen Priester zum König Theudebert in Mettis *(Metz in Lothringen),* um ihn aufzufordern, etwas zur Bekehrung der Heiden östlich des Rheins zu unternehmen. Denn über dieses Gebiet beanspruchte der Sohn des verblichenen König Theuderich die Oberherrschaft. Sowohl Medardus wie der junge Priester Rodanus stammten aus adligen Familien, die schon lange zu den Schwurgenossen der Könige aus der

Merowingerfamilie gehört hatten. Ihr Wort hatte daher Bedeutung beim König.

Das Anliegen des Bischofs Medardus traf sich gut mit einer Meinung, die bei den jungen kräftigen Kriegern am Königshof in Mettis viel besprochen wurde. Man müsse nur weit genug in Richtung auf den üblichen Ort des Sonnenaufgangs zu wandern, um das leuchtende Gestirn hinter dem Wolkenschleier zu finden, glaubten viele. Als der König nach sorgfältiger Beratung mit seinen wichtigsten Vertrauten befahl, eine Truppe auszurüsten, die in die Lande jenseits des Rheins reiten solle, um den Glauben an Gott dorthin zu tragen. meldeten sich viel mehr Teilnehmer dafür als gedacht.

Sechs Dutzend Reiter sollten es sein, ein kleines Heer, wohl bewaffnet und gut mit allem versorgt, was es auf dem langen Marsch benötigen würde. Anführer sollte der Sohn des gegenwärtigen Comes stabuli des Königs *(Marschall, Befehlshaber der Leibgarde des Königs)* sein. Er hieß Heden wie sein Großvater, der legendäre Feldherr, der einst den Alemannenkrieg für seinen König Chlodwig gewonnen hatte *(siehe Kapitel 14)*. Ihm sollte als geistlicher Berater der junge Priester Rodanus aus Turnacum zur Seite stehen. Es gelte, möglichst die Sonne aufzufinden, aber auch möglichst viele Heiden der Kirche zuzuführen und die Menschen dort von den Vorteilen zu überzeugen, sich der Herrschaft des Königs der Franken Theudebert zu unterstellen. Das Ganze solle in Frieden und voller Milde erfolgen, so sei es Gott am liebsten.

So brach das kleine Heer von Mettis auf, zu einer Zeit im Jahr, in der eigentlich die Bäume längst wieder grün geworden wären. Doch dieses Jahr war das noch kaum der Fall. Auf den alten Römerstraßen zogen die Reiter zunächst nordwärts, über Augusta Treverorum *(Trier)*, die alte Kaiserstadt, nach der Colonia Agrippinensis *(Köln)*, ohne Hast, die nur die Pferde angestrengt hätte, aber auch ohne unnötige Pausen.

Einen Tagesmarsch vor der Stadt am Rhein machte das Heer bei einem Kirchlein Rast, das dort schon in einer Ansiedlung eines gewissen Bruno *(heute Brau-weiler bei Köln)* gebaut worden war. Hier waren zwar offensichtlich keine Heiden zu bekehren, aber Rodanus fand so viel Gefallen an dem dortigen Priester, dass er ihm eines der schlichten kleinen Holzkreuze schenkte, die ihm Bischof Medardus mitgegeben hatte; sie sollten als Zeichen der Liebe Gottes bei den neu bekehrten Heiden bleiben.

In der Stadt Colonia konnte das Heer in göttlichem Auftrag noch einmal ausruhen und seine Vorräte ergänzen, so weit das möglich war. Ab jetzt begann der Marsch immer nach Sonnenaufgang zu. Einmal musste man das wärmende Gestirn doch aufspüren, wo es aus seinem Schlaf in der Nacht aufstand und danach sein Leuchten über Mensch und Natur verbreitete.

Auf der einst auf Befehl des Kaisers Konstantin *(ca. 330 n. Chr.)* gebauten Brücke überquerte die Schar den Rhein, rastete auf dem Berfert des Walters Rodiger *(siehe Kapitel 18)* und ritt dann weiter auf den alten Kaufmannswegen, die es von jetzt ab nur noch gab. Sie führten immer auf den Höhen zwischen den kleinen Zuflüssen des Rheins nach Osten. Nur selten mussten einige tief eingeschnittene Quertäler überschritten werden. Das war, wie alle Einheimischen wussten, der kürzeste Weg vom Rhein ins Hunenland.

Dort oben auf der Höhe gab es kaum Ansiedlungen, nur das eine oder andere Bauernhaus, wo ein einsamer wandernder Kaufmann für eine Nacht sein Pferd in einen Stall stellen konnte. An einer Kreuzung zweier alter Handelswege *(dem sogenannten „Herweg" [West-Ost] und der „Heidenstraße" [Süd-Nord])* standen einige Bauernhäuser dichter beieinander *(in der Nähe der heutigen Stadt Lüdenscheid)* .Hier wollte der Priester Rodanus erstmals seinem Auftrag nachkommen. Wie stets war dem kleinen Heer das Gerücht voran geeilt, das Gerücht, das diesmal erstaunlicherweise lautete, dieses Heer komme nicht zum Plündern und Brandschatzen.

Der Comes Heden und der Priester Rodanus ließen alle Einwohner zusammenrufen und erzählten ihnen vom doppelten Zweck des Heerzuges. Sie wollten die Sonne wiederfinden, und sie wollten auch den Einwohnern dieses Dorfes dabei helfen. Denn sie brächten einen Gott aus dem Frankenreich mit, der stark genug sein werde, die Sonne wieder scheinen zu lassen, wenn er nur von möglichst vielen Menschen angebetet werde.

Es war kein Wunder, dass die Menschen hier oben gerne bereit waren, sich zu einem kleinen Teich führen und einmal kurz im Wasser untertauchen zu lassen und dann nach Gebeten des Priesters in einer fremden Sprache zu lernen, die rechte Hand vor der Brust in Kreuzform zu bewegen. Als Zeichen dieser erfolgreichen Bekehrung zum Christentum blieb eines der kleinen Holzkreuze des Bischofs Medardus aus Turnacum in dem einsamen Dorf zurück.

Nun waren es nur noch wenige Tagesmärsche bis Susat *(Soest in Westfalen)*, wo der König des Hunenlandes seine Halle hatte, wie es hieß. Es war kein großer Ort, dieses Susat, aber da es hier sowohl eine kleine Ansiedlung von Sälzern *(Salzsiedern)* wie auch von Bleigießern gab, die ihrem König Abgaben leisten mussten, galt der König des Hunenlandes als besonders reich.

Doch dieser Reichtum nützte dem König Atto nichts, weil er sein Heil verloren hatte. Davon waren inzwischen alle Menschen im ganzen Hunenland und auch er selbst überzeugt. Denn es war ihm nicht möglich gewesen, die Sonne aus ihrem überlangen Schlaf zu wecken.

Atto war Spross einer der Familien, die vor zwei oder drei Generationen mit ihren Herden hier ins Land eingewandert waren *(siehe Kapitel 8)*. Inzwischen hatten die alten Bewohner des Landes längst ihren Frieden mit den Schachmännern geschlossen; die letzteren waren schon seit einiger Zeit Anführer auch der einheimischen Bauern ihrer Umgebung. Der Adlige Atto hatte sogar die Würde eines Königs des Hunenlandes erlangt, als der alte König gestorben war. Aber was war eine Königswürde wert, wenn der Inhaber nicht in der Lage war, seine Untertanen und sein Land mit dem ihm innewohnenden Heil zu beschützen ?

König Atto war tief niedergeschlagen, ja verzweifelt, als er die Anführer des fränkischen Heeres in seiner Halle empfing. Er war zuerst misstrauisch hinsichtlich der Absicht seines unerwarteten Besuchs. Aber die Botschaft, die ihm die beiden Adligen aus dem Frankenreich übermittelten, klang hoffnungsvoll. Wenn auch etwas gebrochen, konnte sich Atto mit seinen Gästen Heden und Rodanus in der gemeinsamen Sprache ihrer jeweiligen Väter unterhalten, obwohl alle drei normalerweise längst eher in der Sprache der Franken geübter waren.

In seiner gegenwärtigen Stimmung war König Atto gerne bereit, nicht nur den neuen Gott und seinen göttlichen Sohn Jesus Christus zu verehren, sondern sich auch dem fernen und ihm persönlich unbekannten König Theudebert der Franken mit einem heiligen Schwur als Gefolgsmann zu verpflichten. Wenn nur der neue Gott die Sonne wiederbringen würde !

So kam es, dass die friedliche Mission des fränkischen Heeres hier im Hunenland unerwartet große Erfolge erzielen konnte. In einem Umkreis von vielen Tagesritten rund um Sudat ließen sich fast alle Schachmänner, die sich hier angesiedelt hatten, zusammen mit ihren neuen bäuerlichen Schwurleuten vom Priester Rodanus taufen und leisteten dem König Theudebert einen Treueid.

Da bisher immer noch nicht die Sonne am Horizont aufgetaucht war, sondern eine graugelbe klebrige Schicht den Himmel verhüllte, konnte man nicht einmal an den verschiedenen Formen des Mondes den Ablauf der Zeit messen. Aber als die Bäume ihre Blätter verloren, schien es den Anführern Heden und Rodanus an der Zeit, mit ihrem kleinen Heer den Rückmarsch nach Mettis anzutreten.

In seiner Abschiedspredigt versicherte der Priester Rodanus noch einmal mit Nachdruck den neuen Anhängern des Christengottes und Untertanen des Frankenkönigs Theudebert, ganz gewiss werde Gott der Herr bald die Sonne wieder scheinen lassen, wenn hier im Hunenlande weiter fleißig zum Christengott gebetet und dem neuen König die Treue gehalten werde.

Als die Sonne erlosch

Die vorstehende Schilderung hätte bis vor wenigen Jahren als „fantastic history" betrachtet werden müssen, die mit der realen Geschichte so viel zu tun hätte, wie der berühmte historisch wirkende Roman „Der Herr der Ringe", nämlich nichts. Doch seit 1999 könnte das Buch eines englischen Archäologen, David Keys, die Fachhistoriker darüber aufklären, dass kurz nach dem Jahr 535 tatsächlich in Mitteleuropa solche Klimaverhältnisse herrschten und dass sie ungeahnte historische Folgen hatten.

Diese Zeit stellt sich im Rückblick wohl als die größte Klimakatastrophe heraus, die den gesamten Erdball in historischer Zeit heimgesucht hat. Der Verlag gab der deutschen Ausgabe des ursprünglich englisch geschriebenen Buches („Catastrophe") den plastischen Titel „Als die Sonne erlosch". Er drückt das aus, was damals alle Menschen rund um den Globus erlebten und wie es in der vorstehenden Episode versucht wurde, heutigen Lesern vorstellbar zu machen.

Der Autor Keys hat für sein Buch viel recherchiert und erstmals auf den Punkt gebracht, was schriftliche Aufzeichnungen aus den verschiedensten Kulturkreisen und naturwissenschaftliche Fakten ganz unterschiedlicher Herkunft nahelegen. Im Jahr 535 muss sich in Indonesien ein Vulkanausbruch ereignet haben, der wohl der gigantischste war, der die Erde in den letzten paar tausend Jahren heimgesucht hat.

Im 19. Jahrhundert erzeugten zwei Vulkanausbrüche in derselben Gegend weltweit ähnliche Verhältnisse wie damals, nämlich der Ausbruch des Tambora 1815 und des Krakatau 1883. Aber ihre Auswirkungen hielten bei weitem nicht so lange an und waren längst nicht so schwerwiegend wie im Jahr 535.

Nach diesem Vulkanausbruch vor anderthalb Jahrtausenden muss sich rund um den Erdball, vom Nordpolareis bis zum Südpol die Sonne hinter einem rauen Schleier aus Vulkanasche und schwefelhaltigen Eiskristallen verborgen haben, und zwar ständig und für mehrere Jahre. Anhaltende Kälte- und Dürreperioden, aber dazwischen auch Sturmfluten, Hurrikane und verheerende Staubstürme müssen die Erde und ihre Bewohner geplagt haben. Hungersnöte und Epidemien, vor allem die Pest, waren die Folge und kosteten hunderttausenden von Tieren und Menschen das Leben.. Dadurch ausgelöste Völkerwanderungen brachten festgefügte Reiche zum Einsturz, und andere Völker stiegen zu neuen Herren in ihren Kontinenten auf. Das galt im Kulturraum Südostasien, in Ost- und Innerasien, in Süd- und Mittelamerika, in Afrika, im Nahen Osten und natürlich auch in Europa.

Die damaligen Autoren wussten natürlich nichts von den Ursachen der Katastrophen, die sie beschrieben, und erst recht nichts davon, dass sie alle zusammenhingen. Für das Frankenreich existieren nur wenige Indizien, vor allem Berichte über die Pest, die von Rattenflöhen übertragene sogenannte Bubonenpest, die allerdings erst mit einiger Verspätung immer wieder rund um das Mittelmeer ausbrach. Die Ratten und ihre unheimlichen Begleiter wurden von Schiffen über die Meere in die Hafenstädte eingeschleppt und verbreiteten die Seuche mit dem Handel, vor allem in die Städte. Mitteleuropa, auch der nördliche Teil des Frankenreichs in Gallien, war von dieser Seuche weniger betroffen, weil es dort kaum Städte gab. Doch das übrige Unheil blieb diesem Gebiet natürlich nicht erspart. Aus dem Gebiet des heutigen Deutschland existieren keine schriftlichen Berichte - wer hätte sie auch verfassen sollen ?

Der tiefe Eindruck auf die Menschen und ein erster „Kreuzzug" nach Westfalen

Die rein klimatischen Auswirkungen werden wohl von den Menschen hierzulande etwa so beobachtet worden sein, wie in der vorstehenden Geschichte erzählt. Natürlich kannten nicht einmal Gelehrte die Ursachen davon, und selbst die Vorstellungen über den Umlauf der Sonne um die Erde waren auch bei den Gebildetsten abenteuerlich.

Wie aber mögen die Vorstellungen der Menschen damals über die U r s a c h e n dieses „Weltuntergangs" ausgesehen haben ? Vielleicht gibt die „Völuspa", die Beschreibung des Weltendes in der isländischen Edda, noch einen gewissen Eindruck von den Gedanken der Menschen, die vermutlich sieben Jahrhunderte lang mündlich von Generation zu Generation weitergegeben worden sind, ehe sie aufgeschrieben wurden: *„Schwarz wird die Sonne, die Erde sinkt ins Meer, vom Himmel schwinden die heiteren Sterne... "* .

Bei den germanischen, aber noch nicht christlichen Völkern Nord- und Mitteleuropas dürfte man das Unheil in Zusammenhang gebracht haben mit dem „Heil" (nordisch: „Hemingja"), das nach deren Glauben jedem Herrscher innewohnen musste, wenn er König oder Anführer bleiben wollte. Diese Kraft wurde von den Göttern verliehen, konnte aber auch von starken Persönlichkeiten durch eigenes Zutun vermehrt werden. Ein starker König besaß großes Heil, das er nicht nur für sich einzusetzen hatte, sondern auch für die Menschen seines Volkes oder seiner Gefolgschaft, ja auch für die Natur, die schließlich die Grundlage allen Lebens war.

War dieses Heil beschädigt, so konnte nach der Überzeugung jener Zeit ein Mann mit stärkerem Heil den König von seinem Thron stoßen. Doch wer wollte in einer solchen Zeit um Macht auf der Erde kämpfen, in der Gewissheit, gegen weitaus höhere Mächte doch nichts ausrichten zu können ?

Soweit bekannt, ist aus dem bereits christlichen Teil Europas nicht überliefert, wie die christliche Theologie mit der Wetterkatastrophe umging. Doch da die stereotype Antwort nahezu aller alten Kirchenväter auf Unheil, das den Menschen geschah, stets aus der Floskel bestand, dies sei die Strafe Gottes für die Sünden der Menschen, wird es auch im 6. Jahrhundert nicht anders gewesen sein.

Genau zu dieser Zeit war ein gewisser Medardus Bischof von Tournai. Diese Stadt war als letzte Residenz und Grabstätte des inzwischen längst legendären Königs Childerich so etwas wie der heimliche alte Mittelpunkt des Frankenreiches, wenigstens für Menschen, die noch etwas von dessen Ursprüngen wussten. Das katholische Heiligenlexikon berichtet von ihm nicht viel, nur dass er später heilig gesprochen worden sei, weil er gegenüber den Menschen so barmherzig gewesen sei.

Wie mag es gekommen sein, dass dieser örtliche Heilige aus dem westlichen Belgien, der nie eine besondere Bedeutung für die gesamte katholische Kirche erlangt hat, als Kirchenpatron für einige offenbar sehr früh gegründete christlichen Kirchen in Nordwestdeutschland gewählt wurde, das sogenannte Patrozinium ? In Brauweiler bei Köln und in Lüdenscheid in Westfalen und wohl noch in einigen kleinen Orten im südlichen Westfalen ist das bezeugt.

Wenn man die äußeren Umstände, nämlich das „Erlöschen“ der Sonne, und die dadurch ausgelöste geistige Verzweiflung der Menschen in Mitteleuropa vor ziemlich genau anderthalb Jahrtausenden in Betracht zieht, hat der in der vorstehenden Episode geschilderte frühe „Kreuzzug“ ein hohes Maß an Wahrscheinlichkeit für sich.

Die Namen der beiden Anführer sind erfunden, nicht aber der Weg, den das kleine Heer östlich von Köln wohl benutzt hat, auch nicht die Beschreibung des Ortes Susat zur damaligen Zeit. Dieser Ort wird zwar vielfach in der hier schon oft als Quelle benutzten Thidrekssaga erwähnt, doch sind deren Hinweise allzu sehr mit hochmittelalterlichen Zufügungen zu den ursprünglichen Heldengedichten überfrachtet, als dass man sie für bare Münze nehmen dürfte., Der Name Atto des damaligen „Königs des Hunenlandes“ ist urkundlich belegt. Er findet sich in germanischen Runen eingeritzt auf der Rückseite einer Schmuckbrosche, die man in einem „Fürstengrab“ in Soest aus jener Zeit gefunden hat.

Die archäologische Forschung hat inzwischen zahlreiche Pferdegräber sarmatischer Art aus dem 5. und 6. Jahrhundert zu Tage gefördert, u. a. in Soest selbst, in Bremen-Ense b. Soest, Wünnenberg- Fürstenberg, Daseburg, Ossendorf, Paderborn, Hamm, Beckum. Überall in der Nähe der Oberläufe der Flüsse Ems und Lippe sowie der Ruhr, sobald sie aus den Bergen rund um ihre Quelle in die Ebene getreten ist, haben sich offenbar sarmatische Reiterhirten mit ihren Rinderherden Weideland gesucht und sich in der Nähe Häuser gebaut. Nur hat bisher die Fachwissenschaft noch nicht die Erkenntnis gewonnen, dass es sich dabei nicht um Germanen, sondern um Sarmaten gehandelt hat.

Der Erfolg des ersten „Kreuzzuges“ ins Heidenland wird für die katholische Kirche nicht überwältigend groß gewesen sein. Die Bischöfe im Frankenreich zeigten zu dieser Zeit noch keinen sonderlichen Missionseifer, der begann erst richtig etwa hundert Jahre später mit den Wandermönchen aus dem früh bekehrten Irland, die zum Zweck der Bekehrung von Heiden gerne ins Frankenreich und vor allem seine östlichen Teile kamen. (siehe Kapitel 33). Im 6. Jahrhundert bestand einfach noch keine Möglichkeit, bei den neu getauften Heiden eine feste Gemeindestruktur mit Priestern und Bischöfen aufzubauen. Daher werden die Kenntnisse der neuen Christen von ihrer neuen Religion mehr als minimal gewesen sein.

Und schließlich werden sich diese sehr bald mit Empörung gegen den neuen Gott gewandt haben. Denn der hatte ihnen ja entgegen den Versprechungen des Priesters auch nicht die „Verhüllung der Sonne" wegnehmen können. Hier in Mitteleuropa blieb die Staubschicht in der Stratosphäre wohl noch zwei bis drei Jahre erhalten.

Ein wenig stärker scheint der Einfluss des Franken k ö n i g s in Westfalen gewirkt zu haben, der ja listigerweise zugleich mit dem Gott der Christen ins Hunenland gebracht wurde. Doch auch der bestand ja eigentlich nur in einem Schwur der Treue und Gefolgschaft, den einige Adlige gegenüber dem fremden Auftraggeber des „Missionszuges" freiwillig geleistet hatten. In der Praxis scheint diese Unterstellung nur darin bestanden zu haben, dass die westfälischen Adligen einige Krieger entsenden mussten, wenn der Frankenkönig nach ihnen rief. Aber das kam nur alle paar Jahrzehnte einmal vor.

Die Ausdehnung des Frankenreiches im südlichen Deutschland

Das Jahr 536 hatte auch in anderen Regionen Mitteleuropas erhebliche Veränderungen zur Folge, nicht nur für die Bauern, deren Ernten in den nächsten Jahren nur noch zum Hungern reichten. Auch den wenigen Adligen der Alemannen und der Bajuwaren im südlichen Teil Deutschlands brachte diese dramatische Epoche neue Oberherren. Wenn man die Klimakatastrophe mit berücksichtigt, von der man ja in der Geschichtswissenschaft erst seit Kurzem etwas wissen kann, werden diese Veränderungen auf einmal verständlicher.

Die spärlichen Schriftquellen wollen etwas von einem „Aufstand" der Alemannen in diesem Jahr gegen die Franken wissen. Vermutlich handelte es sich um nichts anderes als die Überzeugung der Alemannen, ihre dem König Theuderich geleisteten Treueide seien erloschen, denn im Jahr 534 war dieser ja gestorben. Wie im Kapitel 14 beschrieben, hatten knapp 30 Jahre zuvor die Anführer der Alemannen beiderseits des Oberrheins sich nach einem blutigen Feldzug dem Frankenkönig Chlodwig ergeben und ihm einen Treueid schwören müssen. Nach dessen Tod hatte dieser Eid erneuert werden müssen und nun dem Sohn Theuderich gegolten.

Nur einigen wenigen besonders reichen und einflussreichen alemannischen Fürstenfamilien war die rechtzeitige Flucht über den Lech ins Römerreich gelungen, Denn die Provinz Rätien (Ost-Schweiz und Bayern südlich der Donau; der Fluss Lech war die westliche Grenze) galt formell noch als Bestandteil des römischen Kaiserreichs, dessen westlichen Teil, vorwiegend Italien, der Ostgotenkönig Theoderich von Ravenna aus für den Kaiser in Konstantinopel verwaltete.

Doch die Herrschaft der Ostgoten in Italien und den dazu gehörigen einstigen römischen Provinzen war inzwischen ins Wanken geraten. Im Jahr 526 war der große König Theoderich in Ravenna gestorben, und seine Erben kämpften mit Intrigen und Waffen um den Thron. Theoderich hinterließ keinen Sohn, der nach altem Brauch hätte König werden können.

Die winzige Schicht germanischer Ostgoten, die sich vor gut 40 Jahren zu Herren der Römer in Italien gemacht hatten, war nicht etwa auf dem Weg, mit ihren Untertanen zu e i n e m Volk zusammen zu wachsen. Sowohl in der Religion – die Ostgoten blieben Arianer und daher nach Ansicht der katholischen Kirche Ketzer – wie auch biologisch hielten sie sich von ihren Untertanen fern. Ehen mit Römern, auch aus der Oberschicht, waren verboten. In Konstantinopel rüstete der neue starke oströmische Kaiser Justinian zum Krieg gegen die Goten, um das einstige Zentrum des Weltreiches wieder für die „Zivilisation" zu erobern. Im Jahr 535, noch vor dem Vulkanausbruch in Indonesien, waren byzantinische Truppen in Italien einmarschiert und kämpften gegen die gotischen Krieger.

Es war verständlich, dass der damalige König der Ostgoten, Witigis, in dieser Situation die Provinzen nördlich der Alpen gerne aufgab und in einem Vertrag im Jahr 536 Rätien und Noricum an das Königreich der Franken abtrat. Die Alemannen, soweit sie über den Grenzfluss Lech dorthin geflüchtet waren, sowie das „neue" germanische Volk der Bajuwaren mussten sich nun mit einem neuen „Oberherrn" arrangieren.

Auch die „Provincia"(Provence), die Südküste Galliens geriet bei dieser Gelegenheit in die Hand der Frankenkönige. Diesen reichen und strategisch wie ökonomisch sehr wichtigen Landstrich hatte sich im Jahr 507 der Ostgotenkönig Theoderich in einem Handstreich gesichert, als der Frankenkönig Chlodwig in seinem „Blitzfeldzug" die westgotischen Vettern besiegte, die bis dahin den Südwesten des späteren Frankreich beherrscht hatten.

Im Buch „Bevor es Deutschland gab" ist die vermutliche Entstehung des „bayerischen Volkes" ausführlich beschrieben worden. Hier ist das nur in Kurzform möglich. In den Jahrzehnten nach dem Ende des weströmischen Reiches, die zusammenfielen mit einer formellen Herrschaft der Ostgoten über die Provinzen nördlich der Alpen, scheint ein germanischer Anführer bewusst alle „herrenlos" gewordenen Reste germanischer Söldner südlich der Donau unter dem Namen „Baiovarii" gesammelt zu haben. Dieser Mann dürfte Agilolf geheißen haben, denn Agilolfinger nannte sich die Dynastie bayerischer Herzöge, die danach bis in Karls des Großen Zeit in Bayern geherrscht hat. Er stammte vermutlich aus dem böhmischen Becken, das damals noch von einer keltischen Vorbevölkerung und eingewanderten Germanen besiedelt war. Slawen (Böhmen oder Tschechen) gab es damals dort noch nicht.

Dieser Agilolf hatte sich wohl freiwillig der Oberherrschaft des Königs Theoderich des Großen unterstellt gehabt. Mehr als ein paar Dutzend ostgotischer Krieger als sichtbares Zeichen dieser Abhängigkeit und als „Aufsicht" wird es in seinem Land wohl auch nicht gegeben haben.

Einige Indizien weisen darauf hin, dass im Jahr 536, dem ersten Jahr der „großen Sonnenverdunklung", gleichzeitig z w e i kleine Heere von Kriegern im Auftrag des Frankenkönigs Theudebert in die Regionen östlich des Rheins unterwegs waren, nicht nur das eine nach Westfalen. Ihre Motivation und ihr heimlicher Auftrag dürften nahezu identisch gewesen sein.

Im Süden waren zunächst die adligen Anführer der Alemannen-Stämme, die im Oberrheintal zwischen Vogesen und Schwarzwald lebten (im Elsass und im heutigen Südbaden sowie beiderseits des Hochrheins) mit etwas Nachdruck davon zu überzeugen, dass sie auch dem neuen König Theudebert einen Vasalleneid zu leisten hätten. Angesichts der seelischen Verfassung der Menschen gerade zu dieser Zeit wird das diesem kleinen Frankenheer nicht schwer gefallen sein.

Danach dürften die fränkischen Krieger weiter nach Osten gezogen sein, um „die Sonne zu suchen", aber natürlich auch, um die nunmehr offiziell zum Königreich der Franken gehörende Region zwischen Donau und Alpen in Besitz zu nehmen. Bis wohin sie reichte, wird wohl weder dem König Theudebert noch dem Anführer des Heeres ganz klar gewesen sein. Jedenfalls meinte man wohl, dass alles Land nördlich der Alpen dazu gehörte, also das gesamte heutige Österreich, ja vielleicht auch ein Teil Ungarns.

Die historischen Umstände deuten darauf hin, dass der bayerische Anführer – auf Lateinisch nannte er sich wohl „Dux", auf Germanisch „Harizogo – Herzog" – Agilolf sich sofort und ohne Versuch der Gegenwehr dem fränkischen König als Untertan verpflichtet hat. Er residierte in dem alten römischen Kastell Ratisbona (Regensburg), in dem es auch noch einige christliche „Römer" gab. Ähnlich dürften auch in der alten römischen Stadt Augusta (Augsburg) etliche „Römer", die zugleich Christen waren, noch Jahrhunderte lang unbehelligt gelebt haben. Die Taufe der bisher heidnischen Bayern wird man sich wohl so ähnlich vorstellen können, wie oben für die Westfalen beschrieben.

Man darf annehmen, dass dieser Herzog Agilolf bereit war, seinen jungen Sohn Garibald dem fränkischen Heer anzuvertrauen, als es nach erledigter Aufgabe wieder in das heimische Frankenreich westlich des Rheins zurück ritt. Er sollte dort am Hof des Frankenkönigs als Christ und Edelmann erzogen werden und dann seinem Vater Agilolf in der Herrschaft folgen. Natürlich war das nur eine höfliche Umschreibung der Tatsache, dass dieser Sohn als Geisel für das Verhalten seines Vaters zu dienen hatte, damit dieser sich stets dem Frankenkönig gegenüber gehorsam verhielt. Garibald ist der erste dokumentarisch festgehaltene Name aus der Agilolfinger-Dynastie.

Über den fränkischen König Theudebert – er regierte vom Jahr 534 bis 547 – ist der Nachwelt praktisch kaum etwas bekannt, denn der Frankenhistoriker Gregor von Tours überging ihn fast völlig in seinen „Zehn Büchern Geschichte". Dabei muss er nach

Chlodwig der erfolgreichste der frühen Frankenkönige gewesen sein. Er hat jedenfalls seinem Reich mehr Land hinzu gewonnen als alle seine Nachfolger aus der Merowinger-Familie zusammen.

Ein wenig Großsprecherei war sicher auch dabei, als dieser König Theudebert in einem Brief an den oströmischen Kaiser Justinian, geschrieben wohl um 545, von sich behauptete, *„von den Sachsen und Euten* (Jüten ?) *über die Donau und die Grenzen Pannoniens bis zu den Küsten des Ozeans* (Mittelmeer) *zu herrschen"*. Doch wenn man „Herrschaft" nicht im modernen Sinn versteht, mit einer bürokratischen Verwaltung bis in die letzte Kleinigkeit, und auch nicht im alten, auf Gewalt und Ausbeutung aufgebauten Sinn des Römischen Kaiserreichs, dann konnte sich Theudebert tatsächlich als Herr eines neuen „Großreiches" empfinden.

Ganz kurz zuvor, 532/34, hatten die Frankenkönige und Brüder Chlothar und Childebert das bis dahin unabhängige Königreich Burgund in Südostfrankreich erobert; Neffe Theudebert war daran nicht beteiligt. Etwa zur gleichen Zeit wurden die Westgoten auch aus dem Zipfel Frankreichs herausgedrängt, den sie bis dahin noch in ihrer Macht hatten, sie verlagerten ihr Reich nunmehr ganz nach Spanien.

Seit dem Jahr 536 unterstand jedenfalls das ganze Gebiet des heutigen Frankreich - und ein großer Teil des heutigen D e u t s c h l a n d ! – der Herrschaft der Frankenkönige. Dieses Reich hatte etwa 400 Jahre Bestand, im Gegensatz zu den in der Völkerwanderungszeit entstandenen germanischen Königreichen in Südeuropa. Die Klimakatastrophe der Jahre 535 und folgende bot ihm die Chance, sich auf relativ friedlichem Wege auszudehnen, wie in diesem Kapitel dargestellt.

Vielleicht war das völlig andere Herrschaftskonzept, das die Merowinger durch ihre sarmatische Abstammung im Blut hatten, der Grund für diese Langlebigkeit. Sie brachten mit die Bereitschaft zur sozialen Verantwortung statt brutaler Ausbeutung der Unterschichten durch die Reichen wie bei den Römern, und andererseits die Bereitschaft zur sprachlichen und kulturellen Anpassung, allerdings n i c h t zur biologischen Vermischung ihrer Adelsfamilien, mit den beherrschten Völkern, anders als bei den Germanen.

Es täte der modernen historischen Wissenschaft sicher gut, wenn sie die Geschichte des Frühmittelalters in Europa einmal gründlich unter diesen Gesichtspunkten betrachten würde.

21

Ein Volk auf Wanderschaft

Neuer Aufbruch für die Langobarden

Spätsommer 548 in Mähren (Tschechien)

Schon im Frühjahr hatten Boten des Königs allen Gastalden *(etwa Grafen)* und Sculdahis *(Schultheißen, etwa Bürgermeister)* des Volkes der Langobarden zwischen Donau und March den Befehl überbracht, nach der Ernte in diesem Jahr marschfertig zum Treck in neues Siedelland zu sein. König Audoin hatte nach reiflicher Erwägung befunden, dass es wieder einmal an der Zeit war, die alten Wohnstätten aufzugeben und sich anderswo anzusiedeln.

Im Volk der Langobarden war das schon seit undenklichen Zeiten der Brauch. Etwa nach zwei oder drei Dutzend Wintern musste ein neuer Zug aller Menschen des Volkes unternommen werden. Die letzte Wanderung aus dem Rugiland *(Niederösterreich nördlich der Donau)* nach Mähren lag nun sogar schon etwas mehr als drei Dutzend Winter zurück.

Zwar hatten Freya, Thor und Wodan, die Götter der Langobarden, in den letzten Jahren wieder die Sonne scheinen lassen, nachdem damals so lange das segenspendende Gestirn von graugelbem Nebel verhüllt gewesen war. Die einstigen Zeiten des Hungers waren allen Erwachsenen noch gut im Gedächtnis. Aber nun kehrte der Hunger zurück, denn Äcker und Weiden waren erschöpft, wie man aus Erfahrung wusste. Das Volk musste wieder einmal fortziehen.

Auch wenn der letzte große Wanderzug schon so lange zurück lag, wussten die Bauern und die Adligen der Langobarden recht gut, was ihre jeweilige Aufgabe zur Vorbereitung des großen Unternehmens war. Die Ochsenwagen zum Transport der Fahrhabe *(transportable Haushalts- und Ackergeräte)* mussten instandgesetzt oder neu gezimmert werden, möglichst viel Saatgut war in Körben und Säcken zu sammeln, und die Pferde, Rinder, Schafe und Schweine waren zu prüfen, welche von ihnen einen langen Marsch aushalten würden und welche als Fleischvorrat zu schlachten und haltbar zu machen waren.

König Audoin hatte inzwischen durch ausgesandte Späher festgestellt, wohin der Zug diesmal führen sollte. Im Westen der Donau *(in der ungarischen Tiefebene, etwa südlich und westlich von Budapest)* war durch den Wegzug von Sarmaten, die früher dort ihre Herden hatten weiden lassen, Platz geworden. Einen Mond lang würde die Wanderung wohl dauern. Außerdem waren die Langobarden hier dem verhassten Volk der Gepiden näher, mit denen schon Audoins Vorvorgänger Wacho einst verbissene Kämpfe ausgetragen hatte. Die Gastalden des Königs freuten sich schon darauf, demnächst mit diesen Erbfeinden aus größerer Nähe die Schwerter kreuzen zu können.

Das Volk der Langobarden hatte in seiner langen Geschichte einen beträchtlichen Ruhm unter den Völkern zwischen den nördlichen Meeren *(Ostsee und Nordsee)* und dem Römerreich erworben. Sein Oberhaupt galt etwas unter den Königen im weiten Umkreis. Allerdings hatten die Langobarden noch nie gegen die Römer gekämpft, dazu wohnten sie zu weit weg von deren Reich.

König Audoin war dem vor drei Jahren noch minderjährig verstorbenen König Walthari gefolgt. Dessen junge Schwester Walderada war bereits dem mächtigen König der Franken in Gallien als künftige Gemahlin versprochen. Im nächsten oder übernächsten Jahr, wenn das junge Mädchen mit 15 Wintern heiratsfähig war, würde es mit einem gut bewaffneten Ehrengeleit nach Mettis *(Metz)* seinem Gatten König Theudebald zugeführt werden.

Jetzt im Spätsommer waren überall im Langobardenland Männer und Frauen eifrig dabei, die Ochsenwagen für den Wanderzug zu beladen und alles zu verpacken, was man mitnehmen wollte. Davon waren auch der König und seine Familie nicht ausgenommen. Die 13-jährige Prinzessin Walderada bat ihre drei Jahre jüngere Spielgefährtin und „Hofdame“ Baldegunde, ihr beim Einpacken eines Korbes mit Kleidungsstücken zu helfen. Das junge Mädchen war die Tochter eines langobardischen Gastalden und Vertrauten des Königs und hatte seit früher Jugend am Königshof gelebt.

Als die Kleider und einige Holzpuppen als Spielsachen in dem Korb verstaut waren und sie diesen gut verschnürt hatten, saßen die beiden jungen Mädchen, Freundinnen seit frühester Jugend, still nebeneinander. Sie hatten sich die Hände gereicht. „Jetzt ziehen wir noch zusammen fort, Baldegunde,“ sagte die junge Prinzessin schließlich. „Aber in einem Jahr müssen wir uns trennen. Dann werde ich meine

Eltern und dich nie wieder sehen. Wer weiß, wohin auch dich das Schicksal einer Adelstochter verschlagen wird. Versprich mir, Baldegunde, dass du dann oft an mich denken wirst und mir gute Wünsche schickst, gleich wo wir beide dann sein werden. Ich werde sie brauchen können."

Die zehnjährige Baldegunde war tief bewegt. Sprechen konnte sie jetzt nicht. Aber sie drückte ihrer Freundin fest die Hand. Denn auch sie wusste, so jung sie jetzt noch war, dass es auch ihr Schicksal sein würde, einst einem Gatten Kinder zu schenken und möglicherweise mit ihm in ein fremdes Land ziehen zu müssen, fort von Verwandten und Jugendgefährten.

Die Nachzügler der Völkerwanderung

Es wäre ein schwerer Mangel dieses Buches, wenn in ihm die Langobarden nicht vorkämen, obwohl sie eigentlich nur kurze Zeit in dem Gebiet lebten, das hier behandelt wird. Mit ihrer Abwanderung aus Mähren, die in der vorstehenden Episode dem Leser etwas näher gebracht werden soll, verließen sie schon Mitteleuropa. Doch ihre späteren Schicksale und Wanderungen hatten so großen Einfluss auf die Geschichte auch der Region, in der später Deutschland entstand, dass der Leser wenigstens mit etwas Grundwissen über dieses Volk ausgestattet werden sollte.

Der weite Wanderweg dieses germanischen Volkes lässt sich zurück verfolgen bis hin zur unteren Elbe südlich und östlich von Hamburg, wo die Vorfahren etwa um Christi Geburt ansässig gewesen sein sollen. Es gehörte damit wohl sprachlich und kulturell zur großen Gruppe der „Elb-Germanen", wie die Archäologen diese „Kultur" benannt haben. Später scheint das Volk immer wieder weiter nach Osten und Süden gewandert zu sein, in

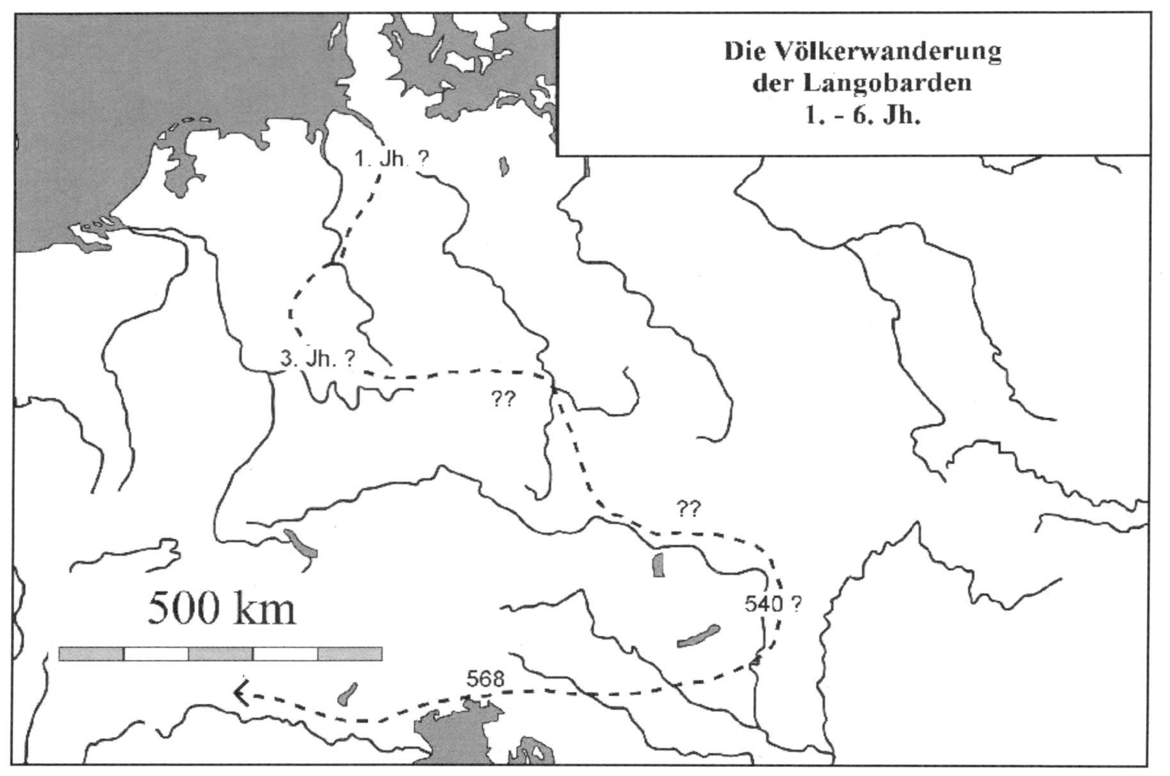
Die Völkerwanderung
der Langobarden
1. - 6. Jh.
1. Jh. ?
3. Jh. ?
??
??
540 ?
568
500 km

größeren Abständen zwischen den einzelnen Zügen und nie sehr weit. In Westfalen, dem mittleren Main-Gebiet und Böhmen dürfte es jeweils für einige Jahrzehnte oder länger ansässig gewesen, dann aber wieder weiter gezogen sein.

Der merkwürdige Name „Langobarden“ (= „Langbärte“ ?) wird von einer Legende so erklärt, einst hätten sich die Frauen dieses Volkes ihre Haare so vor dem Gesicht zusammen geflochten, dass sie von ferne wie Bärte wirkten und das gegnerische Heer dadurch über die Zahl der Krieger getäuscht worden sei. So hätten – dank Wodans Hilfe ! – die „Langobarden“ gesiegt. Abweichend von der Haartracht anderer Germanen hatten die Männer der Langobarden ihre Nacken und Hinterköpfe kahl rasiert, während ihre langen Haare vom Vorderkopf über die Wangen bis zum Mund herab hingen. So wurden sie jedenfalls von ihrem Geschichtsschreiber Paulus Diaconus im 8. Jahrhundert beschrieben.

Im 5. Jahrhundert n. Chr. hatte dieses wanderlustige Volk, wohl vom böhmischen Becken her kommend, „Rugiland“ besetzt, wo vorher der germanische Stamm der Rugier ansässig gewesen war, nämlich nördlich der Donau im heutigen Österreich. Von dort war es dann knapp 40 Jahre später nach Mähren übergesiedelt, und nun, im Jahr 548, machte es sich daran – wie in der Episode beschrieben – erneut zu wandern, diesmal nach Ungarn.

Die Langobarden waren zu dieser Zeit offenbar noch ziemlich wenig von römischer Kultur „beleckt“, im Gegensatz zu den germanischen Völkern, die schon seit langer Zeit im heutigen Ungarn, Rumänien und sonstwo auf der Balkanhalbinsel siedelten. Auch darf man annehmen, dass sie vor ihrem Umzug nach Ungarn noch nicht viel vom Christentum gehört hatten. Die christliche Konfession der Arianer, die bei Goten, Vandalen und anderen „Südost-Germanen“ längst maßgeblich war. hat die kleine Adelsschicht der Langobarden möglicherweise erst während ihres kurzen Aufenthalts in Pannonien kennen gelernt.

Der nächste Auszug der Langobarden im Jahr 568 nach Italien stand schon voll im Lichte der Geschichte, das heißt, zahlreiche historische Quellen berichten unabhängig voneinander davon. Mit dieser Wanderung lässt die Geschichtswissenschaft im allgemeinen die Periode der (germanischen) Völkerwanderung zu Ende gehen, und manche Historiker behaupten daher, die Langobarden seien in dieser Zeit der Bewegung die Langsamsten gewesen. Dass dies nicht stimmen kann, ja dass die Langobarden im Grunde seit Jahrhunderten immer wieder gewandert waren, wurde oben erklärt.

Im Teil IV dieses Buches wird von der Einwanderung dieses Volkes nach Italien im Jahr 568 noch mehrfach die Rede sein. Dort ließ es sich im Norden der Halbinsel nieder und begründete für fast zwei Jahrhunderte ein mächtiges Königreich. Das Volk soll nach Schätzungen moderner Historiker zu dieser Zeit zwischen 70 000 und 140 000 Menschen gezählt haben. Der Name der Landschaft Lombardei ist von seinem Namen abgeleitet.

Die Erwähnung der beiden jungen Mädchen Walderada und Baldegunde am Schluss der vorstehenden Episode ist nicht nur ein phantasievoller Einfall des Autors, sondern bringt bewusst Menschen aus Fleisch und Blut vor die Augen des Lesers. Denn beide waren historische Persönlichkeiten, die sich höchstwahrscheinlich – wie beschrieben – auch persönlich gut gekannt haben. Und diese beiden Frauen hatten, anders als die Langobarden im Übrigen, viel mit dem Gebiet des späteren Deutschland zu tun, dessen frühmittelalterliche Geschichte in diesem Buch dargestellt werden soll.

Die eine – Walderada – kennt die Geschichtswissenschaft allerdings nur aus der Erwähnung in frühmittelalterlichen Geschichtsquellen. Sie wurde Gattin des Frankenkönigs Theudebald und nach dessen Tod des Bayernherzogs Garibald. Die andere – hier Baldegunde genannt – fanden Archäologen als Tote in einem

Adelsgrab bei Dortmund in Westfalen. Ihr abenteuerliches Schicksal ließ sich durch moderne Untersuchungsmethoden relativ gut entschlüsseln. Davon wird im Kapitel 25 dieses Buches erzählt werden.

Teil IV

Mitteleuropa im Kräftefeld zweier Mächte

562 – 640 n. Chr.

In Osteuropa tauchte ein neues Reiterkriegervolk aus Innerasien auf, die Awaren, Es versetzte die dort lebenden Germanen und Slawen in Unruhe und trieb sie zu neuen Wanderungen. Von Westen her dehnte immer mehr das Frankenreich seine Macht auch jenseits des Rheins aus.

22

Abwehr an der Elbe

Ein denkwürdiger Sieg

Sommer 562, an der Elbe bei Dessau

Als endlich die Sonne unterging, flammten die ersten Lagerfeuer auf. Erleichtert konnten die fränkischen Krieger ihre Waffen beiseite legen und sich entspannen. Viele Tote und Verwundete hatte die Schlacht gekostet, die fast den ganzen Tag gedauert hatte. Doch nun war der Feind geschlagen und hatte sich fluchtartig über die Furten der hier in mehrere Arme zerteilten Elbe nach Sonnenaufgang zurückgezogen.

Aufatmend ließ sich der Frankenkönig Sigibert an einem der Feuer nieder und legte mit Hilfe seines Ersten Leibwächters seine schwere Eisenrüstung und seinen Helm ab und ließ sich den blauen Wollmantel der Adligen gegen die Abendkühle umlegen. Seine langen blonden Locken ringelten sich beiderseits seines noch jugendlichen Gesichts. Er war mit seinen 26 Jahren gerade im besten Mannesalter, und in der Schlacht dieses Tages hatte er als tüchtiger Stratege und Anführer seiner Truppen gezeigt, dass das legendäre Königsheil der Merowingersippe auch in ihm wirksam war.

Erst wenige Monate war es her, seit er durch den Tod seines Vaters, des Frankenkönigs Chlothar *(gestorben im Dezember 561)* zu einem der Frankenkönige geworden war. Denn nach inzwischen schon fast zur Regel gewordenem Brauch musste das Reich zwischen den drei Brüdern Charibert,

Gunthram und Sigibert geteilt werden. Dem jüngsten, Sigibert, war dabei der kleinste Teil des alten Frankenreiches zugefallen, das mit den Hauptstädten Reims und Metz. Allerdings gehörte dazu auch der Anspruch, über alle die wilden Völker jenseits des Rheins zu herrschen, soweit deren Anführer dem Frankenkönig Treueide geleistet hatten. Und das waren inzwischen viele geworden.

Ganz früh im neuen Jahr hatte Sigibert in seinem kleinen Reich rund um Reims den üblichen Umritt – oder vielmehr die Umfahrt mit einem von Ochsen gezogenen Wagen – gehalten, mit dem ein König aus der Merowingerfamilie nach alter Tradition sein Heil auf alle seine neuen Untertanen verteilte. Unmittelbar danach war er mit einem ausreichend großen Heer nach Thüringen aufgebrochen, um auch dort mit einigem militärischem Nachdruck die stets zum Aufstand geneigten Adligen zur Erneuerung ihrer Treueide zu veranlassen.

Im Frühsommer hatten ihn dort Gerüchte erreicht, ein großes Heer wilder Reiter aus dem Land, wo die Sonne aufgeht, sei auf dem Marsch nach Westen. Wo sie hinkämen, säumten geplünderte und verbrannte Dörfer ihren Weg; Awaren sollte sich dieses Volk nennen. Diese Nachricht trug dazu bei, das Heer des Königs erheblich zu vergrößern. Denn zahlreiche thüringische Adlige waren nun bereit, ihn mit ihren eigenen Gefolgschaften zu begleiten, denn jetzt galt es ja das eigene Land zu schützen.

Es war ein glücklicher Zufall gewesen, dass das fränkische Heer bereits in Reichweite gewesen war, als Späher meldeten, die Reiter der Awaren seien dabei, die Elbe zu überqueren, an einer Stelle, wo dieser große Fluss in zahlreiche Arme zerteilt war *(möglicherweise östlich von Dessau, der genaue Ort ist nicht bekannt)*. Sigibert konnte nicht wissen, dass die gut tausend Reiter mit Pfeil und Bogen, die da auf sein Heer zukamen, nur ein bescheidener Rest eines einst viel größeren Heeres waren, das vor einem Jahr weit im Südosten zu seinem Eroberungszug aufgebrochen war. Denn überall waren kleinere oder größere Gruppen der Awarenkrieger zur Aufsicht über die unterworfenen Bauern zurückgelassen worden. Außerdem waren ihre Pferde durch den monatelangen, fast ununterbrochenen Marsch ermattet.

Welch ein Segen war es, dass das Heer der Franken noch zu einem großen Teil aus Nachkommen der Krieger bestand, die einst vor zweihundert Jahren aus Sicambria an der Donau zu ihrem Marsch durch den Kontinent aufgebrochen waren. Der geschlossenen Formation der schwer gepanzerten Reiter mit ihren langen Lanzen hatten die Awaren auf ihren leichten Pferden und mit Pfeil und Bogen nicht viel an Gegenwehr entgegen zu setzen. Bald lagen hunderte der awarischen Krieger mit ihren langen Haarzöpfen tot oder schwer verwundet auf dem Schlachtfeld. Der Rest der Feinde musste sich nach einiger Zeit zur Flucht wenden. Nun am Abend befanden sie sich bereits weit jenseits der Elbe auf einem stetigen Rückzug, wie nachgesandte Späher dem König melden konnten.

Informationen über die Awaren

Über diese Schlacht weiß man in Historikerkreisen nicht mehr als die vier Zeilen, die der fromme gallische Bischof Gregor von

Tours in seiner Franken-Geschichte ihr gewidmet hat, ganz nebenbei und erkennbar uninteressiert (und uninformiert) an dem Geschehen 1000 Kilometer weiter östlich: *„Nach dem Tod des Königs Chlothachar brachen aber die Hunnen in Gallien ein, und Sigibert zog mit seinem Heere gegen sie aus, und als es in Thüringen beim Elbe-Fluss zum Kampfe kam, wurden sie besiegt und in die Flucht geschlagen."*

Selbst die Verwechslung des Volks der Awaren mit den unvergessenen Hunnen ist typisch für den Bischof, dem alle die „wilden Völker jenseits des Rheins" unheimlich und im Grunde gleichgültig waren. Sie beteten ja nicht zum christlichen Gott.

In vielen Kapiteln dieses Teils IV werden die Awaren eine ähnliche Rolle spielen wie über ein Jahrhundert zuvor die Hunnen im Teil I. Entweder sie traten selbst als direkt Beteiligte an Kämpfen sogar in Mitteleuropa auf, wie in diesem Kapitel. Oder aber sie drohten im Hintergrund, zwar weitab im Osten Europas, aber sie verursachten dadurch alle möglichen Völkerbewegungen, die auch Auswirkungen auf das Gebiet des späteren Deutschland hatten.

Wer waren diese Awaren ? Trotz zahlreicher Untersuchungen vom Historikern, Archäologen und Ethnologen aus vielen europäischen Ländern in den letzten Jahrzehnten gibt es da keine Klarheit. Es kann sie wohl auch nicht geben, weil dieses „Volk" offenbar aus vielen verschiedenen Menschengruppen bestand, aus solchen, die (Ur-)Mongolisch sprachen oder (Ur-) Türkisch oder auch irgendeine ost-indoeuropäische Mundart, aus Menschen, die „mongolische Schlitzaugen" hatten oder wie jeder normale Europäer heute aussahen.

Die Beschreibung, die antike Schriftsteller von den Awaren lieferten, klingt sehr „mongolisch": die Krieger trugen alle einen langen Haarzopf. Möglicherweise war diese Haartracht das Zeichen für alle Männer ganz verschiedener Herkunft, dass sie sich nun als zum Volk der Awaren zugehörig betrachteten. Genauso hatte mehr als tausend Jahre später eine aus der Mongolei stammende chinesische Kaiserdynastie, die der Mandschu, die Männer aller der vielen Millionen Chinesen gezwungen, ihre Haare in einem möglichst langen Zopf zu tragen – bis ins frühe 20. Jahrhundert hinein.

Fest steht nur, dass Menschen, die Awaren genannt wurden, ab der Mitte des 6. nachchristlichen Jahrhunderts in Innerasien, wohl in West-Turkestan, in Bewegung gerieten und auf ihren schnellen Pferden zu Tausenden nach Westen strömten. Erst beanspruchten ganz frühe türkische Anführer dort die Oberhoheit über diese Awaren, aber davon konnten sie sich sehr schnell befreien und kamen bald in den Steppengebieten nördlich des Schwarzen Meeres an, dort, wo einst Sarmaten und Germanen und später die Hunnen zu Hause gewesen waren.

Die ersten Begegnungen der Awaren mit den o s t römischen Kaisern waren wohl mehr diplomatischer Art; Gesandschaften wurden hin und her geschickt. Die Awaren baten höflich um das Recht, im Gebiet des Kaiserreichs siedeln zu dürfen. Denn die Kaiser in Byzanz (Konstantinopel) hatten ja trotz des Untergangs der Kaiserwürde im w e s t römischen Reich ihre Macht noch in vollem Umfang behalten. Auch die Balkanhalbinsel (das heutige Bulgarien und Griechenland) gehörte zum Machtbereich von Byzanz.

Der Historiker Walter Pohl, der ein umfangreiches Buch über die Awaren geschrieben hat, hält es für durchaus wahrscheinlich, dass der erste große Zug der Awaren nach Mitteleuropa – der, der im Jahr 562 mit einer Niederlage gegen das Frankenheer des Königs Sigibert endete – auf die listige Veranlassung des oströmischen Kaiserhofes hin unternommen wurde. Byzanz hatte genügend Grund, das gefährliche Reiternomadenvolk von der unteren

Donau, der Grenze des oströmischen Reiches, fernzuhalten, und andererseits waren die Franken kurz zuvor durch einen Heerzug nach Oberitalien dem oströmischen Anspruch auf dieses Land in die Quere gekommen. Erst wenige Jahre vorher hatten byzantinische Truppen Italien nach einem langen und verlustreichen Krieg von den Ostgoten erobert. Da konnte eine neue Bedrohung für die Franken aus einer ganz anderen Himmelsrichtung, nämlich aus dem weit entfernten Nordosten, aus Thüringen, den Interessen Konstantinopels nur nützlich sein. Die byzantinischen Gesandten werden dem Awaren-Kagan (Befehlshaber) diesen Feldzug sicher mit vielen Argumenten schmackhaft gemacht haben.

Jedenfalls scheint ein großes Heer der Awaren vom Westende des Schwarzen Meeres, nördlich der Donaumündung, immer nach Nordwesten gezogen zu sein, geleitet von der nahezu ununterbrochenen Bergkette der Karpaten, der Beskiden und der Sudeten sowie des Erzgebirges. Wie schon im Kapitel 5 erklärt, war es damals einem großen H e e r praktisch unmöglich, diese Sperrmauer zu überqueren. Doch nördlich davon lag ein mehr als 1500 Kilometer langer natürlicher Einfallsweg nach Mitteleuropa für ein Reiterheer, größtenteils ebenes Land mit nur wenigen Bewohnern.

Im östlichen Teil dieses Gebiets – heute grenzen dort die Ukraine, die Slowakei, Weißrussland und Polen aneinander – lebten damals Menschen, die als die Väter der späteren großen Sprach- und Völkerfamilie der Slawen betrachtet werden. Von ihnen wird bald in den folgenden Kapiteln dieses Buchteils noch die Rede sein. In die Dörfer dieser noch recht primitiven Bauern und Fischer fuhr der Heerzug der Awaren wie eine Lunte in ein Pulverfass.

Denn der Awarenherrscher, der Khagan, hatte wie wohl alle Anführer turk-mongolischer Völker aus Innerasien die unerschütterliche Überzeugung, er müsse mit Hilfe seiner Reiterkrieger Herr über a l l e Völker rund um das seine werden. Das unvermeidliche Plündern und Anbrennen der Dörfer, durch die ein awarischer Heerzug kam, diente nicht nur der notwendigen Versorgung der Krieger und ihrer Pferde, sondern auch der bewussten Erzeugung von Angst und Schrecken, eine „politische“ Methode, die im Allgemeinen auch ihren Zweck erfüllt hat.

Die kleinen slawischen Stämme wurden jedenfalls von diesem ersten awarischen Heer- und Raubzug gründlich aufgestört. Einigen blieb nichts anderes übrig, als sich nach Vernichtung der ersten Dörfer bedingungslos unter die Herrschaft der Awaren zu stellen, ihnen beträchtliche Teile ihrer Ernte und immer wieder Krieger für die späteren awarischen Feldzüge gegen Byzanz zu liefern. Andere flüchteten noch rechtzeitig in alle Himmelsrichtungen. Mit dem ersten Zug der Awaren nach Westen begann die nächste Völkerwanderung, die der Slawen, so wie 200 Jahre zuvor die germanische Völkerwanderung durch den Hunnensturm ausgelöst wurde.

Der awarische Vormarsch entlang der osteuropäischen Gebirgskette nach Nordwesten, der an der Elbe endete, scheint nur ein erstes Vorspiel der Machtprobe gewesen zu sein, die dieses „Volk“ in den nächsten 200 Jahren in Osteuropa lieferte. Walter Pohl sieht den Beginn der awarischen Macht offenbar erst ein paar Jahre später. „Die Awaren 567 – 822 n. Chr.“ hat er sein Buch genannt. Dennoch war die Schlacht, die der Frankenkönig Sigibert gewann, von großer Bedeutung.

Diese Bedeutung wird nicht gemindert durch eine Niederlage, die dem gleichen König fünf Jahre später, 566, offenbar in der gleichen Gegend, durch ein neues Awarenheer zugefügt wurde. Auch hier berichtet Gregor von Tours in äußerster Kürze, die „Hunnen“ hätten durch „allerlei Spukgestalten“ das Frankenheer in die Flucht geschlagen. König Sigibert sei dabei in Gefangenschaft geraten, er habe sich aber durch Geschenke an den Awaren-

Khagan freikaufen können; es sei sogar zu einem dauerhaften Friedensvertrag mit den Feinden gekommen.

Walter Pohl bringt zu diesem merkwürdigen Vorgang eine plausible Erklärung. An sich hätte den Awaren die Eroberung der relativ reichen südlichen Balkanhalbinsel näher gelegen als ein Feldzug weit im Norden, der außer Versorgungsschwierigkeiten nichts einbringen konnte. Aber das Selbstverständnis der Führungsgruppe der Awaren gebot es zwingend, jeden, aber auch jeden Feind besiegt zu haben, notfalls erst im zweiten Anlauf und vielleicht sogar mit einem Friedensvertrag, den man so oder so auslegen konnte. Die „Spukgestalten", die Gregor von Tours erwähnt, könnten übrigens Folgen schamanistischer Praktiken gewesen sein, die die Awaren als Volk aus Innerasien gewiss beherrschten.

Schon ein Jahr nach ihrem Feldzug gegen die Franken – offenbar der letzte nördlich der Bergkette – zogen die Awaren im heutigen Ungarn gegen die germanischen Gepiden zu Felde, verbündet mit deren Erzfeinden, den Langobarden. Die Gepiden wurden besiegt und praktisch vernichtet.

Doch den siegreichen Langobarden wurde unheimlich in der gefährlichen Nachbarschaft. Bereits im folgenden Jahr 568 machten sie sich zu einer neuen Auswanderung auf, um aus der Nähe der Awaren zu kommen. Diese Völkerwanderung, offenbar „mit Mann und Maus", führte um die Ostalpen herum über das heutige Slowenien nach Oberitalien. Die Langobarden wurden dabei verstärkt durch einige Gruppen anderer Germanen aus Mitteleuropa, die sie vorher zu diesem wohl als lukrativ angesehenen Eroberungszug aufgefordert hatten. Überraschende Belege dafür werden im Kapitel 25 vorgestellt.

Die Bürgerkriege der Frankenkönige

Es ist nicht Aufgabe dieses Buches, die frühmittelalterliche Geschichte Frankreichs zu erzählen, jenes Landes also, in dem das Königreich der Franken entstand und fast hundert Jahre nur dort bestand. Aber der Leser muss doch mit einigen wichtigen Entwicklungen dieses Königsreichs ab der Mitte des 6. Jahrhunderts vertraut gemacht werden, um Vorgänge zu verstehen, die sich rechts des Rheines ereigneten.

Nach dem Tod des Reichsgründers Chlodwigs (I.) im Jahr 511 hatte das Reich geteilt werden müssen, um einen Bürgerkrieg zwischen seinen vier Söhnen zu verhindern. Zum Ausgleich der recht unterschiedlich reichen Landesteile wurde offenbar eine komplizierte Aufteilung der Hoheitsrechte der vier Könige vereinbart. Auch wenn die Residenzen dieser Könige fast alle im Norden Frankreichs lagen, standen den Brüdern auch Regionen zu, die im reicheren Süden lagen, zumindest wirtschaftlich.

Zwei der vier Könige starben kinderlos, ihre Königreiche wurden problemlos mit den übrigen vereinigt. König Theuderich – von ihm war in diesem Buch schon häufiger die Rede, weil er auch für die „Völker jenseits des Rheins" zuständig war – starb zwar schon 533, hinterließ aber einen Sohn Theudebert, der sein Reich beim Tod 547 an seinen eigenen Sohn Theudebald vererben konnte. Doch der starb 555, ohne einen erbberechtigten Sohn zu hinterlassen. Noch einmal konnten so alle „Regna Francorum" unter e i n e r Herrschaft vereinigt werden, unter der des letzten überlebenden Chlodwig-Sohnes Chlothar. Von 555 bis zu seinem Tod 561 gab es nur diesen einen Frankenkönig.

Doch zum Jahr 555 meldet der Frankenhistoriker Gregor von Tours empört, die „Sachsen" hätten sich erhoben „bis hin nach Divitia" (Deutz bei Köln). In einem Feldzug habe der König seine Truppen gegen diese Aufständischen geführt und sie „größtenteils vernichtet" (dies Letztere war wie üblich nur ein Wunschdenken der Generäle und der Chronisten). Es war das übliche Missverständnis zwischen den „Römern" – die Frankenkönige fühlten sich längst als solche –, die die „ewige" Gültigkeit von Treueschwüren für selbstverständlich hielten, und den „Nichtrömern", die sich davon befreit fanden, wenn der Fürst gestorben war, dem man sie zugeschworen hatte.

„Sachsen" waren nach der Ausdrucksweise der schreibkundigen Römer im Frankenreich, also auch des Bischofs Gregor von Tours, alle „wilden Völker jenseits des Rheins", sofern es sich nicht um Alemannen im Südteil dieser großen Region handelte. Man konnte sie schließlich nicht mehr „Franken" nennen, denn das waren ja nun die von Gott gegebenen und längst christlichen Könige.

Nach dem Tod König Chlothars 561 traten, wie schon erwähnt, dessen vier Söhne als von einander unabhängige Könige an. Sigibert war einer dieser Söhne. Hatte es schon eine Generation vorher, bei Chlodwigs Söhnen, gelegentlich Kämpfe auch zwischen den „Reges Francorum" gegeben, so wurde das fast die Regel bei Chlothars Erben. Es ist außerordentlich verwirrend – und für dieses Buch nicht besonders interessant –, was Gregor von Tours über die verschiedenen Feldzüge des einen gegen den anderen Bruder berichtet, häufig zu zweit gegen einen, wobei die Fronten zwischen den Brüdern gar nicht so selten plötzlich wechselten. Einer dieser vielen Bürgerkriege wird im Kapitel 24 dieses Buches noch einmal eine wichtige Rolle spielen.

23

Die Völkerwanderung der Slawen

Die Sorben am Ziel

Sommer 564, beim heutigen Bautzen (Lausitz)

Aufatmend hielt Fürst Baudimir mit einem kleinen Ruck am Zügel sein Pferd an. Hier sollte der lange Wanderzug für seine Leute sein Ende finden. Von der Höhe eines Hügels konnte man die Gegend weithin überblicken. Wälder und offene Flusstäler wechselten sich ab und schienen sowohl den Bauern wie den Fischern und den Hirten in seinem Volk gute Möglichkeiten zu versprechen, sich hier anzusiedeln.

Die berittenen Späher, die der Fürst schon vor einem halben Mond voraus gesandt hatte, waren gestern zurückgekehrt und hatten begeistert von der Landschaft berichtet, die man hier antreffen werde. In den Wäldern war die Ackerkrume leicht mit den hölzernen Pflügen aufzubrechen, wenn man wie üblich kleine Lichtungen abholzte und darin die Hütten der Bauern erbaute sowie rundherum die kleinen Äcker für Getreide und Gemüse einrichtete. Die kleinen Flüsse der Gegend waren fischreich, und die zahlreichen freien Flächen zwischen den Wäldern boten für Rinder, Pferde und Schafe ausreichende Flächen zum Weiden.

An einigen, aber nur ganz wenigen Stellen gab es sogar noch ein paar Bauern aus einem Volk, das früher hier gelebt hatte, inzwischen aber fast vollständig fortgewandert war. .Mit ihnen konnte man sicher gute Tauschgeschäfte machen.

Ihre kleinen Äcker würden die Zuwanderer nicht stören, es gab genug Platz für alle.

Noch ehe Fürst Baudimir vom Pferd abstieg, um die Gegend von hier aus genau zu betrachten, gab er einigen Reitern aus dem Dutzend Kriegern seiner Leibwache Befehle, die sie den Oberhäuptern der sieben Schwurgemeinschaften seines Volkes der Srb *(Sorben)* überbringen sollten. Diese hatten ihren Platz an genau festgelegten Stellen des zwei Tagereisen langen Wanderzuges und mussten von wichtigen Entscheidungen des Fürsten unterrichtet werden.

Es war ein imposanter Zug, der sich da seit zwei Monden durch ein weitgehend leeres Land bewegt hatte. Hinter jeweils einer Gruppe schwer gepanzerter Reiter fuhren Ochsenwagen, umschwärmt von zahlreichen Fußgängern, vor allem Kindern, dann kamen kleine oder größere Herden von Pferden, Rindern und Schafen, bewacht von flinken jugendlichen Reitern. Und dann folgte der Zug der nächsten Schwurgemeinschaft nach alter, dutzendfach erprobter Ordnung.

Hier sei das Ziel der Wanderung erreicht, lautete der Befehl des Fürsten, und die Anführer sollten in alle Himmelsrichtungen je zwei bis drei Tagesreisen ausschwärmen, um geeignete Stellen zur Ansiedlung ihrer Leute ausfindig machen und sofort mit dem Baumfällen beginnen, um rechtzeitig vor dem Winter sowohl Ackerflächen geklärt wie die ersten Häuser gebaut zu bekommen.

Die Schwurhäupter stammten wie Fürst Baudimir selbst aus dem alten Stamm der Roxolanen. Ihre Urgroßväter waren einst mit ihrem Gefolge und ihren Herden auf einem schmalen Passweg *(Duklapass ?)* über den Gebirgskamm *(die Beskiden)* gestiegen, der Pannonien von den Ebenen an der jungen Wisla *(Weichsel)* trennt, und sie waren bald zu Herren der wenigen Bauern und Fischer aus dem Volk der Srb geworden, die dort seit unendlich vielen Generationen lebten.

Schon die Großväter Baudimirs und der anderen adligen Anführer benutzten in der Regel nur noch die slawische Sprache ihrer Untertanen, und die Väter hatten bereits die Sprache ihres eigenen Volkes vergessen, die der berühmten Sarmaten. Aber sie hatten nicht die Verantwortung aufgegeben, die ihnen als Angehörigen der Adelskaste, der Schah, zukam.

Es galt einerseits, das Blut dieser Kaste rein zu halten; Ehen durften nur zwischen Adligen des eigenen oder eines fremden Volkes geschlossen werden, nie mit einem Untertanen aus der unteren Kaste. Doch das Schicksal dieser Untertanen lag den Adligen am Herzen, denn diese hatten bei ihren Göttern ihren adligen Herren für die Dauer ihres Lebens Gehorsam und Treue geschworen, und dieser doppelseitige Schwur erlegte auch den Adligen die Pflicht auf, für ihre Schwurgenossen in allen Nöten und Ängsten zu sorgen.

Fürst Baudimir war klug genug, um zu erkennen, dass die lange zurückliegende Verbindung seiner sarmatischen Vorväter mit den slawischen Bauern beiden Seiten nur genützt hatte. Die Bauern allein wären sicher nicht fähig gewesen, die Auswanderung eines großen Teils der Srb aus dem Land an der jungen Wisla vor zwei Generationen in die Region südlich davon zu organisieren, aus der seine Leute jetzt erneut weiter gewandert waren.

Dieser letzte Wanderzug, der, den Baudimir jetzt durch seine Befehle für beendet erklärt hatte, war allerdings mehr eine Flucht gewesen. Denn dort an der jungen Odra und Morava *(obere Oder und March, im heutigen Landesteil Mähren der Republik Tschechien)* drohte der Einfall eines wilden Reitervolkes, das weit aus der Richtung des Sonnenaufgangs plötzlich plündernd und mordend aufgebrochen war. Es waren die bösen Awaren, deren schrecklicher Ruf ihren Heeren jeweils viele Tagereisen weit als Gerücht voraneilte. Vor ihren meist riesigen Reiterscharen konnte man nur noch rechtzeitig flüchten – oder abwarten und sich demütig unterwerfen und dem Chagan der Awaren ohne Widerrede die Abgaben zahlen, die er fremden Völker aufzuerlegen pflegte.

In Baudimirs Volk, den Srb, hatte es bereits im vorigen Jahr erbitterte Diskussionen unter den adligen Anführern gegeben. Sollte man angesichts der drohenden Gefahr durch die Awaren nach Norden an der Labe *(Elbe)* entlang ausweichen, auf die andere Seite der Gebirgszüge ? Oder sollte man nach Süden ziehen, zu den Langobarden in Pannonien, die ein wehrhaftes Volk waren und mit denen die Srb gute nachbarliche Beziehungen geknüpft hatten ? Das Ende der Diskussionen war, wie schon öfter in der Geschichte des Stammes der sarmatischen Anführer, der Beschluss, das Volk zu teilen und zukünftig getrennte Wege zu ziehen. So war es gekommen, dass Baudimir nur etwa die Hälfte des kräftig gewachsenen Stammes der Srb anführte.

Nach langem Sinnen, das ihn weit in die Vergangenheit seines Volkes zurück geführt hatte, bestieg Fürst Baudimir erneut seinen Hengst und lenkte ihn vorsichtig den Hügel hinunter bis an den kleinen Fluss, der sich vor ihm in der Talaue schlängelte *(die Spree, beim heutigen Bautzen)*. Hier, so hatte er soeben beschlossen, wollte er mit seiner Familie und seiner eigenen Schwurgemeinschaft ein neues Leben beginnen, ein Leben ohne die Bedrohung durch plündernde Reiter aus einem fremden Volk.

Theorien zur Entstehung slawischer und baltischer Völker im Frühmittelalter

In den folgenden Kapiteln dieses Buches werden immer wieder Völker mit slawischer Sprache eine Rolle spielen. Daher ist wenigstens eine kurze Information über diese wichtige Sprachgemeinschaft und ihre biologischen Wurzeln notwendig. Linguisten und Historiker sind sich weitgehend einig, dass die Vorfahren der heute slawisch sprechenden Völker vor etwa 1500 Jahren noch ein weitgehend einheitliches Idiom verwendeten, das unbestreitbar zur großen Familie des indoeuropäischen Sprachen gehörte, und dass diese Vorfahren zwischen 400 und 800 n. Chr. aus einem eng begrenzten Gebiet in alle Himmelsrichtungen ausschwärmten. Das gewaltsame Eindringen der Awaren in die Nähe ihrer Heimat, wie es im vorigen Kapitel und auch in der vorstehenden Episode erklärt wurde, war für diese „Explosion" ein wichtiger Grund, allerdings nicht der einzige.

Das Ursprungsgebiet der Slawen wird – wenn man der Mehrheit der heutigen Vorgeschichtsforscher folgt – grob gesagt von den Nordkarpaten und den Beskiden, dem Pripjetfluß und dem mittleren Dnjepr begrenzt, umfasste also etwa den südlichen Teil des heutigen Weißrusslands, die Westukraine sowie das südliche Polen. Dort gab es riesige Laubmischwälder, viele Flüsse und Sümpfe, eine Umwelt, die den einfachen Bauern und Fischern, die die Slawen in der Frühzeit waren, ausreichenden Lebensunterhalt gewährte. Sie bot gleichzeitig Schutz vor den Angriffen der verschiedenen Reiterkriegervölker, die im Lauf von zwei Jahrtausenden in die Steppengebiete südlich davon eingefallen waren, die Skythen und die Sarmaten, die Hunnen und die Awaren.

Doch schon während der Hunnenzeit, also etwa bis 450 n. Chr., waren einzelne Gruppen dieser „Ur-Slawen" aus ihrer Heimat aufgebrochen, um sich anderswo niederzulassen. Vielleicht gab es bei ihnen einen großen Geburtenüberschuss, so dass der Lebensraum zu knapp wurde, vielleicht herrschte auch zeitweise eine Nässe- und Kälteperiode mit schlechten Ernten. Alles das können Grunde zum Aufbruch gewesen sein.

Größere Gruppen von Slawen müssen schon früh zwischen dem großen Bogen des Karpaten-Gebirges und dem Schwarzen Meer durch Rumänien nach Süden gewandert sein, wo sie dann über die Donau setzten und im heutigen Bulgarien und Griechenland einsickerten. Die dort entstehenden Slawenvölker hatten später nichts mehr mit der Geschichte Mitteleuropas zu tun und müssen daher in diesem Buch auch nicht näher beschrieben werden.

Andere Trupps früher slawischer Auswanderer aus Südpolen erreichten aber wohl noch vor dem Ende des 5. Jahrhunderts über die „Mährische Pforte" bei der heutigen Stadt Ostrava (Ostrau) das böhmisch-mährische Becken (Tschechien). Ein Teil blieb dort, aber manche zogen auch schon früh weiter durch das Gebirgstor, das die Elbe im Elbsandsteingebirge geschaffen hatte, nach Norden, das heißt nach Sachsen und an die mittlere Elbe bis Magdeburg. Einige dieser Slawengruppen dürften bereits unter sarmatischem Oberbefehl gestanden haben (siehe dazu gleich).

Etwas später zogen slawische Auswanderer aus dem Gebiet um die obere Weichsel nach Norden in das heutige mittlere Polen, aber auch nach Niederschlesien, die Lausitz, Brandenburg, Mecklenburg, ja den östlichen Teil Schleswig-Holsteins. Sie wanderten also von Osten her ins spätere Deutschland ein.

Wichtig für das Verstehen der frühen Geschichte der slawischen Völker ist eine noch sehr neue historische Erkenntnis, dass nämlich Adlige aus einem ganz anderen Volk – das der Sarmaten – offenbar gerade in der Anfangszeit lange bei ihnen das Sagen hatten. Später nahmen diese Anführer überall die slawische Sprache ihrer Bauern an und gerieten daher sehr schnell in Vergessenheit.

In das Ursprungsgebiet der Slawen nördlich des Bergzuges der Beskiden und Karpaten müssen bereits früh, in der zweiten Hälfte des 5. Jahrhunderts, sarmatische Gruppen eingewandert sein. Wie im Kapitel 8 bereits angedeutet, dürften Angehörige dieses Volkes schon bald nach dem Zusammenbruch der Hunnenherrschaft nach 455 vom heutigen Ungarn her die Karpaten überquert haben und nach Norden ins Slawenland gezogen sein, um vor den ununterbrochenen Kriegen zwischen den Germanen in ihrer Heimat Ruhe zu haben.

Unter den slawischen Bauern und Fischern stiegen die Adelsfamilien der sarmatischen Viehhirten bald zu Anführern auf, die sich auch als solche in den Notzeiten bewährten, die mit der Ankunft des nächsten Räubervolks aus Innerasien, den Awaren, begannen. Es müssen Sarmaten aus den alten Stämmen der Jazygen und der Roxolanen gewesen sind, die da nach Norden zu den Slawen kamen, dafür spricht das Auftauchen rot-weißer Karos sowie des Blaus der Roxolanen in den späteren Wappen der von dort gekommenen slawischen Völker.

Der Kriegszug der Awaren um das Jahr 562, der im vorigen Kapitel erwähnt wurde, hatte auch tiefgreifende Auswirkungen auf die inzwischen seit einem halben Jahrhundert im heutigen Tschechien und der Slowakei angesiedelten Slawen. Sie waren den germanischen Stämmen gefolgt, die dort einst gelebt hatten, aber inzwischen fast vollzählig abgewandert waren. Alte Legenden erzählen davon, dass sich dortige kleine Slawenstämme geteilt hätten – warum, das blieb unbekannt. Aber an den Namen dieser Stämme kann man das noch erkennen.

Einer davon nannte sich Kroaten (slawisch „Hrvat"). Dieses Wortes soll jedoch aus dem indoarischen Sprachbereich stammen und eigentlich ein Volk bezeichnen, das (ursprünglich einmal) von Frauen regiert wurde. Genau das trifft interessanterweise auf die Sarmaten zu. Adlige aus diesem Volk hatten sich wohl bereits zu Herren eines slawischen Stammes gemacht und gaben ihm seinen Namen, als dieser noch in der Gegend des heutigen Krakau ansässig war.

Vielleicht eine Hälfte dieser geteilten Kroaten, die „Weiß-Kroaten" („westlichen" Kroaten), blieb wohl in Böhmen und Mähren ansässig, ein anderer Teil wanderte, vermutlich zusammen mit den Langobarden im Jahr 568, in Richtung Süden bis an die Flüsse Drau und Save. Rund 50 Jahre später scheint dieser Volksteil dann noch weiter südlich der Save bis an die Adria vorgerückt zu sein, in die „historischen" Wohnsitze der Kroaten. Sie taten das auf Wunsch des oströmischen Kaisers, um dieses Gebiet vor den Plünderungen durch Awaren zu sichern.

Nicht nur der eigentlich sarmatische Volksname der Kroaten deutet auf eine frühe Beherrschung dieses Volks mit slawischer Sprache durch eine kleine Adelsschicht der Sarmaten hin, sondern auch zwei Wappen mit dem „typisch sarmatischen" rot-weißen Schachbrettmuster. Es handelt sich um das Wappen des heute unabhängigen Staates Kroatien sowie um das Wappen von Mähren, dem östlichen Landesteil des heutigen Tschechiens. Im Wappen Mährens ist der (ursprünglich wohl österreichische) Adler mit kleinen rot-weißen Karos belegt. Für den Kundigen zeigt das deutlich eine ursprüngliche Verwandtschaft wenigstens der Herrenschicht. Es waren wohl die „Weiß-Kroaten", die zu dem historischen Volk der Mährer wurde.

Ein anderes slawisches Volk, das sich offenbar ebenfalls in den Wirren der Awarennot in seinem damaligen Wohngebiet Böhmen teilte, dürfte „Srb".geheißen haben. Für deutsche Zungen muss ein Vokal nach dem S eingefügt werden, um das Wort aussprechen zu können. Ist dieser Vokal ein O, dann hieß und heißt das (geteilte) Volk S o r b e n, ist es ein E, dann kennen wir den anderen Teil als S e r b e n. Ein Versuch, die möglichen Gründe für diese Teilung plausibel zu machen, wird in der vorstehenden Episode vorgestellt. Die späteren Serben scheinen zusammen mit den „östlichen" Kroaten die Auswanderung an die mittlere Donau 568 mitgemacht und auch sonst viele spätere Schicksale mit dem Nachbarvolk auf der Balkanhalbinsel geteilt zu haben. Auch sie dürften einst im Frühmittelalter sarmatische Anführer gehabt haben. Doch hier lässt sich das nicht so leicht an Wappenzeichen oder anderen Indizien erkennen.

Andere Gruppen sarmatischer Rinderhirten müssen bereits in der zweiten Hälfte des 5. Jahrhunderts noch weiter nach Norden ausgeschwärmt sein. Eine davon wurde wohl zu Gründervätern des späteren Stammes und Volkes der Polen, etwa in der Gegend zwischen Poznan (Posen) und Warschau. Auch hier waren es offensichtlich Adlige aus dem alten Sarmatenstamm der Jazygen, wie sich an der rot-weißen Farbe des polnischen Wappens und manchen anderen Indizien noch heute erkennen lässt.

Wieder andere Adelsgruppen der Sarmaten scheinen noch weiter nach Nordosten zu den Bauern und Fischern am Südrand der Ostseeküste vorgedrungen zu sein, zu Menschen, die baltische Spra-

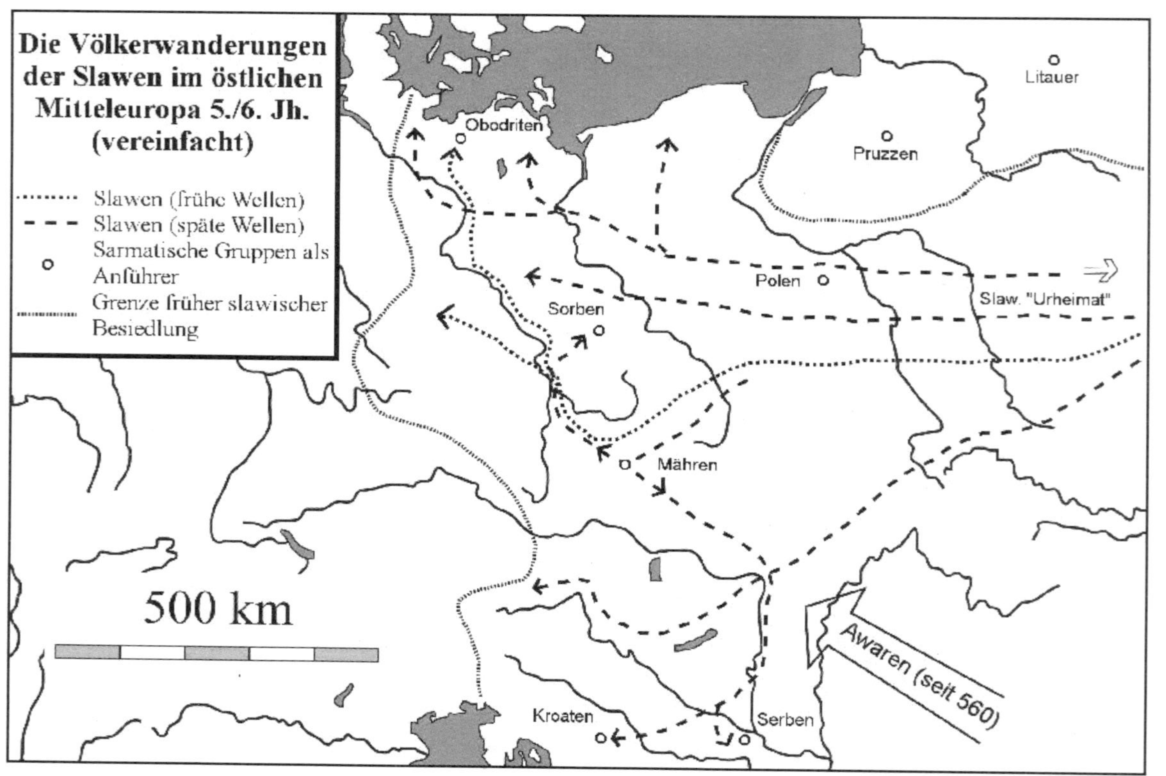
Die Völkerwanderungen der Slawen im östlichen Mitteleuropa 5./6. Jh. (vereinfacht)
Slawen (frühe Wellen)
Slawen (späte Wellen)
Sarmatische Gruppen als Anführer
Grenze früher slawischer Besiedlung
Litauer
Pruzzen
Obodriten
Polen
Slaw. "Urheimat"
Sorben
Mähren
Awaren (seit 560)
Kroaten
Serben
500 km

chen benutzten. Auch die Sprachfamilie der Balten gehört zur großen indoeuropäischen Sprachengruppe. Heute zählen die Litauer und die Letten dazu, einst auch die Pruzzen, die im späteren Ostpreußen lebten.

Es ist hier nicht der Platz, die frühe Geschichte dieser Völker auszubreiten, daher nur der Hinweis, dass sowohl Pruzzen wie Litauer im Hochmittelalter, als sie in Kämpfe mit den christlichen Deutschen verwickelt wurden, sich als ausgesprochen kriegerisch und wehrhaft erwiesen. Bei ihnen spielten berittene Adlige als Anführer zahlreicher kleiner Einzelstämme eine sehr wichtige Rolle. Erstaunlicherweise galt das nicht für die Letten, die denn auch ein anderes historisches Schicksal im Mittelalter hatten als Pruzzen und Litauer.

Das Wappen des heute wieder unabhängigen Staates Litauen zeigt als einziges europäisches Wappen – neben den deutschen Landeswappen von Niedersachsen und Westfalen ! – ein weißes Pferd, hier mit einem Reiter, der ein Schild mit einem „Tamga" führt (die Heraldik nennt es „Lothringer Kreuz": zwei Querbalken über einem senkrechten Balken). Diese „Tamga" sind typische Abzeichen innerasiatischer Reitervölker, entstanden aus den Brenneisen zur Kennzeichnung des Herdenviehs und auch der Pferde. Derartige Zeichen sind heute noch die Wappenfiguren der Familien des polnischen und des litauischen Adels.

Die weiteren Schicksale der Sorben

Natürlich ist es nicht durch Dokumente verbürgt, dass die Sorben in einem einzigen großen Zug ins heutige Gebiet Deutschlands eingewandert sind, wie in der vorstehenden Episode beschrieben, noch dazu geführt von einem Fürsten Baudimir – der ist wirklich nur eine Erfindung des Autors. Vielleicht ging die Einwanderung auch ganz anders vonstatten, in kleinen Gruppen und verteilt über viele Jahre. Doch die Existenz von slawisch sprechenden Sorben im heutigen Deutschland ist nun einmal ein Faktum, das allerdings den meisten Deutschen außerhalb der Region der Lausitz im Osten des heutigen Sachsen und Brandenburg unbekannt sein dürfte.

Diese Sorben sind der letzte Rest von den hunderttausenden Slawen, die einst in den Ostteil Mitteleuropas kamen, jedenfalls der Rest, der selbst nach anderthalb Jahrtausenden noch nicht seine eigene Sprache vergessen hat. Seit der Besiedlung dieser Region unseres Erdteils durch Deutsche im Hochmittelalter wogte ja ein Kampf um die „Eindeutschung" der „heidnischen Fremden"; ein Kampf, bei dem es insbesondere um die Benutzung der Sprache ging.

Bis ins 20. Jahrhundert hinein waren die slawisch sprechenden Bewohner des östlichen Deutschland meist nichts anderes als willkommene Knechte ohne eigene, vor allem kulturelle Rechte. Doch heute genießt die kleine Minderheit der Sorben in der Lausitz im südöstlichen Brandenburg und im östlichen Sachsen von den Landesverfassungen garantierte Rechte, wenigstens kulturell und sprachlich. Je nach Zählung dürften es noch 40 000 – 60 000 Menschen sein, die sich im privaten Umfeld ihrer slawischen Heimatsprache bedienen. In p o l i t i s c h e r Hinsicht fühlen sich diese Sorben heute eindeutig als Deutsche und empfinden kein Bedürfnis, sich einem der Nachbarländer mit slawischen Sprachen, Polen oder Tschechien, anzuschließen.

Da dieses Buch ja nur die Jahrhunderte des Frühmittelalters in Mitteleuropa behandelt, kann auf die spätere Geschichte der damals dorthin eingewanderten Sorben nicht weiter eingegangen werden.

Aber zu belegen ist noch für kritische Leser, wieso in diesem Buch die Annahme vertreten wird, sie seien von sarmatischen

Adligen angeführt worden. Im Gebiet der heutigen Sorben scheint es keine Pferdegräber gegeben zu haben und auch keine Schachbrett-Wappen, sonst ja gute Anzeichen für das Auftreten von Sarmaten im frühen Mittelalter.

Doch die hohe Bedeutung von Pferden bei Festen der Sorben noch im 21. Jahrhundert und die Zähigkeit, mit der dieses Völkchen sich allen Assimilierungsversuchen der Deutschen in den letzten tausend Jahren widersetzt hat, deuten doch auf einen prägenden Einfluss von sarmatischen Herren in der Frühzeit hin. Das blau-gelbe Wappen der Stadt Bautzen (sorbisch Budišin – im Sorbenland sind die Ortsschilder zweisprachig), der wohl ältesten Stadt dort, weckt zumindest den Verdacht, hier könnte eine Adelssippe aus dem alten Sarmatenstamm der Roxolanen Anführer gewesen sein. Denn deren uralte Kennfarben waren vom blauen Mantel der Adligen – eventuell mit goldenen (gelben) Verzierungen darauf – abgeleitet (siehe Kapitel 10).

Andere slawische Einwanderer ins spätere Deutschland

Es wäre eine sehr falsche Schlussfolgerung, wollte man annehmen, a l l e Slawengruppen, die ab dem 5. Jahrhundert n. Chr. aus dem Osten und Südosten ins Gebiet des späteren Deutschland eingewandert sind, seien von Sarmaten angeführt worden. Genauso hat dieses Reitervolk mit ursprünglich indoarischer Sprache ja auch keineswegs a l l e Germanen in Mitteleuropa beeinflusst, wie hoffentlich dem Leser nach der Lektüre der ersten drei Teile dieses Buches klar geworden ist. Ein Ergebnis dieser sehr unterschiedlichen Geschichte sind die wenigstens in den frühen Zeiten noch sehr verschiedenen Prägungen im Volkscharakter der zahlreichen frühmittelalterlichen Stämme, die man damals durchaus noch unterscheiden konnte.

Spätestens ab der Mitte des 7.Jahrhunderts war der ganze Nordosten des heutigen Deutschland von Menschen besiedelt, die slawisch sprachen. Ganz wenige Einsprengsel dort zurückgebliebener Germanen wurden sehr bald kulturell und sprachlich „slawisiert". Von Norden nach Süden seien hier nur die wichtigsten Slawenstämme aufgezählt, die danach noch mehrere hundert Jahre bestanden, ehe sie nun wieder im hohen Mittelalter nach der Eroberung durch deutsche Ritter „germanisiert" wurden. Die Westgrenze der relativ geschlossenen slawischen Besiedlung war eine Linie etwa von Kiel an der Ostsee ziemlich genau nach Süden über die Elbe bis zur Saale (mit einer Ausbuchtung bis ins mittlere Hessen), und dann an dieser entlang weiter bis zum Bayerischen Wald.

An der Ostseeküste lebten – von West nach Ost genannt – die Wagrier (im östlichen Holstein) und Obotriten (diese im westlichen Mecklenburg), weiter die mit ihren Nachbarn schwer verfeindeten Wilzen oder Lutizen, auf der Insel Rügen die Rugier, und östlich davon die Pomoranen. Im heutigen Brandenburg konnte man die Heveller („die von der Havel") und die Stodoranen finden. Südlich davon, in heutigen Thüringen und Sachsen sowie im südöstlichen Brandenburg, lebten die Sorben und Lausitzer.

Alle diese Stämme waren, wie im zweiten Abschnitt dieses Kapitels beschrieben, zu verschiedenen Zeiten und aus verschiedenen Richtungen nach Mitteleuropa eingewandert. Zum Teil hatten sich natürlich die späteren Stämme auch erst nach längerer Ansässigkeit in ihren neuen Wohngebieten und gemeinsamen Erlebnissen geformt.

Darf man nicht gewisse Grundeigentümlichkeiten noch der heutigen Deutschen im Nordosten unseres Landes auf die von ihren slawischen Vorfahren ererbten „völkerpsychologischen" Prägungen zurückführen ? Das kann natürlich nur für die gelten, deren

Familien „seit Urzeiten“ dort ansässig waren, immerhin auch heute noch die große Mehrheit der Einwohner in den Bundesländern, die zeitweise als „DDR“ zwangsweise vom Rest Deutschlands getrennt leben mussten.

Für den, der darauf achtet, zeigen sich deutliche Unterschiede nicht nur in der Sprache, sondern etwa auch im Temperament und in der geistigen, gewerblichen und „politischen“ Regsamkeit zwischen den Deutschen an der Ostseeküste (heute sprechen sie alle „plattdeutsch“), den Menschen im „Mittelstreifen“ zwischen Elbe und Oder (ihr Dialekt ist mehr oder weniger das „Berlinerische“) und den Einwohnern von Sachsen und Thüringen (mit dem „Sächsischen“ als Sprachdialekt). Bis ins 21. Jahrhundert sind diese Differenzen dem Kundigen spürbar.

24

Der Fürst von Beckum

Ein Grab in der Heimat

Spätherbst 575, in Beckum / Westfalen

Müde trotteten die Pferde ihren Weg, nach endlosen Tagen fast gleichmäßigen Marsches. Jeder von den zwei Dutzend Reitern hatte noch zwei Pferde an der Leine, eines zum Tragen der Waffen und des Gepäcks und ein lediges Pferd zum Abwechseln, damit die wertvollen Tiere durch die langen Tagesreisen nicht zu sehr überanstrengt wurden.

Heute Abend würden die Reiter die Heimat erreichen, ihre Häuser in der kleinen Ansiedlung, die die dort seit langem ansässigen Bauern „Bäche-heim“ *(heute Beckum, von Beche, niederdeutsch = Bach, kum = niederdeutsche Abkürzung von -heim)* nannten, am Zusammenfluss einiger kleiner Bäche und damit dem Beginn des Flüsschens Werse. Es schien, als ob die Pferde bereits die Nähe der heimischen Weiden witterten, sie hoben munterer als bisher auf dem langen Marsch ihre Köpfe.

Es waren keine frohen Gefühle, die die Reiter begleiteten. Enttäuschung, Trauer und Ärger, ja Wut hielten sich die Waage. Dabei waren sie alle – damals noch einige Krieger mehr als jetzt – vor gut zwei Jahren erwartungsvoll und kampfesmutig ins Reich der Frankenkönige aufgebrochen, um den Gefolgschaftseid zu erfüllen, den ihr Fürst Arp einst dem König Sigibert geleistet hatte.

Schon drei Generationen der Herren von „Bäche-heim“ hatten den jeweiligen Königen der Franken den Eid der gegenseitigen Treue geschworen, gerne und freiwillig. Denn sie wussten, dass sie, wenn auch sehr weitläufig, mit den Königen aus dem Haus der Merowinger und deren adligen Begleitern verwandt waren; zumindest hatten diese einst zum gleichen Volk der Sarmaten gehört. König Sigibert hatte vor einem Dutzend Jahren bei einem kurzen Besuch auf dem Hof des Fürsten Arp diesem zwei kleine, in einander verkettete goldene Ringe geschenkt und diese am Griff von Arps Schwert befestigen lassen, als Zeichen für die gegenseitige Bindung durch den Gefolgschaftseid.

Vor zwei Jahren hatte König Sigibert alle seine Gefolgsleute aus dem Land jenseits des Rheins aufgeboten, um ihm in den Kämpfen gegen seine beiden Brüder Chilperich und Gunthram zu helfen Diese regierten ebenfalls als Könige Teile des riesigen Frankenreichs in Gallien, neideten ihrem Bruder aber dessen Herrschaft über so viele tapfere Krieger jenseits des Rheins, die sich so gar nicht als Franken fühlten, aber ihre Treueide gegenüber Sigibert nicht brechen wollten.

Zwei Jahre lang waren die Krieger aus Bäche-heim und etliche andere Gefolgschaften adliger Fürsten aus dem Land über dem Rhein als Kern des Heeres des Königs Sigibert im Land herumgezogen, immer auf der Suche nach den Feinden, die sich entweder versteckt hielten oder vorübergehend einen Waffenstillstand mit Sigibert geschlossen hatten. Zum mutigen Kämpfen oder auch zum Plündern feindlicher Dörfer waren die Leute von der Werse und ihre Kameraden praktisch kaum gekommen, dabei waren das doch die Gründe, die wenigstens die einfachen Krieger auf diesem Feldzug antrieben.

Erst ganz zum Schluss dieser vielen Feldzüge war es zu einem entscheidenden Gefecht gekommen. In der Nähe der fränkischen Stadt Paris hatten die Krieger Sigiberts den Sohn des feindlichen Königs Chilperich, den Prinzen Theudebert, gestellt und töten können. Doch bei dem gleichen Gefecht hatte auch der Fürst Arp aus Bäche-heim eine tödliche Wunde erhalten und war zwei Tage später gestorben.

Seitdem führten die Krieger den Leichnam ihres Anführers, in Leinen gewickelt und vorläufig durch Entfernen der Eingeweide vor dem Verfaulen bewahrt, auf einem Pferd geschnürt, mit sich. Denn es war klar, dass der Fürst seine endgültige Grabstätte erst in der Heimat bekommen werde. Anführer der kleinen Schar war nun Arps ältester Sohn Bessis, der den Vater begleitet und als neuer Fürst sofort den Befehl über seine Krieger übernommen hatte.

Befehlsgemäß hatten sich die Krieger aus Bäche-heim nach ihrem Sieg über Theudebert wenige Tage später an einem Haus des Königs Sigibert im Norden des Frankenreichs *(beim heutigen Arras in Nordfrankreich)* gesammelt. Doch dort mussten die Reiter voller Entsetzen mit ansehen, wie dem König vor seinem versammelten Heer von zwei Verrätern ein vergiftetes Messer in den Körper gestoßen wurde. Wenige Stunden später war Sigibert daran gestorben.

Das war der Augenblick, in dem Fürst Bessis und seine Krieger den Eid als erloschen empfanden, den sie dem König Sigibert einst geleistet hatten. Unmittelbar darauf traten sie den Rückweg in die Heimat an, im Gepäck den Leichnam ihres Fürsten Arp. Wenigstens er würde ein ehrenvolles Grab erhalten, mit all seinen Waffen und seinen Pferden und seinem Jagdhund, die ihm auf dem Weg in das Anderland helfen würden, den nötigen Grad der Reinheit zu erlangen, der für einen Fürsten seines Ranges nun einmal angemessen war.

Der „Fürst von Beckum“ war kein Sachse

Für Archäologen und für westfälische Heimathistoriker ist die Stadt Beckum ein Begriff. Denn dort, nicht weit vom heutigen Stadtkern, hatte man schon im Jahr 1860 ein großes Gräberfeld aus dem Frühmittelalter gefunden, mit zahlreichen Pferdegräbern und der letzten Ruhestätte eines Kriegers mit so reichen Beigaben, dass sie sofort den Beinamen „Fürstengrab“ erhielt. Der Tote war flankiert von nicht weniger als zwölf Pferden und einem Hundegrab. Ein zweites, ganz ähnliches Gräberfeld wurde nur 250 Meter vom ersten entfernt im Jahr 1959 ausgegraben. Auch hier war ein „Fürst“ beigesetzt worden, umgeben von mehreren Pferden und einem Hund, daneben zahlreiche weitere Krieger und Pferde.

Diese Friedhöfe erhielten in Fachkreisen die Bezeichnungen „Beckum I“ (1860) und „Beckum II“(1959). Später stellte sich heraus, dass „Beckum II“ eigentlich die ältere und länger benutzte Begräbnisstätte war. Allerdings war der „Fürst“ in „Beckum I“ etwa um das Jahr 570 beigesetzt worden, der in „Beckum II“ etwa um 600; und vieles deutet darauf hin, dass dieser der Sohn oder Enkel des älteren Toten war.

Für Historiker waren fast bis heute die Bewohner Westfalens im frühen Mittelalter natürlich „Sachsen“, denn man wusste es nicht anders, weil schließlich die alten Schriftquellen aus der Römerzeit und der karolingischen Epoche nur von diesem Volk berichteten. Also waren die so Aufsehen erregenden Pferdegräber auch eine „sächsische Besonderheit". Die Ähnlichkeit mit dem berühmten Grab des Königs Childerich in Tournai in Belgien fiel natürlich auf, das ja ebenfalls von zahlreichen geopferten Pferden umgeben war. Aber Childerich galt als „Franke", und nähere Gedanken über die Ähnlichkeit der Grabriten hatte sich früher offenbar niemand gemacht.

Doch in jüngster Zeit haben zwei Archäologinnen diese alte Annahme in Zweifel gezogen. Die eine, Vera Brieske, hatte 2004 die Funde aus den beiden Beckumer Fürstengräbern noch einmal mit modernen wissenschaftlichen Methoden untersucht und kam zum Schluss, man könne die Menschen, die im 6. und 7. Jahrhundert an der oberen Lippe lebten, nicht als „Sachsen" bezeichnen. Denn die seien erst viel später in diese Gegend gekommen.

Auch die andere, Kristina Nowak, machte sich in einem Aufsatz „Geschichte wird von den Siegern geschrieben" Gedanken darüber, ob die Menschen, gegen die später Karl der Große in Norddeutschland so lange Krieg führte, wirklich „Sachsen" gewesen waren und ob sie nicht aus Bequemlichkeit von den zeitgenössischen Chronisten nur so genannt worden seien.

Der in diesem Buch schon so oft erwähnte Historiker der Frankenkönige, Gregor von Tours, berichtet von den letzten Lebensjahren des Königs Sigibert, dieser habe in den Bürgerkriegen gegen seine Brüder „die Völker jenseits des Rheins" aufgeboten, die auch längere Zeit für ihn gekämpft hätten. Ob diese nicht, so überlegte Frau Nowak, aus Beckum und Umgebung gekommen seien ? Denn die Ähnlichkeit der Grabriten mit den „Traditionen des fränkischen Reiches" sei doch sehr auffallend. „Hat sich die Elite in Westfalen mit fränkischen Adelsidealen identifiziert ?" fragte Frau Nowak.

Die in diesem Buch bereits in vielen Aspekten näher beschriebene These von der Einwanderung sarmatischer Gruppen unter Anführung von Adligen nach Mitteleuropa – dazu gehörte ja auch die Familie der merowingischen Könige – erklärt die auffälligen Verbindungen zwischen Westfalen und dem Frankenreich im fernen Gallien jedenfalls sehr viel besser als die Annahme einer bloßen „Übernahme von Idealen".

Die Episode zu Beginn dieses Kapitels folgt der Annahme von Frau Nowak und fasst die umständliche und nicht immer sehr klare Erzählung des Bischofs Gregor über die Kriege und das Ende König Sigiberts stark zusammen. Der Tod des Fürsten Arp dort im fernen Frankenreich und die Rückführung seiner Leiche nach Beckum ist allerdings ein Einfall des Autors. Doch passt das Fürstengrab von „Beckum I", das nach Meinung der Archäologen ja um 570 erbaut worden sein soll, gut zu dem Jahr 575, in dem der fränkische König Sigibert im fernen Nordfrankreich sein Ende fand.

Der Name dieses Fürsten, Arp, ist keine bloße Erfindung. Etwa 15 Kilometer von Beckum entfernt finden sich auf einer guten Landkarte zwei winzige Weiler Westarp und Ostarp. Lässt man die Himmelsrichtungen weg, dann bleibt der sicher nicht germanische Name „Arp" übrig, und der erinnert wiederum sehr an den des „Fürsten von Gellep" Arpvar, der im Kapitel 16 bereits beschrieben wurde. Und auch der Weiler Bessis in der Nähe von Beckum scheint nicht von einem germanischen Namensgeber zu stammen.

Bereits in den Kapiteln 8, 13 und 20 ist von der Zuwanderung sarmatischer Reiterhirten nach Westfalen berichtet worden. In zahlreichen Orten zwischen oberer Lippe und oberer Ruhr, also im östlichen Westfalen, hat man ihre typischen Pferdegräber gefunden: Beckum übertrifft diese Grabstätten allerdings im Reichtum der Ausstattung und der Zahl der geopferten Pferde.

Die Vorfahren der „Fürsten von Beckum“, die um das Jahr 455 nach Westfalen eingezogen waren, hatten sich ihre Ansiedlung sehr klug ausgewählt. Sie lag nämlich am Schnittpunkt zweier alter Handelswege. Der eine verband in West-Ost-Richtung die Orte Münster und Paderborn – beide muss es damals schon gegeben haben und beide wurden später unter Karl dem Großen zu Bischofssitzen –, der andere führte von Süden nach Norden zwischen den alten Handelsorten Soest und Warendorf. Hier saßen die Herren von Beckum wie die Spinne im Netz und konnten von durchziehenden Kaufleuten Abgaben kassieren. Es lässt sich gut vorstellen, dass gerade diese Lage den sarmatischen Adligen, die sich dort angesiedelt hatten, einen gewissen Vorrang über ihre Standesgenossen im weiteren Umkreis verschaffte, also den Rang eines „Fürsten“ rechtfertigte.

Viel spricht dafür, dass auch die Herren von Beckum im Jahr 536 im Zuge des Missionierungskreuzzuges „auf der Suche nach der Sonne“ (siehe Kapitel 20) zum ersten Mal dem Frankenkönig einen Treueid schworen und sogar getauft wurden. Allerdings dürfte von diesem christlichen Firnis schon nach wenigen Jahren kaum noch etwas übrig geblieben sein, denn das Frankenreich war damals noch nicht in der Lage, der neuen Religion durch geschulte Priester an Ort und Stelle den nötigen Nachdruck zu verleihen. Beckum liegt von Soest nur 20 Kilometer entfernt.

Eine interessante Besonderheit zeigt das Schwert, das dem Fürsten in „Beckum II“ – also um das Jahr 600 – ins Grab mitgegeben worden war. Es ist ein sogenanntes „Ringknaufschwert“. Bei ihm waren zwei kleine vergoldete Ringe am Griff angeschweißt. Schwerter dieser Art galten als Symbol dafür, dass der Besitzer Gefolgsmann oder Verbündeter des fränkischen Königs war. Wiederum passt das zu den Annahmen, die in erzählender Form in der vorstehenden Episode dargestellt worden sind. Ob auch am Schwert des bereits um 575 beigesetzten Fürsten („Beckum I“)

die bezeichnenden Ringe angebracht waren, scheinen die Fundakten aus dem Jahr 1860 nicht überliefert zu haben.

Das rot-weiße Schachwappen der Grafen von der Mark

Sicherstes Anzeichen für die sarmatische Abstammung der Herren von Beckum ist das Auftauchen des rot-weißen „Schachwappens“ in der Region. Allerdings konnte man es erst 500 Jahre später tatsächlich sehen, weil wohl nicht vor dem 11. Jahrhundert der Brauch der bunt bemalten Ritterschilde als Unterscheidungszeichen der Adelsfamilien in Erscheinung trat.

Sehr wahrscheinlich hatte man dem Fürsten, der um das Jahr 575 seine letzte Ruhe in „Beckum I“ fand, nach altem Brauch seinen rot-weiß karierten Adelsmantel (des uralten Sarmatenstammes der Jazygen) ins Grab mitgegeben. Doch waren wohl alle Spuren davon völlig vergangen, oder, was noch wahrscheinlicher ist, die frühen Archäologen des Jahres 1860 waren noch nicht in der Lage, solche Spuren zu erkennen.

Die Spurensuche muss daher in der Zeit beginnen, da das rot-weiße Schachwappen der Grafschaft Mark zum ersten Mal offiziell dokumentiert wurde, nämlich um das Jahr 1180, und von da aus rückwärts nach Verbindungen suchen.

Die mittelalterliche Dynastenfamilie der Grafen von der Mark war eigentlich eine Seitenlinie der viel älteren Grafen von Berg. Dieses Haus hatte seine Besitzungen wohl schon im Frühmittelalter von Ursprungssitzen östlich des Rheins bei Köln (Altenberg am Fluss Dhünn, siehe dazu Kapitel 18) allmählich nach Norden und Osten in das Gebiet des späteren Westfalen ausgedehnt. Dazu gehörte auch die Gegend um die heutige Stadt Altena.

Dort hatte im frühen 12. Jahrhundert ein Graf von Arnsberg, dem die Region bis dahin gehörte, eine Burg (Burg Altena) errichtet. Offenbar im Jahr 1152 ging diese Burg und einige dazu gehörende Ländereien in den Besitz des Grafen Adolf IV. von Berg über (durch Kauf ?). Adolfs Sohn Eberhard nannte sich nach dieser Burg Graf von Altena und nahm – wohl ab 1161 – dort seinen Wohnsitz. Er gründete damit eine Nebenlinie des bergischen Grafenhauses. Dieses Haus selbst bestand weiter, starb aber 1225 im Mannesstamm aus; durch die Heirat der Erbtochter kamen deren Besitzungen nunmehr an die Grafen von Limburg.

Das Haus Berg-Altena teilte sich im Jahr 1180 in die Linien Altena-Isenburg und Altena-Mark. Aus der Linie Altena-Mark erwuchs das Haus der Grafen von der Mark. 1391 wurde ein Graf von der Mark durch Erbschaft auch Herzog von Kleve, 1609 wanderte die durch weitere Erbschaften vergrößerte Ländermasse der Herzöge von Jülich, Kleve, Mark und Ravensberg an das Kurfürstentum Brandenburg und damit später an Preußen, wiederum durch Erbschaft.

Die Teilung der Linien Altena in z w e i gräfliche Häuser im Jahr 1180 hatte wahrscheinlich einen bedeutsamen Machtkampf als politischen Hintergrund. Kaiser Friedrich I. Barbarossa aus dem Haus der Staufer trug ihn aus mit seinem Lehnsmann und mächtigsten Widersacher, dem Herzog Heinrich dem Löwen aus dem Haus der Welfen.

Im Januar 1180 fand ein vom Kaiser einberufener Reichstag in Würzburg statt, der den mächtigen Herzog wegen Treubruch absetzte – der „Löwe“ selbst war damals nach England geflüchtet – und seine über große Teile Deutschlands verstreuten Besitzungen an andere Fürsten verteilte. In Westfalen wurde aus den Territorien Heinrichs das „Herzogtum Westfalen“, das dem mächtigen Parteigänger des Kaisers, dem Kölner Erzbischof Philipp von Heinsberg, zugesprochen wurde. Im Zuge dieser territorialen

Neuordnung wurde wohl bei gleicher Gelegenheit die Gründung einer eigenen Grafschaft Altena-Mark vom Kaiser genehmigt, vermutlich, weil der erste Inhaber dieser Grafschaft, Friedrich I. von der Mark, ebenfalls ein wichtiger Anhänger des Kaisers war.

Die neue Grafschaft – zu unterscheiden von der Grafschaft Altena – benötigte natürlich nach dem Brauch der Zeit ein eigenes Wappen. In dieser Zeit muss wohl zum ersten Mal der rot-weiße Schachbalken im Wappen der Grafen von der Mark aufgetreten sein. Die A l t e n a e r Grafen benutzten den traditionellen roten Löwen der bergischen Grafen. Den „Schachbalken" der M ä r k e r trug die gezielte Heiratspolitik dieser Familie im Hoch- und Spätmittelalter in zahlreiche andere Adelshäuser Europas, so dass bei der historischen Ausdeutung des U r s p r u n g s dieses Wappen sehr sorgfältig recherchiert werden muss. Woher aber stammte es in seiner frühesten Phase ?

Offenbar hing es zusammen mit dem „Oberhof Mark" in unmittelbarer Nachbarschaft der späteren Stadt Hamm (diese wurde erst im Jahr 1226 gegründet). Dieses Gut dicht südlich der Lippe war um 1170 von dem Edelherrn von Rüdenberg, Rabodo von der Mark, an den Kölner Erzbischof Philipp von Heinsberg veräußert und an Rabodo zurückbelehnt worden. Diese Methode war zu der Zeit ein beliebtes Mittel, an Geldmittel zu kommen, ohne die eigene Herrschaft tatsächlich zu verlieren. Danach war das Gut entweder im Wege des Verkaufs von Rabodos Lehnsrecht oder durch Neubelehnung nach Rabodos Tod an den Grafen Eberhard von Altena oder dessen Sohn Friedrich I. von der Mark in den Besitz der Altenaer Grafenfamilie gefallen.

Auf dem Gelände dieses „Oberhofs Mark" wurde um 1198 eine Burg dicht südlich der Ahse, eines kleinen Nebenflusses der Lippe, errichtet. Nach archäologischen Forschungen auf dem Burggelände in den Jahren 1973 und 1975 hatte man dort eine sogenannte „Motte" (frühe mittelalterliche Burg auf einem künstlichen

Hügel) gebaut, und zwar von Anfang an in Stein und in einer beachtlichen Größe. Das Wappen der neuen Grafschaft Mark dürfte aber bereits v o r diesem Bau benutzt worden sein.

Rabodo von Rüdenberg muss bald nach 1170 gestorben sein. Mit seinem Tod erlosch das Geschlecht der Edelherrn dieses Namens, die offenbar beiderseits der Lippe begütert gewesen waren, und zwar in der Nähe eines wichtigen Flussübergangs zwischen den späteren Herrschaftsgebieten der Bischöfe von Münster (nördlich der Lippe) und der Grafen von der Mark (südlich des Flusses). Man weiß über diese Adelsfamilie leider kaum etwas. Ein Dorf mit diesem Namen existiert auch nicht, doch kann eine längst untergegangene „Wüstung" diesen Namen getragen haben.

Die historischen Umstände machen es höchst wahrscheinlich, dass das Adelszeichen oder Wappen des rot-weißen „Schachbalkens" an dem „Oberhof Mark", also dem Vorgänger der Burg, haftete. Das lenkt die Aufmerksamkeit auf eine kurze Geschichte in den „deutschen Heldensagen", der sogenannten „Thidrekssaga" (siehe dazu Kap. 8). Deren nieder d e u t s c h e Schriftfassung (das einzig erhaltene Manuskript in nordischer Sprache ist ja nur eine Übersetzung aus dem späten 13. Jahrhundert) muss ziemlich genau in der Zeit der Entstehung der Grafschaft Mark auf ein Pergament gebracht worden sein, also um 1180. Leider ist diese Fassung ja verloren.

In dieser „deutschen Heldensage" ist die Rede von einem „Kampf um ein Kastell an der Lippe" zwischen „Hunen" und „Schachmännern". Die literaturhistorischen und sprachgeschichtlichen Erklärungen hierzu sind an anderer Stelle nachzulesen (siehe Kapitel 13). Wenn ein realer historischer Kern in dieser Geschichte zu finden ist, dann betraf er eine Zeit um das Jahr 500 n. Chr., also fast 700 Jahre zuvor. Doch der Begriff „Schachmänner", bzw. das deutsche Wort „Schächer" sind offenbar so alt.

Kurz zusammengefasst besagt dieser historische Kern, dass damals ein Volk der „Schachmänner" in das Land an der Lippe eingedrungen war, gegen das sich die einheimischen Germanen („Hunen") wehrten. Doch die „Schachmänner" hatten ein primitives „Kastell" am südlichen Lippeufer erbaut, von dem aus der Flussübergang kontrolliert werden konnte. - - war es vielleicht genau die gleiche Stelle, wo 700 Jahre später die mittelalterliche Burg Mark errichtet wurde ? Hiermit wäre wohl tatsächlich eine schriftliche Quelle gefunden, die die sarmatischen Adligen (Schah) und ihre auffallend gefärbten Mäntel aus dem frühesten Mittelalter mit dem Land an der oberen Lippe in Verbindung brachte.

Die „sagenhafte Verfremdung", die in der tatsächlich in der „Thidrekssaga" erzählten Geschichte steckt, lässt sich leicht durch die vielen Jahrhunderte ausschließlich mündlicher Weitergabe erklären. Aber es ist bemerkenswert, dass offenbar gerade um das Jahr 1180, als die niederdeutsche Fassung erstmals niedergeschrieben wurde – übrigens möglicherweise ganz in der Nähe, nämlich im Kloster Scheda in Wickede an der Ruhr – , die Erinnerung an die „Schachmänner" und ihr Abzeichen, den rot-weiß „geschachten" Balken, noch lebendig waren.

Für den Verdacht einer historischen Verbindung zu sarmatischen Einwanderern vor 700 Jahren sprechen einige interessante Indizien. Zuerst der Name der neuen Grafschaft und der darin errichteten neuen Burg. Das Wort „Mark" hat in der deutschen Sprache so viele ganz verschiedene Bedeutungen, dass zu vermuten ist, sie seien nicht alle von e i n e m Ursprungswort abzuleiten. Sowohl das Innere von Knochen wie eine frühe mittelalterliche Gewichtseinheit für Edelmetalle heißen „Mark" (davon geerbt die Währungseinheit „Deutsche Mark").

Eine ganz andere Anwendung des Wortes „Mark" spielte spätestens seit Karl dem Großen in der Organisation des fränkischen

Großreichs eine Rolle: Markgrafen waren vom König ernannte Fürsten, die an den Außengrenzen besonders gefährdete Gebiete mit außerordentlichen Befugnissen verwalteten. So entstand gerade im späten 12. Jahrhundert im Osten des Reiches die „Mark Brandenburg" mit eigenen Markgrafen. Doch die Grafschaft „von der Mark" an der Lippe im Westfalen gehörte gewiss nicht zu solchen Außengebieten, und ihr Dynast erwarb nie den Titel „Markgraf".

Als geographische Bezeichnung dürfte sich das Wort „Mark" von einem indoeuropäischen Grundwort *„mereg"* (Grenze, Grenzgebiet) ableiten. Im Persischen, das der sarmatischen Sprache ziemlich eng verwandt gewesen sein muss, lautet das Wort heute noch *„marz"* (Landstrich, Grenzgebiet). Hatten einst sarmatische Adlige das von ihnen beanspruchte „Grenz"-Gebiet an der Lippe „Mark" genannt ?

Ein anderes Indiz ist der letzte Vor-Eigentümer der Region, Rabodo von Rüdenberg. Sein offenbar im Mittelalter einzigartiger Name dürfte sich kaum aus der germanischen oder damals niederdeutschen Sprache ableiten lassen. Waren die Rüdenberger vielleicht die letzten Nachkommen der „Fürsten von Beckum" ? Die Fundstellen „Beckum I" und „Beckum II" liegen nicht weiter als 15 Kilometer von der späteren Burg Mark entfernt!

In den 700 Jahren danach dürfte sich die Familie zu angesehenen Gutsbesitzern und Landadligen an der oberen Lippe entwickelt haben, den Edelherren von Rüdenberg. Wahrscheinlich hatte diese Familie auch zeitweise das Amt der „Burggrafen von Stromberg" inne; dieser Ort, heute ein größeres Dorf, liegt nur 12 Kilometer von Beckum entfernt. Mit Rabodo starb die Familie kurz nach 1170 im Mannesstamm aus. Doch von ihr und dem so lange in Ehren gehaltenen Stammesabzeichen der rot-weißen Karos erbten die Grafen von der Mark ihr Wappen !

25

Der abenteuerliche „Sachsen"-Zug in die Fremde und zurück in die Heimat

Die Erinnerungen der edlen Frau Baldegunde

Winter 590, im heutigen Dortmund –Asseln

Stöhnend vor Schmerzen krampfte die Greisin ihren Unterleib in die Höhe. Alle halbe Stunde kamen die Anfälle, aber nach einer Weile gingen sie auch wieder zurück. Dann konnte sich die edle Frau Baldegunde in ihrem mit Federn junger Gänse gefüllten warmen Bett entspannen, das in der Schlafecke des düsteren Hauses stand und mit einem Vorhang vor den neugierigen Blicken der anderen Hausbewohner geschützt war. Ihre treue Magd Anda brachte ihr dann eine Tasse mit heißem Sud aus Hühnerfleisch.

Doch Baldegunde mochte nichts mehr zu sich nehmen. Sie wusste, dass sie nicht mehr lange zu leben haben würde und sehr bald nach Walhall eingehen würde, denn dort gab es auch einen Saal für die freien Frauen. Die Göttin Freya würde sie, wenn es so weit war, dorthin geleiten. Lieber schickte Baldegunde jetzt, wo das noch ging, ihre Gedanken zurück in ihre Jugend und zu dem, was sie in ihrem langen Leben erlebt hatte.

Gut vierzig Winter mochte es her sein, als ihr Volk der Langobarden wieder einmal umziehen musste. Baldegunde erinnerte sich daran, wie sie sich damals mit ihrer etwas älteren Freundin Walderada, der Prinzessin aus dem Königshaus, geschworen hatte, aneinander zu denken, wenn ihr Schicksal als Frauen aus Adelsfamilien sie auseinander reißen würde.

Walderada war dann auch bald mit einem kleinen Ehrengeleit in ferne Frankenreich gebracht worden, um den dortigen König Theudebald zu heiraten. Doch dieser König starb schon kurz danach, und die junge Langobardin wurde gewissermaßen wie ein geerbtes Schmuckstück an dessen Onkel König Chlothar weitergegeben. Doch da dieser alte Mann bereits sechs Frauen vor ihr gehabt hatte und Walderada schließlich die Gemahlin seines Neffen gewesen war, waren die katholischen Bischöfe gegen diese Ehe. Man schob Walderada daher als Gattin zum bayerischen Herzog Garibald ab, der als Gefolgsmann der fränkischen Könige fast alles Land nördlich der Alpen beherrschte. Diesem Fürsten schenkte Walderada einen Thronerben und schien mit ihm glücklich gewesen zu sein, nach dem, was die Gerüchte wissen wollten, die aus dem Bayernland zu den benachbarten Langobarden in Pannonien gedrungen waren.

Im fremden Land, in Pannonien, hatte Baldegunde selbst den langobardischen Gastalden *(etwa Graf)* Luithari geheiratet, wie es der Brauch war. Von den zwei Kindern, die die junge Baldegunde in dieser Ehe gebar, starb eines bereits im Alter von wenigen Jahren, wie so viele andere.

Dann kam die Zeit, da ihr Volk sich auf den Zug nach Italien vorbereitete, den König Alboin befohlen hatte. Diesem Zug vieler tausender Langobarden und zahlreicher Familien aus anderen Völkern hatten sich damals auch viele Gefolgschaften angeschlossen, die aus den Ländern zwischen der Albis *(Elbe)* und der Amisia *(Ems)* hoch im Norden gekommen waren. Es waren Menschen, die sich noch erinnerten, dass einst die Vorfahren der Langobarden ebenfalls dort gelebt hatten und die noch ihren Glauben und ihre Sprache mit den Langobarden teilten. Und ihre Anführer und die Krieger hatten geglaubt, bei dieser geplanten Wanderung in das Reich der Römer genug Ruhm und Reichtum erwerben zu können. Doch ganz anders war es dann gekommen.

Der Zug nach Italien war damals ohne Zwischenfälle und Kämpfe verlaufen, aber in der neuen Heimat südlich der Alpen starb der Gastalde Luithari bald darauf an einem Fieber. Baldegunde blieb mit einem unmündigen Sohn zurück. Doch glücklicherweise gab es unter den Anführern der Gefolgschaften aus den nördlichen Ländern einen gut aussehenden Adligen namens Cobbo, der bereit war, die junge Witwe mit ihrem Kind zu heiraten und damit zu versorgen.

Doch dann kam, vielleicht nur einen Winter später, die Zeit, da sich die Anführer der Gefolgschaften aus dem Norden mit den Fürsten der Langobarden immer häufiger stritten. Baldegunde hatte die Gründe dafür nie verstanden, aber sie gingen sie als Frau ja auch nichts an. Jedenfalls trennten sich die Gefolgschaften aus dem Norden von den Langobarden und traten den langen Weg in die Heimat zurück an. Auch der edle Cobbo und seine neue Ehefrau Baldegunde mit nunmehr zwei Kindern schlossen sich diesem Zug an. Die fünfzehn Krieger mit ihren Familien, die Cobbo einst begleitet hatten, waren natürlich wieder dabei. Cobbo hatte seiner jungen Frau vorgeschwärmt, wie schön es in seiner

Heimat am Hellweg sei. Wenn sein alter Vater gestorben sei, werde er, Cobbo, dann Herr auf einem großen und reichen Landgut sein, und Baldegunde die Herrin.

Nun lebte Baldegunde schon fast zwanzig Winter hier oben im Norden in der Heimat ihres zweiten Mannes. Zwei Kinder hatte sie ihrem Mann noch hier geboren. Doch auch sie waren früh gestorben und hatten ihre würdigen kleinen Gräber auf dem Friedhof in der Nähe ihres Gutshauses gefunden, genau wie ihr Sohn aus erster Ehe, der mit nur zwölf Wintern verstorben war, von Mutter und Stiefvater ehrlich betrauert.

Vor wenigen Jahren hatte auch ihr Mann Cobbo als alter Mann friedlich die Augen geschlossen. Doch hatte sein Leibwächter nicht versäumt, ihm noch rechtzeitig den Ritz in den Unterarm mit einem Dolch zuzufügen, damit die Walküren glaubten, er sei im Kampf gefallen und ihn daher als ruhmreichen Krieger nach Walhalla geleiteten. Nur eine Tochter hatte die Eltern überlebt. Sie war nun schon erwachsen und würde bald die Herrin des Gutes am Hellweg sein, dem berühmten Handelsweg, der den kleinen, aber auskömmlichen Besitz des Cobbo mit der großen weiten Welt verband.

Bald, so dachte die Witwe Baldegunde in ihr Schicksal ergeben, würde auch sie in ihr würdiges Grab gebettet werden, gegenüber dem ihres Gatten, und die Gräber ihrer kleinen Kinder zwischen sich, damit die Eltern auch im Tod sie noch schützen konnten.

Ein archäologischer Beleg für die Erzählung Gregors von Tours

Der Bischof Gregor von Tours, unsere unverzichtbare einzige Schriftquelle für das Frühmittelalter in Germanien, berichtet von einem merkwürdigen Zug von „Sachsen", die die Langobarden bei ihrem Einfall nach Italien begleitet hätten, dann aber bald wieder in die Heimat zurückgekehrt seien. Im Einzelnen wird im nächsten Abschnitt dieses Kapitels dazu etwas zu berichten sein.

Bis vor wenigen Jahren stand diese Erzählung für sich, ohne irgendeinen anderen Beleg für die Richtigkeit. Doch in den Jahren 2004/5 wurden in einem Vorort der westfälischen Großstadt Dortmund, in Asseln, von Archäologen die unberaubten Gräber zahlreicher Menschen ausgegraben, die ab dem Ende des 6. Jahrhunderts dort beigesetzt worden waren. Sie belegen die prinzipielle Richtigkeit der Erzählung des gallischen Bischofs.

In der vorstehenden Episode ist außer den Namen und der Krankheit der alten Frau nichts erfunden. Ihren geradezu abenteuerlichen Lebenslauf konnten die Ausgräber mit Hilfe modernster naturwissenschaftlicher Untersuchungen, archäologischen Vergleichen und anderen Indizien recht gut entschlüsseln, einschließlich des vermutlichen Alters der vor ihr verstorbenen Kinder und der Familienverhältnisse. So verrät zum Beispiel der Zahnschmelz von Toten etwas über die Gegend, in der ein Mensch seine Jugend verbracht hat, als die Zähne wuchsen. Dort sammeln sich nämlich Ablagerungen von Granit und Gneis aus der Region, in der der Betreffende lebte.

Die „Herrin von Asseln" wurde danach vermutlich in Mähren geboren, machte mit ihrem Volk der Langobarden den Zug nach Pannonien und dann nach Italien mit, hatte bereits einen Sohn aus erster Ehe, heiratete dann in Italien einen germanischen Adligen aus Westfalen und kehrte mit diesem auf sein angestammtes

Landgut in Westfalen zurück, wo das Paar noch weitere Kinder hatte, die aber meist vor den Eltern starben. Hier in Dortmund-Asseln fand das Gutsherren-Paar dann seine würdigen Gräber, der Mann mit seinen Waffen und die Frau mit den Hausgeräten, die sie im Leben als Zeichen ihrer Herrschaft im Haus gehandhabt hatte.

Außer den spannenden historischen Schlussfolgerungen im Zusammenhang mit der Erzählung Gregors von Tours, zu denen im dritten Abschnitt dieses Kapitels noch Einiges gesagt werden muss, drängt dieser Fund in Westfalen einige wichtige allgemeine Erkenntnisse auf. Wichtige Neuigkeiten, wie der geplante Zug der Langobarden nach Italien, konnten sich sehr schnell bei allen daran eventuell Interessierten herumsprechen, auch bei ganz anderen Völkern, tausende von Kilometern entfernt.

Die Bereitschaft zur Mobilität war bei den Menschen des Frühmittelalters offenbar recht groß. Nicht immer sind ganze große „Völker" gewandert, wie man sich das heutzutage vorzustellen pflegt, sondern – und wahrscheinlich viel häufiger – auch kleinere Gefolgschaften unter Führung eines Adligen, und zwar möglicherweise kreuz und quer durch Mitteleuropa und darüber hinaus, und vermutlich aus den verschiedensten Gründen. Andererseits muss man davon ausgehen, dass Teile der einstigen Bevölkerung stets auch an Ort und Stelle geblieben sind.

Am Beispiel des von Gregor erwähnten „Sachsen"-Zuges erfahren wir ganz zufällig von einer der vielen kleineren Wanderbewegungen im Frühmittelalter. Aber wie viele sind eben nicht historisch dokumentiert, das heißt von einem Schriftsteller der damaligen Zeit aufgegriffen und erwähnt worden ! Die vielen Merkwürdigkeiten bei archäologischen Funden in Mitteleuropa, die von den Fachleuten in den letzten Jahrzehnten registriert, aber nicht erklärt werden konnten, dürften in solchen kleineren „Umzügen" ihre Ursache haben.

In Dortmund-Asseln wurden ganz in der Nähe des Gutsherren-Ehepaares auch ein Pferd und ein Hund begraben. War der „Herr von Asseln" ein Sarmate ? Denn bisher ist in diesem Buch dieser Brauch als sarmatisch beschrieben worden. Doch vermutlich dürfte dieser Adlige ein einheimischer Germane gewesen sein, wahrscheinlich aus dem Volk der Hunen, das ja nach neueren Forschungen zwischen oberer Lippe und oberer Ruhr ansässig gewesen war (siehe Kapitel 9 und 13). Aber nach anderthalb Jahrhunderten der engen Nachbarschaft mit eingewanderten Sarmatengruppen (siehe etwa auch Kapitel 24), die sicher auch in Kreisen der Adligen Verschwägerungen hinüber und herüber zur Folge hatten, haben sich wohl sarmatische Bestattungsbräuche auch auf ursprünglich germanische Adelsfamilien ausgedehnt.

Ein Drama an der Bode

Die Ereignisse, um die es in diesem Abschnitt geht, spielten sich vermutlich in den Jahren 572/73 ab, kurz vor dem Tod des fränkischen Königs Sigibert (siehe Kapitel 24, Einführungs-Episode). Doch die alte „Frau von Asseln" sollte als archäologischer Beweis für die historische Quelle in diesem Kapitel vorher dargestellt werden. Der Leser muss also noch einmal knapp 20 Jahre „zurückschalten".

Gregor von Tours berichtet in seinem Geschichtswerk eigentlich nur nebenbei, die Langobarden seien mit ihrem ganzen Volk nach Italien gezogen. Diesem Zug hätte sich eine große Gruppe von „Sachsen" angeschlossen, die dann in Italien auf eigene Faust Eroberungen machten, sich aber mit den Langobarden überworfen hätten und danach ins Frankenreich geflüchtet seien. Hier hätten sie im Süden zunächst Dörfer geplündert, später aber mit dem Frankenkönig Sigibert Frieden geschlossen und diesen gebeten, wieder in ihr Heimatgebiet zurückwandern zu dürfen.

Dieser Bitte wurde stattgegeben. Doch hätten inzwischen „Schwaben“ (im lateinischen Originaltext „Suebi“) und andere Völker auf Weisung des Königs Sigibert die ursprünglichen Wohngebiete der „Sachsen“ eingenommen. Trotz großzügiger Angebote der neuen Einwohner hätten die „Sachsen“ darauf bestanden, diese Wohngebiete in vollem Umfang wieder zu übernehmen. In zwei blutigen Schlachten seien sie jedoch von den „Schwaben“ völlig besiegt worden und hätten dabei 20 000 von etwa 26 000 Mann verloren.

Bis auf die Zahlen am Ende der Erzählung erscheint der Bericht des gallischen Bischofs durchaus glaubwürdig. Grundsätzlich sollte man Zahlen bei antiken Schriftstellern nicht trauen, vor allem nicht über Verluste von Feinden in Schlachten (das letztere gilt bis heute !). Aber wo könnten die von Gregor natürlich nur nach mündlichen Berichten erwähnten Schlachten stattgefunden haben ? Offenbar waren daran auch keineswegs alle „Sachsen“ beteiligt, die einst mit nach Italien gezogen waren, wie der ganz unbehelligt in seine Heimat zurückgekehrte „Cobbo“ belegt.

Im späteren Mittelalter wird nordöstlich des Harzes, um Quedlinburg und Aschersleben, ein „Schwabengau“ erwähnt. Er scheint sich südlich des Flusses Bode erstreckt haben, einem Nebenfluss der Saale aus dem Nordharz. Das könnte die Gegend gewesen sein, wo die „Sueben“ sich angesiedelt hatten. Dort könnten auch die Schlachten ausgetragen worden sein, die die „Sachsen“ verloren, auch wenn sie möglicherweise nicht 20 000, sondern nur 200 Krieger einbüßten. Selbst ein solcher Verlust dürfte für die relativ kleinen Heere der damaligen Zeit ein Drama gewesen sein.

Wenn Gregors Bericht stimmte, dann waren die „Suebi“ auf Wunsch oder Befehl des Frankenkönigs Sigibert an den Nordrand des Harzes umgezogen. Das war nur möglich, wenn sie – richtiger gesagt ihre adligen Anführer – ihm vorher Treue und Gefolgschaft zugeschworen hatten, denn nur dann konnte der König sie dazu zwingen. Suebi oder „Schwaben" lebten bekanntlich damals südlich und nördlich der oberen Donau und in der Ostalb, und sie hatten längst adlige Anführer aus dem sarmatischen Volk der Turkerer (siehe Kapitel 11),.

Sicher waren es nicht a l l e Sueben, die von der Donau und dem Neckar an den Harz und an die Bode umzogen, sondern nur eine größere Gruppe von vielleicht einigen hundert Kriegern mit ihren Familien - was wieder Rückschlüsse auf die Größe der Gruppe der „Sachsen" erlaubt, die dort ihre alten Wohnsitze wiederhaben wollte.

Ein weiteres Indiz dafür, dass tatsächlich Sueben unter Anführung von Adligen aus dem Stamm der Turkerer an den Harz gekommen waren, ist das historische Dynastengeschlecht der Wettiner. Aus der Zeit um 950 nennt eine Urkunde einen Graf Teti (oder Dedi) aus dem Hosgau (dem Schwabengau benachbart, nördlich des Harzes) als den ältesten historisch bekannten Ahnherrn dieser berühmten Familie, von der alle späteren sächsischen Markgrafen, Herzöge und Könige abstammten. Die ursprünglichen heraldischen „Leitfarben" der Wettiner waren Schwarz und Gold (in Streifen), genau wie die Farben der Stauferkaiser aus dem Schwabenland und die „Familienfarben" der Habsburger (siehe Kapitel 33). Der Ahnherr Teti der Wettiner gilt für die historische Forschung als „schwäbischer Abstammung" ! Ein aufmerksamer Leser dieses Buches weiß, welche große Bedeutung diese Unterscheidungsfarben in der historischen Frühzeit hatten und woher sie stammten.

Wer aber waren die „Sachsen", die in diesem Kapitel aus gutem Grund bisher nur in Anführungszeichen erwähnt wurden ? Denn Sachsen, das Volk, das 250 Jahre später so erbittert gegen die Eroberung durch Karl den Großen kämpfte, gab es um das Jahr 600 offenbar noch nicht – oder jedenfalls ist es höchst unwahrscheinlich, dass alle Germanen, die im nördlichen Teil Mitteleuropas lebten, sich selbst so nannten (siehe hierzu Kapitel 24).

Menschen, die sich auch selbst Sachsen nannten, hatten tatsächlich im 5. Jahrhundert an der deutschen Nordseeküste gelebt (siehe Kapitel 4). Doch waren damals viele von ihnen nach Britannien ausgewandert; dorthin hatten sie ihren Volksnamen mitgenommen, der also zu der Zeit sehr wohl bekannt war. Andere Angehörige dieses Germanenstammes waren vor der drohenden Überflutung ihrer Wohnsitze an der Küste weiter ins Inland geflüchtet.

Das heutige Norddeutschland war zu der Zeit nur sehr dünn besiedelt. Riesige Moore und Wälder dehnten sich zwischen Ems und Elbe aus, wo heute fruchtbare Äcker und Viehweiden, Dörfer und Städte liegen. Dennoch gab es dort Menschen, die auf den wenigen Siedlungsinseln Landwirtschaft betrieben, und es waren sicher nach ihrer Sprache und Kultur Germanen.

Die alten Stämme oder Völker, die laut der Beschreibung des Tacitus 400 Jahre früher in der nördlichen „Germania magna" gelebt haben sollen – die Semnonen, die Cherusker, die Angrivarier, die Chauken und einige andere – waren allerdings inzwischen sicher längst zerfallen, wenn es sie je als „politische" Gebilde gegeben haben sollte, das heißt als größere Zusammenschlüsse von Menschen gleicher Sprache und Kultur, die auch von einem einheitlichen Willen geführt wurden. Vermutlich betrachteten die kleinen Sippenverbände ihre Nachbarn – viele Meilen durch unwegsames Moor entfernt – wohl noch als irgendwie verwandt, jedoch nicht unbedingt als eines näheren Umgangs wert.

Auch die „Sachsen" der frühen Karolingerzeit, also mindestens sechs Jahrhunderte nach Tacitus, sind erst aus einzelnen „Heerschaften" zusammengewachsen, zu denen sich die Anführer der einzelnen Siedlungen gebietsweise zu gemeinsamen Beratungen und vielleicht auch zu gemeinsamen Überfällen auf Nachbarn trafen Es waren die „Heerschaften“ der Westfalen, der Engern, der Ostfalen und der „Transalbinigier“ (jenseits der Elbe lebend). Erst langsam scheint sich der gemeinsame Name „Sachsen“ durchgesetzt zu haben, als diese vier „Heerschaften“ bereit waren, ihre Krieger gemeinsam gegen den Feind, den Frankenkönig Karl, kämpfen zu lassen (siehe hierzu Kapitel 39).

Die Überzeugung, dass alle Bewohner des heutigen Norddeutschland seit Jahrhunderten „Sachsen“ waren, gründet sich bei den modernen Historikern nur auf die wenigen Schriftberichte aus dem fränkischen Reich, wo eben immer wieder von „Saxones“ die Rede war. Doch warum hießen wohl bei Gregor von Tours und späteren fränkischen Historikern Menschen „jenseits des Rheins“ ausgerechnet „Sachsen“ ? Man muss sich erinnern, dass Gregor als römisch gebildeter Geistlicher sehr wohl wusste, dass einst die Römer in Gallien alle „wilden Völker“, die über den Rheinstrom ins Reich einfielen und plünderten und mordeten, pauschal „Franken“ genannt hatten.

Doch dann hatte sich König Chlodwig als guter katholischer Christ taufen lassen und ließ sich nun „König der Franken“ nennen, ja ganz Gallien hieß nun „Fränkisches Reich“. Da war dieser Völkername für die Barbaren jenseits des Rheins nicht mehr angebracht. Doch bot sich der Völkername „Saxones“ (Sachsen) als neue Sammelbezeichnung an, den auch die Römer schon kannten. .Irgendeinen historischen oder ethnologischen Hintergrund hatte dieses Wort nicht. Im Grund waren Gregor und den Lesern seiner Schriften diese grässlichen Menschen dort auch völlig gleichgültig.

Vom Gesichtspunkt des Frankenkönig Sigibert aus, der ja für die Menschen jenseits des Rheins „zuständig“ war, gab es vermutlich nur ein Unterscheidungskriterium für sie: entweder sie hatten ihm einen Eid der Treue und der Gefolgschaft geleistet – oder eben nicht. Im ersteren Fall konnte er ihre Krieger zur Hilfe bei seinen eigenen Kriegen gegen seine Brüder aufbieten (siehe Kapitel 24, Episode), und sie leisteten diesem Gebot auch Folge.

Im anderen Fall waren die Dorf- oder Sippenhäupter dem Frankenkönig zu nichts verpflichtet, und sie konnten auch aus dem Land fortziehen, ohne den König um Erlaubnis zu fragen, wie es die „Sachsen" taten, die zu den Langobarden zogen. Aus dem Beispiel des germanischen Adligen „Cobbo" in der Einleitungsepisode dieses Kapitels lässt sich schließen, dass selbst in der Gegend an der mittleren Ruhr keineswegs alle Sippenhäupter dem Frankenkönig Gefolgschaft geschworen hatten.

Beckum, der Sitz der „Fürsten" (siehe Kapitel 24) liegt nur gut 50 Kilometer von Dortmund entfernt, nordöstlich davon !. Die Herrschaft des Frankenkönigs in Westfalen und überhaupt jenseits des Rheins glich wohl eher einem Flickenteppich. Die einheitliche Einfärbung entsprechender Karten in unseren modernen Geschichtsatlanten als „ um 550 zum Frankenreich gehörig" dürfte auf einer schwerwiegenden Verkennung der wirklichen Herrschaftsverhältnisse vor 1500 Jahren beruhen.

Nach Norden zu bis zur Meeresküste, zwischen Ems und der unteren Elbe, auch nördlich des Harzes, hatte um das Jahr 570 offenbar noch kein einziger Sippenanführer oder Dorfoberhaupt dem Frankenkönig einen Gefolgschaftsschwur geleistet. Jetzt wird auch die Entscheidung König Sigiberts verständlich, einige hundert „Suebi", die ihm ja eidlich verpflichtet waren, in die Gegend zwischen Bode und Harz zu versetzen, in eine Region, die durch den Wegzug von Leuten frei geworden war, die ihm k e i n e n Gefolgschaftseid geleistet hatten ! Hier hatte der Frankenkönig plötzlich Einfluss in einer Gegend gewonnen, wo er vorher nichts zu sagen gehabt hatte.

26

Die Friesen müssen neue Wohnsitze suchen

Flucht vor dem „blanken Hans“

Sommer 480, in Butjadingen, westlich Bremerhaven

Onno, das Sippenoberhaupt, hatte den Befehl gegeben, heute sollten die jüngeren Männer mit zwei der drei Boote an der flachen Küste entlang flussaufwärts fahren und nach Bäumen suchen. Denn ohne kräftige Holzpfosten konnte die kleine Gruppe von Friesen, die an dem sandigen Hügel am Meerufer angekommen war, kein Haus bauen. Hier, wo sich ein ausreichend großer Dünenhügel aus dem flachen Watt erhob, gab es weit und breit keinen Baum.

Aber das kannten die Friesen schon, denn bei ihnen zuhause, viele Tagereisen weiter westlich, war es auch nicht anders. Vor zwei Monden war die Sippe – sechs erwachsene Männer, acht Frauen, fünf halbwüchsige Jungen und Mädchen und noch drei Säuglinge – mit ihren drei Booten von der heimatlichen Wurt aufgebrochen, um einen neuen Platz zur Ansiedlung zu finden. Unterwegs hatten sie mehrmals für einige Tage auf Düneninseln Rast gemacht, um die Eignung als neuer Wohnplatz zu erproben. Sie waren, das mussten sie sich eingestehen, auf der Flucht vor dem „blanken Hans“.

So nannten die Friesen das Meer, wenn es in wilder Sturmflut höher und höher bis an die Tür ihrer Häuser brandete. Und das war in den letzten Jahren immer öfter geschehen. Immer mehr Sippen hatten ihre Häuser auf den Wurten *(künstliche Hügel mit einem Haus darauf)* aufgeben müssen und waren mit ihren Booten nach Osten gefahren. Dort, so hieß es, gebe es noch Landschaften an der Küste, die nicht regelmäßig so hoch von der Flut überspült würden wie in ihrem heimischen Seeland *(das heutige Westfriesland in den Niederlanden)*

Sonst liebten die Friesen jedoch das Meer und konnten sich ein Leben fern von der unendlichen Weite des Wassers überhaupt nicht vorstellen. Sie lebten ja auch davon, denn der Fischfang lieferte ihnen ihren hauptsächlichen Lebensunterhalt, außer den Schafen, die das kärgliche Grün rund um den Wohnhügel abgrasten. Von ihnen stammte die Wolle, die die Friesen so ausgezeichnet zu Stoffen und Mänteln verarbeiten konnten, dass Kaufleute von weither zu ihren Häusern an der Meeresküste kamen, um diese viel begehrten Waren aufzukaufen.

Wenn die jungen Männer der Sippe geeignete Bäume fanden, die sie fällen und in ihre Boote laden konnten, war es der Sippe möglich, schon bald mit dem Hausbau anzufangen, denn zum Beginn des Winters musste eine wenigstens vorläufige Unterkunft stehen. Der Weg für die Boote, unter Umständen mehrere Tagesreisen weit, war nicht schwer zurückzulegen, flussaufwärts mit der Meeresflut, flussabwärts mit der Ebbe.

Hier jedenfalls, auf der Landzunge zwischen den Mündungen der großen Flüsse Wisara *(Weser)* und Jade *(heute Butjadingen genannt, auf dem Westufer der Weser, gegenüber von Bremerhaven)* hatten die Friesen einen geeigneten Wohnplatz gefunden. Ihre Erfahrung sagte ihnen, dass der grasreiche Dünenhügel so hoch auch über der voraussichtlich höchsten Flut liegen würde, dass ein dort errichtetes Haus nicht überspült werden könnte. Es gab sogar Anzeichen, dass vor Generationen hier ein anderes Haus gestanden hatte. Doch Menschen gab es hier nicht, die den Neuankömmlingen die Ansiedlung hätten verwehren können.

Unterdessen waren einige der Frauen auf die See hinausgefahren, die heute nur kleine Wellen zeigte und im warmen Sonnenschein strahlte. Sie legten nach alter Art die Netze aus und sahen zu, was sich in ihnen fangen würde. Der Rest der kleinen Menschengruppe, bis zu den halbwüchsigen Kindern, war damit beschäftigt, die Löcher für die Eckpfosten des künftigen Hauses zu graben, unter Leitung des erfahrenen Sippenältesten Onno, der genau wusste, wie weit die Pfosten von einander entfernt stehen mussten, damit das Haus fest stand und den künftigen Stürmen hier an der Küste standhalten könnte. Wenn die jungen Männer mit genügend Holzstämmen von ihrer Erkundungsfahrt zurückkamen, konnte der Hausbau gleich beginnen.

Ein Stamm im frühen und heutigen Deutschland: die Friesen

Mit den Friesen in der vorstehenden Episode wird eine andere größere Menschengruppe in dieses Buch eingeführt, die bereits seit dem römisch bestimmten Altertum eine wichtige Rolle unter den Bewohnern des späteren Deutschland spielte. Es gibt diese Friesen als „Volk“ noch heute, und das ist wiederum den meisten übrigen Einwohnern unseres Landes überhaupt nicht bewusst. Denn es sind nur wenige, und sie von „den“ Deutschen oder Holländern zu unterscheiden, ist gar nicht so einfach.

Wer waren, wer sind die Friesen ? Vor 80 Jahren ist gewiss ohne Zögern behauptet worden, sie seien „der Rasse nach“ Germanen wie die übrigen Deutschen. Doch die Einteilung – und gar Bewertung ! – der Menschen nach äußerlich sichtbaren Erscheinungsformen in „Rassen“ ist mehr als problematisch. Die darauf aufbauende nationalsozialistische Ideologie mit dem „nordischen Menschen“ als angebliche „Krone der Schöpfung“ war, wissenschaftlich gesehen, völliger Unsinn und politisch-moralisch gesehen eine der schlimmsten Verirrungen des menschlichen Geistes. Denn sie führte zum Versuch der Ausrottung „der“ Juden in den Gaskammern.

Es ist richtig, nach der S p r a c h e unterscheiden sich „die“ Friesen von den übrigen Deutschen, denn wenn sie unter sich sind, reden sie nicht Deutsch oder Holländisch, sondern Friesisch, und das kann kein normaler Deutscher oder Holländer verstehen. Diese Sprache gehört ohne Zweifel zum Kreis der germanischen Sprachfamilie und dürfte ein eigener Zweig darin sein, so wie Dänisch oder Englisch.

Allerdings wissen gerade die Fachleute, die Sprachforscher oder Linguisten, sehr genau, dass es eigentlich gar keine „friesische Sprache“ gibt, sondern nur zahlreiche Dialekte, die sich oft von Dorf zu Dorf unterscheiden, Denn das kleine Völkchen der Friesen hat es nie zu einer vereinheitlichten Schriftsprache gebracht; erst in allerjüngster Zeit gibt es Bemühungen darum.

Heute leben Menschen, die im familiären Kreis friesisch sprechen können oder sich wenigstens wegen der Geschichte ihrer Vorfahren als Friesen empfinden, an der Südküste der Nordsee. Es handelt sich um einen langen, aber schmalen Streifen Land, etwa von Leeuwarden in den Niederlanden bis zur dänischen Grenze, mit den vielen Inseln, die man als „westfriesische", „ostfriesische" und „nordfriesische" kennt. Auch Helgoland gehört dazu. Zwischen dem Jadebusen bei Wilhelmshaven und Husum in Holstein gibt es eine Lücke in diesem Streifen.

Das Gebiet der Friesen deckt sich weitgehend mit einer Landschaft, die es wohl kaum noch sonst auf der Erde gibt, der sogenannten Watt-Küste. Sie ist entstanden durch den ständigen Wechsel der Meereshöhe infolge von Ebbe und Flut sowie durch den Wind und den Sand des Meeresstrandes. Der Wind hatte Sanddünen zu langgestreckten Inseln zusammen geblasen, die selbst die höchste Flut überragten und die Ansiedlung von Menschen gestatteten. Zwischen diesen Inseln und dem Festland liegen die weiten Sandflächen, die zweimal am Tag Meer und dann wieder Land sind, das „Wattenmeer".

Das Festland dahinter ist die „Marsch", ein teils von den wertvollen Meeresablagerungen, teils aber auch durch Menschenhand geschaffenes äußerst fruchtbares Weide- und Ackerland. Durch Eindeichungen wurde im Lauf der letzten tausend Jahre diese Marsch immer mehr vergrößert, doch haben mehrere schreckliche Sturmfluten vom Altertum bis ins späte Mittelalter auch wieder riesige Stücke herausgerissen. Der mehr zum Landesinneren hin liegende Landstreifen, die „Geest", ist weit weniger fruchtbar und besiedelt.

Von Friesen berichteten die alten römischen Schriftsteller Plinius, Tacitus und Ptolemäus. Dieses Volk an der Nordseeküste nördlich der Rheinmündung bis zur Ems scheint meist zu den treuen Verbündeten der Römer gehört zu haben. Aber viel ist es nicht, was man aus dieser Zeit davon weiß. Dann, spätestens seit dem Beginn des 4. Jahrhunderts, tauchen die Friesen nicht mehr in den Quellen auf. War ihr Volk „untergegangen“ ?

In gewisser Weise war dieses Wort wohl sogar zutreffend. Die Wissenschaft von der Geschichte der Erde, die Geologie, kennt gerade an der Nordsee mehrere „Transgressionen“ und „Regressionen“; wobei der erste Begriff eine langsame Erhöhung des durchschnittlichen Meeresspiegels und der zweite sein Gegenteil bedeutet.

Bereits bei der Abwanderung vieler „Alt-Sachsen“ von der Nordseeküste (siehe Kapitel 4) hatte diese Naturerscheinung eine große Rolle gespielt. Allerdings konnten die Geologen feststellen, dass die Schwankungen des Seespiegels nicht überall an der Nordseeküste gleichmäßig verliefen. Am heute deutschen Anteil dieser Küste vollzogen sie sich zu etwas anderen Zeiten als vor den heutigen Niederlanden. Die geologischen Ursachen hierfür und überhaupt für die „Transgressionen“ sind zu kompliziert, um in diesem Buch näher erklärt zu werden.

Das Verschwinden der Friesen aus den Schriften römischer Historiker ab etwa dem Jahr 400 n. Chr. hatte wohl vorwiegend den Grund, dass die römische Grenze, der „Limes“ damals schon längst nicht mehr an der Rheinmündung verlief, sondern viel weiter nach Süden hatte verlegt werden müssen. Also erfuhr man im fernen Rom oder Gallien nichts mehr von den „wilden Völkern jenseits des Rheins“. Aber es muss wohl auch so gewesen sein, dass immer mehr Friesen von ihren Wohnhügeln, den „Terpen“, „Wurten“ oder „Warden“, in ihrem Heimatland weichen und anderswo einen Platz zum Ansiedeln suchen mussten, so wie das in der vorstehenden Episode beschrieben wurde.

Man weiß, dass die Friesen, die ursprünglich wohl nur bis westlich der Ems-Mündung an der Nordsee lebten, sich nun auch nach

Osten ausdehnten und die Landschaft besiedelten, die man heute noch Ostfriesland nennt. Selbst die Küste bis zur Mündung der Elbe beim heutigen Cuxhaven wurde zeitweilig zum Lebensraum der Friesen. Dort hatten zur Römerzeit Chauken und Sachsen gelebt, aber diese waren ja gerade aus der unmittelbaren Küstennähe bereits mehr als ein Jahrhundert früher ihrerseits abgewandert, aus ähnlichen Gründen wie nun die Friesen. Das bedeutete notwendigerweise aber auch, dass die ohnehin nicht große Zahl der Friesen in ihrer bekannten ersten Heimat in den heutigen Niederlanden geringer wurde.

Wohl in der gleichen Zeit kamen friesische Einwanderer auch weiter nach Norden an die Westküste des heutigen Bundeslandes Schleswig-Holstein. Die Geschichtsforscher behaupten, im 7. und 8 Jahrhundert seien sie dorthin, in ein damals praktisch unbesiedeltes Land, gekommen, Auf sechs Inseln – darunter Sylt und Helgoland – sowie zehn Halligen (Mini-Inseln im Wattenmeer) sowie in einem schmalen Küstenstreifen zwischen den Flüssen Eider und Wiedau, letzterer dicht nördlich der heutigen dänischen Grenze, gibt es heute noch Menschen, die unter sich Friesisch sprechen.

Diese Friesen waren und sind bis in die jüngste Gegenwart ein fleißiges und zähes Völkchen. Mit aus dem Meer gefangenen Fischen, der Gewinnung von Salz aus dem Meerwasser und der Herstellung vorzüglicher Wollstoffe galten sie einst als eine erfolgreiche „Exportnation“, deren Waren von Kaufleuten über ganz Europa verbreitet wurden. Später wurden sie berühmte Seefahrer und Seehändler, Vorläufer der Hanse des Hochmittelalters.

Vor allem aber war es dieses Volk, das in unermüdlicher Arbeit dafür sorgte, dass die Küsten, an denen es wohnte, vor dem Ansturm der Meeresfluten gesichert wurden. Seit tausend Jahren haben vor allem die Friesen Deiche gebaut und damit dem Meer wieder viel von dem Land abgerungen, das es einst in katastrophalen Sturmfluten verschlungen hatte.

Zur Geschichte der Friesen im Frühmittelalter ist praktisch nichts bekannt. Nur die Besiedlung neuer Küstenstriche gerade in dieser Zeit, wie in der Episode erzählt, scheint festzustehen. Auf Flurkarten mit großem Maßstab kann man an der Nordspitze der Halbinsel Butjadingen zwischen Wesermündung und dem Jadebusen – dieser war übrigens Folge furchtbarer Sturmfluten im Hoch- und Spätmittelalter – den Namen „Friesenhügel" finden. Hat sich dort die Sippe niedergelassen, die in der Episode unter Anführung des Häuptlings Onno stand ? Es steht fest, dass diese Halbinsel einst von Friesen besiedelt war. Allerdings sprechen die Menschen schon seit vielen Jahrhunderten dort nicht mehr Friesisch, sondern Niederdeutsch. Heute nennt man den Dialekt „Plattdeutsch" oder die Sprache „von der Waterkant". Das Friesische ist dieser Sprache ähnlich, aber eben nicht gleich.

Mit ihnen teilen die Menschen in der heute Ostfriesland genannten Landschaft in der Nordwestecke Deutschlands dieses Schicksal des Vergessens der eigenen Sprache. Dabei gab es bis ins 18. Jahrhundert hinein dort noch Häuptlinge und später Reichsfürsten aus friesischem Stamm und eine Bauernbevölkerung, die zäh ihre Freiheiten und ihre eigenen Sitten bewahren konnte. Die meisten Einwohner Ostfrieslands fühlen sich auch heute noch als Friesen, auch wenn sie deren Sprache nicht mehr beherrschen. Doch diese spätere Geschichte Ostfrieslands kann in diesem Buch nicht erzählt werden.

Bereits im 7. Jahrhundert scheint die Erhöhung des Meeresspiegels im alten Friesenland an der belgisch-niederländischen Nordseeküste aufgehört zu haben. Man nennt in Fachkreisen diesen Vorgang „Dünkirchen II - Transgression". Offenbar sind danach viele Friesen wieder in ihre alte Heimat zurückgekehrt, oder die dort verbliebene Bevölkerung konnte sich plötzlich sehr vermehren. Denn bereits ab der Mitte des 7. Jahrhunderts machten die Taten einiger Friesen-Könige dort von sich reden, Sie werden in diesem Buch noch erwähnt werden (Kapitel 35).

Zur Information der Leser dieses Buches, die nicht von der Nordseeküste stammen, sei noch nachgetragen, dass es heute noch in Deutschland eine anerkannte „nationale Minderheit“ der Friesen gibt, der kulturelle und sprachliche Eigenständigkeit zugesichert ist, genau wie den Sorben, von deren Einwanderung nach Deutschland im Kapitel 23 erzählt wurde. Allerdings sind es nur noch rund 10 000 Menschen, die einen der nordfriesischen Dialekte beherrschen und häufig anwenden - - neben dem in ganz Norddeutschland benutzten „Plattdeutschen“ und dem selbstverständlichen Hochdeutschen.

In den Niederlanden sieht es noch anders aus: Dort können noch rund 400 000 Menschen Friesisch sprechen; sie fühlen sich auch nicht als „Holländer“, wohl aber – und sehr betont – als „Niederländer“.

27

Das Urteil von Köln

„Das war eines Königs unwürdig !"

Jahresende 612, in Soest/Westfalen

Bremo, der zwanzigjährige Sohn des Königs der Hunen in Susat, war kurz vor dem kürzesten Tag des Jahres nach Hause gekommen. Seine Familie war froh, dass er heil aus dem Krieg wiedergekehrt war, an dem er als Gefolgsmann des Königs Theudebert hatte teilnehmen müssen. Auch die meisten seiner 12 Krieger waren noch bei ihm gewesen, mit denen er einst im Frühsommer zum Kriegszug fortgezogen war. Aber sowohl Bremo wie auch seinen Kriegern war kaum ein Wort über ihre Erlebnisse zu entlocken. Nur dass ihr Heer eine Niederlage erlitten hatte und dass ihr König nicht mehr ihr Gefolgschaftsherr sei, war durchgesickert.

Nun war das „Fest des Winterfeuers" herangekommen. Die Familien der adligen Herren und ihr Gefolge feierten es, wenn die Tage am kürzesten und die Nächte am längsten waren. Dabei trafen sich die sonst verstreuten Familienmitglieder, man trank reichlich Kumys *(zu Alkohol gegorene Stutenmilch, ein beliebtes Rauschmittel aller Pferdenomaden-Völker bis heute)* oder von Kaufleuten erhandelten Wein, sang und tanzte und erzählte sich im vertrauten Kreis, was man im Laufe des Sommers und Herbstes erlebt hatte. Ganz ähnlich feierten übrigens auch die einheimischen Hunen die „Rauhnächte" rund um den kürzesten Tag, und einige alte Männer und Frauen in Susat gedachten mit Gebeten der Geburt ihres Gottes Christus, jeweils für sich, aber ohne den anderen die Art übel zu nehmen, wie diese das Winterfest begingen. Diese Tage waren die richtige Zeit, auch einen durch schreckliche Erlebnisse verschlossenen Mund zu öffnen.

Im Haus des Königs, einem der ganz wenigen Steinhäuser inmitten des Örtchens Susat, hatte sich dessen ganze Familie versammelt, die verheirateten Söhne mit ihren Kindern und auch einige entferntere Verwandte. Ein wärmendes Feuer brannte in der Eisenschale in der Mitte des Saales, und der Tonkrug mit dem berauschenden Kumys ging rundum. Vorsichtig begann der König ein Gespräch mit seinem Sohn Bremo, in der Hoffnung, ihm doch etwas über seine Erlebnisse bei dem Kriegszug dieses Jahres entlocken zu können. War es die familiäre Vertrautheit oder war es der Alkohol, der den jungen Mann veranlasste, nun doch sein Schweigen zu brechen ? Ergriffen, ja entsetzt lauschte seine Familie dem, was er schließlich erzählte.

Im Sommer hatten berittene Eilboten des Königs Theudebert *(II.)* Kriegergefolgschaften von allen Anführern an der Lupia *(Lippe)* und Rura *(Ruhr)* aufgeboten, die einst dem Frankenkönig Treue geschworen hatten. So war ein beachtliches Heer von mehreren hundert Reitern an den Rhein und darüber hinaus gezogen, bereit, für ihren königlichen Herrn zu kämpfen. Theudebert, der König des „glänzenden Reiches" *(Austrien oder Austrasien),* hatte sich gegen seinen nur ein Jahr älteren Bruder Theuderich *(II.)* von Burgund zur Wehr zu setzen. Die Brüder waren seit einiger Zeit schwer verfeindet; doch von seinen Kriegern wusste keiner genau, warum.

Eine Schlacht hatte Theudebert bereits verloren, bei Tullum an der oberen Mosella *(Mosel)*. Doch war es dem König gelungen, nach der Stadt Colonia Agrippina am Rhein zu entkommen und von dort aus die Kriegergefolgschaften von jenseits dieses Flusses anzufordern, die ihm zum Kriegsdienst verpflichtet waren. Mit diesem beachtlichen Heer war Theudebert noch einmal den Scharen seines königlichen Bruders entgegen gezogen. Bei Tulbiacum *(Zülpich, 35 Kilometer westlich von Köln)* kam es zu einer neuen Schlacht, wieder verloren die Krieger Theudeberts viele Männer und mussten schließlich flüchten. Schuld daran waren die Gefolgschaften aus den westlichen Gebieten, die offenbar nicht bereit waren, für ihren König wirklich zu kämpfen, so waren sich jedenfalls die Anführer von jenseits des Rheins einig.

Nach einer schimpflichen Flucht durch die Stadt Colonia hindurch über den Rhein wurde König Theudebert nur eine Tagesreise weiter von überlegenen Truppen des Burgunderkönigs gestellt und zur Kapitulation gezwungen. Zuletzt waren nur noch einige Gefolgschaften aus den rechtsrheinischen Gebieten als Schutzwache beim König, darunter der junge Bremo mit seinen Kriegern. Theudebert wurde von fränkischen Kriegern aus Burgund gefangen genommen, seine letzten Verteidiger mussten ihn nach der Colonia zurück begleiten, doch ließ man ihnen ihre Waffen und behandelte sie anständig. Warum, das wurde Bremo erst wenige Tage danach klar.

Denn in der großen Stadt am Rhein wartete ein Schauspiel auf den gefangenen König, das seine einstigen Verbündeten als Zuschauer miterleben mussten, entsetzt und empört, doch ohne die Möglichkeit, ihre Gefühle zu äußern, denn kräftige fränkische Krieger standen mit ihren Waffen drohend hinter ihnen.

König Theuderich, der Sieger, hatte sich im Hof des Palastes des ehemaligen römischen Präfekten eine Tribüne errichten lassen, auf der er mit seinen noch sehr jungen Söhnen Platz genommen hatte. Nun wurde der gefangene Theudebert vorgeführt, in Ketten, aber angetan mit dem blauen Mantel der Könige aus dem Merowinger-Geschlecht. Der wurde ihm auf Geheiß des Siegers von Kriegsknechten mit rohen Worten vom Körper gerissen, und zugleich wurden ihm die langen Locken vom Haupt geschnitten. So wurde er vor aller Augen des Heils der Merowingerkönige beraubt, denn alle wussten, dass diese Haare der Sitz ihrer geheimnisvollen Heilskaft war. Der Burgunderkönig behauptete, sein Bruder sei gar nicht sein Bruder, sondern Spross eines Knechtes, durch Ehebruch von der eigenen Mutter geboren. Der Spruch des Siegers lautete, dieser Unwürdige sei nicht mehr König von Austrasien, sondern das sei nunmehr er selbst, Theuderich von Burgund. Ihm hätten in Kürze alle bisherigen Untertanen diesseits und jenseits des Rheins den Treueid zu schwören.

Doch der unmenschlichste Teil des „Urteils von Köln“ kam noch. König Theuderich rief laut: „Dein Sohn, Theudebert, ein Knecht und Sohn eines Knechtes, hat kein Recht zu leben. Sieh, wie ich mit ihm verfahren lasse !“ Auf einen Wink des Herrschers ergriff ein Frankenkrieger den Sohn seines Bruders. Der kleine, zweijährige Knabe hatte dazu bereitstehen müssen, weinend, gefesselt und gut bewacht.

Mit mächtigem Schwung packte der Krieger ihn an den Beinen und schleuderte ihn mit dem Kopf gegen eine Mauer, so dass das Gehirn aus dem Kopf spritze. Ein Aufschrei des Entsetzens ging durch die Menge der Zuschauer, und auch der gefangene Theudebert, der alle bisherigen Demütigungen schweigend hatte über sich ergehen lassen, schrie laut auf. Dann trieben Krieger aus Burgund den gefesselten Gefangenen mit rohen Peitschenhieben hinaus – in ein unbekanntes Schicksal.

In dem Menschengewimmel, das nach dem Ende dieses Gerichts in den Straßen der Stadt Colonia herrschte, als die Zuschauer in die Garküchen strömten, um etwas zu essen zu kaufen, da war es dem jungen Adligen Bremo gelungen, sich unauffällig von seinen Bewachern zu lösen. Wie auf Verabredung hatten sich auch seine eigenen Krieger und Schwurgenossen in einer versteckten Ecke zusammengefunden. Nur weg aus dieser Stadt der Mörder und Unmenschen, weg von der Gefahr, durch einen neuen erzwungenen Schwur sich an diesen König binden zu müssen! Es gelang Bremo und seinen Kriegern, unerkannt über die Steinbrücke über den Rhein aus der Stadt Colonia zu entkommen und den Heimweg anzutreten. Unterwegs trafen sie noch einige kleine Gefolgschaften von Kameraden aus dem Gebiet an Rura und Lupia, die genauso empfunden hatten.

Sobald es möglich sei im nächsten Frühjahr, werde er, Bremo, mit einigen Freunden und deren Schwurgefolge die Gegend um Susat verlassen und wegziehen, verkündete der junge Mann seinen Eltern und Verwandten. Irgendwohin nach Norden solle es gehen, wo man weit weg sei von dem Gebiet, in dem der Frankenkönig heute durch seine Gefolgsleute Macht ausübe. Darin sei er sich mit einigen Freunden einig, die gleich ihm dieses Urteil von Colonia miterlebt hatten. Er wolle nicht mehr in Gefahr kommen, diesem Brudermörder von König, diesem Geistesgestörten, einen Treueid schwören zu müssen. „Was er getan hat“, stieß Bremo mit Abscheu hervor, „das war gewiss eines Königs unwürdig !“

Die Grausamkeiten innerhalb der Merowinger-Dynastie und deren Folgen im „Land jenseits des Rheins“

Der Inhalt der vorstehenden Episode ist wieder einmal nicht erfunden, wenigstens nicht das, was der junge Adlige sarmatischer Herkunft seinen Verwandten in Soest (Susat) erzählte. Der mörderische Krieg zwischen den beiden Königsbrüdern Theuderich und Theudebert im Jahr 612, der mit dem schaurigen Urteil in Köln endete, ist in einer Originalquelle aus der Mitte des 7. Jahrhunderts nachzulesen, der Schrift des sogenannten „Fredegar“. Sie löst für heutige Historiker das bisher so oft zitierte Werk des Gregor von Tours ab, der im Jahr 594 gestorben war.

Das große Reich, das hundert Jahre zuvor vom „König der Franken“ Chlodwig (I.) im vorher römischen Gallien als einheitliches Machtgebilde gegründet worden war, war inzwischen längst zerfallen in drei „regna“. In denen gaben einflussreiche Adlige den Ton an und achteten eifersüchtig darauf, dass keine „Ausländer“ aus einem der beiden anderen Teilreiche mitzusprechen hatten. Es waren die Königreiche Neustrien, Burgund und Austrien. Das letztere hatte seinen Namen nicht etwa von der Himmelsrichtung Osten, obwohl es das östlichste der drei Reiche war, sondern bedeutete wohl „das Glänzende“ (Reich), wie der französische

Sprachwissenschaftler François Muller festgestellt hat. Als Oberhäupter dieser drei Königreiche fungierten Mitglieder der Merowinger-Familie, die diese Länder als Privateigentum betrachteten, obwohl sie in Wahrheit keineswegs mehr unumschränkt darin herrschen konnten. Sie kamen meist auch mehr oder weniger durch den Zufall von Erbschaften auf ihre Throne, manchmal sogar durch das Los. Meist waren es Brüder, häufig auch Onkel und Neffen, und in den meisten Fällen waren diese engen Verwandten sich spinnefeind. Im Kapitel 24 wurde ja schon davon berichtet, aus den Jahren um 575.

Jetzt, im Jahr 612 und damit eine Generation später, waren die Verhältnisse nicht besser geworden. Obwohl das blutige Ende der Tragödie im Haus Merowech gleich im folgenden Jahr sich nicht mehr im späteren deutschen Sprachgebiet, sondern im heutigen Frankreich abspielte, soll eine Kurzfassung davon dem Leser dieses Buches nicht vorenthalten werden. Denn es erlaubt einen Blick in jene ferne und mitunter gnadenlos grausame Zeit, den die Geschichtsberichte über „normale" Vorgänge selten ermöglichen.

Dass der abgesetzte König Theudebert sehr bald danach umgebracht wurde, berichtet zwar die Chronik des Fredegar nicht, wohl aber eine andere Quelle aus jener Zeit. Doch auch der siegreiche König Theuderich starb nur kurze Zeit später. Das rief die 70-jährige Großmutter der beiden Königsbrüder noch einmal auf den Plan, die berühmt-berüchtigte Königin Brunhilde (aus der Familie der westgotischen Könige in Spanien). Sie ließ ihren Urenkel zum neuen König beider Regna ausrufen, den noch unmündigen ältesten Sohn Theuderichs, der Sigibert hieß. Diese alte Frau hat in den Schriftquellen, die bald nach ihrem Tod entstanden, einen sehr schlechten Ruf, doch sehen heutige Geschichtsforscher in ihr eine eigentlich „moderne" Frau, die selbstbewusst war und konsequenter als ihre Söhne und Enkel auf eine wieder einheitliche Herrschaft eines Merowingerkönigs über das Frankenreich hin arbeitete.

Mit dieser Brunhilde war der Herrscher des dritten fränkischen Regnums tief verfeindet, König Chlothar (II.) von Neustrien. Die Feindschaft rührte noch von dessen längst verstorbener Mutter Fredegunde her, die als ehemalige „Magd“ (in Wahrheit als nicht aus dem Adelsstand stammend) mit abgrundtiefem Hass von Brunhilde behandelt worden war. Eine Schlacht zwischen Kriegern aus Burgund und Austrien, befehligt von einem Hausmeier Warnachar, und solchen aus Neustrien endete mit einem Sieg der letzteren. Die mangelnde Bereitschaft der Adelsclique aus Austrien, für ihren Kinderkönig und die alte Brunhilde zu kämpfen, hatte daran großen Anteil. Binnen kurzer Zeit war somit König Chlothar noch einmal Herr aller drei fränkischer Regna.

Bald danach war es Chlothars Truppen auch gelungen, die alte Brunhilde zu fangen, die sich irgendwo in den Bergen des französischen Jura versteckt hatte. Der König ließ seiner Tante den Prozess machen, mit der Anklage, sie sei schuld am Tod von zehn Frankenkönigen oder deren Abkömmlingen.

Das Ende von Königin Brunhilde im Jahr 613 sei hier kommentarlos nach dem Wortlaut Fredegars wiedergegeben: *„Dann ließ er (König Chlothar) sie drei Tage lang auf verschiedene Weise martern, dann zuerst auf ein Kamel setzen und so durch das ganze Heer führen, hierauf mit dem Haupthaar, einem Arm und einem Fuß an den Schwanz des wildesten Pferdes binden, und so ward sie von den Hufen des davonsprengenden Tieres zerschlagen, bis ihr Glied für Glied abfiel.“*

Chlothar (II.) war nun zwar noch einmal für etliche Jahre einziger Frankenkönig, aber ein absoluter Herrscher konnte er gewiss nicht sein. Schon ein Jahr später, 614, war er gezwungen, eine Art Reichstag in seine Residenz Paris einzuberufen. Hier zwangen ihn seine „Großen“; die mächtigen Adligen und Bischöfe der drei Regna, ein Edikt zu unterschreiben, das für die nächsten Jahrzehnte eine Art Verfassungsgrundlage für das Frankenreich darstellte. Dieses „Edictum Chlotharii“ machte aus den drei Regna praktisch von einander unabhängige Königreiche, geeint nur durch die Person des gemeinsamen Königs. In jedem dieser Königreiche gewann auch immer mehr eine Art „Vizekönig“ an Macht, ein einheimischer Adliger, der als „Hausmeier“ (Majordomus) die praktische Verwaltung anstelle des Königs führte.

Die Versammlung aller wichtigen Adligen und Bischöfe aus allen drei „Frankenreichen“, die wohl einige Wochen gedauert haben muss, bot übrigens auch die Gelegenheit, eine für die Merowinger (und für die katholischen Bischöfe des Landes) wichtige Legende zu verbreiten. Es handelte sich um die Behauptung, die Vorfahren der Frankenkönige seien einst als Flüchtlinge aus der von Griechen eroberten Stadt Troja gekommen. Wahrscheinlich hat ein gut bezahlter Sänger diese schöne Geschichte bei den abendlichen Zechgelagen der „Großen des Reiches“ vorgetragen. Seine Auftraggeber, Königshaus und katholische Kirche, schafften es so, diese bewusste Erfindung gerade den wenigen Menschen im Frankenreich in die Köpfe zu bringen, die sich für so etwas interessierten und die dieses neue „Wissen“ an ihre Erben weitergeben konnten, also der kleinen Intelligenzschicht im noch fast völlig „oralen“ Frühmittelalter.

Die Legende war notwendig, um die noch immer nicht ganz gelöschte Erinnerung in den Köpfen der fränkischen Adelsschicht zu ersetzen, die Erinnerung nämlich, dass die Merowingerkönige eigentlich leibliche Nachkommen Jesu seien, des jüdischen Messias, der erstaunlicherweise inzwischen längst zu einem Gott der Christen geworden war. Von diesem Bluterbe sollte nach dem Glauben der Zeit die Zauberkraft der Merowingerkönige stammen, die ihren Sitz in ihrem langen, nie von einem Schermesser berührten Haupthaar hatte. Doch diese Version war seit der katholisch-christlichen Taufe des Königs Chlodwig vor über einem Jahrhundert völlig „tabu“ und musste mit allen Mitteln aus den Köpfen der kleinen Schicht „intelektueller“ Männer im Frankenreich gelöscht werden. Dazu war die Behauptung gut geeignet, die „Franken" seien Abkömmlinge von Trojanern.

Die Vorgänge im Frankenreich, vor allem in Austrien, in den Jahren 612 bis 614 waren nicht geeignet, die ohnehin nur schwache Bindung der Gebiete jenseits des Rheins an den Frankenkönig zu verstärken. Ob sie, wie in der vorstehenden Episode angedeutet, der Anlass für die Auswanderung einzelner Adliger sarmatischer Abstammung in den Nordwesten Germaniens war, ist historisch nicht gesichert. Aber vorstellen kann man es sich schon. Denn die Pferdegräber zwischen oberer Ruhr und Lippe hören an manchen Ausgrabungsorten in dieser Zeit auf, und andererseits scheinen solche Pferdegräber erst ab der Mitte des 7. Jahrhunderts im Gebiet des späteren „Sachsen-Stammes" nahe der unteren Elbe und Weser einzusetzen. Im Kapitel 28 werden die aus diesen Indizien gewonnenen Vermutungen genauer dargestellt.

Dennoch endete die fränkische Oberherrschaft im südlichen Westfalen sicher nicht völlig. Es ist zwar unwahrscheinlich, dass der nunmehr wieder alleinige Frankenkönig Chlothar sich persönlich jemals in dem abgelegenen Gebiet „jenseits des Rheines" hat sehen lassen.

Aber es lässt sich vorstellen, dass der Frankenkönig aus dem fernen Gallien wenigstens ein kleines, aber schlagkräftiges Heer vertrauenswürdiger Krieger jedes Jahr einmal durch das Land schickte. Es sollte die fälligen Tribute – etwa in Form einiger Rinder oder Schweine von jedem durch Schwur verpflichteten Clan – einsammeln und im übrigen allein durch sein Erscheinen die fernen Untertanen daran erinnern, dass ihr Treueschwur noch immer seine Gültigkeit habe. Mehr staatliche Verwaltung war damals für das „barbarische Land jenseits des Rheins" kaum praktikabel.

Eine andere Bezeichnung für die fränkisch beherrschten „Ostgebiete" im Norden und Westen des heutigen Deutschland scheint für diese Zeit nicht gebräuchlich gewesen zu sein, sonst hätte sie vielleicht doch in den zeitgenössischen Geschichtswerken Eingang gefunden. Die Menschen dort wurden ja von Gregor von Tours durchaus von den „wilden Sachsen" unterschieden. Alemannien im Südwesten und Bayern im Süden standen unter eigenen Herzögen, und diese hatten sich dem Frankenkönig zur Gefolgschaft verpflichtet. Diese Gebiete waren den damaligen Chronisten sehr wohl ein Begriff.

Eine Bemerkung noch zum Namen des – natürlich fiktiven – Sohnes des Soester Hunen-Königs in der vorstehenden Episode: Bremo. Das ist kein germanischer Name, sondern war offenbar ein Name skythisch-sarmatischer Adliger. Ihn und viele andere hat der gelehrte Abt Trithemius in seinem 1515 gedruckten Buch über den „Ursprung und die Könige der Franken" überliefert. Der gelehrte Verfasser scheint diese Namen in einem alten Manuskript aus der Merowingerzeit gefunden zu haben, das vermutlich manches Wissenswerte – und Real-Historisches ! – aus der Vorgeschichte der Sarmaten und vor allem der Merowinger enthielt. Näheres dazu ist in dem Buch „ Die Geheimnisse der Merowinger" dargestellt (siehe auch im Kapitel 37, Abschnitt „Der vergebliche BVersuch einer merowingischen Restauration").

Übrigens: ganz in der Nähe der Stadt Soest mit ihren „sarmatischen" Pferdegräbern gibt es noch einen weiteren Ort mit derartigen Gräbern, Er heißt „Bremen-Niederense", 12 Kilometer südwestlich von Soest an der Möhne, einem Nebenfluss der Ruhr. Und wer weiß, vielleicht hat auch die Großstadt an der Weser ihren Namen von dem sarmatischen Adelsnamen. Immerhin hat man dicht bei Bremen, in dem südöstlichen Vorort Mahndorf, wieder einmal die „typisch sarmatischen" Pferdegräber gefunden.

Und – ist es reiner Zufall ? – die alte Hansestadt Bremen zeigt in ihrer F l a g g e (nicht in ihrem Wappen) das rot-weiß Schachbrettmuster der jazygischen Adligen.

28

In ein freies Land

Die Burg der Papen

Frühsommer 630, in Papenburg/Ems

Lange blickte das Häuflein Menschen den fortziehenden ehemaligen Gefährten nach. Heute morgen hatten sie sich aufgemacht und den Fluss Amisia *(Ems)* mittels der Furt überquert, die hier den Übergang ermöglichte. Jetzt verschwand auch die letzte der mehr als zehn Schwurfamilien mit ihren Pferden, Rindern und den Wohnwagen am Horizont nach Sonnenuntergang zu.

Die Leute vom Clan der Papen mussten sich nun endlich den Arbeiten zuwenden, die nötig waren, wenn sie hier auf Dauer bleiben wollten, wie sie es verabredet hatten. Die paar Wohnwagen, nach alter Sitte von Ochsen gezogen, mussten im Kreis aufgestellt werden, und dann mussten sich die Männer unter den knapp drei Dutzend Liudi *(„Leute“, im Frühmittelalter unfreies Gesinde, bei den Sarmaten Angehörige der unteren Kaste)* daran machen, eine Burg hier am Übergang des alten Handelsweges über den Unterlauf des Flusses Amisia zu errichten.

Hier gab es nur wenige Bäume, so musste statt der sonst üblichen Holzpalisaden ein Viereck aus tiefen Wassergräben ausgehoben werden, durch das der Handelsweg gerade hindurch auf die Furt zu führte. Jeder Kaufmann, der den Weg benutzte, war so gezwungen, den Herren dieser Burg eine kleine Abgabe zu entrichten. Diese vorzügliche Lage war der Grund dafür gewesen, dass der Clan der Papen sich entschlossen hatte. sich hier an der Amisia niederzulassen.

Bereits zeitig im Frühling hatten in zahlreichen Ansiedlungen der sarmatischen Adligen hier im Land der freien Weide *(die norddeutsche Tiefebene zwischen Elbe und Ems)* die Vorbereitungen zum Aufbruch begonnen. Boten waren zwischen den verstreuten Sitzen der stolzen Reiterhirten hin und her geschickt worden, um ihn zu verabreden. Nun war die erste Etappe dieser geplanten Auswanderung erreicht.

Vor 17 Wintern waren die Eltern der jetzigen jungen Adligen aus dem Land zwischen Rura und Lupia *(Ruhr und Lippe)* in einem großen Heer fort gezogen, um sich der inzwischen verhassten Oberherrschaft der Frankenkönige im fernen Gallien zu entziehen. Im freien Land der Ebene nördlich der Berge *(der Mittelgebirge wie Teutoburger Wald und Wiehengebirge)* hatten sie Platz gefunden für ihre Pferde- und Rinderherden. Sie hatten darauf geachtet, sich nie zu nahe an Niederlassungen von Weggefährten anzusiedeln. Wenn es möglich war, hatten die Auswanderer Plätze besetzt. wo ein Handelsweg einen Fluss überqueren musste, dort konnte man durch die Abgaben der Reisenden reich werden. Vor allem vorüberziehende Kaufleute konnten dem dort siedelnden Clan viele begehrte Kostbarkeiten zurücklassen.

Mit den wenigen freien Bauern in der jeweiligen Nachbarschaft hatten die Aussiedler im Allgemeinen gute Freundschaft geschlossen. Längst beherrschten die sarmatischen Adligen die Sprache der einheimischen Bauern *(Germa-*

nisch) mindestens so gut wie ihre eigene Sprache. Der Tauschhandel mit den Erzeugnissen der eigenen Wirtschaft nutzte beiden Seiten, das hatten auch die freien Bauern eingesehen, zu deren ungebetenen Nachbarn sich die Clans der Sarmaten damals gemacht hatten.

Nun, 17 Jahre später, war es vielen Söhnen der Auswanderer von damals schon wieder zu eng geworden in ihren Siedlungen. Die Zeiten waren friedlich und das Wetter und die Erträge der Herden waren gut gewesen, so hatten sich die Familien der Schah, deren Liudi und auch die Herden kräftig vermehrt. Vor allem wo es in einer Adelsfamilie mehr als einen Sohn gab, war unter den Jüngeren die Sehnsucht aufgekommen, durch Wegzug und Ansiedlung an einer neuen Stelle selbst zu Oberhäuptern eigener Familien zu werden.

Von den Kaufleuten, die ja immer wieder einmal auf den alten Handelswegen bei ihnen durchzogen, wusste man recht gut Bescheid über die Landschaft und die nur wenigen einheimischen Bauern, die zwischen dem unendlichen Meer im Norden und dem Unterlauf der hier schon sehr breiten Ströme Amisia, Wisara und Albis *(Ems, Weser und Elbe)* zwischen riesigen Mooren und Wäldern seit undenklicher Zeit lebten.

Ganz am Rande des Meeres hatten sich Menschen angesiedelt, die man Friesen nannte. Aber dorthin zog es die Reiterhirten gewiss nicht, ihnen war diese riesige Wasserfläche mehr als unheimlich, von der man ihnen erzählt hatte. Doch weiter innen im Land, da gab es noch genug Platz für junge Adlige, die gern selbständig werden wollten, vor allem wenn man weit genug nach Norden und dann nach Westen zog, bis in die Gegend, wo sich die Ströme Rhein und Maas ins Meer ergossen. Denn dorthin war die Macht der Frankenkönige noch nicht gedrungen. Auch denen war es wohl unheimlich in der Nähe der Meeresküste, wo Meer und Land und Fluss sich täglich mehrmals miteinander vermischten, wie es hieß.

So hatte sich in diesem Jahr ein großer Zug von jungen Angehörigen der Schah-Kaste und ihren Schwurleuten aus einem großen Gebiet zwischen Weser und Elbe zusammengefunden, um nach Westen zu ziehen, erst gemeinsam, und dann in einem immer dünner werdenden Zug, bis auch der letzte Clan einen Siedlungsplatz gefunden hatte, der ihm zusagte. Die jungen Anführer ihrer Schwurgemeinschaft drängte es nach Unabhängigkeit, aber sie waren deshalb nicht ihren Stammesgenossen Feind, mit deren Familien aus der Schah-Kaste sie ja auch vielfach verschwägert waren. Zu einer gewissen Zusammenarbeit, etwa zur Erreichung eines gemeinsamen Zweckes, waren sie durchaus bereit.

Unter den Schah, die sich in den Gebieten der freien Weide angesiedelt hatten, genossen mehrere Familien ein ganz besonderes Ansehen. Vor vielen, vielen Generationen waren ihre Oberhäupter Priester der Religion des reinigenden Feuers gewesen, der die sarmatischen Hirten seit Urzeiten angehangen hatten. Diese Priester hatten seinerzeit rege Beziehungen zu den Städten der Griechen in ihrer Nachbarschaft gepflegt *(in der Ukraine am Schwarzen Meer),* und sie hatten dort nicht nur die Sprache der Griechen gelernt, sondern auch die geheimnisvolle Kunst, aus gemalten Zeichen auf Lederhäuten Worte hervorzuzaubern, die man verstehen konnte *(die Kunst des Lesens von Buchstaben)*.

Später hatten Priester der Griechen ihren sarmatischen Kollegen von dem einen Gott erzählt, der einen Sohn namens Jesus Christus hatte, der aber selbst auch ein Gott gewesen sei und nach seinem Tod am Kreuz zu seinem Vater im Himmel aufgefahren sei. Diese griechischen Priester hießen bei ihrem Volk „Papá“ *(Väterchen)*. Von diesen Kollegen hatten die sarmatischen Priester auch Gebete gelernt, die die Hilfe dieses Gottes und seines Sohnes für das Volk der jazygischen Reiterhirten herbeizaubern konnten, wie es hieß. Solche Gebete in der fremden Sprache der Griechen hatten die sarmatischen Priester sorgfältig ihren eigenen Söhnen beigebracht, die ja gleich ihnen Priester ihres Volkes werden sollten, Generation nach Generation. Auch sie hießen nun „Papá“. In der Sprache der einheimischen Bauern wurden sie „Papen“ genannt.

Ein Zweig dieser Papen-Familien hatte sich nun an der Amisia niedergelassen und war dabei, die Burg an der Furt durch den Fluss zu bauen, die notwendig war, um die Kaufleute zur Zahlung einer kleinen Abgabe zu veranlassen. Andere Zweige dieser Familie waren gleichzeitig mit den übrigen Schwurfamilien unterwegs, um noch weiter im Westen im niederen Land geeignete Plätze zur Ansiedlung zu finden.

Zwei Tage nach dem Beginn der Arbeiten am Burggraben versammelte der Anführer der Papen-Sippe alle seine Leute um sich. Er zählte erst 20 Winter, aber er hatte durch seine sorgfältige Erziehung, die er von seinem Vater genossen hatte, gelernt, was es als Schah hieß, Verantwortung für seine Schwurgenossen zu übernehmen, auch für ihre Verbindung zu dem geheimnisvollen Gott im Himmel und seinem Sohn Jesus Christus. Heute sei der Wochentag Sonntag, verkündete der Schah seinen Leuten, das sei der Tag, an dem die Arbeit ruhen dürfe, soweit sie nicht wie das Viehhüten und das Melken der Kühe unvermeidlich sei.

Und dann wiederholte er mit weit tönender Stimme die Gebete in griechischer Sprache, die er von seinem Vater gelernt hatte und die seinen Leuten so vertraut waren, weil sie diese ja alle sieben Tage zu hören bekamen. Am Schluss bewegten alle, der Pape und seine Schwurgenossen, ihre rechte Hand in Kreuzform vor ihrer Brust. Das war das Zeichen, dass ein geheimnisvolles Band die Menschen mit dem unsichtbaren Gott im Himmel verknüpfte.

Die Ausbreitung von Sarmaten in Niedersachsen

Die vorstehende Episode werden herkömmliche Historiker für „fantastic history" halten, denn nicht eine einzige schriftliche Quelle lässt sich dafür auffinden, dafür allerdings umso mehr Pferdegräber und außerdem verschiedene weitere verblüffende Indizien. Ob allerdings der real-historische Zusammenhang genauso war wie eben beschrieben, soll hier nicht als bewiesen behauptet werden. Aber zumindest bietet der beschriebene Blick auf eine Wanderung verschiedener sarmatischer Schah-Familien im Jahr 630 *eine* plausible Erklärung für die erwähnten (und gleich näher beschriebenen) Indizien.

Die Funde der Archäologen lassen erkennen, dass Pferdegräber an der unteren Weser und Elbe erst erheblich später angelegt wurden als in Westfalen. Und möglicherweise gab es in Niedersachsen mehrere Siedlungswellen sarmatischer Gruppen. Einige dieser Familien haben allerdings dann mit großer Zähigkeit an ihren neuen Wohnsitzen und dem uralten Brauch der Pferdegräber festgehalten, der wohl herausragenden Schah zu einer besonderen spirituellen Reinheit verhelfen sollte.

So fanden genaue Altersbestimmungen nach der C 14-Methode heraus, dass auf dem Begräbnisplatz Drantumer Mühle (zwischen Bremen und Cloppenburg) insgesamt 24 Pferde bestattet wurden, und zwar zwischen den Jahren 650 und 850. Als die Pferdebestattungen aufhörten, waren dort alle Menschen schon seit etwa 70 Jahren Christen, also seit knapp drei Generationen ! In Rullstorf nahe Lüneburg wurden sogar 42 Pferde in drei Jahrhunderten geopfert, und in Liebenau bei Nienburg an der Weser immerhin 12 Pferde und 5 Hunde.

Ein Blick auf die nachstehende Karte zeigt, dass sich Sarmaten mit ihren größeren oder kleineren Herden von Pferden, Rindern und Schafen genau dort niederließen, wo das damals überhaupt möglich war. Ein Vergleich mit einer bereits um 1950 geschaffenen Karte Germaniens zur Römerzeit mit der damaligen Verbreitung von Wäldern und Sümpfen (O. Schlüter) lässt erkennen, dass Norddeutschland um Christi Geburt fast ausschließlich von Sumpf, Marschen, Wald und Heide bedeckt war und nur wenige kleine Siedlungsinseln eine Land- und Weidewirtschaft durch Menschen möglich machten. Das hatte sich gewiss auch 600 Jahre später noch nicht viel geändert. Genau an solchen Stellen finden sich sarmatische Pferdegräber, aber fast immer in gehörigem Abstand von einander !
Weiter macht ein Blick auf die Karte der Pferdegräber auch die Regionen deutlich, die Sarmaten bevorzugten. Es war unter anderem das Land südlich der Unterelbe, dort, von wo vor Jahrhunderten die Langobarden abgewandert waren, ferner einige Weide-

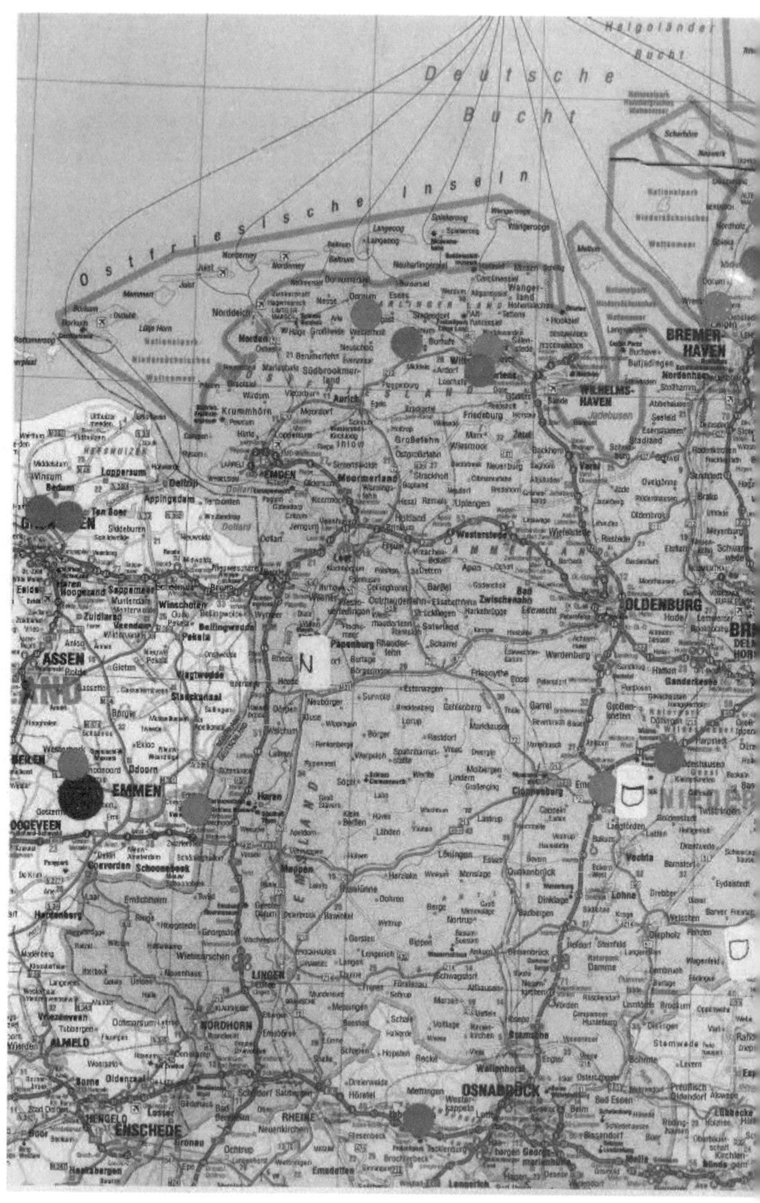
Helgoländer Bucht
Deutsche Bucht
Ostfriesische Inseln
N
D
BREMERHAVEN
WILHELMSHAVEN
EMDEN
Aurich
Norden
Leer
OLDENBURG
Papenburg
Cloppenburg
Vechta
ASSEN
EMMEN
Meppen
LINGEN
NORDHORN
ALMELO
HENGELO
ENSCHEDE
OSNABRÜCK
RHEINE

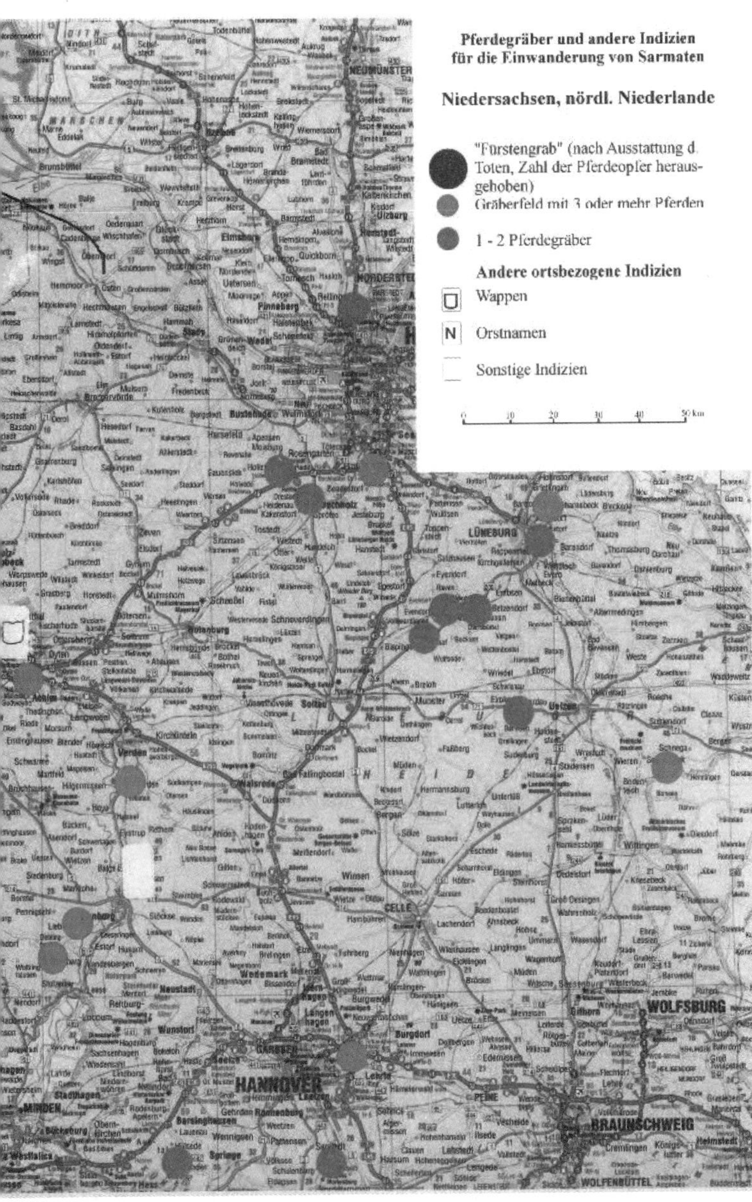
Pferdegräber und andere Indizien
für die Einwanderung von Sarmaten
Niedersachsen, nördl. Niederlande
"Fürstengrab" (nach Ausstattung d. Toten, Zahl der Pferdeopfer herausgehoben)
Gräberfeld mit 3 oder mehr Pferden
1 - 2 Pferdegräber
Andere ortsbezogene Indizien
Wappen
N
Orstnamen
Sonstige Indizien
0 10 20 30 40 50 km
NEUMÜNSTER
LÜNEBURG
CELLE
WOLFSBURG
HANNOVER
BRAUNSCHWEIG
WOLFENBÜTTEL

plätze in der Nähe der Nordseeküste, aber nicht direkt am Wasser, sondern in gebührendem Abstand. Hatten Sarmaten die unmittelbar an der Küste wohnenden Friesen als gute Nachbarn und Tauschpartner entdeckt ?

Man hat den Eindruck, dass die Sarmaten mit ihren Herden auch bei ihrem Fortzug aus Westfalen gerne den alten Handelswegen folgten, die ihnen ja auch den Weg zu anderen bewohnten Gegenden wiesen.

Und noch eine Vermutung drängt sich auf. Könnte es sein, dass sarmatische Auswanderer sich besonders gerne dort festsetzten, wo ein solcher Handelsweg mittels einer Furt einen Fluss kreuzte, wo mithin eine dort errichtete Burg den neuen Herren üppige Zoll-Einnahmen versprach ? Am Beispiel von Papenburg an der Ems hat das ja die vorstehende Episode zu erklären versucht. Dort überquerte offenbar ein alter Handelsweg zwischen Bremen und Groningen die Ems – selbst wenn damals Orte mit diesen N a m e n noch nicht existiert haben sollten.

Es gibt einige offenbar sehr alte Orte in Niedersachsen, deren Namen mit „-burg" enden: Und die meisten davon liegen an einem Fluss. Doch da ja solche Ortsnamen erst frühestens in Urkunden aus dem 10. oder 11. Jahrhundert auftauchen, gelten die entsprechenden Orte für die Heimathistoriker erst dann als „gegründet". Doch hatten in Wirklichkeit – wenigstens bei einigen – die Sarmaten ihre Hand im Spiel bei der frühen Entstehung dieser Orte ?

In diesem Kapitel ist das Wort „Sachsen" bisher nicht vorgekommen. Dabei ist doch das heutige Bundesland Niedersachsen nach übereinstimmender Ansicht aller deutschen Historiker die Ursprungsregion des später so wichtigen deutschen Stammes der Sachsen gewesen (bevor dieser Völkername aus historischen Gründen im späteren Mittelalter viel weiter nach Osten wanderte, dorthin, wo die heutigen sächsischen Städte Dresden und Leipzig liegen).

Dass es einst an der deutschen Nordseeküste ein Volk gab, das sich selbst Sachsen nannte, ist unbestreitbar. Sonst hätten Auswanderer aus diesem Volk nicht ihren Namen mit auf die Insel Britannien nehmen können (siehe Kapitel 4). Und Reste dieses Volkes oder Stammes dürfte es auch später noch in Norddeutschland gegeben haben. Nur stellt sich die Frage: waren diese Reste so stark, dass sie das ganze Norddeutschland erobern konnten, wie die Geschichtsforschung bisher fast einmütig angenommen hat ? Waren es nicht vielleicht Angehörige der selbstbewussten sarmatischen Schah-Familien, die sich später an die Spitze des Freiheitskampfes setzten, den die heidnischen Bauern in Norddeutschland gegen die Eroberung durch die Frankenkönige aus dem Karolinger-Geschlecht ausfochten ? Und war es nicht vielleicht nur die Bezeichnung „Sachsen" in den zeitgenössischen, lateinisch geschriebenen Annalen der Franken, die zu diesem Völkernamen führte ? Hierzu wird im Kapitel 39 noch einiges zu erklären sein.

Papen: die ersten christlichen „Missionare" in Deutschland

Für den Bau einer ersten „Burg" an der Ems beim späteren Papenburg durch eine Gruppe Sarmaten, angeführt durch eine Adelsfamilie namens Papen gibt es mehrere interessante Indizien. Die möglicherweise bezeichnende Lage dieser „Zollstation" wurde schon erwähnt. Dass dort in der Nähe bisher kein Pferdegrab gefunden wurde, muss kein Gegenargument sein.

Bezeichnend ist jedenfalls der Name der Ansiedlung. Zu den historischen und sprachgeschichtlichen Fakten in Bezug auf das Wort „Papen" (niederdeutsch) oder „Pfaffen" (ober-/ hochdeutsch) auch im Zusammenhang mit Sarmaten ist im Kapitel 11 schon einiges gesagt worden. In Norddeutschland gibt es zahlreiche Dörfer und Siedlungen Papendorf, Papenfeld u. ä., die vermutlich im Hochmittelalter von katholischen Geistlichen gegründet oder ihnen geschenkt wurden - aber nur ein „Papen b u r g", und dieses auch weitab von den Schwerpunkten der anderen „Papen-Orte"

Bereits in der Episode zu Beginn dieses Kapitels wurde eine Erklärung dafür beschrieben, wie einige sarmatische Adlige zur Kunst des Lesens (und Schreibens ?) in griechischer Sprache kamen, und dass es sich bei diesen Schah-Familien wohl um die jeweiligen Sippen gehandelt haben könnte, in denen das Priesteramt erblich war. Der lange kulturelle Kontakt der Sarmaten mit den Griechen im europäischen Südosten macht diese Vermutung jedenfalls sehr wahrscheinlich. Genealogen werden sicher keine Verbindung der alten deutschen Adelsfamilie von Papen aus dem katholischen Münsterland zu sarmatischen Schah herstellen können, aber ist die Vermutung völlig abwegig, dass sich in diesem Familiennamen der alte „Beruf" verewigt hat ?

Das Christentum, das diese Priestersippen bei der Wanderung ihrer Stammesgruppen mit ins spätere Deutschland brachten, hatte vermutlich wenig Ähnlichkeiten mit dem, das später den „Heiden" hierzulande von Missionaren beigebracht wurde, die von Irland und bald auch von Britannien auf das Festland kamen. Nicht nur die Sprache unterschied sich, in der die Gebete und liturgischen Texte gesprochen wurden: griechisch bei den sarmatischen Papen, lateinisch von den irischen und britischen Mönchen. Obwohl beide Seiten der gleichen Kirche angehörten, hatte sich in den Jahrhunderten seit der offiziellen Anerkennung des Christentums schon viel gegenseitige Animosität zwischen römischen und griechischen Bischöfen aufgebaut; später sollte sie ja zur echten Kirchenspaltung führen. Und vermutlich war das, was die sarmatischen Papen als ihren christlichen Glauben praktizierten, längst nicht so aggressiv und unduldsam wie das, was 100

Jahre später die Mönche von den britischen Inseln unseren Vorfahren beibrachten.

Noch eine Tatsache verdient es, hervorgehoben zu werden. Die Sarmaten haben offenbar aus ihrer innerasiatischen Heimat die Kenntnis eines uralten Kalenders mitgebracht, der auch eine Jahreszählung kannte, ausgehend von einem „Null-Jahr", ähnlich wie unsere heutige Jahreszählung „nach Christi Geburt". Nur ist uns dieses Ausgangsjahr heute nicht mehr bekannt. Und die gebildeten christlichen „Papen" unter den Sarmaten waren auch in der Lage, die Wochentage für das regelmäßige Feiern des Sonntags zu zählen, auch wenn ihren Schutzbefohlenen noch lange die Kunst des Lesens und Schreibens als Zauberei erschien. In dieser Hinsicht haben übrigens Bauern in Deutschland sich bis ins 18. Jahrhundert nicht von den Sarmaten unterschieden.

Wie kamen Pferdegräber in die Niederlande und nach Belgien ?

Niederländische Archäologen haben in der nordöstlichen Provinz Drenthe, bei Emmen in der Nähe der deutschen Grenze, an zwei Stellen größere Gräberfelder aus dem Frühmittelalter gefunden, zu denen auch zahlreiche Pferdegräber gehörten. Auch am Niederrhein unterhalb von Arnheim kennt man zwei ähnliche Fundorte. Einige Einzelfunde von Pferdegräbern kamen auch in der Provinz Groningen zu Tage, aber immer noch in gebührender Entfernung von der Meeresküste.

Doch die Geschichtswissenschaft lässt in diesem Land die fleißigen Forscher im Stich, die immer neue rätselhafte Funde aus dem Boden holen. Denn es fehlt bisher offenbar weitgehend die Möglichkeit ihrer historischen Einordnung. In unserem Nachbarland Niederlande scheint Geschichte zwischen dem Abzug der Römer von dort und dem Tod des Bischofs Bonifatius durch heidnische

Friesen nicht stattgefunden zu haben, immerhin rund 500 Jahre, wenn man die Forschungsthemen von geschichtsinteressierten Laien als Maßstab nimmt. Doch ist es in unserem Land viel anders ?

Für einen deutschen Privatautor ist es nicht einfach, an archäologische Fachliteratur aus den Niederlanden zu kommen, was weniger am Unterschied der Sprache liegt als vielmehr am fehlenden Zugang zu den Verzeichnissen und Bibliotheken in den Niederlanden. Insofern mag das hier dargestellte Wissen veraltet oder unvollständig sein, aber völlig falsch ist es sicher nicht.

Es gab vor Jahrzehnten eine These bei den wenigen niederländischen Historikern, die sich mit dem hier behandelten Zeitabschnitt beschäftigen, es habe im Frühmittelalter einen Einfall von „Sachsen" aus Norddeutschland nach dem Gebiet der heutigen Niederlande gegeben. Doch nach dem Spruch, dass „nicht sein kann, was nicht sein darf", wurde diese Hypothese von anderen Forschern kategorisch zurückgewiesen. Doch waren es nicht vielmehr sarmatische Gruppen, die sich wie in der vorstehenden Episode beschrieben nach Westen ausdehnten ?

Ein weiteres Indiz, nun allerdings kein Pferdegrab, ist der Name Papendrecht, eines kleinen Ortes südöstlich von Rotterdam an der „Alten Maas", mit einer Lage am Fluss, die der „Papenburg" an der Ems ziemlich genau entspricht.

Der Name „Papen" taucht noch 70 Kilometer weiter südlich auf, in Antwerpen. In dieser belgischen Großstadt ist noch heute eine Sage bekannt, wonach im Frühmittelalter „seven Schaken" (sieben „Schachmänner" !!) am Ostufer der unteren Schelde eine „Burcht" (Burg) gebaut und damit den Ort Antwerpen gegründet hätten. Die Namen dieser sieben Adelsfamilien kennt man noch heute, auch wenn die Familien selbst schon längst ausgestorben sind. Eine davon hieß - - Papen ! Und die Wappen aller dieser

Familien zeigten das für Abkömmlinge von Sarmaten so typische Schachbrettmuster, meist in rot-weiß, aber auch in anderen Farben. Auch andere Adelsfamilien in Brabant, einem ehemaligen Herzogtum, das heute zwischen den Niederlanden und Belgien geteilt ist, führten ähnliche Wappen. Diese Information hat die belgische Historikerin Marie Anna Willsens aus Antwerpen vor Jahren beigesteuert. Archäologische Funde aus dieser Zeit hat man erstaunlicherweise in Antwerpen noch nicht gemacht.

Es steht fest, dass sich das Königreich der Franken unter den frühen Merowinger-Königen noch nicht in den Norden ausgedehnt hat, über die Grenze hinaus, die in der Spätantike die Straße zwischen Köln und Boulogne am Ärmelkanal darstellte. Dieser Linie folgt heute noch ziemlich genau die Sprachgrenze zwischen Flämisch/Niederländisch/Germanisch und Wallonisch/ Französisch, die bis heute Belgien teilt. Erst ab dem späten 7. Jahrhundert begann ein Ringen zwischen friesischen Königen und den Hausmeiern des fränkischen Königreichs (nun aus der Familie der Pippiniden/Karolinger) um das Land nahe der Nordsee. Dazu mehr im Kapitel 35.

29

Franken und Slawen – Der schlechte Beginn einer schwierigen Nachbarschaft

König Dagoberts schmähliche Flucht

Frühjahr 631, bei Lauterbach/Nordhessen

Dieser Feldzug war schon verloren, als er begann, ging es dem Edlen Ebroin immer wieder durch den Kopf, während er versuchte, sich mit dem hölzernen Schild vor den Pfeilschüssen zu schützen, die immer wieder aus dem dichten Gestrüpp auf die Krieger seiner Gefolgschaft zuflogen. Die Pferde der fränkischen Krieger waren hier rund um die Wogastisburg völlig überflüssig, ja hinderlich. Die Residenz des Wendenkönigs Samo stand auf einem dicht bewaldeten Hügel, und nur ein schmaler gewundener Pfad führte hinauf zu ihr.

Zwei Tage lang hatte das Heer des Königs Dagobert versucht, auf die Höhe zu kommen und die hölzernen Palisaden zu stürmen, die die kleinen Häuser in Samos Burg umgaben. Jetzt, am dritten Tag, hatten die fränkischen Krieger die Belagerung unterbrochen, weil sie dringend in den wenigen Bauernhöfen der Umgebung nach Nahrung für sich und für ihre Pferde suchen mussten. Dies hatten die wendischen Heiden benutzt, um ihrerseits zum Angriff auf die verstreuten Franken vorzugehen. Soeben war ein größerer Trupp davon aus dem Wald hervorgebrochen und hatte den König Dagobert fast umzingelt, wenn es nicht den zwei Dutzend Kriegern seiner Leibwache gelungen wäre, ihren Schwurherren aus der Gefahr zu befreien und zusammen mit ihm zu flüchten.

Auch der Edle Ebroin hatte es schließlich geschafft, mit seiner eigenen kleinen Leibwache das Zeltlager des fränkischen Heeres zu erreichen, das in gebührendem Abstand von Samos Burg aufgeschlagen worden war, bevor der Sturm begann. Mit wenig Erstaunen bemerkte er, dass inzwischen die Zelte der meisten Gefolgschaften der Adligen fehlten, die aus dem Königreich Auster, dem „glänzenden Reich", gekommen waren. Sie hatten offenbar schon früh am Morgen die Flucht ergriffen, ohne zu kämpfen. Denn die austrischen Adligen waren besonders widerwillig dem Ruf ihres Königs Dagobert gefolgt, weil der immer wieder den Besitz von Edlen für das Königsgut eingezogen hatte, wenn diese dem König zu widersprechen gewagt hatten. Auch die Zelte des Königs und seines näheren Gefolges waren inzwischen abgebrochen und ihre Bewohner offenbar schon auf der Flucht nach Süden auf die Wege zu, die zurück ins Frankenreich jenseits des Rheins führten.

Dies war der Augenblick, da Ebroin erkannte, dass nun er selbst den Befehl ergreifen musste. Er ließ seinen Befehlsübermittler, der stets dicht neben ihm ritt, mit seiner Pauke den Wirbel zum allgemeinen Rückzug schlagen. Das Heer der Franken musste den Kampf gegen die Wenden aufgeben.

Jetzt ging es nur noch darum, sich möglichst ohne weitere Verluste vom Feind zu lösen und den langen Rückweg in die Heimatländer anzutreten. Die kleinen Gefolgschaften aus Thüringen würden nach Norden reiten, um über das Tal der Werra ihre Heimat zu erreichen *(vorbei an der späteren Wartburg und Eisenach)*, die Bajuwaren nach Südwesten in Richtung auf den jungen Main.

Der ganze Feldzug der Franken gegen den heidnischen König Samo und seine Wogastisburg war, wie sich Ebroin erinnerte, von vornherein ein Zeichen für das nachlassende Heil des Königs Dagobert gewesen.. Was hatte der König voller Kraft und Überheblichkeit nicht alles im vorigen Jahr noch geplant !

Jetzt müsse nur schnell der heidnische König Samo verjagt werden, hatte Dagobert vollmundig getönt; dieser Hund habe es gewagt, sich von seinem Treueschwur gegenüber den fränkischen Königen loszusagen und seinen, des Königs, Gesandten zu beleidigen. Er sei gefährlich geworden, weil er sich zum König fast aller Slawen im weiten Gebiet zwischen Main und dem Land der Awaren an der Donau aufgeworfen hatte.

Dann hatte der König seine Schwurleute in Thüringen und bei den Bajuwaren zum Zug auf die Wogastisburg aufgeboten, die ohnehin in unangenehmer Nähe zu den Verbindungswegen nach Thüringen lag; Doch Dagobert hatte in seiner Verblendung nicht bedacht, dass gerade seine engsten Gefolgsleute aus Auster die unzuverlässsigsten waren. Er hatte auch nichts gewusst von der Anlage der Wogastisburg, die ohne eine langwierige Belagerung nie zu erobern war, und vom kriegerischen Geschick dieses Heidenkönigs Samo, der doch eigentlich ein Franke aus Dagoberts eigenem Land gewesen war.

Der edle Ebroin wusste, dass er seinem König Dagobert nie mehr ohne Vorbehalte würde folgen können, denn dieser König hatte einen beträchtlichen Teil seines Heils verloren.

Die historische Lage im Frankenreich und in Osteuropa um das Jahr 630

Das Frankenreich unter seinen Königen Chlothar und dessen Sohn Dagobert hatte noch einmal eine Einheit erreicht (siehe Kapitel 27), allerdings eine mehr als prekäre Einheit. Die großen Adligen in den drei Teilreichen Neustrien, Burgund und Auster wurden immer mehr zu einer Macht, die den Königen zu widersprechen wagte und vor allem auf die Wahrung ihrer Eigeninteressen bedacht war. In den Teilreichen gewannen die jeweiligen „maiores domi", die Hausmeier – gewissermaßen die „Ministerpräsidenten" der königlichen Regierungen – die stärkste Macht; es hing sehr von ihrem Willen ab, ob sie die Weisungen des meist fernen e i n e n Königs für ihren Reichsteil so ausführten, wie der König es wollte, oder ob es dabei eher nach ihrem eigenen Willen ging.

Der in der vorstehenden Episode erwähnte Adlige Ebroin ist ein Fantasieerzeugnis des Autors – und könnte dennoch der Großvater eines historischen Hausmeiers Ebroin im Reichsteil Neustrien gewesen sein, der 30 Jahre später in den Machtkämpfen des Frankenreichs eine wichtige Rolle spielte.

Im Reichsteil Auster, dem „glänzenden Reich", hatte König Chlothar II. sehr bald seinen noch jungen ältesten Sohn Dagobert als eigenen König einsetzen müssen, genötigt von den selbstbewussten hohen Adelsfamilien dieser Region. Als Maiordomus gab Chlothar seinem Sohn einen der austrischen Adligen namens Pippin bei. Dieser hatte zu den Anführern des Putsches gehört, der im Jahr 613 zur Alleinherrschaft Chlothars im Frankenreich geführt hatte. Pippin dürfte Abkömmling eines wohl bisher rein germanischen Adelshauses gewesen sein. Er begründete die Familie, die dann nach etlichen Generationen den Kaiser Karl der Große hervorbrachte.

König Dagobert wurde nach dem Tod seines Vaters im Jahr 629 noch einmal einziger König der Franken, ohne allerdings etwas Grundsätzliches an der Dreiteilung seines Reiches ändern zu können. Er verlegte seine Residenz zwar vom abgelegenen Metz nach dem zentraleren Paris, und er degradierte seinen „Aufpasser" Pippin zum Prinzenerzieher seines Sohnes Sigibert. Doch, wie in der vorstehenden Episode bereits angedeutet, verärgerte er gerade in seinem „Eigenreich" Auster die hohen Adligen zunehmend, weil er alle möglichen Anlässe benutzte, um Güter dieser Großen für sein eigenes Königsland zu beschlagnahmen. Immerhin gesteht die moderne Geschichtswissenschaft diesem Dagobert zu, er sei der letzte aus der Familie der Merowingerkönige gewesen, der noch selbst eine kräftige Regierung führte.

Das Frankenreich hatte die vergangenen Jahrzehnte benutzt, um seinen Einfluss nach Südosten auszudehnen. Die Könige Chlothar und Dagobert träumten davon, ihre Macht bis an die Grenze der „Griechen" – das inzwischen fast ausschließlich von griechischer Sprache und Kultur geprägte Oströmische Reich – auszudehnen, also über den gesamten Donauraum. Es scheint diplomatische Verhandlungen zwischen den Frankenkönigen und den oströmischen Kaisern über einen geplanten Zangenangriff gegen die schwächer gewordenen Awaren gegeben zu haben.

Die einst so gefürchteten Awaren hatten im Jahr 626 einen Großangriff auf die Hauptstadt Byzanz unternommen, wobei vorwiegend Krieger aus den von ihnen unterworfenen slawischen Völkern in Südosteuropa zum todbringenden Sturm vorgeschickt wurden. Doch dieser Krieg brachte den Awaren nicht den gewünschten Erfolg, sondern im Gegenteil eine schwere Niederlage. Gleichzeitig begann es wohl in der Familie der Chaghane, der Herrscher des Steppenvolkes, zu kriseln. Und diese Schwächen dürften auch einen großen Aufstand der slawischen Völker gegen die awarische Oberhoheit ausgelöst haben.

Der schon mehrfach erwähnte Chronist Fredegar behauptet, die unzähligen Söhne awarischer Väter, die durch die Vergewaltigungen slawischer Frauen entstanden seien, hätten sich gegen die Unterdrückung durch die Steppenkrieger aus Innerasien erhoben. Große Teile der „Slawia" hatten offenbar tatsächlich um das Jahr 630 die awarische Herrschaft abschütteln können und ein eigenes Königreich gebildet, unter einem König Samo.

Dieser Samo war, wie man ebenfalls aus der Fredegar-Chronik weiß, eigentlich ein Kaufmann gewesen, gebürtig im Frankenreich, der durch seine regelmäßigen Handelsfahrten zu den Slawenvölkern in Mittel- und Osteuropa zu Reichtum, Einfluss und großem Ansehen bei seinen Handelspartnern gekommen war. Als der große Aufstand gegen die Awaren ausbrach, haben ihn vielleicht die slawischen Stämme bewusst zu ihrem gemeinsamen Anführer und König ausgerufen, weil keiner diesen Rang einem slawischen Nachbarn gegönnt hätte. Man wusste wohl unter diesen Slawen um die ursprünglich gemeinsame Abstammung und eine gewisse Sprachverwandtschaft, doch war das Unabhängigkeitsbestreben größer als die Bereitschaft, einem Herrscher aus einem anderen Slawenstamm zu gehorchen.

Der für den Frankenkönig Dagobert enttäuschende Ausgang der „Schlacht um die Wogastisburg" des Wendenkönigs Samo ist, zum Teil sogar mit manchen Einzelheiten, ebenfalls in der Fredegar-Chronik nachzulesen. Die Schilderung in der vorstehenden Episode ist diesen Angaben gefolgt. Diese Schlacht hatte wohl noch ganz ungeahnte Fernwirkungen. Der deutsche Historiker Wolfgang Fritze, einer der wenigen deutschen Wissenschaftler, die sich intensiv mit diesen Vorgängen beschäftigt haben, stellte eindeutig fest: „Die Katastrophe des merowingischen Hauses begann mit der Niederlage an der Wogastisburg."

Wahrscheinlich waren es nicht nur die Ungeschicklichkeiten des Königs Dagobert im Umgang mit den hohen Adligen seines eigenen Reiches, die dazu geführt hatte, sondern eine grundlegende Fehleinstellung der längst christlichen und „zivilisierten" Franken gegenüber den heidnischen Nachbarn mit fremder, barbarischer Sprache, den Slawen. Die schon aus dem Bericht des Fredegar zu schließende Überheblichkeit und ein religiös und „rassisch" begründetes Überlegenheitsgefühl der Franken, später der Deutschen gegenüber den slawischen Nachbarn zieht sich seitdem durch das ganze Mittelalter bis noch in die jüngste Neuzeit. Dieser ganz unangebrachte Nationalismus hat den Nachbarn fast anderthalb Jahrtausende lang viele Schwierigkeiten gebracht.

Slawen lebten einst bis zum Vogelsberg in Hessen

Doch wo lag diese Wogastisburg ? Die paar Historiker der Neuzeit, die sich für diese Frage interessiert haben, behaupteten, sie habe wohl im heutigen Tschechien irgendwo im Oberpfälzer Wald gelegen. Sie konnten wohl auf kein anderes Ergebnis kommen, denn die Geschichtswissenschaft war sich bisher einig: die Grenze, die die historische Einwanderung von Slawen von Osten her in das heutige Gebiet Deutschlands erreicht hat, bildete in etwa die untere Elbe und dann die Saale. Doch das ist nur die halbe Wahrheit.

In Wirklichkeit muss es slawische Besiedlung wenigstens zeitweise noch viel weiter im Westen gegeben haben. Das Land rund um den Vogelsberg etwa in der Mitte zwischen Kassel und Frankfurt am Main scheint im Frühmittelalter „Wendenland" gewesen zu sein.

Das Städtchen Lauterbach nordöstlich des Vogelsberges rühmt sich, dass die Wogastisburg des Königs Samo ganz in ihrer Nähe gelegen habe. Darauf hat ein Leser des Buches „Bevor es Deutschland gab" den Autor aufmerksam gemacht, denn dort war der König Samo noch als irgendwo in Tschechien angesiedelt beschrieben worden, entsprechend der nie näher überprüften Behauptung der modernen Geschichtswissenschaft. Die anders lautenden Erkenntnisse emsiger Heimatforscher, hier zweier Pfarrer der Gegend um Lauterbach aus der ersten Hälfte des 20. Jahrhunderts, gerieten natürlich nie in das Blickfeld der Universitätsgelehrten.

Der Leser, ein Herr Ernst-Jürgen Wienold aus München, behauptete von sich, direkter Nachfahre des Königs Samo zu sein. Natürlich kann er keine bis ins Jahr 631 zurückreichende ununterbrochene Ahnentafel vorlegen, und das wird bei herkömmlichen Genealogen hochmütiges Stirnrunzeln hervorrufen. („Nur Schriftliches zählt !"). Doch die Indizien und Argumente, die er für seine Abstammung anführen kann, sind doch recht beeindrukkend.

Manche heutige Historiker behaupten, die mündliche Erinnerung innerhalb von Familien könne nicht weiter als bis zu den Großeltern zurück reichen. Doch an der Geschichtsüberlieferung zahlreicher Geschlechter, vor allem aus dem Adel, lässt sich nachweisen, dass deren Familienerinnerungen wenigstens Teile enthalten, die exakt mit Details übereinstimmen, die man aus einwandfreien historischen Quellen kennt, selbst über 1500 Jahre zurück.

König Samo lebte, glaubt man dem Chronisten Fredegar aus dem frühen 8. Jahrhundert, nach seinem Sieg über die Franken vor Wogastisburg im Jahr 631 noch unangefochten über 35 Jahre als „König der Wenden". Und er hatte, wieder nach Fredegar, eine ganze Schar von Frauen und von ihnen zahlreiche Söhne und Töchter. Wahrscheinlich hat jeder Slawenstamm, der ihn als König akzeptierte, dem fremden Kaufmann Samo eine Frau als Unterpfand des Bündnisses mitgegeben.

So ist es also durchaus möglich, dass sich sein Blut über viele, viele Generationen – und warum nicht bis heute ? – fortgeerbt hat. Erstaunliche Ergebnisse aus einer Geschichtsforschung, die auch andere als die bisher ausschließlich benutzten „schriftlichen Quellen" akzeptiert !

30

Ein Massenmord im Mittelalter

Die Nacht des Tötens

Sylvester 631, bei Linz an der Donau

Unruhig wanderte Herzog Fara auf dem schmalen schneebedeckten Fußweg am Donauufer entlang. Es war mitten in der Nacht und es war kalt, er hatte seit zwei Tagen nicht geschlafen und eine mehr als anstrengende Nacht und den folgenden Tag hinter sich. Aber er konnte nicht schlafen, das war unmöglich.

Immer wieder prüfte Fara sein Gewissen. Hätte er sich anders entscheiden können im Zwiespalt zwischen dem uralten Gebot der Gastfreundschaft und dem sehr genauen Befehl seines Schwurherren, des fränkischen Königs Dagobert im fernen Paris ? Wie auch immer er sich entschieden hätte, er fühlte sich in seinem eigenen Gewissen entehrt, und seine Untertanen, die Bajuwaren, würden wohl ebenso empfinden. In der vergangenen Nacht und dem folgenden Tag hatte er die schlimmsten Stunden seines Leben durchlitten.

Im Sommer war es gewesen, als an der Donau, dicht bei der primitiven herzoglichen Burg in der einstigen Römersiedlung Arelape an der Grenze zum Reich der Awaren *(heute Pöchlarn an der Donau, im Nibelungenlied als „Bechelaren" erwähnt)* ein großer Haufen Fremder auftauchte. Sie nannten sich Bulgaren und waren auf der Flucht vor einem Heer der Awaren. Die Flüchtlinge hatten mehrere Niederlagen im Kampf mit den Awaren erlitten.

Mit flehend erhobenen Händen hatte der Anführer dieser Flüchtlinge, ein gewisser Alzeco, den örtlichen Befehlshaber der bajuwarischen Krieger an der Grenzstation darum gebeten, dass seine Leute Gastfreundschaft und Schutz vor den verfolgenden Awaren genießen dürften. Es waren insgesamt 9000 Menschen, Krieger und deren Frauen, Kinder und Gesinde. Der Herzog der Bajuwaren, Fara, war auf die Nachricht hin sofort aus seiner Residenz Castra Regina *(Regensburg)* herbeigeeilt und hatte die vorläufig gewährte Gastfreundschaft bestätigt, vorbehaltlich der endgültigen Zustimmung durch den König der Franken, Dagobert, dem Fara durch seinen Gefolgschaftseid Treue und Gehorsam geschworen hatte.

Hier im Tal der Donau *(zwischen Passau und etwa der heutigen Grenze zwischen Ober- und Niederösterreich an der Enns, damals der Grenze zum Awarenreich)* hatten sich im Laufe der letzten hundert Jahre zahlreiche bajuwarische Bauern und Händler niedergelassen und dabei die Überreste der alten Städte und Festungen der Römer benutzt, die noch seit der Zeit übrig waren, als der Donaustrom die Grenze des Römerreichs gegenüber den Barbaren in der Sarmatia *(nach römischem Sprachgebrauch ganz Osteuropa nördlich der Donau bis zum Ural)* gewesen war. Es war daher möglich gewesen, die vielen tausend Flüchtlinge als Einquartierung in den Häusern der bajuwarischen Siedler entlang der Donau zu verteilen. Die Gäste halfen bei den landwirtschaftlichen Arbeiten und wurden dann auch von ihren Gastgebern verpflegt.

Doch kurz vor dem Weihnachtsfest der Christen war mit einem reitenden Boten ein sehr präzise gefasster Befehl des Frankenkönigs Dagobert bei seinem Untertanen Fara im Castra Regina eingetroffen, und zu seiner Ausführung war der Herzog sofort in die bajuwarischen Ansiedlungen im östlichsten Winkel seines Herzogtums aufgebrochen.

Der König im fernen Frankenreich hatte offenbar seine Meinung gegenüber den Awaren geändert. Nach seiner Niederlage gegen den Wendenkönig Samo vor der Wogastisburg wollte er nun von einem Krieg gegen die awarischen Steppenreiter nichts mehr wissen, Vielmehr wollte er wohl den Frieden, der schon seit vielen Jahrzehnten hier an der Donau-Grenze herrschte, nicht gefährden, indem er den Bulgaren endgültiges Asyl gewährte. Doch der Befehl betraf nichts weniger als den kaltblütigen Mord an 9000 Menschen und den schimpflichen Bruch der einst beschworenen Gastfreundschaft.

In der Nacht nach dem Tag des heiligen Sylvester gingen die bajuwarischen Krieger an ihr schauriges Werk. Haus für Haus, Dorf für Dorf wurde umstellt, die bulgarischen Gäste – leicht erkennbar an ihrer besonderen Kleidung – herausgezerrt und mit Schwertern und Spießen getötet. Hunderte von Leichen häuften sich an beiden Ufern der Donau. Die Helligkeit des nächsten Tages wurde dafür benutzt, die einzelnen Leichenhügel etwas entfernt von der Donau zu einem einzigen Berg zusammen zu karren, damit nicht das ganze Land vom Leichengeruch verpestet werde.

Von den 9000 Bulgaren, die im Land des Bajuwarenherzogs Asyl gesucht hatten, waren nur 700 entkommen, unter Anführung des Alzeco. Ihnen war es gelungen, auf verschwiegenen Pfaden über die Berge der Alpen ins Tal der Drau zu entkommen, zum Großfürsten der Wenden, Walluch *(im heutigen Kärnten).*

Staatsräson gegen ein uraltes Sittengesetz

Einen kurzen, allerdings wie üblich ohne jede moralische Wertung verfassten Bericht über den in der vorstehenden Episode beschriebenen Massenmord kann man in der schon oft erwähnten Chronik des Fredegar finden. Hinweise in anderen zeitgenössischen Schriftquellen lassen keinen Zweifel zu; es muss sich um ein reales historisches Ereignis gehandelt haben. Das kleine Dorf Pulgarn nördlich der Donau, zehn Kilometer donauabwärts der Großstadt Linz, scheint den Namen des Volks der Opfer zu bewahren, und im Kloster St. Florian dicht südlich von Linz will man im Hochmittelalter die Gebeine von vielen tausend Menschen auf einem Haufen gefunden haben.

Die folgenden Ausführungen stützen sich im Wesentlichen auf zwei andere Autoren, Hanswilhelm Haefs, den Verfasser des Buches „Thidrekssaga und Nibelungenlied“, sowie dort zitierte zahlreiche Abhandlungen und Bücher des Münchner Slawisten Heinrich Kunstmann. Was könnte den König Dagobert zu diesem grausamen Befehl veranlasst haben ? Er hing wohl zusammen mit der politischen Großwetterlage im Südosten Europas in diesem Schicksalsjahr 631.

Diese Lage hatte sich durch die Niederlage Dagoberts gegen den Slawenkönig Samo (siehe Kapitel 29) gründlich verändert. Jetzt waren nicht mehr, wie einst geglaubt, die verschiedenen slawischen Stämme zwischen Elbe, Donau und den Alpen treue Verbündete und Schwurgenossen des Königs der Franken und willige Helfer in einem geplanten Krieg gegen die Awaren. Stattdessen hatten sie sich aus eigener Kraft gegen die Awaren erhoben und – was noch viel bedenklicher war – ihre Treueide gegenüber dem Frankenreich aufgekündigt. Das war eine Folge des überheblichen Verhaltens des fränkischen Gesandten an König Samo gewesen, der ihn als angeblichen „Knecht der Frankenkönige" schwer beleidigt hatte. Diese Tat war zum Auslöser des so unglücklich ausgegangenen Feldzuges gegen Samo geworden. Jetzt galt es für König Dagobert, den Awaren gegenüber vorsichtig zu sein und sie nicht zu erzürnen.

Dem konnte es nur dienen, wenn Feinde der Awaren für das große Ziel des weiteren Friedens mit den Awaren-Chakanen geopfert würden, Feinde, die bereits im eigenen fränkischen Machtbereich angekommen waren und größtenteils aus Frauen und Kindern bestanden. Die Beachtung des Gesetzes der Gastfreundschaft war demgegenüber dem „guten König" Dagobert gewiss zweitrangig. Es ist merkwürdig, dass über diesen König offenbar alte Volkslegenden existieren, vielleicht sogar einstige Volkslieder, die ihn als den „guten König" preisen – allerdings bei genauerer Betrachtung der Texte als „Sexmonster" sondergleichen. Das deutet jedenfalls der Autor Haefs an. So muss man sich wohl vorstellen, dass der dem Herzog Fara erteilte Befehl diesem keinen Ausweg aus seinen Gewissensqualen ließ.

Als Ausführer der fränkischen Pläne war der Herzog der Bajuwaren ein willkommenes Werkzeug. Seit etwa 537 scheinen die Herrscher aus dem Geschlecht Agilolfs, die sogenannten Agilolfinger, die Herzogswürde im heutigen Bayern und westlichen Österreich innegehabt zu haben, und zwar fast von Anfang an als Untertanen der fränkischen Könige, allerdings mit einer weitgehenden Autonomie, die auch wegen der weiten Entfernung zum austrischen Residenz Metz oder Paris nötig war.

Ob der in der Episode genannte Herzog Fara eine historische Person war, ist nicht sicher, weil man über die Geschichte Bayerns und seiner Herrscher im frühen 7. Jahrhundert eigentlich gar nichts weiß. Es ist aber möglich, dass dieser Herzog eigentlich ein Adliger aus dem Frankenreich war und nur eine Thronerbin aus dem Agilolfinger-Geschlecht geheiratet hat. In Lothringen gibt es ein Dörfchen Feringen, was vielleicht einmal der Stammsitz dieses Fara oder seiner Familie gewesen war.

Die Bajuwaren, später Bayern genannt, dürften wie wohl alle späteren „deutschen Stämme" eigentlich erst infolge der gemeinsamen Benennung durch lateinisch schreibende Historiker aus einer Fülle von germanischen Stammessplittern als „Volk" entstanden sein. Entscheidend für das Entstehen eines Gemeinschaftsbewusstseins und auch einer mehr oder weniger gemeinsame Sprache unter ihnen war wohl, dass Krieger aus den vielen Gruppierungen in gemeinsamen Feldzügen sich gegenseitig kennenlernten und an den abendlichen Lagerfeuern sich „alte Mären" erzählten.

Die Bulgaren waren damals wohl schon ein Mischvolk auf slawischer Grundlage, angeführt von einer kleinen Adelsschicht, die einst vom Pamirgebirge in Innerasien zu einer Jahrhunderte dauernden Wanderung nach Norden aufgebrochen war. Diese Bulgaren, die dem Volk den Namen gaben, waren ursprünglich Nachbarn der in diesem Buch schon so oft erwähnten Sarmaten gewesen und sprachlich, kulturell und ethnisch eng mit ihnen verwandt. Bis ins Hochmittelalter haben sie auf der südlichen Balkanhalbinsel ein mächtiges Reich regiert, das seine Unabhängigkeit vom Byzantinischen Reich wahren konnte.

Die von der Donau geflohenen 700 Bulgaren haben, wie man aus anderen Geschichtsquellen weiß, etwa 30 Jahre bei den Alpenslawen gelebt und sind dann ins Langobardenreich südlich der Alpen gezogen. Der Anführer Alzeco wurde vom Langobardenkönig ehrenvoll aufgenommen und in die langobardische Dependenz Benevent in Süditalien geschickt. Er erhielt dort die Würde eines langobardischen Gastalden Dort in Süditalien haben noch lange Nachkommen der einstigen Flüchtlinge gelebt.

Der Bulgarenmord als Vorbild für das Nibelungenlied ?

Das berühmte Nibelungenlied vom Zug der Burgunder (oder Nibelungen) zum grausamen König Attila in Ungarn enthält am Schluss Zahlen, die einigen der germanistischen Erforscher dieses Epos schon lange als höchst unglaubwürdig aufgefallen waren. Da ist die Rede von 9000 Knappen der Burgunder, die von den Hunnen umgebracht worden seien, ehe es an das Morden der restlichen Ritter und des Königs Gunter ging. Was damals um das Jahr 436 wirklich in der Residenz des Attila in Pannonien vor sich gegangen sein könnte, ist im Kapitel 5 dieses Buches nachzulesen.

Der erwähnte Slawist Kunstmann und Hanswilhelm Haefs haben nun die Vermutung geäußert, dass der Mord an knapp 9000 Bulgaren in der bayerischen Bevölkerung des Donautales auf Anweisung des „guten Königs Dagobert" noch Jahrhunderte später in Erinnerung geblieben ist, mündlich von Generation zu Generation weiter gegeben. Denn das Geschehen muss für die damaligen Menschen mindestens so schauerlich gewirkt haben wie für die heutige „zivilisierte" Menschheit, die allerdings solche Massenmorde je nach politischer Lage und der Anwesenheit von Fernsehreportern nur sehr selektiv zur Kenntnis nimmt - - und sehr schnell wieder vergisst.

Aus dieser „donauländischen Volksüberlieferung" habe – so die plausible Annahme der Autoren – sechs Jahrhunderte später der Dichter des Nibelungenliedes solche Zahlenangaben und damit verbunden die Beschreibung des Massenmordes in sein Epos übernommen, weil sie so gut zu dem von ihm geschilderten Weg der Nibelungen an der Donau abwärts zu den „Hunnen“ und zu dem Geschehen gepasst habe, das den ursprünglichen Heldenliedern zugrunde lag. Denn auch damals war ja das eigentlich Tragische an den Ereignissen der Bruch des religiös begründeten Gebots der einmal gewährten Gastfreundschaft durch den Gastgeber Attila.

Mit diesem Detail wird vielleicht auch dem heutigen Leser ein klein wenig klarer, wie im Frühmittelalter germanische Heldenlieder über Jahrhunderte allein mündlich weitergegeben wurden, als angeblich unveränderte „Mären“ über uralte Ereignisse, die dennoch vom Sänger für die jeweils „wissenden“ Zuhörer mit ganz aktuellen oder regional bestimmten Zutaten versehen wurden, um damit auch „Zeitung“ (aktueller Bericht) zu sein.

31

Herrschaftswechsel

Die neuen Knechte des Bischofs

Herbst 639, in Soest/Westfalen

Lange stand Hatto vor dem Haus, in dem vor ihm schon so viele Generationen von Königen und Herren im Hunenland gelebt hatten und blickte nachdenklich hinüber zu den Hütten der Sälzer. Wenn er sich umdrehte, konnte er ebenfalls in einiger Entfernung die Hütten der Eisenschmiede und in deren Nähe die Werkstätten der Bleigießer und die Häuser der Kaufleute sehen. Sie alle lebten schon seit langer Zeit hier in Susat, unmittelbar an der uralten Handelsstraße, die man den Hellweg *(Salzweg)* nannte.

Diese Menschen hatte er als Stadtherr zu schützen und ihnen, wenn sie sich stritten, ein gerechter Richter zu sein. Sie, nicht so sehr die Bauern im weiten Land ringsum, waren die Quelle des Reichtums der Herren des Hunenlandes und wohl auch der Grund für das Dekret aus der Kanzlei des Frankenkönigs, das ihn heute erreicht hatte und das ihn, den heutigen Herren von Susat, tief enttäuscht hatte.

Wie lange Hattos Vorfahren hier die Herren gewesen waren, wusste der junge Adlige nicht mehr, aber es musste eine sehr lange Zeit gewesen sein, erst als völlig selbständige Könige des Hunenlandes, dann als Schwurgenossen des fernen Frankenkönigs, aber immer noch mit dem Titel König. Erst Hattos Großvater war dieser Ehrenname genommen worden, weil dessen ältester Sohn sich geweigert hatte, den Treueschwur gegenüber dem Frankenkönig Chlothar *(II.)* zu erneuern und stattdessen in das noch freie Land im Norden gezogen war.

Doch selbst sein Großvater war unmittelbarer Schwurmann des Frankenkönigs geblieben und damit ein freier Untertan, wenn er auch im Auftrag des Königs die Königsbede *(Steuer)* in Form von einem Fünftel der Erzeugnisse der Sälzer, der Eisenschmiede und der Bleigießer einzusammeln und an den fernen Königshof zu schicken hatte. Das war ein verantwortungsvolles Amt und rechtfertigte den hohen Rang des Stadtherren von Susat, den dieser im Kreis der Adligen des Königsreiches Auster einnahm.

Jetzt aber hatte ein Bote des Königs Sigibert *(III.)* aus dessen Kanzlei in Metz ein Stück Pergament überbracht, auf dem das geschrieben war, was der Bote dem Herrn Hatto vorlas, weil der ja der neuen Kunst des Lesens nicht mächtig war. Der Bote war von zwei Dutzend schwer bewaffneten Reitern aus dem Kriegsvolk der Frankenkönige begleitet gewesen, damit der Empfänger der Botschaft ja nicht etwa auf dumme Gedanken kommen konnte.

Die geheimnisvollen Zeichen auf dem Pergament besagten nichts anderes, als dass es der heiligen Person des Königs gefallen habe, die „Häuser und Höfe der Susaten“ dem hochwürdigen Bischof Kunibert von Köln zu schenken. Hatto machte sich bewusst, dass sich zwar die Höhe der jährlichen Abgaben gar nicht ändern würde. Aber mit diesem Wisch war die Stellung und die Würde des Stadtherren von Susat zutiefst beeinträchtigt. Er war nun nicht mehr ein freier Edelherr, nur dem König untertan, sondern ein Knecht des Bischofs, der doch einer Adelsfamilie entstammte, deren Herkunft keineswegs über alle Zweifel erhaben war.

Durch seine gelegentlichen Treffen mit anderen Adligen aus dem Ostteil des Frankenreiches wusste Hatto genug von den Machtspielen am Hofe der Frankenkönige. Ihm war klar. dass hier nicht etwa der noch sehr junge König selbst diese Anordnung getroffen hatte, sondern dessen Majordomus Pippin zusammen mit dessen engstem Berater, dem Kölner Bischof Kunibert, der sich dadurch selbst eine weitere Quelle des Reichtums zugeschanzt hatte.

Dieser Pippin war schon lange eine Macht hinter dem jeweiligen König gewesen. Vom König Dagobert war er allerdings zeitweise entmachtet worden, indem er den ihm von seinem Vater Chlothar aufgezwungenen Majordomus Pippin zum Prinzenerzieher seines Sohnes Sigibert machte. Doch unmittelbar nach Dagoberts Tod *(im Jahr 638 oder 639)* war der ehrgeizige Pippin wieder zum Majordomus des Königsreichs Auster ernannt worden, der sich als der eigentliche Herr des Reichs gebärdete, auch wenn er inzwischen schon sehr alt war. Und sein Einflüsterer und, wie es hieß, sein Geselle bei den häufigen ausgiebigen Trinkgelagen war der Bischof Kunibert.

Diesen Bischof, den Hatto nur ein- oder zweimal gesehen hatte, mochte der Stadtherr von Susat überhaupt nicht. Dass er nun ausgerechnet der Knecht dieses Mannes werden sollte, nicht etwa durch einen freiwilligen Treueid, sondern durch den Federstrich in der Schreibkanzlei eines unerfahrenen und ahnungslosen Königs, das wurmte den jungen Adligen ganz besonders. Mit dem Glauben der Christen, dem sowohl Hatto wie der Bischof anhingen, hatte das alles nichts zu tun.

Hatto gehörte wie seine Vorfahren schon seit etlichen Generationen zu den Christen in Susat, doch war diese Gemeinde weder besonders zahlreich noch irgendwie besonders auffällig in dem Ort, in dem allein die Arbeit der Handwerker und der Kaufleute zählte, nicht die verschiedenen Götter, die die Menschen hier anbeteten.

Der jeweilige christliche Priester hatte genug zu tun, einem aufgeweckten jungen Mann aus seiner Gemeinde in jahrelangem Unterricht alle die Gebete und Zeremonien in der Sprache der Welschen *(Lateinisch)* fest ins Gedächtnis zu prägen, die er zu den sonntäglichen Gottesdiensten, den Taufen, Heiraten und Beerdigungen singen musste. Denn lesen konnte weder der Pfaffe noch sein zum Nachfolger herangezogener Gehilfe. Zu einem kleinen Kirchlein aus Holz hatten es die Christen in Susat gebracht, aber zu einer Vergrößerung der kleinen Gemeinde fehlte es dem schon sehr alten Priester an Kraft und Antrieb.

Nein, Hatto war sich sicher, dass die Schenkung seines Ortes an den Bischof nicht der Beginn einer kräftigen Ausweitung des Christentums hier sein würde, sondern nur den Reichtum des mächtigen Kirchenherrn vermehren sollte.

Vermutungen zu einem „schwarzen Loch des Nichtwissens“

Die vorstehende Episode versucht, etwas Licht in die Geschichte des späteren Frühmittelalters in einer Region Deutschlands zu bringen, über die man eigentlich überhaupt nichts weiß. Dort herrscht für die Geschichtswissenschaft ein riesiges „schwarzes Loch des Nichtwissens“, doch hütet sich jeder „echte“ Historiker sorgfältig, dieses Nichtwissen zuzugeben.

Schon der äußere Anlass für den Unmut des Stadtherrn im westfälischen Soest (im Frühmittelalter Susat genannt) wird bezweifelt, nämlich ob es überhaupt ein Dekret des fränkischen Königs über die Schenkung der „Höfe der Susaten“ an den Bischof Kunibert gegeben hat. Eine Urkunde aus dem Jahr 639 existiert heute nicht (mehr), nur eine indirekte Erwähnung in einer Urkunde eines Kölner Erzbischofs aus dem späten 11. Jahrhundert. Schriftgläubige Archivare und Historiker haben daher behauptet, die ganze Schenkung sei eine Erfindung d i e s e r Zeit gewesen.

Doch haben andere Historiker durchaus plausible Indizien dafür gefunden, dass tatsächlich bereits um 639 die reiche „Stadt“ Soest in die Hand des Kölner Bischofs gekommen ist, wie übrigens wohl ziemlich gleichzeitig auch die Stadt Utrecht am Niederrhein. Dieser kleine Ort – später ein wichtiger Bischofssitz – bemühte sich damals wohl sehr darum, dem alten Handelsort Dorestad (heute Wijk bij Duurstede), 20 Kilometer entfernt an einem anderen Rhein-Arm gelegen, Konkurrenz zu machen (siehe Kapitel 35).

Alle übrigen Beschreibungen in der vorstehenden Episode entbehren jeder urkundlichen Grundlage; insofern stoßen sie mutig in das „Dunkel des Nichtwissens“ vor. Das betrifft sowohl die Frage, ob überhaupt und wie lange Soest zum fränkischen Reich gehört hat, wie die Form der Unterstellung der örtlichen Machthaber unter die Königsgewalt konkret aussah, wie auch schließlich die Frage nasch der Rolle der christlichen Kirche in Westfalen v o r den Eroberungen Karls des Großen. Hier sind plausible V e r m u t u n g e n aus der Kenntnis vorangegangener geschichtlicher Vorgänge in eine für Laien-Leser verständliche Form gebracht worden.

Am Hof des Frankenkönigs hatte jetzt immer mehr der Majordomus das Sagen, der „Chef" der direkten Gehilfen des Königs. Diese verwalteten gleichsam wie moderne Minister verschiedene „Ressorts", z.B. Marschall = Befehlshaber der Reiterei, Mundschenk = zuständig für Verspflegung und Versorgung der Königfamilie und ihrer engsten Mitarbeiter, Kanzler = schriftkundiger Verfertiger der königlichen Dekrete, Truchsess = Verwalter des Königsschatzes und der Finanzen.

Für das Königreich Auster war lange Jahre der Edle Pippin dieser Majordomus (deutsch: Hausmeier, siehe Kapitel 29). Er scheint nach dem Tod des Königs Dagobert (638 oder 639) noch einmal für kurze Zeit dieses Amt wieder gewonnen zu haben, muss aber auch selbst bald darauf gestorben sein. Der Bischof Kunibert von Köln war sein enger Berater, wie in der Episode erwähnt. In dieser kurzen Übergangszeit könnte das genannte königliche Dekret erlassen worden sein.

Die Episode versucht auch, dem heutigen Leser einen Begriff von der damaligen Bedeutung des Ortes Susat zu vermitteln. Aus zahlreichen archäologischen Funden in den letzten Jahrzehnten in Soest weiß man, dass es die genannten Gewerbe schon im frühen Mittelalter dort gegeben haben muss. Es lässt sich vorstellen, dass diese seltene Kombination vom Salz-, Eisen- und Blei-Produzenten u n d Kaufleuten den Ort tatsächlich reich machte -- und natürlich dessen jeweiligen Herren auch.

Es kann in diesem Buch nicht um eine tiefgründige rechtshistorische Erörterung der Entwicklung des Grundeigentums im Mittelalter in Germanien gehen, sondern nur um eine verständliche Erklärung, wieso eigentlich der König der Franken (oder sein Hausmeier) in der Lage war, „Höfe und Häuser der Susaten" an einen Bischof zu schenken. Der König musste damit bereits nach der Anschauung seiner Zeit der rechtmäßige Eigentümer des ganzen Ortes gewesen sein, nicht bloß der „Schwurherr" des örtlichen Machthabers.

Die Römer kannten in ihrem streng formal geordneten und auch bereits weitgehend schriftlich festgelegten Recht den Begriff des persönlichen Grundeigentums und unterschieden davon – wie in unserem heutigen Recht – den tatsächlichen Besitz. Dieses abstrakte Denken dürfte Germanen sehr fern gelegen haben, und wohl auch den sarmatischen Adligen, die sich ja vielfach zu Herren germanischer Bauern gemacht hatten. Andererseits beruht das spätere Lehnswesen genau auf dem Unterschied von Grund e i g e n t u m und -b e s i t z .

Wie im späteren Mittelalter das so genannte Lehnswesen entstanden ist., wird unter den Historikern vom Fach noch immer heftig diskutiert, nur fehlen leider fast völlig konkrete Vorstellungen dazu, weil das wohl ein Prozess war, der Jahrhunderte bis zur vollen Entwicklung benötigte. Im voll ausgebildeten Lehnswesen war der Kaiser der oberste Lehnsherr, unter ihm die Herzöge, Bischöfe, Klöster und andere reichsunmittelbare Herren, und darunter in zahlreichen Abstufungen andere Adlige oder Inhaber von Grundstücken oder Dörfern. Der Belehnte schuldete jeweils dem Nächsthöheren Gehorsam, Dienstleistungen und Abgaben, erhielt aber eben auch von seinem Lehnsherren die beschränkte Verfügung seines Grundbesitzes auf Lebenszeit übertragen, gewissermaßen als Gehalt für seine Dienste.

Die Episode versucht, auch hier vorstellbar zu machen, wie dieser Zustand sich sehr langsam entwickelte. Im 7. Jahrhundert gab es das spätere Lehnswesen noch nicht, aber man dürfte eben Anfänge davon gekannt haben. Wenn, wie in diesem Buch in mehreren Kapiteln beschrieben (siehe Kapitel 20, 24 und 27), die Stadt Soest und ihre nähere Umgebung langsam immer stärker in den Einfluss des Königreichs der Franken geriet, dann könnte sich das vor Ort etwa in der Art ausgewirkt haben, wie es den Erinnerungen des natürlich hier fiktiven Stadtherren Hatto an seine Vorfahren und deren wachsende Abhängigkeit vom König zu entnehmen ist.

Als zweieinhalb Jahrhunderte früher die sarmatischen Reiterhirten als Einwanderer nach Westfalen kamen, betrachteten sie vermutlich alle Landflächen, die nicht von den einheimischen Bauern als Äcker benötigt wurden. als Platz, wo sie rechtmäßig ihr Vieh weiden lassen konnten. Diese Grundstücke waren natürlich nicht schriftlich festgehalten, aber im Gedächtnis der Menschen der Herrenschicht waren sie untrüglich fixiert, auch durch viele Generationen. Durch Heiraten der Töchter aus den Schah-Familien in andere Adelshäuser gerieten Stücke davon als Hochzeitsgabe in andere Familien, und vermutlich auch bereits die Herrschaft über die Menschen in einzelnen Bauerndörfern, die neben diesen Weideplätzen lagen. Ein frühmittelalterliches Adelsgeschlecht, das durch etliche solcher Ehen eine größere Zahl an Weiderechten in verschiedenen Gegenden „zusammengeheiratet" hatte, erhielt damit ein höheres Ansehen als eine Familie, die damit nicht so erfolgreich gewesen war. Auf diese Weise dürfte sich auch in Gegenden, die nicht von der römischen Zivilisation beeinflusst waren, allmählich der Begriff vom „Grundeigentum" den römischen Vorstellungen angenähert haben.

Wie weit sich ähnliche Entwicklungen auch auf der höheren Ebene vollzogen, im Verhältnis zwischen König und lokalem Grundherrn, ist nur schwer zu erahnen, weil natürlich aus dieser Zeit kaum schriftliche Unterlagen dazu existieren. Im Prinzip war der König der Franken ein absoluter Herrscher, dessen Befehle für jeden seiner Untertanen galten, gleich ob Bischof, Adliger oder Bauer. Aber schon sehr bald stellte sich heraus, dass der jeweilige König durchaus auf die nachdrücklich geäußerten Wünsche seiner „Großen", der hohen Adligen, Rücksicht nehmen musste. Wo diese allerdings einmal Schwäche zeigten, aus welchen Gründen auch immer, konnte der König sehr wohl auch hart durchgreifen.

Vielleicht ist das im Fall Soest tatsächlich geschehen, als dessen Stadtherren durch zeitweise Verweigerung der Erneuerung des Treueids „eidbrüchig" wurden, wie in Kapitel 27 unterstellt. Möglicherweise hat damals, etwa um das Jahr 613, König Chlothar den Hunenkönig seiner Würde entkleidet, ihn zum einfachen Adligen und direkten Untertanen des Königs gemacht und seinen Herrschaftsbereich zum Königseigentum erklärt. Das konnte er dann nach den Rechtsvorstellungen seiner Zeit auch vererben, verkaufen oder verschenken.

Gab es im 6. und frühen 7. Jahrhundert bereits Christen in Westfalen ? Im Kapitel 20 ist das behauptet worden. Aber soweit der Autor die nur sehr spärliche Fachliteratur zur frühmittelalterlichen Geschichte Westfalens kennt, hat sich kein Experte näher dazu geäußert. Und wenn das doch der Fall gewesen sein sollte, dann ist vermutlich die Christianisierung dieser Landschaft nach dem beurteilt worden, was man aus dem folgenden Jahrhundert kannte, der Zeit der irischen und angelsächsischen Mission.

Doch das wäre wohl eine Fehleinschätzung. Im einst römischen Gallien, dem Kern des Frankenreichs, war das Christentum ja schon zwei Jahrhunderte v o r der Taufe Chlodwigs fest etabliert. Die christlichen Bischöfe in den Städten, allesamt Sprösslinge der galloromanischen Senatorenschicht, bald auch der sarmatischen und germanischen Adelsfamilien, zeigten aber in der Zeit der frühen merowingischen Könige wenig Interesse an der

Verbreitung ihres Glaubens auf Menschen außerhalb ihrer Sprengel. Der im Kapitel 20 erwähnte Bischof Medardus war da wohl eine große Ausnahme.

Im Übrigen muss man sich einen Umstand klar machen, der ganz sicher für weite Teile der christlichen Kirche bis ins hohe Mittelalter galt, wenigstens in Europa. Fast alles, was der normale Christ von seinen Priestern zu hören bekam, war das Ergebnis einer erstaunlichen Gedächtnisleistung der Priester, die alles in ihren Köpfen speichern mussten, was sie benötigten: einige Bibeltexte, liturgische Texte (Gebete für verschiedene Anlässe) und – wenn in den „Niederungen" ländlichen Gemeindelebens überhaupt gefragt – theologische Ausführungen. Die spitzfindigen theologischen Streitigkeiten, die bereits frühe Kirchenväter s c h r i f t l i c h miteinander austrugen, zirkulierten nur in einem winzigen Kreis von Experten.

Das lag einmal daran, dass die Kunst des Lesens und Schreibens auch unter dem kirchlichen Klerus erst spärlich verbreitet war. Selbst im einst römischen Teil des Frankenreichs dürften außer den Bischöfen und einigen wenigen Mönchen nur wenige normale Priester diese Kunst beherrscht haben. Der zweite Grund lag in der außerordentlichen Kostbarkeit des Schreibmaterials der damaligen Zeit. Das preiswerte Papyros der Römerzeit, die Blätter einer Nilpflanze, die zu „Papier"-Seiten verklebt wurden, kamen nun praktisch kaum mehr nach Europa, und das Pergament aus Tierhäuten als haltbares Medium zum Beschreiben war extrem teuer. Deshalb dürften Bibeltexte, vor allem vollständige Fassungen des Alten und des Neuen Testaments, noch bis ins hohe Mittelalter hinein in Europa sehr rar gewesen sein.

Was blieb den christlichen Priestern, vor allem auf dem Lande und erst recht in „kulturfernen" Gegenden wie denen östlich des Rheins, anderes übrig als es wie alle anderen Menschen um sie herum zu halten, nämlich das für ihren Beruf nötige Wissen im Kopf zu speichern ?

So ist also die Annahme nicht ganz unplausibel, dass es im Land östlich des Rheins im 7. Jahhrundert vielleicht tatsächlich einige wenige christliche Gemeinden gab, die sich mehr schlecht als recht von kleinen Anfängen her gerettet hatten, doch ohne den Drang zur Missionierung über den kleinen Kreis von Gläubigen hinaus. Dazu dürften auch die von sarmatischen „Papen" gegründeten Gemeinden mit griechischer Kirchensprache gehört haben, von denen in den Kapiteln 11 und 28 die Rede war.

Erstaunlicherweise gibt es ganz schwache Andeutungen, dass bereits so früh einige christliche F r a u e n klöster in Westfalen begründet worden sind, doch sind diese Andeutungen so vage, dass selbst in diesem Buch nicht dazu spekuliert werden kann.

Teil V

Ein neuer Glaube breitet sich aus - aber nicht überall

Ca. 650 – 755 n. Chr.

Im letzten Jahrhundert der Merowinger-Dynastie war noch nicht entschieden, wer im späteren Deutschland die Macht ausüben würde. Der Einfluss der Franken und des Christentums wuchs, aber weite Regionen waren davon unberührt. Erst Pippins und Karls entschiedenes Durchgreifen brachte den größten Teil Deutschlands unter die Herrschaft der fränkischen Könige aus der Familie der Karolinger - - doch das ist nicht mehr Thema dieses Buches.

32

Ein neues Volk wächst zusammen

Burgenbau mit doppeltem Zweck

Frühsommer 645, an der Mecklenburg bei Schwerin

Aufatmend, fast triumphierend stieg Knes Nakon auf den ersten Erdhaufen, den ein Bauer mit einem großen Weidenkorb vor ihn hingeschüttet hatte. Der Bau der Wiligrad, seiner Burg, der großen Burg, hatte tatsächlich begonnen. Über ein Jahr lang hatten er und einige besonders kluge Angehörige seiner Familie über dem Plan gebrütet und an den Vorbereitungen gearbeitet, die für ein so großes Vorhaben nötig waren.

Da war zunächst der geeignete Platz zu finden, dort, wo der alte Handelsweg zwischen der Meeresküste *(Ostsee)* und dem großen See Swarins *(Schweriner See)* hindurchführte, so dass Knes Nakon in der Lage war, Kaufleute zu Abgaben zu zwingen, die auf der Straße entlang zogen. Sodann war eine große Fläche von Bäumen und Buschwerk zu säubern und dann mit einer langen Schnur von einem Pfahl aus zwei riesige Kreise zu ziehen und diese Linien mit Haselstöcken rundherum zu markieren, damit die Knechte wussten, wo sie die Erde ausgraben und wo wieder aufschütten sollten. Zugleich waren auf Befehl des Knes schon seit einem Jahr die Handwerker damit beschäftigt, viele, viele hölzerne Spaten und Schiebeböcke *(Schubkarren)* herzustellen, und die Frauen in den Dörfern saßen den Winter über und flochten aus Weidenruten große Körbe, damit man die Erde ausgraben und über weite Strecken transportieren konnte.

Jetzt, nach dem Ende der Frühjahrssaat und vor dem Beginn der Ernte des Getreides war die geeignete Zeit, da der Knes die Männer aus den Dörfern der Obotriten zusammenrufen konnte, um den Plan in die Wirklichkeit umzusetzen. Und auch viele Frauen hatten mitkommen müssen, um während zweier Mondläufe für die Verpflegung der schwer arbeitenden Männer zu sorgen. Vier mal zehn Dutzend Männer waren aufgeboten, und noch einmal halb so viele Frauen.

Knes Nakon wusste, dass seine Männer genügend über ihn fluchen würden, wenn sie abends nach getaner Tagesarbeit an den Feuern saßen und ihren Haferbrei aßen. Aber er wusste auch, dass nichts die Leute aus den weit verstreuten Dörfern der Obotriten so gründlich zu einem Volk zusammen schweißen würde wie diese gemeinsame Arbeit. Wie stolz würden sie alle zusammen sein, wenn in einem Dutzend Jahren die große Burg fertig dastehen würde, eine Insel mitten in einem großen künstlichen See, mit festen Holzpalisaden und geräumigen Holzhäusern für den Knes und seine engere Schwurgemeinschaft, mit einer schmalen Holzbrükke, die man bei Gefahr leicht abbrechen konnte, ein unüberwindliches Bollwerk gegen alle etwaigen Feinde !

Es schien dem Knes Nakon nötig, sich und seine Familie in einem solchen Bollwerk zu schützen, denn die Zeiten waren gefährlicher geworden, so weit sich der Fürst selbst erinnern konnte und das in Betracht zog, was er noch von seinem

Vater und seinem Großvater über frühere Zeiten erfahren hatte. Feinde waren jetzt mehr als einst bereit, mit Waffen den Nachbarn zu überfallen und auszurauben, wo man früher doch eher gleichgültig über die Grenzen der eigenen Dörfer hinaus geblickt hatte.

Nakon wusste, dass er nicht vom gleichen Stamm wie die Bauern war, über die er herrschte und deren Sprache er längst benutzte, genau wie seine Vorfahren. Aber er fühlte sich dennoch eins mit diesen Leuten und es war für ihn selbstverständlich, verantwortlich für ihr Wohlergehen zu sein und als Adliger weiter zu denken als die einfachen Bauern, Fischer und Handwerker, die seiner Herrschaft anvertraut waren. Und er, Nakon, hatte den Ehrgeiz, seine Obotriten zum führenden Volk unter den stammverwandten Wagriern, Polaben und Warnowern zu machen. Der Sage nach waren seine Obotriten die Nachkommen von Obodr, dem „sehr Wachsamen", der einst – wie viele Generationen mochte das wohl her sein ? – mit einigen wenigen seiner Stammesgenossen auf stolzen Pferden in das Land zwischen den Wassern *(Mecklenburg zwischen der Ostsee und der sogenannten „Mecklenburger Seenplatte")* eingewandert war *(siehe Kapitel 17)*.

Danach hatte das Land der Wälder, Weiden und Seen mehrmals seine menschlichen Bewohner gewechselt oder wenigstens fast gewechselt. Alte Einwohner waren fortgezogen, zu einem entfernt verwandten Volk der Thüringer, Leute von der Insel Skandzia *(gemeint Südschweden)* waren über das große Meer ins Land gekommen und größtenteils später wieder mit Booten auf die Inseln nach Mitternacht zu gefahren *(gemeint sind die Inseln Dänemarks)*. Danach waren viele Bauern und Fischer von Sonnenaufgang her ins Land gezogen, die eine fremde Sprache benutzten. Ob der Vorfahr Obodr mit diesen Menschen gekommen war oder schon vorher mit den adligen Reitern, wusste Nakon nicht mehr sicher. Nur war es für Nakon – und auch wohl einst für die eingewanderten Bauern ! – selbstverständlich gewesen, dass diese sich der so vorteilhaften Herrschaft der Schah und ihrer kleinen Reiter-Gefolgschaft unterstellten.

Jetzt hatte endlich der Bau der großen Burg begonnen, von der sich Knes Nakon so viel versprach. Es würde die Burg eines stolzen Volkes der Obotriten und der Sitz seiner eigenen Nachkommen werden. Wie lange würden sie wohl hier herrschen können ?

Die Ursprünge der slawischen Obotriten

Natürlich gibt es kein schriftliches Zeugnis über den Bau der „großen Burg", auf slawisch „Wiligrad" genannt, nördlich des großen Schweriner Sees im heutigen Land Mecklenburg-Vorpommern. Niemand weiß daher sicher, ob er – wie in der obigen Episode angenommen – im Jahr 645 n. Chr. begann oder ein paar Jahrzehnte früher oder später.

Doch diese künstliche „Niederungsburg" der slawischen Obotriten nördlich der heutigen Landeshauptstadt Schwerin hat für Jahrhunderte das Schicksal der Landschaft am südlichen Rand der Ostsee bestimmt und gab ihr sogar dem Namen. Der slawische Name Wiligrad bedeutete „große Burg", der wurde in den ersten, natürlich lateinischen Schriftdokumenten mit Magnopolis übersetzt und später in das niederdeutsche Wort Mekilinburg, aus dem dann schließlich der Orts- und später Landesname Mecklenburg wurde. Bis 1256 blieb die Burg Sitz der Fürstenfamilie. Heute ist noch ein beeindruckender Erdwall dicht bei dem Ort „Dorf Mecklenburg“ davon zu sehen.

In der vorstehenden Episode wurde versucht, mit etwas logischem Nachdenken ein paar der vielen organisatorischen Maßnahmen zu beschreiben, die einem so großen Bauvorhaben vorangehen mussten. Nein, „tumbe Wilde“ waren weder die slawischen Bauern, die in das Land eingewandert waren noch ihre vermutlich sarmatischen Anführer, die sogar schon im Lande waren, als die letzten Zuwanderer kamen, wenn man als richtig unterstellt, was im Kapitel 17 berichtet werden konnte.

Der Anführer oder „Knes“ (slawisch: König) Nakon aus der Einleitungs-Episode ist natürlich eine fiktive Person, doch ein Fürst der Obotriten mit diesem Namen wird aus dem Ende des 10. Jahrhunderts berichtet. Warum soll nicht ein Vorfahre drei Jahrhunderte vorher schon einmal diesen Namen getragen haben, der überhaupt nicht slawisch wirkt, sondern ein typischer skythisch-sarmatischer Name ist ?

Über die Einwanderung von Slawen ins heutige Gebiet Deutschlands ist im Kapitel 23 berichtet worden. Die einzelnen Züge kamen aus verschiedenen Richtungen und brachten Menschen unterschiedlicher Prägung nach Mitteleuropa, wenn auch alle eine Sprache benutzten, deren Zweige sich wenigstens in der Frühzeit noch sehr ähnlich waren.

Gerade im heutigen Mecklenburg müssen die slawischen Einwanderer Menschen vorgefunden haben, die bereits aus den verschiedensten Kulturen kamen, allerdings waren es nur verschwindend wenige. Ein paar germanische „Ur-Einwohner“ aus dem Stamm der Warnen, die nicht abgezogen waren, ganz wenige Nordgermanen aus Schweden und schließlich einige sarmatische Rinderhirten zu Pferde. Dass die Adligen dieser letzteren Gruppe sich bald zu Herren dieser Ansammlung von Bauern machten, lässt sich leicht vorstellen.

Das Volk der Obotriten hat nach diesem Burgenbau tatsächlich die Oberhoheit über die Slawenstämme in der Nachbarschaft errungen. An der Ostseeküste des heutigen Schleswig-Holstein waren es die Wagrier (südlich von Kiel), die Polaben (um das heutige Lübeck), dann die eigentlichen Obotriten um Schwerin und eben die Mecklenburg, sowie östlich anschließend die Warnower. Sie dürften alle mit der gleichen Einwanderungswelle wie die Obotriten selbst nach Deutschland gekommen sein.

Die kriegerischen Fähigkeiten dieses Volkes waren lange berühmt, und es ist ihm auch gelungen, sehr lange seine Unabhängigkeit gegenüber dem immer mächtiger werdenden Nachbarn im Westen, dem fränkischen Reich und später gegenüber den Kaisern des „Heiligen Römischen Reiches“ aus dem Stamm der Sachsen zu wahren. Erst seit dem Jahr 1147 gehört Mecklenburg endgültig zu diesem Reich, nach dem sogenannten „Wendenkreuzzug“ dieses Jahres. Und auch erst in diesem Jahr ließ sich der Herrscher dieses Landes, der Obotriten-Fürst Niklot, als Christ taufen und erhielt dafür sein vom Herzog Heinrich dem Löwen erobertes Land wieder als Lehen zurück.

Im östlichen Mecklenburg sowie in Vorpommern bis zur Oder saßen zur gleichen Zeit die slawischen Wilzen oder Liutitzen, die mit den Obotriten Jahrhunderte lang verfeindet waren. Wahrscheinlich waren diese Wilzen Slawen etwas anderer Herkunft als die Obotriten, doch das sind Fragen, die heute eigentlich niemanden mehr interessieren.

Interessant ist es aber, dass die Herrscherfamilie der „Nakoniden“ der Obotriten, wie man sie in der modernen Geschichtsforschung genannt hat, noch im 21. Jahrhundert existiert. Ihre heutigen Mitglieder führen den bürgerlichen Familiennamen „Herzog von

Mecklenburg“, doch ihre Vorfahren haben offenbar seit dem 7. Jahrhundert n. Chr. in der Region südlich der Ostsee als Herren, Fürsten, Herzöge und schließlich Großherzöge regiert, in einer ununterbrochenen Reihenfolge ! Erst im Jahr 1918 musste der letzte Großherzog von Mecklenburg auf den Thron verzichten, wie alle Kaiser, Könige und anderen Fürsten im deutschen Kaiserreich.

Diese Herzöge und Großherzöge haben sich in den letzten Jahrhunderten selbstverständlich als Deutsche gefühlt, ebenso ihre Untertanen, auch wenn diese sich bis ins 19. Jahrhundert hinein vorrangig als Mecklenburger empfanden. Man kann an diesem Beispiel gut sehen, dass der Begriff „deutsch“ nichts mit der „urgemanischen Abstammung“ zu tun hat, wie es Hitler und die Nationalsozialisten einst predigten.

33

Christliche Sendboten bei den Alemannen

Das wundersame Begräbnis des Mönchs Fridolin

März 660, in Säckingen /Hochrhein

Als am Abend die offizielle Feiern vorbei waren und die sieben Nonnen des Stiftes Säckingen wieder allein in ihrer Klausur die Eindrücke des so bemerkenswerten Tages verarbeiten konnten, hielt es die beiden jüngsten der Kuttenträgerinnen nicht in ihren Zellen. Mit stillen Blicken hatten sie sich verabredet, sich gleich in der kleinen Kirche des Klosters zu treffen, in der jetzt, noch vor der Stunde der Laudes *(Abendgebet im Kloster),* niemand sonst anwesend war. Tuschelnd und kichernd gingen die beiden jungen Frauen die Ereignisse des langen Tages noch einmal durch. Trotz des traurigen Anlasses mussten sie mitunter laut lachen.

Vor gut einem halben Mond war der würdige Mönch Fridolin in seinem Kloster hier auf der kleinen Insel im Rhein im Dorf namens Säckingen gestorben, nach einem langen verdienstvollen Leben im Auftrag Gottes und Jesu Christi. Immer wieder war er von Säckingen aus aufgebrochen, um den Heiden in der weiteren Umgebung vom Gott der Christen zu predigen. Seine Beisetzung neben der Kirche war bewusst aufgeschoben worden, denn zahlreiche hochrangige Gäste mussten dazu eingeladen werden. In der Zwischenzeit hatten

Knechte des Klosters ein Grab ausgehoben. Dabei hatten sie ein menschliches Skelett entdeckt, dessen Fleisch die Würmer bereits verzehrt hatten, das jedoch noch mit seinen Sehnen zusammen hing. Es wurde vorsichtig beiseite gelegt, um später in allen Ehren noch einmal begraben zu werden.

Am Morgen des Tages der Beisetzung des Mönches Fridolin hatten sich all die vielen Ehrengäste versammelt. Allen voran die sieben Nonnen des Frauenklosters, das der Gottesmann hier vor vielen Jahren neben dem schon bestehenden Männerkloster begründet hatte. Die würdigen Nonnen, allesamt unverheiratete Töchter aus Adelsfamilien der Umgebung, hatten mit dem klugen Mönch immer gerne über theologische Fragen diskutiert, wenn er einmal anwesend war, etwa über die Frage, wie groß wohl die Engel seien und ob sie sich in den Wolken am Himmel vor den Augen der Irdischen verbergen würden. Außerdem waren noch wichtige Familienangehörige der adligen Damen als Trauergäste geladen gewesen.

Doch die Zeremonie, mit der der Leichnam des Mönches Fridolin der Erde übergeben werden sollte, war auf ruchlose Weise unterbrochen worden. Angehörige einer mit dem Kloster verfeindeten Familie alemannischer Adliger aus der Nachbarschaft erschienen plötzlich, umringt von einigen kräftigen Knechten. Sie verboten lautstark die Beisetzung des gottseligen Mönches an just dem Fleck, an dem man ihm sein Grab vorbereitet hatte. Denn dieser Platz gehöre der Familie und nicht dem Kloster. Verwirrung und betretenes Schweigen machte sich bei der Trauergesellschaft breit.

In diesem Augenblick hatte eine der jüngsten Nonnen des Klosters eine rettende Idee. Sie winkte ihrer Freundin, sich heimlich von der Trauergesellschaft zu entfernen. Unbemerkt gelang es den beiden Frauen, das jüngst ausgegrabene Skelett auf einen Handkarren zu drapieren und sich selbst mit schwarzen Umhängen zu maskieren. Tapfer marschierten die beiden Nonnen dann auf die Menschentraube am Grab des Fridolin zu. Mit unheimlicher Stimme schien das Skelett zu verkünden, der Mönch Fridolin sei genau hier ins Grab zu senken und damit in die Hut Gottes, des Allmächtigen, zu überantworten, denn er, der Edle Urso, wolle es so. Er habe Fridolin diesen Platz für sein Grab vermacht. Voller Entsetzen über den unheimlichen Vorgang flohen die Störenfriede aus der feindlichen Adelssippe daraufhin vom Platz vor der Kirche. Und alle anderen schlugen entsetzt ein Kreuz nach dem anderen.

Diesen Vorgang mussten die beiden Nonnen unbedingt noch einmal tuschelnd in der Dunkelheit der leeren Kirche an sich vorbeiziehen lassen, und sie konnten es nicht verhindern, dass sie vor Lachen platzten. Gott der Allmächtige würde ihnen diesen Mangel an Ehrfurcht sicher verzeihen, hatten sie doch mit ihrem genialen Einfall die würdige Beisetzung des Mönches Fridolin nach einem langen gottgefälligen Leben gerettet.

Die Beisetzungsfeier des frommen Mönches hatte noch eine weitere Folge. Der Edle Rippo war von seinem Gut im Sundgau erschienen, zwei Tagesreisen von Säckingen entfernt. Da er der ältere Bruder der Priorin des Klosters war, zählte er zu den bevorzugten Ehrengästen. Mit seinem schwarz-gelben Wollumhang machte er auch eine besonders gute Figur. Es war kein Wunder, dass sich eine junge Frau aus der Gegend südlich des Rheins in ihn verliebte, sie war die jüngere Schwester einer der Nonnen des Klosters und ebenfalls als Ehrengast zu der Beisetzung geladen. Sie stammte aus einer alemannischen Adelsfamilie, die sich kürzlich erst am Zusammenfluss der Aare und der Reuß *(Nebenflüsse des Rheins aus der nördlichen Schweiz)* angesiedelt hatte. Zwei Schwestern von ihr waren als Nonnen ins Kloster Säckingen gekommen. Das offensichtliche Interesse der jungen Frau an dem stattlichen Ritter aus dem Sundgau blieb nicht unbemerkt. Auch dieser erkundigte sich so unauffällig wie möglich nach der Familie der jungen Schönen.

So kam es, dass ein halbes Jahr nach der denkwürdigen Trauerfeier in Säckingen ein Werber des Edlen Rippo zu der Adelsfamilie an der Aare entsandt wurde und um die Hand der jungen Frau anhielt – eine Verbindung, der ihre Eltern nur mit Freuden zustimmen konnten. Denn sie hatten schon befürchtet, auch ihre jüngste Tochter einst in das Kloster am Rhein schicken zu müssen.

Der heilige Fridolin: Legende und Realität

Vielleicht hat sich tatsächlich die Trauerfeier für den verstorbenen Mönch Fridolin so oder ähnlich abgespielt, wenn man die Legende mit den möglichen oder zu vermutenden Fakten der historischen Realität zusammenzubringen versucht.

Die 300 Jahre später niedergeschriebene Lebensgeschichte des Mönches Fridolin berichtet jedenfalls, der heilige Mann habe noch nach seinem Tod ein Wunder vollbracht, indem er einen Toten erweckt habe, der die Korrektheit des Begräbnisplatzes für ihn selbst, Fridolin, bestätigt habe. Einige Bilder stellen daher diesen Heiligen vom Hochrhein mit einem Skelett im Hintergrund dar. Eines der unzähligen Wunder, die mittelalterliche Mönche den vielen Heiligen jener Zeit angedichtet haben, könnte so wie erzählt einen realen Ursprung gehabt haben. Der christliche Glaube im Frühmittelalter beruhte zu einem ganz erheblichen Teil auf dem Aberglauben und der Wundergläubigkeit der einfachen Menschen, die sich die Vertreter der Kirche bewusst zunutze machten.

Doch wann dieser Heilige Fridolin in Säckingen wirklich gelebt hat, ist unter Heimatforschern und Kirchenhistorikern stark umstritten. Mehrere Lexika, auch Wikipedia, geben sein Todesjahr mit 538 an und behaupten, er sei im Auftrag des Frankenkönigs Chlodwig **(I.)** an den Hochrhein gekommen und habe dort auf einer kleinen Insel im Rhein ein Frauenkloster gegründet. Doch da gleichzeitig angegeben wird, dieser Mönch Fridolin habe vorher enge Beziehungen zum Frauenkloster Poitiers in Südfrankreich gehabt, kann eine dieser Behauptungen nicht stimmen, denn dieses Kloster wurde erst um 560 gegründet.

Viel eher wahrscheinlich ist, dass der Mönch Fridolin vom König Chlodwig **II**. an den Hochrhein geschickt wurde; dieser regierte von 638 bis 657, und zwar das fränkische Teilkönigtum Burgund. Er war der Bruder des im Kapitel 31 erwähnten Königs Sigibert III. Und hier ist zu vermuten, dass die Entsendung des Mönches vorrangig politische Gründe hatte. Chlodwig soll den wohl schon im eigentlichen Frankenreich bekannt gewordenen Fridolin auf verschiedene Weise sehr gefördert haben.

Denn der junge Merowingerkönig wollte möglicherweise sein Regnum Burgund nach Nordosten hin ausdehnen, dorthin, wo heute die drei Länder Frankreich, die Schweiz und Deutschland zusammenstoßen. Wahrscheinlich war dieses Gebiet umstritten zwischen den Königen von Auster und Burgund, den Brüdern, die ja oft zu Todfeinden werden konnten, wie in diesem Buch schon mehrfach erwähnt.

In diesen Jahrzehnten erlebte das Gebiet der heutigen Schweiz einen Zustrom neuer Bewohner. Zahlreiche Alemannen von jenseits des Rheins drängten in das Land südlich davon, das bis dahin nur sehr dünn besiedelt war, und zwar von Menschen, die sich noch der „welschen" (vom Lateinischen abgeleiteten) Sprache bedienten. Erst so spät hat die Schweiz bis in die hohen Alpentäler hinein die meisten ihrer alemannisch sprechenden Bewohner erhalten. Und um die Beherrschung dieser Einwanderer ging es wohl im stillen, aber zähen Wettstreit der beiden fränkischen Regna Burgund und Auster in diesem 7. Jahrhundert. Im letzten Abschnitt dieses Kapitels wird noch einmal darauf eingegangen werden.

Immerhin haben die intensiven Forschungen zur Frühgeschichte des Klosters Säckingen manches interessante Detail ans Licht gebracht, das auch in diesem Buch erwähnt werden sollte. So ist es wahrscheinlich, dass ein kleines Kontingent fränkischer Krieger bei dem Feldzug gegen die Alemannen im Jahr 506 (siehe Kapitel 14) sich dort festgesetzt hat, wo noch ein paar übrig gebliebene „römische" Einwohner in einem Dörfchen auf einer kleinen Insel im Hochrhein lebten. (Heute ist die Insel bei Säkkingen längst verlandet.)

Dieser fränkische Stützpunkt war leicht zu verteidigen und hat dann wahrscheinlich über die Jahrhunderte immer wieder einmal einen neuen Befehlshaber und neue Krieger zugewiesen bekommen, um als „Castrum" die umwohnenden Alemannen zu überwachen. Später, vielleicht um das Jahr 600, ist dort wohl bereits ein Männerkloster gegründet worden, wie mehrere Historiker behaupten, angeblich das früheste im ganzen Südwesten Deutschlands. Doch das berühmte Frauenkloster, das hier in Säkkingen bis ins 19. Jahrhundert hinein bestanden hat, kam vermutlich erst später hinzu, als der Mönch Fridolin dort wirkte.

Die zarten Anfänge christlicher Mission

Dieser Fridolin war Mönch von einer Sorte, die dem Leser in diesem Teil des Buches noch öfter begegnen wird. Er gilt als „irischer Wandermönch", doch scheint gerade für ihn diese Kennzeichnung nicht zuzutreffen; er wird von einigen Historikern für einen „echten Franken", also germanischer Herkunft, gehalten. Doch das ist für den weiteren Verlauf der Geschichte nicht so wichtig.

Schon mehrfach ist in diesem Buch darauf hingewiesen worden, dass die Kirche im längst christlichen Frankenreich während der frühen Generationen der Merowingerkönige bis auf Ausnahmen nicht an einer Missionierung der heidnischen Gebiete am Rhein und darüber hinaus interessiert war. Den Bischöfen in den einstigen Römerstädten, allesamt aus reichen und angesehenen Familien der Römer oder der verschiedenen Herrenvölker im Frankenreich stammend, war wichtiger die Vermehrung ihrer Macht und ihres Reichtums.

Aber von der Insel Irland kamen schon im 6. Jahrhundert etliche christliche Mönche über den Kanal ins Frankenreich, die ganz anders dachten. Wie das Christentum nach Irland gelangte – diese Insel war bekanntlich nie von den Römern besetzt – ist heute noch ein großes Geschichtsrätsel. Um das Jahr 590 gründete einer dieser Mönche aus Irland, Columban, in Luxeuil in Frankreich ein Kloster, das im Laufe seiner langen Geschichte mehrere berühmte „Sendboten Christi" hervorbrachte. Offenbar wurden sie in diesem Kloster fit gemacht für ihre Aufgabe, den neuen christlichen Glauben offensiv bei den Heiden zu verkünden.

Columban vertrug sich der Legende nach nicht mit den an anderen Dingen interessierten Bischöfen des Frankenreichs und wanderte aus, zunächst an das Ostende des Bodensees, nach Bregenz, und wenig später – auch dort offenbar ziemlich von den störrischen Heiden frustriert – in das Kloster Bobbio in Oberitalien, wo er 615 starb. Sein Schüler Gallus gründete auf den Berghöhen südlich des Bodensees ein anderes kleines Kloster, aus dem sich das später berühmte Kloster, der Ort und der Schweizer Kanton Sankt Gallen entwickelten (etwa seit der Mitte des 7. Jahrhunderts).

In Säckingen am Hochrhein, halbwegs zwischen dem Bodensee und dem Rheinknie bei Basel gelegen, entstand etwa zeitgleich das Frauenkloster Säckingen durch den heiligen Fridolin, wie in der Einleitungsepisode angedeutet. Außerdem weiß die Legende noch von einem Mönch Trudpert, der in einem versteckten Waldtal im südlichen Schwarzwald ein winziges Kloster gründete, in dem er mehr einsam als Einsiedler betete, als dass er den neuen Glauben den Heiden predigte. Es ist das heutige Münstertal südlich von Freiburg. Das war alles, was die spätere Zeit von frühen christlichen Sendboten zwischen Schwarzwald und Hochalpen wusste.

Auch wenn man berücksichtigt, wie gering damals die Bevölkerungszahl in dieser Gegend Mitteleuropas war, sind diese winzigen Zellen christlichen Glaubens doch zunächst nur ein „Tropfen auf den heißen Stein“ inmitten einer noch zutiefst heidnischen Bevölkerung gewesen. Es muss noch Jahrhunderte gedauert haben, bis alle Menschen dort auch wirklich Christen geworden waren und regelmäßig des Sonntags in ihrer Kirche eine (natürlich lateinisch gesungene) Messe hörten. Wie weit diese Menschen in ihrem Inneren das von der christlichen Lehre glaubten, was wir h e u t e als deren Inhalt zu kennen meinen, muss offen bleiben.

Diese Verhältnisse galten natürlich nicht nur für das in diesem Kapitel behandelte Gebiet Alemanniens, also den deutschen Südwesten, sondern eigentlich in ganz Deutschland. Die formal unter der Oberhoheit der fränkischen Könige stehenden Gebiete unterschieden sich da nur wenig von den neuen Wohngebieten der Slawen (siehe zum Beispiel das Kapitel 32), in die damals überhaupt noch kein Sendbote des Christentums gekommen war.

Die Klöster als Orte gemeinsamen Lebens einiger christlicher Glaubensboten hatten gerade in der Frühzeit eine besondere Bedeutung, ja sie waren ursprünglich die einzigen zarten Pflänzchen, die in der Lage waren, den Samen des Christentums auszubreiten. Denn was es damals im 7. Jahrhundert wohl diesseits des Rheins so gut wie überhaupt noch nicht gab, waren eigene Kirchen in den Orten, und seien sie auch noch so klein, und daran „angestellte" christliche Pfarrer, die keine Mönche waren. mit eigenen Gemeinden,

Ein Wort ist noch nötig zu den Frauenklöstern, die schon sehr früh beliebt wurden. Sie hatten anders als die Männerklöster vorrangig die Aufgabe, unverheiratete Frauen aus den Adelsgeschlechtern zu versorgen. Dort konnten sie verhältnismäßig billig untergebracht und verpflegt werden und vollbrachten mit dem Singen frommer Lieder und weiblichen Arbeiten wie dem Bestikken kostbarer Gewänder noch dazu gottgefällige Werke. Es war für die Adelsgeschlechter immer noch billiger, diesen Klöstern Dörfer mit den dazu gehörigen Bauern und Land zu schenken – dies diente als Vorausbezahlung der Unterbringungskosten –, als diese Vermögensbestandteile den Töchtern als Mitgift bei einer Ehe mitzugeben. Die in Aussicht genommenen Ehemänner hatten es nämlich bald verstanden, in den Kaufverhandlungen ihren künftigen Schwiegereltern einen immer höheren Preis für die Mitgift abzuverlangen. Denn Eheschließungen waren nun einmal im Prinzip dazumal nichts anderes als Kaufverträge, hier über eine Frau, die von der „Munt“ (rechtliche Aufsicht) einer Sippe in die andere überging.

Wer herrschte über die Alemannen ?

Vom „Volk“ oder „Stamm“ der Alemannen war in diesem Buch bisher nur dann beiläufig die Rede, wenn diese wieder einmal von den wenigen Chronisten als „Aufständische“ gegen die Frankenkönige erwähnt wurden. Fachhistoriker haben ganze Bände von Abhandlungen verfasst, ob es einen Herrscher über die Alemannen gegeben habe, einen König oder Herzog, oder mehrere oder viele kleinere Herrscher. Doch scheint es in der ganzen Zeit des Altertums und des Frühmittelalters, seit man diese germanische Gruppe kennt, offenbar tatsächlich nie eine einheitliche Befehlsgewalt über die vielen verschiedenen Gruppen von Alemannen (und Schwaben) gegeben zu haben. Das lässt sich auch gut aus der Geografie erklären.

Die vielleicht 200 000 Menschen, die vermutlich im 7. Jahrhundert zwischen Vogesen, Schwäbischer Alb und den Schweizer Alpen lebten – heute dürften es geschätzt etwa das Fünfzigfache sein ! – waren natürlich nicht gleichmäßig über das Land verteilt. Es gab nur einige wenige größere Siedlungsinseln. Eine war das Oberrheintal zwischen Vogesen und Schwarzwald, aber nur in zwei ziemlich schmalen Streifen zwischen der sumpfigen Flussniederung mit ihren vielen Altwassern und dem Anstieg zu den beiden Mittelgebirgen hin. Rechtsrheinisch hieß das Gebiet später Breisgau, linksrheinisch Elsass, der südliche Teil davon Sundgau.

Auch die Gegend beiderseits des Hochrheins zwischen Basel und Schaffhausen war relativ dicht besiedelt, in ihr lag das Dörfchen und Kloster Säckingen. Eine dritte wichtige Siedlungszone zog sich südlich und nördlich um den Bodensee und von dort durch den Hegau nach Norden bis zu den heutigen Städten Singen und Donaueschingen.

Der Schwarzwald war in dieser Zeit praktisch noch völlig siedlungsleer und lag wie ein Sperrriegel zwischen den Siedlungsgebieten. Auf der anderen Seite dieser „Trennwand" lagen die Regionen, in denen Sueben und Turkerer in diesem 7. Jahrhundert wohl schon längst gemeinsam zu „Schwaben" geworden waren (siehe Kapitel 11). Hier war ein Schwerpunkt nördlich und östlich von Stuttgart, in dem das spätere Cannstatt (heute ein Ortsteil von Stuttgart) zum Sitz eines Herzogs wurde. Einen weiteren ausgesprochenen Fürstensitz (mit entsprechenden Pferdegräbern) haben Archäologen in Wittislingen (bei Lauingen an der Donau) ausgegraben, vielleicht hatte dort der Herr der Schwaben zwischen Lech und Donau seinen Sitz. Es wurde bereits in diesem Buch erwähnt, dass nur die Archäologen noch nicht den Unterschied zwischen Alemannen und Schwaben registriert haben, ihr verschiedener Dialekt ist ja auch nicht aus dem Boden zu graben !

Man darf nach dem bisher in diesem Buch betrachteten Geschichtsablauf annehmen, dass die Herren dieser verschiedenen alemannischen und schwäbischen Gruppierungen irgendwann den Frankenkönigen einen Eid der Treue und Gefolgschaft hatten leisten müssen. Doch wie ebenfalls bereits mehrfach erwähnt, konnte das nicht eine völlige „Frankisierung" der Menschen bedeuten, weder in Form der Verwaltung noch der Religion.

Bis etwa zum Jahr 720, also bis zum Beginn der Befehlsgewalt der „Reichs-Hausmeier" aus der Familie der Pippiniden, haben sich die fränkischen Könige mit einer kaum merklichen Oberhoheit über die Gebiete im Süden Deutschlands begnügt, wenigstens im Detail. Es gab also für die dortigen Machthaber gar keine Gelegenheit, *„größere Selbständigkeit zu gewinnen"*, wie manche Historiker behaupten, denn sie hatten sie noch gar nicht verloren ! Die Weisung König Dagoberts an seinen Schwurmann Fara, den

Herzog der Bayern, in einem speziellen Fall 9000 Flüchtlinge umzubringen (siehe Kapitel 30), ist kein Gegenbeweis.

Spekulationen über den Weg der Habsburger in die Schweiz

Hier muss noch die Erzählung in den letzten Absätzen der Einleitungs-Episode aufgegriffen werden, die von der Heirat eines Adligen aus dem Sundgau mit einer alemannischen Adelstochter aus der heutigen Nordschweiz. Sie sind, zugegeben, ein schriftstellerischer Einfall des Autors.

Über die frühen Vorfahren des Kaiserhauses der Habsburger haben sich schon viele Genealogen und Historiker den Kopf zerbrochen und dabei auch reichlich absurde Ergebnisse erzielt. Einen dieser Versuche hat der Autor dieses Buches in einem anderen Werk („Die Geheimnisse der Merowinger") kurz behandelt, eine früh-neuhochdeutsche Reimchronik eines gewissen Jacob Mennel aus dem Jahr 1507. Er hatte behauptet, die fränkische Königsfamilie der Merowinger gehörte zu den Vorfahren der Habsburger, und das bedeutete nach dem damaligen Glauben, sogar der König Priamus aus Troja sei der Urahn der berühmten Herrscherfamilie.

Was allerdings in d i e s e m Buch behauptet wird, dass nämlich die Vorfahren der Habsburger aus dem Sarmatenstamm der Turkerer kamen, dürfte von „seriösen Historikern" als ebenso absurd bezeichnet werden. Doch was weiß man über die Vorfahren der Habsburger sicher ?

Sie scheinen etwa um das Jahr 990 Grundbesitz im Elsass gehabt zu haben, aber auch in der Nordschweiz, zunächst in der Gegend zwischen Aare und Reuß, in der heutigen Stadt Brugg im Kanton Aargau. Dann, um 1020, ließ einer der Vorfahren ganz in der Nähe die „Habichtsburg" bauen, nach deren mittelhochdeutschen

Namen „Habsburg“ sich später das ganze Geschlecht benannte. Beide Orte, Brugg und die Habsburg, liegen weniger als 20 Kilometer südöstlich vom Kloster Säckingen.

Ist es nicht doch von Bedeutung, dass die ursprünglichen Wappenfarben der F a m i l i e der Habsburger Schwarz und Gelb sind ? Gemeint sind nicht die Habsburger als spätere Erzherzöge von Österreich, als Kaiser des „Heiligen Römischen Reiches deutscher Nation“ und als Kaiser von Österreich. Man konnte diese Familien-Farben bei der Fernseh-Übertragung der Beisetzung Ottos von Habsburg im Jahr 2011in Wien auf seinem Sarg deutlich sehen, des bekannten Enkels des letzten österreichischen Kaisers und prominentem Vertreter der Idee eines geeinten Europa.

Wer in diesem Buch von der Entwicklung der verschieden gefärbten Wollmäntel sarmatischer Adelsfamilien zu Wappenfarben bekannter Adelsgeschlechter des Hochmittelalters gelesen hat, wird vielleicht die Behauptung nicht mehr für absurd halten, auch Vorfahren der Habsburger seien ursprünglich Schah aus dem Stamm der Turkerer gewesen. Damit wird hier n i c h t eine direkte Verwandtschaft mit den Häusern der Staufer oder der Wettiner behauptet, die ja die gleichen Wappenfarben benutzten. Vielmehr war es wohl so, dass die Wollmäntel bei allen Adelsfamilien aus dem Stamm der Turkerer die gleichen Farben hatten.

Oder stimmt das nicht in jedem Fall ? Es gibt immerhin zu denken, dass auch die andere deutsche Kaiserfamilie, die Hohenzollern, ihre Ursprünge von der Schwäbischen Alb herleitet, von der Burg Hohenzollern bei Hechingen, und dass deren F a m i l i e n-wappen aus einem Quadrat aus vier schwarz-weiß „geschachten“ Karos besteht. Doch kann dieser Familiengeschichte in diesem Buch nicht näher nachgegangen werden.

Für die Habsburger, deren Familie damals allerdings noch nicht so hieß, sind hier nur noch Überlegungen nachzutragen, wie wohl ein „schwäbischer" Adliger in ein späteres Kerngebiet der „feindlich verwandten" Alemannen geraten sein könnte. Es sind Spekulationen, gewiss, denen keine Schriftdokumente zugrunde liegen. Aber klingen sie nicht doch irgendwie plausibel ?

Warum soll nicht ein schwäbischer Adliger um das Jahr 650 seinen Treueid dem Frankenkönig Chlodwig von B u r g u n d geleistet haben und nicht dem eigentlich „zuständigem" König von Auster ? Und warum soll dieser Adlige nicht von seinem König mit Aufgaben im Sundgau betraut worden sein, dem südlichsten Teil des Elsass, das damals vielleicht gerade zwischen den beiden fränkischen Regna umstritten war ? So hätte ein schwäbischer Adliger durchaus die Möglichkeit erhalten, dort Grundbesitz zu erwerben. Vielleicht lag das Überwechseln der Familie sogar noch eine Generation zurück, und der (in der oben stehenden Episode fiktive) Edle Rippo hatte Landgüter bereits von seinem Vater geerbt, der durch eine Hochzeit mit einer aus dem Sundgau stammenden Adligen zu Landbesitz aus deren Mitgift gekommen war.

Die hier natürlich ebenso nur aus der Fantasie des Autors entstandene Hochzeit des Edlen Rippo mit einer Frau aus einer alemannischen Adelsfamilie, die in späteren Kanton Aargau begütert war, kann dann ebenso plausibel – aber unbeweisbar ! – erklären, wie ein Vorfahr der Habsburger gerade in dieser Gegend zu Grundbesitz gekommen sein könnte. Zur Politik der burgundischen Könige aus dem Haus der Merowinger, in der heutigen Schweiz Einfluss zu gewinnen, könnte das ausgezeichnet gepasst haben !

34

Der Ursprung des Kölner Karnevals

Das Fest der Handwerker

21. März 670 in Köln

Wohl jeder Mensch in der Colonia Agrippinensis, der auf seinen Beinen stehen konnte, wartete auf der Straße vor dem Königspalast auf den Zug, der gleich um die Ecke biegen musste. Auch aus den Dörfern vor der Stadt waren die Menschen hierher geströmt. Es war hier so voll wie nie sonst im Jahr.

Da kam der Zug auch schon. Voran eine Kapelle mit Pauken, Zymbeln und anderen Musikinstrumenten feuerte ihn mit einem mitreißenden Rhythmus an. Dann folgte ein kleiner Trupp von Kriegern mit Helmen, Kettenpanzern und Spießen. Doch jeder wusste, dass dies hier keine echten Soldaten waren, nur verkleidete Handwerker. Die echten Krieger des Frankenkönigs standen in kleinen Grüppchen unter dem jubelnden Volk am Straßenrand und lachten aus vollem Hals über ihre Nachahmer.

Als nächste Gruppe marschierten die Schmiede vorbei, die mit ihrer Berufskleidung, den rußgeschwärzten Lederschürzen, mit Hämmern und Zangen und einem Amboss auf einem Wagen mit kleinen Eisenrädern nicht zu verkennen waren. Eine ähnliche Gruppe der Zimmerleute folgte den

Schmieden mit einem kleinen Abstand, und dahinter die Wagenbauer, die einen altertümlichen Wagen mit sich führten, gezogen von einem Paar geduldiger, aber kräftiger Ochsen. Solche Wagen mit einem regendichten Filzdach waren einst die Wohnung und das Transportmittel der Menschen gewesen, die unter Führung ihrer Schah vor vielen Generationen bis in die große Stadt Colonia gekommen waren.

Besonderen Jubel erhielt jedoch die Gilde der Matrosen, stammten ihre Mitglieder doch aus alten Familien, die schon seit undenklichen Zeiten in der Stadt lebten, als noch römische Kaiser die Herren des Reiches gewesen waren. Die Bruderschaft der Rheinschiffs-Kapitäne und ihrer Besatzungen hing durch uralte Riten und Bräuche noch enger zusammen und verband noch mehr Generationen unter ihrem traditionsgeheiligten Dach, als das die eigentlich fremden Schmiede und Wagenbauer von sich behaupten konnten. Jetzt aber empfand sich keiner mehr als fremd, und sie alle wurden von dem so zahlreichen Publikum am Straßenrand mit nahezu gleicher Anteilnahme begrüßt.

Zwischen den einzelnen Fußgruppen tänzelten Reiter auf prächtig geschmückten Pferden am Publikum vorbei. Sie waren meist sarmatische Schah, die sich dem Vergnügen des einfachen Volkes nicht entziehen wollten, die es aber ablehnten, sich anders als auf dem Rücken ihrer Pferde dem Zug einzureihen.

Mitten vor der Front des Königspalastes, den noch die Römer gebaut hatten *(der alte Palast des römischen Provinzgouverneurs in Köln, heute im Untergeschoss des Rathau-*

ses) war auf einem Podest der Klappstuhl eines Herrschers aufgestellt, auf dem ein prächtig gekleideter Mann Platz genommen hatte. Ihn umgab ein ganzer Hofstaat ähnlich gewandeter Männer und Frauen. Diesem Herren erwiesen die vorbeiziehenden Gruppen durch Hochrufe und emporgereckte Hände besondere Ehre, und er erwiderte das durch leutseliges Winken.

Das war der „Frühlingskönig", der an diesen fünf „tollen Tagen" die Herrschaft in der Stadt Colonia übernommen hatte. Diesen Brauch hatten vor längerer Zeit die fremden Einwanderer in die Stadt mitgebracht, und die unteren Schichten der alten Einwohner hatten ihn begeistert aufgegriffen, denn er erinnerte sie an das Fest der Saturnalien, das zu Römerzeiten für einen Tag im Jahr oben und unten verkehrte, indem die Sklaven für einige Tage als frei galten, was natürlich ausgiebig gefeiert werden musste, von jedermann, versteht sich, nicht nur von den Sklaven. .

Die Statthalter des Frankenkönigs und die christlichen Bischöfe runzelten zwar die Stirn, weil das, was sich da abspielte, so gar nichts mit dem Leben des Gottes Jesus Christus zu tun hatte, den jetzt alle Einwohner der Colonia verehren sollten. Doch gegen den unwiderstehlichen Druck der einfachen Leute war dieser Brauch nicht mehr abzuschaffen gewesen, und so hatten ihn die Behörden schließlich akzeptiert, da er ja eigentlich niemandem schadete und die Menschen aus der Schicht der Pauperes *(Armen)* bei Laune hielt.

Statthalter und Bischof achteten nur darauf, das der vom einfachen Volk für die „tollen Tage" gewählte Frühlingskönig nach der begrenzten Zeit seiner Herrschaft schnell wieder die Stadt verließ. Denn oft hatten seine einfallsreichen Befehle die übermütigen Handwerker und andere Leute aus der Unterschicht ein wenig „über die Stränge schlagen" lassen.

Immerhin waren diese fünf „tollen Tage" ein Labsal für die kleinen Leute und ein Ventil, das sie wohl einmal brauchten. Sonst mussten sie ja 360 Tage im Jahr schuften und oft genug Hunger leiden in einer Stadt, die zwar schon seit ungezählten Generationen hier am Rhein die einstige Macht der Römer, aber auch den Untergang ihrer Herrschaft verkörperte. Denn viele der einstigen herrschaftlichen Villen reicher Römer waren inzwischen zu von Unkraut überwucherten Ziegelhügeln geworden. Doch die Agrippinensier kannte es ja nicht anders. Immerhin, die alte Stadtmauer der Römer stand noch und die Stadttore ließen sich verschließen. So war die Verteidigung der Stadt noch immer gewährleistet, wenn die Angreifer nicht zu zahlreich waren. Doch so ein Fall war glücklicherweise in den letzten Generationen nicht mehr eingetreten.

Karnevalsbräuche aus Mittelasien ?

Den „kölschen Karneval" auch noch den Sarmaten zuzuschreiben, die in diesem Buch schon für so viele Merkwürdigkeiten im Deutschland des Frühmittelalters herhalten mussten - - das geht doch wirklich zu weit, wird jetzt mancher Leser denken. Doch ist diese Idee wirklich so völlig unglaubwürdig ?

Den Kölner (und Mainzer) Karneval kennt inzwischen jeder Deutsche, selbst wenn er kein „Karnevalsjeck" ist, dank der ausführlichen Fernsehübertragungen am Rosenmontag. In den letzten

Jahrzehnten haben sich Karnevalsumzüge in zahlreiche Gegenden verbreitet, die ein solches Brauchtum früher nicht kannten. Fast überall sind da der „Prinz Karneval“ mit seinem Hofstaat, der Aufmarsch von Prinzengarden in prächtigen Uniformen (aus dem 18. Jahrhundert !), Wagen, Fußgruppen und Reiter, Musik, Jubel, Frohsinn, alles das, was die „tollen Tage“ von Rosenmontag bis Aschermittwoch früh ausmacht.

In Bonn wurde für die Saison 2009/2110 erstmals ein geborener Ausländer „Prinz Karneval“, der Kaufmann Amir Shafaghi aus dem Iran. Die Toleranz gegenüber Ausländern in unserem Land ließ die Wahl zu seinem (durchaus kostspieligen) Ehrenamt ohne erkennbare Proteste durchgehen. So weit, so gut. Aber sehr erstaunlich ist, was in der Bonner Tageszeitung „General-Anzeiger“ am 5. Februar 2010 aus diesem Anlass zu lesen war. Der iranische Journalist Bahar Naderi hatte sich erinnert, was in seiner Heimat und in der Heimat des Bonner Prinzen Amir I. am iranischen Neujahrsfest, dem 21. März (Frühlings-Tag- und Nacht-Gleiche) üblich war – wenigstens bis vor 100 Jahren.

Da wurde an den „fünf geklauten Tagen“, die jedes Jahr als Schalttage in den uralten iranischen Sonnenkalender eingeschoben wurden, ausgelassen vom einfachen Volk das Fest „Nooruz“ gefeiert, das „Fest des neuen Tages“ . In diesen Tagen durfte das Volk nach seinen Vorstellungen leben. Einer aus dem Volk wurde als „König des Neujahrs“ („Mir-e-Nooruz“) ausgesucht und auf den Thron gesetzt. Ausgelassen und jubelnd zog das Volk an ihm vorbei, zu Fuß und zu Pferde, darunter viele als Soldaten verkleidete Männer. Man gedachte an diesem Tag der Toten, und man entzündete bei Sonnenuntergang ein großes Feuer, über das die Menschen sprangen, um die reinigende Wirkung des Feuers in sich aufzunehmen. Nach den fünf Tagen, in denen der „Mir-e-Nooruz“ nicht selten die Stadt mit seinen Befehlen auf den Kopf gestellt hatte, musste dieser die Stadt verlassen, wenigstens für

eine ganze Weile. Dann kehrte wieder der Alltag ein. Dies alles kann man in dem erwähnten Artikel nachlesen.
In den letzten Jahrzehnten haben allerdings die verschiedenen Regime im Iran alles getan, um diesen uralten Volksbrauch zu unterdrücken. Heute kennen ihn dort wohl nur noch einige Fachwissenschaftler der Volkskunde aus dem unter der Herrschaft der islamisch-schiitischen Mullahs so unduldsam gewordenen Land. Nur das Neujahrsfest „Nooruz“ selbst wird noch heute im Iran gefeiert, allerdings ohne die „karnevalistische Komponente“. Auch bei den sprachlich und kulturell verwandten Kurden spielt das „Neujahrsfest“ im Frühling eine große Rolle.

Die Fastnachtsbräuche in der „schwäbisch-alemannischen Fasnet“ sind völlig andere und leiten sich wohl von längst vorchristlichen Geisterbeschwörungen am Ende des Winters her. Überhaupt hat der Karneval, wo auch immer auf der Welt er gefeiert wird, ob in „Kölle am Ring“ oder in Rio de Janeiro, nichts mit christlichen Lehren zu tun. Nur hat die Kirche es geschafft, den zu engen Zusammenhang der Feier mit dem christlichen Osterfest aufzulösen. Ostern wird von den Christen am ersten Sonntag nach dem ersten Vollmond nach der Frühjahrs-Tag-und-Nacht-Gleiche gefeiert. Der Karneval wurde v o r den Beginn der österlichen Fastenzeit „verbannt“.

Aber sind die Parallelen dieser uralten iranischen, vorislamischen, Bräuche zum r h e i n i s c h e n Karneval nicht verblüffend ? Natürlich gibt es Unterschiede zum iranischen „Nooruz-Fest“ , die mit einer anderen Mentalität der feiernden Menschen und anderen kulturellen Zuständen zu tun haben. Dennoch sind die Ähnlichkeiten unübersehbar. Wie kann man sie sich erklären ?

Vielleicht gibt die Erwähnung des uralten mittelasiatischen Kalenders im Artikel de iranischen Journalisten einen Hinweis. Dieser Sonnenkalender stammt aus der Zeit lange vor Einführung des

Islam im alten Persien, oder eher allgemein aus Mittelasien. Er zählte zwölf Monate zu 30 Tagen. Die fünf Tage bis zum vollen Sonnen-Jahr wurden als Schalttage in den Jahreslauf eingefügt (wahrscheinlich auch noch alle 4 Jahre ein sechster Tag). Seit der Einführung des Islam auch in Mittelasien vor etwa 1400 Jahren gilt offiziell der „Mondkalender" des Islam dort, aber viele ältere Bräuche, und darin offenbar das iranische Neujahrsfest am 21. März, haben sich in der konservativen Bevölkerung bis in die Neuzeit gehalten.

Die Sarmaten (und ihre Vorgänger, die Skythen), die ja auch aus Mittelasien stammten, waren bekanntlich enge ethnische, sprachliche, kulturelle und historische Verwandte der alten Perser und kannten ebenfalls diese uralten Bräuche zum Neujahrsfest. Erklärt werden muss nur, wie Menschen dieses Volks nach Köln kamen und diese Form der Feier dort populär machen konnten.

Ein Kölner Lokalhistoriker, der vor kurzem ein umfangreiches Buch über die Geschichte des Karnevals in seiner Stadt geschrieben hat, weigert sich strikt, andere Quellen außer Schriftstücken aus Mittelalter und Neuzeit für sein Werk heranzuziehen; alle Vermutungen über das Weiterleben alter römischer oder sonstiger Bräuche seien fragwürdig. Dabei haben viele andere Fachleute auf die Ähnlichkeit des römischen Festes der „Saturnalien" (im Dezember) mit dem Karneval hingewiesen. Es müssen sich einfach im kollektiven Unterbewusstsein selbst des europäisch-christlichen Kulturkreises tatsächlich gewisse „Urprägungen" aus einer noch nicht christlichen Vorgeschichte erhalten haben, die zum Beispiel gerade im Karneval ihren Ausdruck finden.

Historische Quellen für das Einsickern sarmatischer Volksgruppen in die Stadt Köln im Frühmittelalter gibt es natürlich nicht, doch tauchen auch entlang des Niederrheins – und zwar vorwiegend linksrheinisch ! – immer wieder die so bezeichnenden rot-weißen Schachmuster der Sarmaten in Gemeindewappen auf.

Vielleicht kamen diese Einwanderer aus Ansiedlungen weiter im Osten, wo Sarmaten schon länger heimisch waren.
Umzüge wie der in der vorstehenden Episode beschriebene waren im Deutschland des Frühmittelalter nur in Köln und in Mainz denkbar, den einzigen Großstädten am Rhein, in denen noch aus römischer Zeit eine erhebliche Zahl an Menschen aus der von den Römern so genannten Schicht der „Pauperes“ lebte. Der Begriff „Großstadt“ ist natürlich relativ, viel mehr als drei- oder viertausend Menschen werden damals nicht in Köln gelebt haben. Nur dort, unter Menschen, die auch im 7. Jahrhundert noch vielfach Vulgärlatein sprachen und eine bunte Mischung alter „Römer“ und zahlreicher germanischer und sarmatischer Zuwanderer darstellten, war auch die bereitwillige Aufnahme des fremden Brauchs fröhlicher Umzüge möglich. In den winzigen Dörfern auf dem „flachen Land“ hätten sie schon aus Mangel an Menschen nicht stattfinden können.
Die in der Episode angedeutete Vermutung, alte Handwerker-Vereinigungen oder Gilden seien die wichtigsten Träger der Karnevalsbräuche gewesen, kann hier nicht näher begründet werden. Es würde den Rahmen dieses Buches sprengen. Doch hat zum Beispiel gerade in Köln und Mainz die Gilde der Rheinschiffer bis ins späte Mittelalter, ja bis ins 19. Jahrhundert hinein eine ganz wichtige Rolle gespielt. Die anderen Gilden, hier die Schmiede und Wagenbauer, könnten ihren Ursprung tatsächlich in entsprechenden „Berufsvereinigungen“ innerhalb der Unterkaste der Sarmaten gehabt haben. Insgesamt waren ja die Umzüge zum Neujahrsfest offenbar seit Jahrtausenden hauptsächlich eine Sache der unteren Volkskaste der Sarmaten – was aber nicht heißen musste, dass die sarmatischen Schah sich hochmütig davon fernhielten.
Wie der aus Mittelasien nach Köln eingeführte Brauch der Umzüge vor einem „Frühlingskönig“ sich über die Jahrhunderte zu den heute aus dem Fernsehen überall bekannten Massenveranstaltungen entwickelt hat, würde ein eigenes Kapitel in diesem Buch verlangen – aber das gehört wirklich nicht mehr hierher.

35

Die Zeit der Frisia Magna

König Radbods Goldgruben am Rhein

Sommer 681 bei Utrecht(Niederlande)

Die sinkende Sonne warf einen warmen Schein auf die Reihe der Häuser und Schuppen, die unordentlich am Nordufer des Alten Rheins standen. König Radbod atmete tief durch, als er als erster aus seinem Ruderboot dieses Ufer betrat, dicht gefolgt von seinen sieben Leibwächtern, die wie er selbst in Kettenhemden und einem Eisenhelm von einem fränkischen Ritter nicht zu unterscheiden waren.

Bisher war der Plan des Königs der Friesen wunderbar gelungen. An der Spitze seines Heeres hatte Radbod den Ort Ultra Traiectum betreten, den die Friesen „Uut Trecht" *(Utrecht)* nannten, und zwar kampflos, wie er es vorausgesehen hatte. Das friesische Heer in Form von dreimal zehn Dutzend Kriegern war vor drei Tagen mit zahlreichen Ruderbooten von Stavoeren an der Vlie *(heute am Ostufer des Ijsselmeers, ca. 90 km nördlich von Utrecht)*, dem Wohnsitz Radbods, aufgebrochen und hatte heute am Spätnachmittag über die verschiedenen Flussläufe den so wichtigen Handelsplatz am Alten Rhein erreicht.

Wie die Späher bereits berichtet hatten, gab es zur Zeit nur ein Dutzend fränkischen Krieger dort, denn der Dominus

Pippin, der Machthaber im „Glänzenden Reich" der Franken, hatte den größten Teil der dortigen Besatzung abziehen müssen, weil er seine Krieger brauchte, um irgendwo an der Seine in Gallien gegen Ebroin zu kämpfen, den Majordomus des Königreichs Neustrien.

Was die beiden Machthaber im Frankenreich gegeneinander hatten, war dem friesischen König nicht ganz klar, aber es war ihm im Grunde auch gleichgültig. Er konnte ohnehin nicht verstehen, warum sich das einst so mächtige Reich der Frankenkönige das Bestehen von drei Teilreichen leistete, an deren Spitze nur noch Kinder standen, denn die Könige aus der Dynastie der Merowinger wurden seit mehr als einer Generation nie älter als 20 Jahre. Statt dieser Kinder-Könige hatten in Wirklichkeit seit langem die jeweiligen Maiores Domi, die Hausmeier, die Regierung in der Hand, für jedes Teilreich einen. Und diese waren meistens so untereinander verfeindet, dass fast ständig Heere des einen gegen den anderen Hausmeier durch das Land marschierten.

Seit König Radbod vor einem Jahr nach dem Tod Königs Aldgils die Herrschaft über die wehrhaften Friesen angetreten hatte, war es sein Bestreben gewesen, sich dieses wichtigen Ortes Ultra Traiectum zu bemächtigen, in dem die Franken seit gut 40 Jahren ein starkes Kontingent ihrer Krieger stationiert hatten. Denn er war für den Herrn, der dort die Macht hatte, eine Goldgrube.

Mit Befriedigung sah Radbod, als er aufmerksam den schmutzigen Uferweg längs des Flussufers durchschritt, an dem die Wohn-, Arbeits- und Vorratshütten lagen, dass die Arbeit der vielen Menschen hier durch die Ankunft der friesischen Krieger nicht unterbrochen worden war. Die Menschen schien die Ankunft neuer Krieger nicht besonders aufzuregen. Sie waren sich wohl sicher, dass man ihnen nichts antun würde. Sie würden nur ihre Abgaben nun an einen anderen Herrn leisten müssen.

Aus einem größeren Boot, das wohl gestern hier angelegt hatte, schleppten einige Männer immer noch Säcke und Ballen, in denen anscheinend Tuche verpackt waren, andere rollten Fässer mit Wein in eine Vorratshütte. Auf die Frage Radbods nach der Herkunft des Schiffes erklärte ein Mann, der diese Arbeiten beaufsichtigte, es sei den langen Weg von Mogontiacum am Rhenus *(Mainz)* her gekommen. Ein anderes Schiff wurde offenbar gerade beladen, um bald seinen Weg auf dem Strom nach Süden zu machen.

Der „Ort auf der anderen Seite des Rheinübergangs" *(das bedeutet der Name „Ultra Traiectum" oder „Utrecht" wörtlich)* hatte sich seit zwei Generationen zu einem wichtigen Umschlagplatz für die vielen Schiffe entwickelt, die immer noch auf dem Rhein verkehrten. Das lag daran, dass hier ein alter Handelsweg mittels einer Furt *(Traiectum)* den Wasserweg überquerte. Der weiter oberhalb unendlich breite Strom hatte sich hier in mehrere flache und nicht mehr ganz so breite Wasseradern aufgeteilt.

Ein kleiner Anteil von all den Waren, die hier an Land oder auf die Schiffe gebracht wurden, stand dem Herrn des Platzes zu, eingesammelt von einem Beauftragten des jeweiligen Königs. Das war der Grund, warum dieser Ort so umstritten war. Jetzt war er wieder in der Hand der Friesen, und König Radbod gedachte dieses Pfand mit einer großen Besatzung seiner Krieger zu sichern. In den Ruinen des Kastells, das noch aus römischen Zeiten in der Nähe des Ufers stand, würden sie sich einrichten, wie es vor ihnen die fränkischen Krieger getan hatten. Morgen, so entschied der König für sich, morgen würde er mit einem Teil seines Heeres mit den Ruderbooten aufbrechen, um auch den zweiten Handelsort ganz in der Nähe ebenfalls in seine Hand zu bringen, Dorestad. Dann würde er zwei Goldgruben besitzen, die ihm helfen würden, sein Königreich so reich zu machen, dass es auf Dauer gegen die fränkischen Feinde bestehen könnte.

Bei seinem weiteren Weg durch den Ort fiel dem König Radbod ein Holzhaus auf, über dessen Tür ein großes Kreuz aus Balken befestigt war. Ein jüngerer Mann mit schwarzem Kleid und einer Tonsur in den Haaren stand davor. Halb ängstlich und halb trotzig wirkend beobachtete er die friesischen Krieger, die sich ihm näherten. „Ist dies eine Kirche der Christen ?“ fragte Radbod. „Ja,“ antwortete der fremde Priester, „sie steht in der Hand des Gottes, der stärker ist als eure heidnischen Götter !“

„Das wird sich gleich zeigen, ob euer Gott in der Lage ist, das Feuer zu löschen, das meine Krieger gleich an diese Stätte des Frevels gegen unseren Glauben legen werden“, entgegnete der friesische König. „Und dir, fremder Zauberer, rate ich dringend, so schnell wie möglich dieses Land zu verlassen. Gehe zu deinen fränkischen Brüdern und wage es nicht, wieder in das Land der freien Friesen zu kommen. Denn wir Friesen wissen, wie wir unser Land gegen fremde Herrschaft verteidigen können, seien es fremde Krieger oder Könige oder Götter !“

Ein Blick in die Geschichte der Friesen

Das Volk der Friesen hat der Leser dieses Buches im Kapitel 26 kennen gelernt, wo von der Flucht vieler Menschen vor der Überflutung ihrer Wohnsitze erzählt wurde. Inzwischen waren offenbar andere Zeiten eingekehrt, sowohl was die Höhen von Ebbe und Flut an der Nordseeküste anlangte wie auch die Machtverhältnisse unter den Menschen.

Wie es einem Häuptlingsgeschlecht – oder mehreren ? –im 7. Jahrhundert gelungen ist, Einfluss über die traditionell auf Eigenständigkeit bedachten friesischen Sippen zu gewinnen, ist nicht bekannt. Es müssen sich wohl an der heute niederländischen Nordseeküste wieder geologische oder klimatische Erscheinungen eingestellt haben, die langfristig weniger hohe Fluten zur Folge hatten. Das hatte eine Erholung für die Ansiedlungen der Friesen bewirkt, und zugleich einen Machtzuwachs für die Häuptlinge, die dort lebten. Wahrscheinlich hatte sich auch die Zahl der Menschen stark vermehrt.

Das 7. und noch der Anfang des 8. Jahrhunderts nennen die Historiker rückblickend das Zeitalter der „Frisia magna“. Es scheint ein einheitliches Königreich in diesem Volk gegeben zu haben, von dem man die Namen einiger Herrscher kennt. Angeblich reichte es damals vom heute belgischen Brügge bis zur Mündung der Weser in die Nordsee, natürlich nur in dem schmalen Landstreifen entlang der Küste, der nun einmal das ausschließliche Lebensgebiet der Friesen war.

Und in eben dieser Zeit war ein Teil des Gebiets der heutigen Niederlande zwischen diesem Reich und dem der fränkischen Nachbarn heftig umstritten. Der junge Ort Utrecht und das nur 30 Kilometer südöstlich davon an einem anderen Rheinarm liegende Dorestad (heute Wijk bij Duurstede) wechselten mehrmals ihren Herrn. Einen dieser Herrschaftswechsel, einen sehr friedlich verlaufenen, schildert die vorstehende Episode. Es ging dabei offensichtlich sowohl den Friesen wie den Franken nicht um Siedlungsland oder um die Herrschaft über ein paar tausend Menschen mehr, sondern um die „Goldgruben“, die eben erwähnten Orte. Dazu muss im nächsten Abschnitt dieses Kapitels etwas mehr ausgeführt werden.

Als König der Friesen in dieser Zeit taucht der Name von einem Aldgils (in friesischer Sprache Eadgils) auf, der offenbar um 677 starb. Ihm folgte der König Radbod (friesisch Redbad), der in der obigen Episode in seinen ersten Jahren des Erfolges vorgestellt wurde. Er gilt als der größte Volksheld der Friesen. Eine wohl recht nationalistische moderne „Geschichte der Friesen“, vorgestellt im Internet, beschreibt ihn als *„den Verteidiger der Freiheit Frieslands gegen die eindringenden Armeen der Franken und die römische Kirche, Redbad war Heide mit Leib und Seele.“*

In späteren Jahren hatte er weniger Glück. 689, also nur acht Jahre nach der recht friedlichen Eroberung Utrechts und Dorestads, musste er gegen den inzwischen mächtig gewordenen fränkischen Hausmeier Pippin (II., „den Mittleren“) bei Dorestad eine blutige Schlacht austragen. Die Folge war, dass dieser Handelsort und kurz darauf auch Utrecht wieder in fränkische Hand fiel, und Radbod musste flüchten, angeblich auf eine Insel Fositesland (Helgoland ??). Doch im Jahr 714 wendete sich wieder einmal das Schicksal. Nach dem Tod des mächtigen fränkischen „Princeps“ und Hausmeier Pippin II. trat eine neue Schwächeperiode bei den Franken ein. Radbod gelang es erneut, die Franken aus seinem Friesenland zu vertreiben und die begehrten Handels-orte zurückzuerobern. Im Kapitel 38 wird zu dieser dramatischen Zeit mehr erklärt.

Der Friesenkönig Radbod starb im Jahr 719: Seine Tochter Eila soll den Sachsenherzog Edelhard geheiratet haben, den Großvater Albions, des Kampfgefährten des berühmten Widukind. Der wiederum wird im Kapitel 39 auftauchen, damit der Leser einen Eindruck von den kreuz und quer verlaufenden Lebensfäden der wichtigen Handelnden in diesem frühen 8. Jahrhundert erhält.

Übrigens sei der Kuriosität halber erwähnt, dass heute noch ein Reich „Frisia Magna" im Internet zu finden ist, mit einem angeblichen König Lammert, das sich 2010 vom modernen Königreich der Niederlande für unabhängig erklärt habe. Eine Fahne hat das „Reich" aus: mit blau-weißen Schrägstreifen und roten Herzen darin. Ob das Ganze nur ein modernes „Rollenspiel" begeisterter Internet-Spieler oder mehr ist – wer weiß ?

War Radbod ein „Heide mit Leib und Seele"; als der er von einer modernen friesischen Geschichtsdarstellung hingestellt wird ? Offenbar ja, aber wohl andererseits auch kein Herrscher, der jeden Christen umbringen ließ, den er erwischen konnte. So haben ihn wohl erst spätere von christlichen Mönchen geschriebene Geschichtsdarstellungen gemalt.

Friesland war zu seiner Lebenszeit und schon etwas früher der Ort, wo die von den Britischen Inseln kommenden christlichen Glaubensboten zuerst landen mussten, wenn sie auf dem europäischen Festland ihr Missionswerk ausüben wollten (siehe dazu die Kapitel 36 und 37). Deswegen gab es dort auch immer wieder Versuche christlicher Missionierung.

Der König Aldgils hatte offenbar diesen Missionaren auch in seinem eigenen Land keine Hindernisse in den Weg gelegt, ohne selbst Christ geworden zu sein. Radbod war da anders. Er ließ daher auch die kleine Kirche in Utrecht zerstören, die dort errichtet worden war, seit dieser Ort durch ein Dekret des Frankenkönigs Sigiberts dem Bischof von Kunibert von Köln unterstellt worden war (siehe Kapitel 31). Aber er hat wohl tatsächlich nur die wenigen christlichen Priester, die er nach seinen Eroberungen vorfand, schleunigst aus dem Land getrieben.

Frühgeschichtlicher Handel an Meeren und Flüssen

Einige Erklärungen müssen noch zur Bedeutung der in der Episode erwähnten Handelsorte Utrecht und Dorestad gegeben werden, oder vielmehr zu der großen Zahl von Orten ähnlicher Lage und mit ähnlichen Aufgaben, die in diesen Jahrhunderten wie Pilze aus der Erde wuchsen. Man kennt inzwischen aus dem Frühmittelalter ein oder zwei Dutzend Plätze, wo Archäologen Reste derartiger Handelsorte gefunden haben oder von denen man aus alten Schriftquellen weiß.

Von der Südküste der Nordsee reicht diese Reihe fast rund um die Ostsee. Allerdings ist es bezeichnend, dass die Handelsorte nie an der Meeresküste gegründet wurden, sondern häufig weit im Landesinneren, allerdings immer am Ufer eines Flusses oder Sees, der den damals noch kleinen Seeschiffen einen sicheren Hafen und Schutz vor Stürmen bot. Die frühmittelalterlichen Handelsorte im Norden Europas waren so etwas wie die Vorläufer der Hansestädte, die auch nicht selten das Erbe dieser Orte übernommen haben.

Aus der großen Zahl solcher Handelsstätten muss man schließen, dass selbst im Frühmittelalter ein sehr lebhafter Schiffsverkehr über Nord- und Ostsee unterwegs war, und sicher auch auf den großen Flüssen wie dem Rhein. Solchen Schiffsverkehr gab es schon zu Römerzeiten, und er scheint nicht abgebrochen zu sein, als die offizielle Herrschaft der Römer zu Ende war. Das Leben war wohl viel bunter und „fortschrittlicher", als es die öden Chroniken aus den Klöstern über die Taten der Könige uns vorgaukeln.

Diese Handelsorte waren, wenigstens im Frühmittelalter, noch keine Städte im Sinne der Römer oder des Mittelalters, aber im Frühling, Sommer und Herbst von Menschen wimmelnde Haufen von Häusern, Schuppen, Schiffsanlegestellen und Werkstätten. Hier muss es auch Unterkünfte und Gasthäuser für die Besatzungen der Schiffe, aber auch für die Handwerker und Hilfskräfte der Kaufleute gegeben haben, die an Land für den Warenumschlag und die Reparatur von Schiffen sorgten. Gehandelt wurde in diesen Orten mit Hilfe der Schiffe, die zwischen ihnen verkehrten, mit zahlreichen Waren, wie etwa Pelzen, Wolle, Tuchen, Keramik, Schmuck, Wein, haltbaren Lebensmitteln und nicht zuletzt auch über viele Jahrhunderte mit Sklaven aus dem Osten und Norden Europas.

Die Bewohner dieser Orte waren meist ziemlich multinational und „polyglott", d.h. sie kamen aus allen möglichen Völkern und konnten viele Sprachen. Fehden oder blutige Auseinandersetzungen zwischen den Bewohnern waren im Interesse des friedlichen Handels wahrscheinlich tabu. Umgekehrt dürften sich die Könige, unter deren Herrschaft solche Orte standen, peinlichst gehütet haben, den Bewohnern selbst etwas anzutun; sie hätten sich ja dabei nur ins eigene Fleisch geschnitten.

Aber um den B e s i t z wurde ständig und sehr heftig gestritten. Viele mittelalterliche Kriege oder Feldzüge erklären sich wahrscheinlich daher, nur haben die Mönche, die zu jener Zeit ihre lateinischen Chroniken niederschrieben, solche „weltlichen" Hintergründe selten erwähnt.

36

In den „Landen um den Main“

Drei Glaubensboten spurlos verschwunden

Winter 691 in Würzburg/Main

Zitternd und schluchzend kniete der Mann auf dem Steinboden in der Herzogsburg, den Kopf tief auf den Boden gesenkt. Mir leiser, aber verständlicher Stimme machte er seinem von Gewissensbissen gequälten Herzen Luft. Es blieb ihm keine andere Wahl, denn als er sein Verbrechen bei einem der Pfaffen auf der Burg hatte beichten wollen, da wurde ihm streng bedeutet, dass die göttliche Absolution für die zeitlichen Sünden nur gewährt werden könne, wenn der Missetäter selbst bei der weltlichen Obrigkeit sein Verbrechen anzeigen würde.

Was Gozbert, Beauftragter des fränkischen Königs in Austrien und Herzog der Ost-Franken, bei diesem Ge-ständnis zu hören bekam, berührte ihn ganz persönlich tief, ja es wühlte sein Innerstes auf, und doch durfte er sich nichts davon anmerken lassen. War doch seine eigene Frau Geilana die Anstifterin des grausigen Verbrechens gewesen, und indirekt er selbst, der Herzog, ohne es zu wissen.

Zwei Jahre zurück lagen die Vorgänge schon, von denen Gozbert jetzt hörte; für ihn waren sie schon fast vergessen gewesen, obwohl damals viel darüber geredet und gerätselt worden war. Damals hatte sich ein christlicher Priester, nein sogar ein würdiger Herr, der sich Bischof nannte, am Hof des Herzogs auf der Wirciburc am Main aufgehalten, hatte gepredigt und, wie er behauptete, viele Heiden bekehrt. Es war der würdige Domnus Kilian, der zehn Jahre zuvor von der Insel Irland im Ozean ins Land der Franken gekommen war, um Gottes Wort dort so zu verbreiten, wie es richtig und nötig war.

Durch seine aufbrausende und unduldsame Art hatte sich dieser Ire Kilian die meisten der edlen Bischöfe im Frankenreich zu Feinden gemacht; diese und der Hausmeier Pippin waren froh gewesen, dass Kilian mit seinen Gehilfen Kolonat und Toman bald in den östlichsten Teil des Frankenreiches, in die Lande um den Main, wanderte, um dort Gottes Wort zu predigen. Hier hieß es von ihm, er habe tausende von Heiden getauft, obwohl der Herzog hinterher nicht feststellen konnte, dass die betreffenden Einwohner seines Landes sich ihm gegenüber gehorsamer als früher verhielten.

Auch Gozberts heimliche Wut erregte der fromme Mann, als der ihm wegen seiner Ehe mit der jungen Frau Geilana die heftigsten Vorwürfe machte. Diese war die Frau von Gozberts jüngerem Bruder gewesen, und als dieser gestorben war, hatte der Herzog nach altem Brauch die Witwe geheiratet, um sie zu versorgen, Schließlich war auch Gozberts Ehefrau schon einige Jahre zuvor verschieden, so dass kein kirchliches Gebot gegen diese Ehe zweier Menschen sprach. Aber Kilian wütete, die nahe Verwandtschaft der Eheleute sei vor Gott ein Hindernis und werde möglicherweise das Eingehen in Gottes Paradies nach dem Hinscheiden verhindern.

Gozbert erinnerte sich, dass er damals, kurz nach dem Streit mit dem Bischof Kilian, für einige Zeit die Herzogsburg hoch über dem Main verlassen hatte, um mit zwei Dutzend Kriegern einige neu gegründete Königsgüter in seinem Herzogtum zu besuchen. Als er zurückgekehrt war, hatte es geheißen, der Bischof Kilian, sein Priester Kolonat und sein Diakon Toman seien nach Thüringen aufgebrochen, um dort das Wort Gottes zu predigen. Gozbert konnte nicht sagen, dass er betrübt darüber war.

Doch in Thüringen waren die drei Glaubensboten aus Irland offenbar nicht angekommen, jedenfalls hörte man nie mehr ein Lebenszeichen von ihnen. Mit der Zeit schwand die Erinnerung an diese Missionare. Jetzt aber wurde sie plötzlich wieder wachgerufen, und zwar auf die entsetzlichste Weise. Denn der von seinem Gewissen geplagte Pferdeknecht gestand, die drei Geistlichen damals erschlagen und unter dem Fußboden des Pferdestalls vergraben zu haben - - auf Anweisung seiner Herrin, der Herzogin Geilana.

Dem Herzog Gozbert war sofort klar, wie er handeln musste. Mit leiser Stimme bedeutete er seinem Knecht, für sein Verbrechen müsse er ihn zum Tode verurteilen. Wenn aber der Delinquent den Mund darüber halten würde, wer ihn zu diesem Verbrechen angestiftet habe, dann werde er, Gozbert, ihm zur Flucht verhelfen, bevor das Urteil vollstreckt würde. Er werde ihm auch noch einen Beutel voll Münzen mitgeben, damit der Flüchtige möglichst weit weg vom Main kommen könne.

Die iro-schottischen Missionare

Was die obige Episode darstellen möchte, ist aus der „Passio sancti Kiliani" zu entnehmen, der erst anderthalb Jahrhunderte später niedergeschriebenen Heiligenlegende über den „Missionar der Franken". Doch enthält dieser Text wohl höchstens die Hälfte der Wahrheit. Liest man diese „Passio", dann muss man den Eindruck bekommen, das Land der Franken um den Main sei dazumal die Wohnstätte der schaurigsten Heiden gewesen. Selbst den Herzog Gozbert habe der tapfere Glaubensbote erst als Christen taufen müssen.

Dabei ist das völlig unglaubwürdig. Ein hoher Amtsträger der seit 200 Jahren christkatholischen Frankenkönige konnte kein ungetaufter Heide gewesen sein. Aber in der Legende (dem „zu Verlesenden", also ein absichtlich zur „Propaganda" geschaffenen Text) machte es sich besser, den sagenhaften Vorläufer der Mönche des 9. Jahrhunderts zum ersten und durch und durch erfolgreichen Missionar im Heidenland zu machen.

Über den Beginn der in der Kirchengeschichte „iro-schottische Mission" genannten Phase der Christianisierung des heutigen Gebiets Deutschlands ist im Kapitel 33 schon Einiges erklärt worden. Der heilige Kilian, dieser Kelte aus Irland, der gleichzeitig Asket und Feuerkopf gewesen sein muss, war offenbar einer der letzten dieser Sendboten. Neben Mönchen aus Irland sollen auch solche aus Schottland nach Mitteleuropa gekommen sein, jedenfalls frühe christliche Glaubensboten mit keltischer, nicht germanischer Muttersprache.

Ob sie die besten Missionare für den neuen Glauben waren, darf aus heutiger Sicht bezweifelt werden. Denn diese Iren und Schotten predigten lautstark und ohne jedes Verständnis für andere Anschauungen gegen germanische Opferstätten und –riten, gegen Zauberer und Wahrsager, sie zerstörten Opferkessel oder

Opferbäume und verfluchten die „abscheulichen Heiden". Nach einer Weile zogen sie dann weiter, weil sie ja nach der Regel ihres Ordens heimatlos sein mussten, und verkündeten dann anderswo ihre Botschaft, vermutlich in einer Sprache, die die Einheimischen kaum verstehen konnten. Von einer Organisation, der Einrichtung ständiger Kirchen und christlicher Gemeinden hielten sie nichts.

Die verschiedenen Heiligenlegenden, die über Männer dieses Typs ein paar Jahrhunderte später verfasst worden sind, stellen sie als die ersten und erfolgreichsten Missionare in Deutschland hin, doch bei genauer Betrachtung dürfte ihr Erfolg recht dürftig gewesen sein. Ihre Unstetigkeit, ihr Fanatismus, vielleicht auch ihre wenig beeindruckende äußere Erscheinung wirkte wahrscheinlich eher abstoßend, nicht nur auf die große Zahl von Anbetern Wodans, die es damals natürlich noch gab, sondern auch auf die Menschen, die schon länger die christliche Taufe empfangen hatten. Denn auch die dürften im Frankenland, den „Landen um den Main" damals schon durchaus schon in größerer Zahl gelebt haben.

Warum Franken Franken heißt

Manche Leser haben sich vielleicht schon einmal gefragt, warum die schönen „Lande um den Main", wie im bekannten Wanderlied Viktor von Scheffels das Frankenland genannt wird, diesen Namen bekommen haben.

Die Region im Norden des heutigen Bundeslandes Bayern muss im Frühmittelalter eine Art Niemandsland gewesen sein. Die „große" Völkerwanderung war wohl mit der Wanderung der Langobarden nach Oberitalien im Jahr 568 beendet, nicht aber die vielen „kleinen Völkerwanderungen" in den Jahrhunderten danach. In das ziemlich leere Land zwischen Spessart, Thüringer

Wald und der Fränkischen Alb im Süden wanderten zahlreiche kleine Gruppen aus den verschiedensten germanischen Stämmen ein.

Und ab etwa 690, der Zeit der vorstehenden Episode, scheint es eine bewusste Kolonisation durch Menschen gegeben zu haben, die aus dem eigentlichen Frankenreich in Gallien kamen und vom König, genauer gesagt, vom Hausmeier des Gesamtreichs, Pippin II. und seinen Nachfolgern, dorthin geschickt wurden, um die formale Oberherrschaft durch eine entsprechende Bevölkerung zu unterfüttern. Viele junge Adlige aus dem Frankenreich erhielten dort „Königsland" und durften ein größeres oder kleineres Gut aufbauen, das nur dem König untertan war.

Diese Menschen haben wohl den Begriff „Franken" mitgebracht, sowohl als Bezeichnung für das „Volk", das sich dort niederließ, wie auch als Bezeichnung für die geografische Region. Sie ist vom südlich benachbarten Bayern wohl zu unterscheiden, ebenso vom nördlicher liegenden Thüringen. Der fränkische Dialekt unterscheidet sich sehr deutlich vom Bayerischen, und nach Norden zu bildet der Thüringer Wald eine Scheide zur Thüringer Mundart, die dem Sächsischen verwandt ist.

Die „Franken" sind, so kann man wohl rückblickend zusammenfassend feststellen, ein bewusst geschaffenes Gemisch von Menschen aus vielen älteren Völkern und das Ergebnis einer bewussten Kolonisation in einem Land, das den Königen des Frankenreichs im fernen Gallien schon seit etwa 200 Jahren wenigstens formell unterstand.

37

Der Aufstieg eines starken Mannes

Kraft aus geheimnisvollen Quellen

Oktober 715 in Echternach/Luxemburg

Das Gefühl war unglaublich und nicht zu beschreiben, das Karl befiel, als er langsam in den gemauerten Brunnen stieg, der innerhalb der Klosterkirche aus Stein ein kleines Rund bildete. Zwei junge Mönche hielten ihn vorsichtig an den Armen. Kalt war das Wasser, aber das störte ihn nicht. Eine ungeheure Kraft schien sich vom Wasser aus in seinem Körper zu verbreiten, und seine hellblonden Haare fingen an, sich zu heben und zu knistern.

Bischof Willibrord hatte ihm vorher schon gesagt, das Eintauchen in den Brunnen von Epternacum *(Echternach)* sei wie eine nochmalige Taufe im Namen Gottes, des Vaters, des Sohnes und des Heiligen Geistes, die Karl ja schon als Kind empfangen hatte, nur viel, viel stärker. So war es in der Tat. Als Karl wieder aus dem Brunnen heraus gestiegen war, sich abgetrocknet und angekleidet hatte, waren alle Zweifel und Sorgen von ihm abgefallen, die ihn während seiner einjährigen Gefangenschaft ständig gequält hatten. Eine ungeheure Zuversicht und ein unbändiger Mut sagten ihm, dass er, Karl, Sohn des Princeps und Frankenherrschers Pippin, sein Ziel erreichen werde, seinem Vater in dieser Würde zu folgen.

Die letzten zwei Jahre erschienen Karl noch immer wie ein böser Alptraum, der nur in der allerletzten Zeit in einen freundlichen Traum übergegangen war. Sein alter Vater war schon länger schwer krank gewesen, und am Ende des Jahres des Herrn 714 war er verschieden. Karl lebte da mit seiner Frau Chotrud und seinen drei Kindern auf seinem Gut in den Ardennen, weit weg von der Residenz des Vaters.

Denn Karl war nicht als Nachfolger des Herrschers vorgesehen. Zwei Söhne Pippins aus dessen Ehe mit Plektrudis waren bereits vor dem Vater gestorben, und nur einer von deren minderjährigen Söhnen hätte nach dem Wunsch des Großvaters die Herrschaft antreten sollen, unter der Vormundschaft der Plektrudis. Diese willensstarke Frau hatte sich schon in den letzten Herrschaftsjahren Pippins als Mit-Regentin des Reiches gebärdet, und erst recht nach dem Tod ihres Mannes sollte das nach ihrem Willen so bleiben.

Mit Hass verfolgte diese Frau ihren Stiefsohn Karl, denn der war der Spross einer Kebse, wie Plektrudis diese Frau nannte. In Wahrheit war Alphaid die rechtmäßige Zweitfrau des Hausmeiers Pippin gewesen, wie es nach dem Recht der Franken immer noch möglich war, Spross eines angesehenen Adelsgeschlechts aus den Ardennen, keinesfalls einst eine „Magd“.

In den Wochen unmittelbar nach Pippins Tod hatte die neue Regentin Plektrudis einen Trupp Krieger zu Karls Gut entsandt und ihn gefangen nehmen und in der Stadt Aquis granis *(Aachen)* in einem Kerker verwahren lassen. Erst vor zwei Monaten war es alten Freunden Karls gelungen, die Wächter zu bestechen und ihn zu befreien. Auf verschwiegenen Pfaden hatte die kleine Gruppe das Kloster Epternacum erreicht.

Hier hatten sich die Mönche und vor allem der Bischof Willibrord der Flüchtlinge gütig angenommen. Karl konnte zur Ruhe kommen und neue Kräfte sammeln für das, was er sich vorgenommen hatte. Doch weit über die körperliche Erholung hinaus war die geistige und seelische Aufmunterung wichtig für ihn, die er vom Bischof erfahren hatte. Die geheimnisvolle zweite Taufe im Brunnen der Klosterkirche war dann ein unüberbietbarer Höhepunkt dieses neuen Anfangs gewesen.

Die Freunde, die Karl befreit hatten, waren nicht ohne Grund mit ihm gerade nach Epternacum gewandert. Der dortige Abt und Bischof Willibrord war ein alter Freund Pippins gewesen. Als junger Mönch war er einst von der Insel Britannia ins Friesenland gekommen, und Pippin hatte ihn zum Bischof von Utrecht gemacht, dem Handelsort, den er gerade von den Friesen zurück erobert hatte *(im Jahr 698, siehe Kapitel 36)*.

Zugleich hatten Pippin und Plektrud aus dem Grundbesitz, den ihre Vorfahren am Flüsschen Sauer *(nahe der Mosel, westlich von Trier)* ererbt hatten, viel Land gestiftet, um in Epternacum ein Kloster zu gründen. Dieses Kloster sollte gewissermaßen der Ort sein, von dem aus der sächsische Mönch Willibrord seinen Kräftenachschub erhalten konnte, um seine Aufgabe als Missionar der Friesen zu erfüllen. Denn alle Menschen im Umkreis von tausend Meilen – und natürlich erst recht die dortigen Grundeigentümer – wussten, dass dieses Land an der Sauer seit unzähligen Generationen heilig war, Kraftquelle für jeden, der mit ehrlichem Vorsatz dorthin kam, sich von seinen Sünden zu befreien und die geheimnisvolle Kraft in sich aufzunehmen, die von der Landschaft und insbesondere von der Quelle ausging, über der jetzt die Klosterkirche gebaut worden war.

Für Karl war der Aufenthalt im Kloster Epternacum wie eine Heimkehr zum Vater, hatte dem doch einst das Land selbst gehört, das nun den Mönchen zum Unterhalt diente. Wie zur Bestätigung dieser neu erworbenen Kraft zeigte es sich, dass in den nächsten Tagen und Wochen immer mehr kräftige junge Leute im Kloster eintrafen. Sie hatte das Gerücht gelockt, der Sohn des fränkischen Princeps lebe dort und suche nach Kampfgefährten, die ihm helfen wollten, die vielen Feinde zu besiegen. Der Anfang für den Aufstieg des Edlen Karl war gemacht.

Von Pippin II. zu Karl Martell

Über die Jugend des Großvaters Karls des Großen, des Princeps Karl, genannt „der Hammer“ (Martell), weiß man wenig. Nach schwierigen Anfängen seiner Laufbahn als Regent, wie in der Episode erzählt, entwickelte er sich bald zum mächtigen wirklichen Herrscher im Frankenreich.

Fest steht, dass Karl beim Tod seines Vaters Pippin (II.) im Jahr 714 etwa 26 Jahre alt war und bereits drei Kinder hatte. Aber wie in der Episode beschrieben, hasste ihn seine Stiefmutter Plektrudis und versuchte mit allen Mitteln, Karl daran zu hindern, die Nachfolge seines Vaters als „Regierungschef“ des Frankenreiches anzutreten. Was genau geschehen ist, kann man nur ahnen. Plektrudis scheint es gelungen zu sein, ihren Stiefsohn festnehmen zu lassen und für etwa ein Jahr in Aachen gefangen zu halten. Irgendwie muss es Karl jedoch geschafft haben, aus dieser Gefangenschaft zu entkommen.

Der Schriftsteller Thomas Mielke hat vor einigen Jahren eine Biographie Karl Martells geschrieben, und er war gut beraten, dies in Romanform zu tun. Denn viele Einzelheiten aus Karls Leben kann man nur als kundiger Schriftsteller vermuten, aber nicht aus zeitgenössischen Quellen belegen. Mielke beschreibt, wie der junge Karl mit Hilfe einiger weniger Getreuer aus der Gefangenschaft befreit wurde und sich danach für etwa ein halbes Jahr im Kloster Echternach unter dem Schutz des Bischofs Willibrord körperlich und geistig erholen und auf seine große Aufgabe vorbereiten konnte. Diese Annahme ist sehr plausibel, und ihr ist der Autor auch dieses Buches gefolgt.

Was Thomas Mielke jedoch wohl nicht wusste, war die ungeheure spirituelle Bedeutung dieses Platzes Echternach, der schon seit Jahrtausenden ein Heiligtum war. Dazu muss gleich im nächsten Abschnitt mehr erklärt werden. Und sehr wichtig waren auch die engen Beziehungen gerade der Familie Karls zu dieser Region, weil bereits Vorfahren sowohl seines Vater wie seiner Stiefmutter dort Grundherren gewesen waren. Diese geistige Bedeutung der Landschaft am Flüsschen Sauer war der Grund, dass die Eltern bereits 20 Jahre zuvor große Anteile ihres Landes dort zur Gründung eines Klosters gestiftet hatten, das dann bald zum Hauptkloster des berühmten Bischofs Willibrord wurde.

Über Willibrord und die neue Art der Missionierung, die mit ihm und seinen Zeitgenossen von Britannien in das Frankenreich kam, wird im Kapitel 38 noch etwas zu berichten sein, so dass dies hier nicht zu geschehen braucht. Der Majordomus Pippin, der sich den Titel Princeps zulegte, war im Lauf seines Lebens hauptsächlich im eigentlichen Frankenreich links des Rheins damit beschäftigt, die auseinanderstrebenden Interessen der großen Adligen unter einen einheitlichen Befehl zu bringen, und er war damit auch bis kurz vor seinem Tod recht erfolgreich. Mit Mitteleuropa, also der Region, mit der sich dieses Buch vorrangig beschäftigt, hatte er weniger zu tun gehabt.

Umso mehr gilt das für seinen Sohn Karl. Doch auch dessen spätere häufige Feldzüge nach Alemannien und Bayern waren nicht durch den Einfall fremder Feinde in diese Herzogtümer verursacht, als vielmehr durch Versuche verschiedener Söhne und Verwandten, dem Vater die Macht im Frankenreich zu nehmen und sich selbst an dessen Stelle zu setzen. Doch da dieses Buch ja nicht eine Geschichte der Könige (oder anders titulierter Machthaber) sein will, kann auf eine nähere Beschreibung dieser Feldzüge hier verzichtet werden.

Oft scheint die Auflehnung der Bayern und Alemannen gegen den fränkischen Oberherrn auch dadurch ausgelöst worden zu sein, dass die dortigen Herzöge sich mehr und mehr weigerten, von den Befehlen eines Mannes abzuhängen, der nicht eine von Gott gegebene mystische Heilskraft besaß. Den Merowingerkönigen, die dieses überirdische Heil besaßen, hatten sie ihren Treueid abgelegt, und den wollten sie auch einhalten, jedoch nicht sich von einem „heilsarmen“ Fremden regieren lassen.

Diese Motivation kann man allerdings aus den zeitgenössischen Chroniken nur sehr indirekt erschließen, denn sie alle wurden bereits längst von Schriftkundigen niedergeschrieben, die der neuen Herrscherfamilie der Arnulfinger oder Karolinger verpflichtet waren. Die Geschichte schreibt ja wie immer der Sieger, und das waren hier die neuen fränkischen Machthaber aus dieser Sippe.

Eine überragende Bedeutung gewann jedoch die Regierungszeit dieses Princeps Karl, den man „den Hammer“ nannte (auf germanisch Martell) durch seinen Sieg über die Araber im Jahr 732 in

Südfrankreich. Nach der Gründung der neuen Religion des Islam durch den Propheten Mohammed in Mekka ein Jahrhundert zuvor hatten die Stämme der Araber einen Siegeszug durch den Nahen Osten und nach Nordafrika angetreten, um den neuen Glauben überall zu verbreiten. Von Marokko aus hatte ein großes Heer der Araber schon den größten Teil Spaniens erobert (711) und war nun auf dem Vormarsch nach Norden in Südfrankreich angekommen. Wäre es dem Princeps Karl nicht gelungen, dieses Heer zu schlagen und zum Rückzug zu zwingen, wer weiß, ob nicht heute noch ein großer Teil Europas Allah anbeten würde ?

Ein heiliger Bezirk seit tausenden von Jahren

In Deutschland gibt es viele Regionen, die ihre besondere „Heiligkeit“ über mehrere bis viele Jahrtausende herleiten könnten, doch niemand weiß, wie viele. Denn kein kundiger Forscher hat sich je daran gemacht, die Spuren dieser besonderen Eigenschaft bestimmter Landschaften systematisch herauszufinden und in einer Landkarte sichtbar zu machen. Man muss allerdings wissen, worin sich diese Heiligkeit geäußert hat und auch heute noch zu erspüren ist - - auf keinen Fall jedoch in mittelalterlichen Schriften. Denn die katholische Kirche hat sorgfältig dafür gesorgt, dass darin keine Andeutungen dazu übrig geblieben sind, obwohl sie viele der Formen der Verehrung dieser Heiligkeit durch die Anwohner für sich selbst mit Beschlag gelegt hat, etwa in der Form besonderer kirchlicher Prozessionen.

Für das Gebiet um Echternach hat ein Team von Experten umfangreiche Forschungen hierzu in einem von Gert Meier herausgegebenen Buch veröffentlicht: „Die deutsche Vorzeit war ganz anders“. Hier können die Ergebnisse nur in allerkürzester Form wiedergegeben werden.

In dem kleinen Städtchen Echternach an der Sauer im Großherzogtum Luxemburg treten noch heute zwei Heilquellen aus dem Boden, die seit Urzeiten Menschen angezogen haben, die sich von diesem Wasser Hilfe für verschiedene körperliche und geistige Beschwernisse erhofften. Über einer dieser Quellen ist die Kirche des Klosters Willibrords errichtet worden. Durch den Ort verlaufen auch unterirdische Wasseradern mit außerordentlicher Energieausstrahlung, die von Experten der Radioästhesie aufgefunden worden sind. Diese Kunst der Wünschelrutengänger gilt zwar bei gewissen Richtungen der Wissenschaft als suspekt, hat sich aber immer wieder als erstaunlich zuverlässig erwiesen. Die berühmte „Springprozession" an jedem Pfingstdienstag durch das Städtchen Echternach ist heute noch ein Überbleibsel früher „heidnischer" Verehrungsformen.

Außerdem sind in der Landschaft unmittelbar nördlich des Städtchens, dem so genannten Ferschweiler Plateau (heute zu Deutschland gehörend), so viele altsteinzeitliche, jungsteinzeitliche, bronzezeitliche und eisenzeitliche Kulturdenkmäler versammelt wie kaum in einer anderen Region Mitteleuropas.

Vor allem aber muss die Ortsmitte des Städtchens Echternach der Schnittpunkt eines exakt nach Norden ausgerichteten rechtwinkligen Gitternetzes gewesen sein, ein wichtiger trigonometrischer Punkt aus vorgeschichtlicher Zeit. Denn eine der wichtigsten Erkenntnisse des erwähnten Forscherteams ist es, dass schon seit dem Ende der Eiszeit in Mitteleuropa ein exaktes Vermessungsnetz unseren Erdteil überzieht.

Genauer gesagt, sind es mehrere Netze, die sich zum Teil überlappen. Sie reichen von den Kanarischen Inseln bis jenseits der heutigen deutschen Ostgrenze. Die Existenz solcher Vermessungen ist bereits durch Forscher aus zahlreichen europäischen Ländern seit mindestens 60 Jahren mit Erstaunen festgestellt worden. Schon unmittelbar nach dem Schmelzen der Eisdecke, die Nordeuropa und auch Norddeutschland bis vor etwa 10 000 Jahren überzog, das heißt, nach dem Ende der letzten Eiszeit, müssen Menschen das damals noch kahle, vegetationslose Land exakt vermessen haben.

Unsere Vorfahren aus der Spezies „homo sapiens sapiens" (so bezeichnet im Unterschied zum ausgestorbenen „homo sapiens neanderthaliensis") waren ja Menschen wie wir, mit den gleichen Gehirnleistungen, nur mit anderem Wissen. Es gab Geschickte und weniger Geschickte unter den Menschen damals, und einige wenige waren auch „dreimal Weise", Es muss astronomische und mathematische Genies darunter gegeben haben, die – ohne Kenntnis der Schrift ! – in der Lage waren, komplizierte mathematische und astronomische Berechnungen vorzunehmen. Sie müssen bereits vor vielen tausend Jahren die Kugelgestalt der Erde erkannt und sehr genau deren Umfang ausgerechnet haben. Sie – und nicht etwa die Babylonier etliche tausend Jahre später ! – haben offenbar ein geographisches Netz um die Erde gesponnen, das mit seinen Längen- und Breitenkreisen und seiner Gradeinteilung genau dem heute noch gebräuchlichen System entsprach.

Die einstigen „Messpunkte" dieses Netzes wurden damals durch steinerne „Male" („Denk-male") fixiert und mit Namen versehen, die man heute noch wiederfinden kann, wenn man sie zu deuten weiß. Orts- oder Flurnamen mit „bet", „als", „roth", „ley" und anderen Silben kennzeichnen noch heute die ehemaligen Stellen der in der Altsteinzeit fixierten Kreuzungspunkte dieser Gitternetze. Viele alte Orte verdanken ihre Entstehung der „Heiligkeit" dieser „Male", die ja auch für die kommenden Generationen unverändert erhalten bleiben musste. Von den Nachkommen der alten Einwohner ist die Kenntnis dieser Orte durch zahlreiche Überschichtungen durch fremde Völker, Sprachen und Religionen hindurch bis in die heutige Zeit weiter gegeben worden.

Im Einzelnen können diese Erkenntnisse hier nicht dargestellt werden. Doch sollte uns das erst seit wenigen Jahren wieder zugängliche Wissen um die kulturellen Leistungen unserer Vorfahren in Europa zu großer Ehrfurcht vor ihnen veranlassen.

Der vergebliche Versuch einer merowingischen Restauration

In gerade den wenigen Jahre der Ohnmacht Karl Martells, nämlich zwischen 714 und 716, spielte sich auch die kurze „Herrschaft" eines der letzten Könige aus der Merowinger-Dynastie ab, die des Königs Dagobert III. Mit noch nicht zwölf Jahren hatte man ihn im Jahr 711 auf einen Thron gesetzt, den sein Vater Childebert III. durch seinen frühen Tod frei gemacht hatte, Ende 715 oder Anfang 716 starb auch der junge Sohn Dagobert, dem die zeitgenössischen Chroniken kaum eine Zeile widmen. Dennoch hatte diese kurze Zeit wichtige Auswirkungen, die erst heute sichtbar geworden sind.

Die Nachkommen des Merowech hatten als Könige ja nur noch die Aufgabe, die „Heiligkeit" des Reiches zu repräsentieren, aber sonst waren sie, die seit 100 Jahren fast stets nur Kinder waren, Spielball der Interessen der wirklich Mächtigen im Reich, der hohen Adligen und vor allem der Hausmeier der Teilreiche. Allein die Tatsache ist vielsagend, dass nach einer Chronik dieser Dagobert an einer Krankheit starb, während gleichzeitig behauptet wird, der Schädel eines in der Grablege der merowingischen Könige gefundenen Skeletts sei der von Dagobert III. – mit einem mächtigen Loch im Kopf, das von einer Axt stammen muss.

Doch gerade in den Jahren um 714 muss es Versuche gegeben haben, den Ruhm dieser Merowinger durch Rückblicke auf ihre berühmten Vorfahren im Volk wieder zu beleben, wenigstens im

Kreis der winzigen Minderheit, die lesen konnte. Wahrscheinlich war gerade der Umstand der (vorübergehenden) Abwesenheit eines starken Hausmeiers der Anlass dazu.

Ein ergebener Diener des königlichen Hauses, der wohl Wasthald hieß, hatte Zugang zum Geheimarchiv der königlichen Kanzlei und fand dort ein altes Pergament, das eine lange Liste von Namen der Vorfahren Dagoberts enthielt, über 40 Generationen und ein Jahrtausend zurück. Dieses Manuskript reicherte der Schreiber aus seiner Phantasie mit großartigen Taten für jeden dieser Könige an. Vor allem betonte er nachdrücklich, dass die Vorfahren dieser Könige aus Skythien und später „Sicambria" (Budapest ?) stammten, aber schon vor vielen Jahrhunderten unter einem König Francio nach Gallien eingewandert seien. Wahrscheinlich sind mehrere Kopien dieser „Bearbeitung" angefertigt worden.

Zur gleichen Zeit scheint ein anderer Verehrer des Königshauses namens Hunibald bei den alten sarmatischen Adelsfamilien des fränkischen Königreichs Informationen gesammelt und aufgeschrieben zu haben, wie deren Vorfahren zusammen mit den ersten Königen „aus Sarmatia über Thüringen" ins Land westlich des Rheins gekommen waren, vor mehr als drei Jahrhunderten.

Auch dies war wohl ein Versuch der Ehrenrettung der Merowingerkönige gegen die damals bereits vorhandene subtile Propaganda der Anhänger der Arnulfinger (später Karolinger), die Merowinger seien nur „rois faineant" („Nichtstuer-Könige"). Doch viel bewirken konnte diese Versuche einer Wiederherstellung des Ruhmes der Merowinger nicht mehr. Denn sehr bald hatte Karl Martell als Princeps die Zügel im fränkischen Gesamtreich wieder fest in der Hand und hätte keine moralische Aufwertung der Königsfamilie gestattet.

Die weiteren Schicksale dieser beiden verschiedenen Manuskripte – sie müssen übrigens die Geschichte der Vorfahren der Merowinger unter ganz unterschiedlichen Gesichtspunkten dargestellt haben – waren mehr als abenteuerlich. In den Jahrhunderten, in denen Könige aus dem Karolingerhaus über das Frankenreich herrschten, blieben sie wohl sorgfältig versteckt, gingen aber nicht verloren; vielleicht waren sie in den Bibliotheken einiger Klöster gelandet. Man kennt sie heute nicht mehr im Originalwortlaut, aber ihr ungefährer Inhalt lässt sich durchaus realistisch rekonstruieren, und der ist außerordentlich wichtig für die Erkenntnis der wirklichen Geschichte jener Zeit, wovon die „offiziell" überlieferten Schrifttexte nur sehr eingeschränkt berichten.

Ein Manuskript des Wasthald kam im Hochmittelalter vermutlich in die Hand eines berühmten Gelehrten und Diplomaten der Stauferkaiser, Gottfried von Viterbo. Der erkannte die Eignung dieses Textes, durch ein neu entdecktes altes Geschichtswerk den abendländischen „Heilsauftrag" der Kaiser aus dem Haus der Hohen-staufen untermauern zu können. Er hat den alten skythisch-fränkischen Königen – als angeblich geradlinige Vorfahren der Stauferkaiser – geradezu haarsträubende „Kulturtaten" zusätzlich angedichtet. Manuskripte aus der Hand Gottfrieds müssen dann im späten Mittelalter noch weitere „Anreicherungen" erfahren haben.

Zu Beginn der Neuzeit, um 1500, sammelte ein gelehrter Abt, Johannes Trithemius, in seinem Kloster Sponheim im Hunsrück eine berühmte Bibliothek von mehr als 3000 Manuskripten und frühen Drucken aus ganz Europa, darunter wohl auch Kopien der erwähnten Werke aus dem Frühmittelalter. Der Neid seiner Mönche vertrieb Trithemius von dort, nur mit Mühe erhielt er eine neue Abtstelle in Würzburg. Seine Bibliothek, die ein unschätzbares Wissensschatz für spätere Jahrhunderte gewesen wäre, zerstob in alle Winde.

Im Jahr 1513 wandte sich Trithemius in einem lateinischen Brief an den damaligen Kaiser Maximilian I. in Innsbruck und teilte ihm Einiges über dessen angebliche Vorfahren, die Frankenkönige, mit, so wie er es aus seiner verlorenen Bibliothek im Gedächtnis behalten hatte. Der Bitte des Kaisers um Übersendung der Originaldokumente konnte er nicht nachkommen, aber ganz kurz danach – vermutlich auf seine verzweifelten Anfragen bei anderen Klosterbibliotheken hin – wurde ihm ein altes Manuskript zum gleichen Thema zugeschickt, das er umgehend im Druck veröffentlichen ließ, natürlich in lateinischer Sprache. 1515 erschien das Buch „über den Ursprung der Könige und des Volks der Franken".

Einige wenige Historiker wissen auch heute noch von der Existenz dieses Buches, doch gilt es praktisch seit seinem Erscheinen als Musterbeispiel für die „Geschichts-Rekonstruktion im Renaissance-Zeitalter", auf gut Deutsch für den Erfindungsreichtum seines angeblichen Verfassers Trithemius über historische Ereignisse in Deutschland bis zur Zeit des Frankenkönigs Chlodwig. Denn es enthält geradezu unglaubliche Lügen dazu. Doch Trithemius war nicht deren Erfinder, sie stammten aus zahlreichen überarbeiteten Kopien der letzten 700 Jahre.

Und doch kann man in diesem Buch wenigstens kleine Kerne realer historischer Vorgänge über die frühe Zeit der Merowinger finden, wenn man unvoreingenommen danach sucht. Der Autor dieses Buches hat das vor einigen Jahren getan. Im Buch „Die Geheimnisse der Merowinger" sind die Untersuchung und ihr Ergebnis ausführlich dargestellt. Sie enthüllt Vieles, das der heutigen Geschichtswissenschaft bisher völlig entgangen ist.

38

Bonifatius und seine Kollegen

„Die Kirche braucht den Schutz der Krieger !“

Herbst 723, in Mainz

Mit seinen geistlichen Aufgaben hatte das wenig zu tun, was er jetzt erledigen musste, dachte der ehrwürdige Bischof Bonifatius öfter. Eigentlich sollte er Gottes Wort predigen, vom Leiden und Sterben Jesu Christi berichten, dessen Tod und Auferstehung allen, die daran glaubten, den Weg ins Himmelreich eröffnete. Seine Aufgabe als Bischof war es, Heiden zu taufen und die kleinen christlichen Gemeinden im Land auf Überreste widerlicher Zauberei und Aberglauben zu überprüfen und solches Unkraut im Garten Gottes auszumerzen.

Doch stattdessen musste der würdige Mönch und Bischof sich hier in der Stadt Moguntiacum *(Mainz)* mit Alltagsfragen beschäftigen, wie dem Kauf einer Wagenladung zugeschnittener Balken, von Werkzeugen für Maurer und Zimmerleute, mit der Anmietung von fünf Ochsenwagen einschließlich Ochsentreiber, und mit einem Dutzend anderer notwendiger Geschäfte, die heutzutage vor dem Aufbruch eines Wanderzuges ins Heidenland erledigt werden mussten. Das kleine Säckchen mit Silbermünzen, das der Bischof für diesen Zweck bei sich trug, begann schon bedenklich leer zu werden.

Aber diese Arbeiten waren notwendig, um seinen Plan Wirklichkeit werden zu lassen, im Land der Chatten ein Kloster zu bauen und dort seinen ersten festen Bischofssitz einzurichten. Vor kurzem erst war der Mönch, der im besten Mannesalter stand, von seiner Wanderung nach Rom zurückgekehrt. Dort hatte er dem Stellvertreter Christi auf Erden, dem Papst Gregor *(II.)*, den Schwur unbedingten Gehorsams geleistet und von diesem den Auftrag erhalten, *„den ungläubigen Völkern das Geheimnis des Glaubens zu offenbaren“*. Der Papst hatte dabei den Mönch Winfried aus dem Volk der Sachsen den Ehrennamen Bonifatius verliehen, und diesen Namen trug er nun mit Stolz. Zugleich hatte der Papst ihn zum Bischof dort im Heidenland ernannt.

Gleich nach der Rückkehr von Rom hatte Bonifatius den anderen Herren aufgesucht, der ihm den weltlichen Segen für sein Werk geben sollte. In seiner Residenz in Gallien hatte der Princeps Karl die Pläne des eifrigen Missionars ausdrücklich gelobt und ihm die Unterstützung durch alle Grafen und Herren im Frankenreich zugesagt, So bereitete nun Bonifatius den Wanderzug von einem Dutzend junger Mönche vor, die sich einem geplanten Marsch fränkischer Krieger nach der Amöneburg ins Land der Chatten anschließen sollten.

Am Oberlauf des Flusses Lana *(Lahn)* gab es einen flachen Berg, der sich vorzüglich zum Bau einer Burg mit hölzernen Palisaden eignete. Von dort aus war es einem ausreichend großer Kriegertrupp möglich, das Land in weitem Umkreis zu kontrollieren und bei etwaigen Aufstandsversuchen der dort lebenden Chatten die unbotmäßigen Untertanen zu züchtigen. Amöneburg wollten die Franken diesen Ort nennen *(etwa 10 Kilometer östlich von Marburg)*. Selbst mit den langsamen Ochsenwagen konnte man den Platz in nur wenig mehr als einer Woche erreichen.

„Die Kirche braucht den Schutz der Krieger"; so war der Spruch des Bonifatius, mit dem der Papst wie der Princeps Karl voll übereinstimmten. Die Untertanen dort im Heidenland würden sicher sehr viel leichter den Weisungen der fränkischen Grafen und Herren folgen, wenn sie auch an den Gott der Christen glaubten, und dazu sollte der neue Bischof Bonifatius helfen. Er und die Mönche, die ihn begleiten sollten, waren sogar in der Lage, den Menschen dort im Chattenland in einer Sprache zu predigen, die sie auch gut verstehen konnten. Denn neuerdings kamen immer mehr Mönche von den Inseln der Briten, die Nachkommen einst dorthin ausgewanderter Sachsen waren. Diese Sprache war der der Chatten recht ähnlich.

Der Mönch und Bischof Bonifatius war sich sicher, mit seinen sorgfältigen Vorbereitungen endlich eine unzerstörbare Grundlage für die erfolgreiche Verkündung von Gottes Wort zu schaffen.

Ein neuer Ansatz zur Heidenmission

Ein aufmerksamer Leser wird sicher den großen Unterschied bemerken, der aus den romanhaften Episoden zu Beginn des Kapitels 36 und diesem Kapitel mit Händen zu greifen ist. Seit etwa drei Jahrzehnten kamen neue christliche Missionare von den Inseln über die See ins Frankenreich, die sich zwar nicht im Glauben von den früheren Predigern unterschieden, aber doch sehr deutlich durch die Art, w i e sie diesen Glauben verkündeten.

Die Mönche, die es jetzt ins Frankenreich drängte, waren Sachsen, die in ihrer neuen Heimat Britannien das Christentum kennen gelernt und verinnerlicht hatten. In den dort blühenden Klöstern waren sie als junge Männer mit allem Wissen versehen worden, was ein Mönch benötigte, und vor allem erhielten sie dort den Antrieb, das Kloster wieder zu verlassen und bei den Heiden jenseits der Nordsee Mission zu betreiben. Sie brachten dafür bessere Voraussetzungen mit als die irischen Mönche, die im Jahrhundert zuvor sich dieser Aufgabe gewidmet hatten. Statt wie die impulsiven Kelten nach kurzen Predigt-Aufenthalten bald wieder weiter zu ziehen, bemühten sich die germanischen Sachsen, ihrer Bekehrung von Heiden Dauerhaftigkeit zu verleihen. Sie trieb auch das Verlangen an, den auf dem Festland zurückgebliebenen Blutsverwandten den Weg zum göttlichen Heil zu zeigen,

.

Ein früher Missionar, der im Zuge dieser neuen Einstellung über den Englischen Kanal gekommen war, hieß Willibrord. Im Kapitel 37 war er schon kurz erwähnt worden. Zunächst bemühte er sich um die Christianisierung der Friesen. Seine Erfolge und Misserfolge dort standen in direkter Beziehung zu den im Kapitel 35 angedeuteten Hin und Her zwischen den Friesen und den Franken in der Beherrschung der beiden so wichtigen Handelsplätzen Dorestad und Utrecht.

Im Jahr 681 hatte, wie geschildert, der König von „Frisia magna", Radbod, wieder einmal Utrecht erobert – oder richtiger kampflos besetzen können. Acht Jahre später, 689, war es dem fränkischen Princeps Pippin II., gelungen, den Platz zurückzuerobern, und er beauftragte den Mönch Willibrord mit der Missionierung der Friesen. 692 kam auch der päpstliche Segen hiefür und 695 sogar die Ernennung Willibrords zum Erzbischof der Friesen durch den Papst. 698 übertrug Pippin dem von ihm hoch geschätzten Bischof auch das schon ein paar Jahre vorher gegründete Kloster Echternach als geistigen und materiellen Rückhalt für das schwierige Werk unter den Friesen, von denen die meisten störrisch bei ihrem Heidentum bleiben wollten.

Doch schon kurz vor dem Tod Pippins und erst recht in den wirren Jahren unmittelbar danach wechselte wieder einmal das Schicksal der umstrittenen Handelsorte an den Mündungsarmen des Rheins. Radbod konnte sie 714 erneut in seine Macht bringen, und die christlichen Missionare dort wurden wieder einmal vertrieben, darunter auch der Bischof Willibrord. Dieser war froh, in Echternach einen sicheren Rückzugsort zu finden. Erst nachdem Pippins Sohn Karl als Hausmeier des Gesamt-Frankenreiches die Zügel in der Hand hatte, ab etwa 717, kam auch Utrecht wieder in die Hand dieses Reiches, und Willibrord konnte dort erneut seinen Sitz als Bischof einnehmen. Dort ist er im Jahr 739 gestorben.

Bonifatius, der „Apostel der Deutschen"

Zu den Mönchen, die Willibrord bei seiner Friesen-Mission helfen wollten, gehörte wohl ab etwa 717 ein gewisser Winfried (auf Angelsächsisch Wynfreth), der in seinem Kloster Nursling in Britannien bereits ein berühmter Gelehrter und Abt geworden war. Doch dann beschloss er, für den Rest seines Lebens den Heiden auf dem Festland das Evangelium zu predigen.

Doch in der kurzen Zeit, in der er zusammen mit Willibrord bei den Friesen wirkte, muss es zwischen den beiden selbstbewussten Mönchen zu Differenzen gekommen sein. Winfried verließ Friesland und pilgerte zum Papst Gregor nach Rom. Von ihm ließ er sich das große Gebiet im östlichen Frankenreich als Missionsgebiet zuweisen, das zwar „irgendwie" unter der Oberherrschaft der Frankenkönige stand, aber in Wirklichkeit noch weitgehend unabhängig und heidnisch war. Vor allem aber empfing der Sachse Winfried vom Papst den Namen, unter dem er später weltberühmt werden sollte: Bonifatius. Der Papst konnte sicher den germanischen Namen des Mönches nicht aussprechen.

Der Zug des Bonifatius nach der Amöbeburg, wo er im Schutz der fränkischen Krieger-Besatzung ein kleines Kloster bauen ließ, war das erste der vielen Vorhaben des berühmten Mönchs. Kurze Zeit später, 724, veranstaltete Bonifatius das wohl spektakulärste Schauspiel im Ringen um die Seelen der Heiden. Von der ebenfalls von fränkischen Kriegern besetzten Büraburg bei Fritzlar in Nordhessen zog er zur dicht dabei stehenden „Donar-Eiche“ und fällte sie – ohne dass der germanische Gott Donar, dem sie heilig war, sich dagegen wehrte.

Bonifatius hatte ein gutes Gespür dafür, sich und seinen Gott so in Szene zu setzen, dass er die möglichst große Aufmerksamkeit erregte. Darin war er ein durchaus moderner Mensch, der auch wohlüberlegt dafür sorgte, dass seine zahlreichen Briefe, die er mit wichtigen Leuten im Frankenreich, aber auch mit alten Bekannten in Britannien wechselte, der Nachwelt erhalten blieben, im Gegensatz zu den meisten seiner Zeit- und Berufsgenossen.

Im Jahr 723 war Bonifatius zum zweitenmal nach Rom gewandert, wo ihm der Papst wie erbeten einen weitergehenden Schutzbrief ausstellte und ihn zum Erzbischof ernannte. Damit erhielt er das Recht, in seinem riesigen Missionsgebiet nach eigenen Vorstellungen Bischöfe zu weihen.

Das tat Bonifatius denn auch. Unermüdlich zog er durch Thüringen, Franken und Bayern. Diese Gebiete gehörten ja formal zum Königreich der Franken, doch die Unterstellung unter den fernen König (oder seinen Majordomus) wies doch riesige Lücken auf. Erst recht zeigte sich der Glaube, dem die Menschen dort anhingen, nach Bonifatius' Verständnis als erschreckend. Nicht nur, dass sehr viele Einwohner dort noch an die alten Götter der Germanen glaubten, ihnen opferten und nach diesem Glauben Zauberriten ausführten, nein, auch bei den Menschen, die schon längst getauft waren und also Christen sein sollten, bemerkte Bonifatius schwere Mängel, Viele der dortigen Geistlichen seien „Ketzer, Hurer und Ehebrecher", wie er empört in einem seiner vielen Briefen feststellte.

Der einflussreiche Bischof wurde vom Herzog Hucbert von Bayern eingeladen, die kirchlichen Verhältnisse in seinem Gebiet zu ordnen. Seit den Tagen des Herzogs Fara (siehe Kapitel 30) hatte sich in Bayern viel verändert. Zu Anfang des 8. Jahrhunderts hatte ein sehr bedeutender Herzog Theodo sich bemüht, sein großes Land zu modernisieren. Er hatte vier Söhne, die er gewissermaßen in bestimmten Regionen zu Unterherzögen machte, und für diese Regionen benötigte er auch vier Bischöfe in Regensburg, Passau, Salzburg und Freising. Der Herzog war sogar zum Papst nach Rom gereist, um sich von ihm diese Neuordnung im Bereich der katholischen Kirche bestätigen zu lassen. Doch zahlreiche Vorfälle innerhalb der Familie des Herzogs, in die auch die Bischöfe hineingezogen wurden, verhinderten die Durchführung dieses Plans.

Nun, am Ende der zwanziger Jahre des 8. Jahrhunderts, sollte Bonifatius diese stecken gebliebene Reform vollenden. Doch gelang dem ehrgeizigen Bischof nicht, vom Herzog als Erzbischof für Bayern anerkannt zu werden. Verärgert verlegte er sein Wirken in die Gebiete nördlich Bayerns, nach Franken und Thüringen. Dort ist es seinem Wirken zuzuschreiben, dass mehrere Bistümer entstanden, zu deren geistlichen Oberhäuptern Bonifatius meist Mönche einsetzte, die ihn aus seiner britannischen Heimat ins Heidenland begleitet hatten. Immerhin hat Bonifatius durch sein beharrliches Wirken für eine feste Grundlage kirchlicher Gemeindearbeit gesorgt.

So sehr sich Bonifatius sich bemühte, in seinem Zuständigkeitsbereich das Christentum einzuführen und die vorhandenen Bruchstücke davon zu reformieren, so wenig erfolgreich war er in diesem Bemühen im eigentlichen Frankenreich links des Rheins. Mit den dortigen Bischöfen – sie kamen, wie schon mehrfach erwähnt, fast immer aus reichen Adelsfamilien – verband ihn eine gegenseitige heftige Antipathie. Der Bischof aus Britannien hat wohl auch nie an Kirchensynoden, d.h. Versammlungen aller Bischöfe des Frankenreichs, teilgenommen, nur an einer Synode seines eigenen erzbischöflichen Sprengels – und da weigerten sich die Bischöfe aus Gallien, sie zu besuchen.

Bonifatius hielt nämlich auch die meisten der würdigen Kirchenfürsten im gallischen Teil des Frankenreichs für die „Ketzer, Hurer und Ehebrecher", als die er die Pfaffen in seinem eigenen Sprengel bezeichnet hatte. Wahrscheinlich hatte er auch recht. Diese gegenseitige Abneigung belastete im Laufe der Zeit auch sein Verhältnis zum fränkischen Princeps Karl, mit dem er an sich in der Grundeinstellung übereinstimmte.

Im Alter resignierte Bonifatius mehr und mehr. Als alter Mann mit fast 80 Jahren gab er sein Amt als Erzbischof auf und zog noch einmal ins Land der „letzten Heiden" an die Nordseeküste, um diese zu bekehren. Dort wurde er 755 von wütenden Friesen erschlagen. Im Kapitel 39 wird dieses Ereignis noch einmal wenigstens erwähnt werden – von den „allerletzten Heiden", den „Sachsen".

39

Aus der Jugend Widukinds

Letzte Ehre für einen Edlen

Herbst 755, in Drantum, Krs. Cloppenburg

Vorsichtig war der sterbliche Leib des Edlen Wido in sein Grab hinuntergelassen worden, man hatte wie üblich Helm und Schwert neben ihn gelegt. Sein Leibhengst und noch ein zweites Pferd waren nur ein paar Dutzend Schritte entfernt mit einem Schwerthieb enthauptet und in ein besonderes Doppelgrab gelegt worden. Denn Wido als dem Anführer und Ältesten seiner Adelssippe und als Satrapen stand es zu, dass zur Erhöhung seiner spirituellen Reinheit auf dem Weg ins Anderland sogar zwei edle Pferde geopfert wurden Alle Angehörigen und die vielen Liudi des Herren waren vorgetreten und hatten die üblichen drei Hände voll Erde in das Grab geworfen.

Nun konnte nach altem Brauch der Leichenschmaus beginnen. Ein junges Fohlen war geschlachtet worden, und sein Opferfleisch, im heiligen Herdfeuer gebraten und in handliche Stücke zerteilt, war der erste Bissen, den jeder der vielen Trauergäste zu sich nahm, ehe die Mahlzeit auf Rind- und Schaffleisch, frisches Brot und andere Genüsse übergehen konnte. Dazu wurde wie üblich gegorene Stutenmilch ausgeschenkt, das beliebte Rauschgetränk, an dem an einem Tag wie diesem nicht gespart werden durfte. Die Stimmung und damit auch die Lautstärke der Gespräche der vielen Trauergäste nahm deutlich zu.

Rund um eines der Lagerfeuer, die man aus diesem Anlass in der Nähe des Begräbnisplatzes von Widos Adelssippe entzündet hatte, lagerten sich die engsten Familienangehörigen und die Schah von benachbarten Gütern, die als Gäste zu dieser Trauerfeier gekommen waren. Außerhalb dieses Kreises hatten sich einige ältere Kinder aufgestellt, die zu diesen Familien gehörten, aber natürlich noch nichts im Kreis der Erwachsenen zu sagen hatten.

Der Enkel des Verstorbenen war ein blonder Junge von gut acht Jahren, der sich bemühte, möglichst viel von den Gesprächen der Erwachsenen mitzubekommen. Schließlich würde er, Widukind, den man sogar nach seinem Großvater genannt hatte, unbestreitbar später einmal selbst der Anführer des Geschlechts sein, wenn dereinst auch sein Vater gestorben sein würde. Denn Widukind war der älteste Sohn seines Vaters, wie der der älteste Erbe des jetzt Verstorbenen gewesen war.

Die Gespräche im Kreis der Schah drehten sich um die wichtigste Frage, die nach dem Tod des edlen Wido gelöst werden musste. Wer sollte ihm in der Würde als Satrap *(etwa = „Landesschützer")* für die Adelssippen der West-Falen und die ihnen durch Eide verbundenen freien Bauern und Liudi nachfolgen ?

Der jetzt Verstorbene war Spross einer der Familien, die einst in mehreren großen Zügen aus dem Land an der Lupia *(Lippe)* nach Norden gekommen waren und sich im flachen

Land beiderseits der Wisara *(Weser)* und Amisia *(Ems)* Weideplätze für ihr Vieh und Ackergüter gesichert hatten *(siehe Kapitel 28)*. In dieser langen Zeit hatte es bemerkenswerte Veränderungen im Verhältnis zwischen den Menschen gegeben, die dort lebten.

Die Bauern dort waren anfangs wenig entzückt gewesen über die Nachbarschaft wehrhafter Reiter mit großen Viehherden, die da plötzlich in ihrer Nähe aufgetaucht waren. Doch nach anfänglichen Reibereien mit den Bauern hatten es die klugen Schah fertig gebracht, ihre Nachbarn zu überzeugen, dass sie überhaupt nicht darauf aus seien, sich zu Herren der freien Bauern zu machen, sondern nur zum Besten beider Seiten friedlichen Tauschhandel mit Dingen treiben wollten, die die Bauern und die Hirten jeweils im Überfluss erzeugten.

Fast zwanzig Winter war es her, dass ein Heer fremder Krieger aus dem Frankenreich auf den schmalen Kaufmannswegen zwischen Sümpfen und Wäldern in das Land der Bauern und Hirten eingefallen war, Abgaben verlangte, einen fremden Glauben verkündete und die Häuser all derer anzündete, die sich den Wünschen der Fremden verweigerten.

Um sich gegen diese Franken zur Wehr zu setzen, mussten Bauern und Hirten ihre Kräfte bündeln und sich für diesen Notfall einen gemeinsamen Anführer wählen. Die Wahl musste sehr schnell geschehen, wenn der gemeinsame Schützer des Landes noch etwas ausrichten sollte. Sie war damals auf den Edlen Wido aus Drantum gefallen, und dem Geschick dieses Mannes war es zu verdanken, dass die fränkische Kriegerschar durch zahlreiche Hinterhalte große Verluste erlitt und sich bald wieder nach Süden zurückzog.

Dieser Erfolg hatte die freien Bauern überzeugt, dass ein gemeinsamer Befehlshaber für solche Notzeiten für beide Seiten von Vorteil sein würde. So war es schon damals zu einer denkwürdigen Einigung der Schah und der Bauern im Land an der Weser gekommen. Bei einem Treffen von mehreren Tagen Dauer hatten bevollmächtigte Vertreter einen Vertrag geschlossen und mit gegenseitigen feierlichen Eiden bekräftigt, der die Bauern und die adligen Hirten zu einem dauerhaften Bündnis zusammenschloss.

Sie nannten das die Heerschaft *(etwa: Zusammenschluss zu einem gemeinsamen Heer)* der West-Falen, und zur Klärung gemeinsamer Angelegenheiten sollte künftig jedes Jahr am ersten Vollmond nach dem längsten Tag des Jahres ein Thing *(etwa Volksvertretung)* zusammentreten, zu dem sowohl die Schah wie auch die freien Bauern je zehn Vertreter wählen und entsenden sollten.

Es war ein geschickter Einfall der Schah gewesen, auch noch die anderen Menschen dabei zu berücksichtigen, die sowohl bei den Schah wie bei den freien Bauern die notwendigen Arbeiten verrichteten und auch Krieger stellten, aber sonst keine Rechte hatten, die Liudi. Jedenfalls hatten die Schah durchgesetzt, dass zum Thing der West-Falen auch die Liudi zehn gewählte Vertreter entsenden konnten.

Schließlich waren die Schah wenigstens ihren eigenen Liudi durch einen heiligen Schwur verpflichtet, für deren Wohl zu sorgen. In den seltenen Fällen, da die Vertreter der Bauern im gemeinsamen Thing anders entscheiden wollten als die Vertreter der Schah, konnten sich die letzteren meistens sicher sein, dass die Vertreter der Liudi eher mit ihnen als mit den Bauern, ihren eigentlichen Herren, stimmen würden.

Seit damals trug der Edle Wido den Titel und die Bürde des Satrapen für die Heerschaft. Mehrmals waren wieder fränkische Krieger in ihr Land eingefallen, doch hatten sie es nach verlustreichen Gefechten mit den kriegstüchtigen Bauern und Reitern der West-Falen stets bald wieder verlassen.

Jetzt aber musste entschieden werden, wer dem Edlen Wido in der Würde des Satrapen nachfolgen sollte. Nach kurzer Diskussion unter den anwesenden Schah aus der Heerschaft der West-Falen war man sich einig, dass Edelhard die Nachfolge übernehmen sollte. Er hatte eine Tochter des Friesenkönigs Radbod zur Frau, die edle Dame Eila, und führte eines der vornehmsten Schah-Geschlechter im Lande an. Natürlich würde noch das Thing der Heerschaft im nächsten Jahr die Entscheidung fällen müssen, aber angesichts der praktischen Überlegenheit der Vertreter des Adels in diesem Thing war es wohl nicht zweifelhaft, dass die Wahl nach dem Wunsch der Schah ausfallen würde.

Der junge Widukind stieß seinen gleichaltrigen Freund Albion an, der neben ihm den Gesprächen der Erwachsenen lauschte. Denn dieser Albion war der Enkel des soeben zum Satrapen benannten Adligen. Ernsthaft wie ein Erwachsener reichte Widukind seinem Freund die Hand und drückte sie, wie um ihm zu dieser Würde seines Großvaters zu gratulieren.

Bald kam das Gespräch auf andere wichtige Ereignisse in der Welt. Mit lauten Bravo-Rufen nahmen die Schah rund um das Lagerfeuer die Erzählung eines der Ihren zur Kenntnis, der sie gerade von einem durchreisenden Kaufmann gehört hatte. Der christliche Bischof Bonifatius war erst vor wenigen Wochen von aufgebrachten Friesen in der Nähe der Nordseeküste weit im Westen erschlagen worden. Warum hatte er auch so bösartig gegen den anderen Glauben der Friesen gewettert, und warum wollte er die Freiheit dieser Menschen dadurch beseitigen, dass er sie zwang, einen fremden Gott und dessen Sohn Jesus zu verehren ? „Recht ist ihm geschehen", war die übereinstimmende Meinung der Schah aus der Heerschaft der West-Falen, „auch wir wollen nicht die Sklaven der Franken und dieses fremden Gottes werden !"

Ist das Dunkel um das Leben Widukinds wirklich so dicht ?

Folgt man den Darstellungen über den Krieg Karls des Großen gegen die Sachsen in der zweiten Hälfte des 8. Jahrhunderts, dann ist über das Leben seines Hauptwidersachers, des „sächsischen Herzogs" Widukind, nichts bekannt, was über einige Schlachten und die schließliche Taufe dieses bemerkenswerten Mannes hinausgeht. Das ist kein Wunder, denn wie immer schrieben die Sieger, hier die fränkischen Annalen-Schreiber, die Geschichte. Die Biographie Widukinds in der „offiziellen" Geschichtsschreibung auch der letzten Jahre ist daher äußerst lückenhaft, weil sie ja nur diesen alten Quellen folgt. Das gilt z.B. auch für die Kurzdarstellung seines Lebens in der „Wikipedia" im Internet, also aus allerjüngster Zeit. Doch das müsste nicht so sein. Zahlreiche Indizien sind längst bekannt, Man muss sie nur als solche erkennen und akzeptieren, dass es noch andere Quellen für die Geschichtsforschung gibt als alte Schrifttexte

Nach seiner Taufe im Jahr 785, der Besiegelung seiner Kapitulation im Interesse des Weiterbestehens seines Volkes, verschwand Widukind aus der Öffentlichkeit. Vermutlich wurde er bis zu seinem Tod in einem Kloster in Zwangshaft gehalten, wie das damals bei prominenten Gefangenen üblich war. .Die eingehende Untersuchung des Historikers Gerd Althoff, Widukind sei nach langjähriger Haft im Kloster Reichenau am Bodensee gestorben, wird jedoch von seinen Fakultätskollegen bezweifelt. Es steht ja nichts davon in den „fränkischen Annalen".

Dabei ist es mehr als plausibel, dass nach seinem Tod ehemalige Anhänger des Herzogs seinen Leichnam vom Bodensee auf den Hof Enger in Westfalen (in der Nähe der Stadt Herford) überführten und ihn in der Kirche des neu gegründeten Nonnenklosters beisetzten. Denn dort hatte Widukind noch in seiner Zeit als Herzog einen Hof besessen, wie behauptet wurde. In eben diesem Ort Enger verehrt man tatsächlich seit Jahrhunderten das Grab Widukinds. In einer Ausgrabung der Jahre 1971-73, die man zur Überprüfung der Legende unternommen hat, fand man am Ehrenplatz unter dem Altar der Stiftskirche das Skelett eines hochgewachsenen Mannes. War das der Leichnam Widukinds ?

Im Jahr 947 vermachte der König des Ostfrankenreichs, der Sachse Otto I., in einer Urkunde dem Nonnenkloster in Enger einige Dörfer im Oldenburger Land, die seine Mutter in die Ehe mit dem Vater mitgebracht hatte. Königin Mathilde, Ehefrau König Heinrichs I., war die Ur-Ur-Enkelin Widukinds und offenbar die Erbin verschiedener Grundstücke, die einst der Sippe des Herzogs gehört hatten. (König Heinrich war zwar auch Sachse und wahrscheinlich ebenfalls sarmatischer Abstammung, aber mit Widukind nicht verwandt.)

Zu den an das Kloster vermachten Orten gehörte auch das Dorf Drantum, und dort wurde im Jahr 1961 ein großer Friedhof aus der Merowingerzeit ausgegraben, zu dem nicht weniger als 24 Pferdegräber gehörten. Sechs dieser Pferde waren jeweils zu zweit in Doppelgräbern beigesetzt. (Nebenbei: es ist geradezu sensationell, dass dort Pferde zwischen den Jahren 710 und 875 beigesetzt wurden, noch hundert Jahre nach der angeblichen Christianisierung der Sachsen dort !)

Nimmt man an, der Klosterbruder Widukind sei hochbetagt mit 70 Jahren im Kloster Reichenau gestorben, etwa im Jahr 817, dann kommt man auf ein Geburtsjahr um 747. Das macht seine Anwesenheit bei der Beisetzung seines Großvaters im Jahr 755 durchaus möglich, wenn auch die vorstehende Episode über die Beisetzung eines Edlen Wido „nur“ ein Phantasieerzeugnis des Autors ist. Weder der Vater noch der Großvater Widukinds sind bekannt – warum sollten auch die „Fränkischen Annalen“ davon berichten ?

Der Freund Widukinds in der Episode, Albion, ist allerdings kein Phantasieerzeugnis. Man weiß von ihm, dass er bis zuletzt gegen die fränkischen Truppen Karls des Großen kämpfte und dann gemeinsam mit seinem Jugendfreund Widukind das Opfer auf sich nahm, zu kapitulieren und sich taufen zu lassen, um seinem Volk weiteres Morden zu ersparen – mit der Folge der lebenslangen Haft in einem Kloster. Und eine Information über den Friesenkönig Radbod besagt, dass dessen Tochter Eila den Sachsenherzog Edelhard geheiratet habe und zur Großmutter Albions wurde. So sind die wenigen historischen Informationen in der Episode durchaus „schriftmäßig belegt“.

Das Dorf Drantum liegt nur 16 Kilometer südwestlich des Städtchens Wildeshausen im östlichen Oldenburg, und das gilt als Heimat Widukinds. Jedenfalls hat ein Enkel des Herzogs um das Jahr 850 dorthin eine Reliquie aus Rom überführen lassen, und zwar mit wohlwollender Unterstützung des damaligen Kaisers Lothar und des Papstes Leo (IV.). Der Enkel Waltbert galt als guter, ja fanatischer Christ, und er wollte unbedingt die sterblichen Reste eines gewissen heiligen Alexander aus Rom nach Wildeshausen holen lassen, eine Aufgabe, die einige Mönche für ihn erledigten. Andere Mönche aus dem Kloster Fulda haben später die Wundergeschichte aufgeschrieben, denn allein während der langen Reise von Rom bis dicht bei Bremen habe der Leichnam, so berichten sie, bereits 29 wunderbare Krankenheilungen vollbracht.

Warum gerade die Reliquie eines „heiligen Alexander" nach Wildeshausen geholt werden musste, danach zu fragen, fiel den Historikern nicht ein, die sich im 19. und 20. Jahrhundert mit dem Schrifttext dieser „Translatio" beschäftigt haben. (Es gibt etliche solcher Berichte über die ereignisreiche Überführung christlicher Reliquien im Mittelalter !).

Dabei hat der Mönch Widukind von Corvey, selbst ein direkter Nachkomme des Herzogs, ganz ausdrücklich in seiner „Sachsen-Geschichte" berichtet, *„die Sachsen stammten von den Dänen und Nordmannen ab. Andere aber behaupten ihre Herkunft vom griechischen Geschlecht, wie ich selbst in früher Jugend jemand rühmen hörte. dass diese selbst angäben, sie seien die Reste des makedonischen Heeres gewesen, das dem großen Alexander gefolgt und nach dessen zu frühem Tod über den ganzen Erdkreis zerstreut worden sei."*. Der Text wurde verfasst um das Jahr 973.

Den modernen Historikern erschienen offenbar diese Zeilen als zu verworren und phantastisch, als dass sie sich damit beschäftigen wollten. Sie haben sie bei ihrer Suche nach der Entstehung des „sächsischen Volkes" stets außer acht gelassen. Mit dem berühmten Makedonenkönig Alexander dem Großen hat diese Erzählung sicher auch nichts zu tun, wohl aber mit der sarmatischen Abstammung der Vorfahren des Herzogs Widukind. In dessen

Familie muss es offenbar noch nach 2000 Jahren mündliche, wenn auch nur noch sehr verschwommene Erinnerungen an eine Vergangenheit ihres Volkes gegeben haben, als die Vorfahren der Sarmaten, die Skythen, und die vom Nordbalkan stammenden Makedonen noch enge verwandtschaftliche Beziehungen hatten und der Name Alexander unter den Herrschern dieser Völker auftauchte. Diese erstaunlichen Zusammenhänge sind im Buch „Sachsen, Thüringer, Schwaben..." näher untersucht und dargestellt.

Nimmt man alle diese Indizien zusammen – sie sind hier nur in der gebotenen Kürze wiedergegeben - , dann scheint der Nachweis nicht mehr schwer, der berühmte Sachsenherzog Widukind stamme aus einer Adelsfamilie im nördlichen Niedersachsen, in der noch um das Jahr 1000 nach Christus das Bewusstsein nicht ganz geschwunden war. sie seien die Nachkommen einer Häuptlingsfamilie der Sarmaten aus dem alten Stamm der Jazygen.

Woher will man das nun wieder wissen ? Bereits um das Jahr 870 muss es im Dorf Calvelage, nur 4 Kilometer von Drantum entfernt, einen Edelherrn gegeben haben, dessen Nachkomme zwei Jahrhunderte später den Namen Hermann, Graf von Calvelage führte. Ihm gehörte erheblicher Grundbesitz um Vechta und Bersenbrück im östlichen Oldenburg, also genau dort, wo auch Drantum, Calvelage und Wildeshausen liegen.

Dieser Hermann erwarb um 1080 die Grafschaft Ravensburg am Teutoburger Wald; dazu gehörten u.a. die Städte Bielefeld und Halle (Westfalen), aber auch Enger. Eine familiäre Verbindung mit der Widukind-Sippe aus genau der gleichen Herkunftsgegend liegt auf der Hand. Es wäre ein merkwürdiger Zufall wenn diese Herrschaftsverlagerung im Hochmittealter nichts mit der Tradition des Ahnen Widukind und seiner Grablege in Enger zu tun gehabt hätte. Die Calvelager, später Ravensberger Grafen führten ein Wappen, das drei rote Sparren in Weiß zeigt. Diese Wappenfigur in der typischen Farben der alten Jazygen soll wahrscheinlich die Würde eines „Dorfoberen" symbolisieren, da ein Sparren wohl die Form des Dachbalkens eines Holzhauses wiedergibt und drei Sparren eine höhere Würde andeuten als die eines „Hausoberen" mit nur einem Sparren.

Und dieser „Herzog" Widukind wurde vor noch gar nicht allzu langer Zeit in Deutschland als eine Art Urbild eines germanischen Helden hochstilisiert !

Von den West-Falen zu den „Sachsen"

Bisher ist in diesem Kapitel noch nie das Wort „Sachsen" gebraucht worden. Schon mehrfach wurde in diesem Buch darauf hingewiesen, dass der Völkername „Sachsen" nur in römischen Schriftquellen auftaucht und später in den Werken fränkischer Mönche, die natürlich auch auf Lateinisch verfasst waren. Bis zu den Kriegen Karls des Großen ist wahrscheinlich auch nie ein Krieger, der gegen ihn kämpfte, auf die Idee gekommen, sich selbst als „Sachse" zu bezeichnen. Erst die gemeinsamen Erlebnisse im Krieg vermittelten den Menschen in den verschiedenen „Heerschaften", die in Norddeutschland allmählich auftauchten, das Gefühl, zusammen zu gehören. Weil die Befehlshaber der Franken sie alle zusammen immer wieder als Sachsen bezeichneten, haben die Gegner der Franken dann vielleicht schließlich sich auch selbst so bezeichnet.

Neben der „Heerschaft" der West-Falen entstanden nämlich ab dem 7. Jahrhundert auch noch andere ähnliche Zusammenschlüsse in den heutigen Bundesländern Niedersachen und Schleswig-Holstein. Das waren die „Ost-Falen", die Engerer und die „Transalbingier". Die letzteren waren „jenseits der Elbe" in Holstein ansässig, die Ost-Falen im südöstlichen Niedersachsen, und die

„Engern“ wohnten zwischen Ost- und West-Falen etwa westlich einer Linie von Hamburg nach Hannover.

Es ist sehr wahrscheinlich, dass Reste des alten germanischen Volks der Sachsen unter den freien Bauern waren, Nachkommen der Menschen, die einst im Land an der Nordsee zurückgeblieben waren, als ihre Stammesbrüder nach Britannien auswanderten. Doch gab es vermutlich noch viele andere kleine Gruppen ehemaliger germanischer Anwohner mit eigenen Bezeichnungen, die allmählich unter die „Namensdächer“ der West- und Ostfalen und Engern schlüpften und noch später unter den Sammelnamen Sachsen.

Die Erzählung in der Episode zu Beginn dieses Kapitels macht vielleicht verständlich, wie es damals wirklich zur „Volkwerdung der Sachsen“ kam. Auf keinen Fall durch blutige Eroberungen, sondern offenbar durch ganz friedliche Vereinbarungen zwischen Menschen ganz verschiedener Völker und Sprache, veranlasst durch die Notwendigkeit, sich gemeinsam gegen Angreifer verteidigen zu müssen. Um seinen theoretischen Herrschaftsanspruch auch bis zur Weser und Elbe geltend zu machen, hat nämlich bereits der fränkische Princeps Karl Martell mehrfach Heere dorthin entsandt, die auf die Gegenwehr der „Sachsen“ stießen, aber nie viel bewirkt haben, außer einem wachsenden Hass der Betroffenen gegen die fränkischen Invasoren.

Über die „Verfassung der Sachsen“ vor der Unterwerfung durch Karl den Großen kennt man einige Einzelheiten durch die Lebensbeschreibung eines frühen Missionars bei diesem Volk, dem britischen Mönch Lebuin. Sie gibt allerdings einen Stand um das Jahr 770 wieder, also mindestens 15 Jahre nach der in der Eingangsepisode beschriebenen Trauerfeier für einen Satrapen Wido. Doch wer diese Episode aufmerksam gelesen hat, konnte die wichtigen Punkte bereits dort finden. Erst die in diesem Buch vielfach belegte Behauptung, mehrere germanische „Völker“ im späteren Deutschland hätten im Frühmittelalter sarmatische Anführer gehabt, kann die erstaunlichen Informationen plausibel erklären.

In der Lebensbeschreibung Lebuins heißt es wörtlich (hier musss einmal der lateinische Urtext zitiert werden): *„Regem antiqui Saxonem non habebant, sed per pagos* ***satrapas*** *constitutos"*. Die Übersetzer schrieben dafür: *„Die alten Sachsen hatten keine Könige, sondern ihre Gaue waren Häuptlingen unterstellt"*. Das seltsame Wort „Satrapas" fiel natürlich auf. Die Gelehrten der Neuzeit kannten es als den Titel für Provinzgouverneure unter den persischen Königen des Altertums Aber konnte der Biograph des heiligen Lebuin dieses Wort kennen, ein britischer Mönch im frühen 9. Jahrhundert ? In der Bibel kommt es nicht vor. Lebuin selbst musste es gehört und wie viele andere Angaben in seiner Lebensbeschreibung mündlich weiter gegeben haben, bis der Biograph das alles aufschrieb.

In der altpersischen Sprache bedeutet das Wort etwa „Reichsschützer" (*„xshatrpa van"*). Die Sprache der Sarmaten war, wie mehrfach erwähnt, der der antiken Perser eng verwandt. In den späteren Berichten über die Sachsen wurde das Wort mit „dux" und von dort ins Deutsche mit dem Wort „Herzog" übersetzt. Und – höchst merkwürdig, aber völlig erklärlich – auch bei den hohen Adligen im Reich noch der frühen Karolingerkönige im fernen Gallien kam die Bezeichnung „Satrap" vor, n e b e n den lateinischen Begriffen wie „duces", „optimates", „principes". Erst wenn man bereits andere Teile des riesigen Puzzlebildes kennt, das die alte Geschichte für uns Heutige darstellt, ist man in der Lage, unbekannte Stückchen richtig einzuordnen.

Die „Vita Lebuini antiqua" berichtet weiter von den „Sachsen" dieses Volk habe drei Stände gekannt, die Adligen, die Freien und die Liten (Liudi). Heiraten zwischen diesen Ständen seien bei Todesstrafe verboten gewesen. Das passt haargenau zu den entsprechenden Anschauungen in sarmatischen Schah-Familien, die sich ja biologisch auf keinen Fall mit Menschen unterhalb ihrer „Kaste“ mischen durften.

Andererseits waren diese drei Stände in den bereits erwähnten vier Heerschaften zu einer Art von „Genossenschaften zur gemeinsamen Kriegsführung“ zusammengeschlossen - - mehr waren diese Verbände wenigstens in ihren Anfangszeiten wohl noch nicht. Doch die „Verfassung“, die in der Lebensbeschreibung des Mönches Lebuin überliefert wird, wirkt höchst modern und hat natürlich bei modernen Geschichtsforschern viel Kopfzerbrechen verursacht. Die regelmäßigen Versammlungen dieser Heerschaften setzten sich aus je zehn Vertretern des Adels, der Freien und der Liten zusammen. Ob diese Vertreter „frei gewählt“ und damit frühe Anzeichen für eine „demokratische Lebensform“ waren, sei hier nicht näher untersucht.

Doch weder bei Römern noch bei den „normalen“ Germanen hat je ein Interesse der herrschenden Schichten für das Schicksal der „unfreien“ Menschen bestanden. Allerdings hat es nur sehr wenige Historiker gegeben, die diesen speziellen Aspekt der Geschichte dieser Völker näher untersucht haben.

Das muss bei den sarmatisch beeinflussten Völkern anders gewesen sein. So wenig sich der Adel, die Schah, wie erwähnt, biologisch mit den Menschen aus den unteren Schichten mischen durfte, so sehr war er aber durch religiösen Brauch verpflichtet, Verantwortung für das Schicksal dieser Menschen zu übernehmen. „Adel verpflichtet“, dieser uralte Spruch dürfte ein unbewusstes, aber äußerst wirksames Erbe der sarmatischen Anführer vieler der Stämme gewesen sein, die im Frühmittelalter in Mitteleuropa und vor allem in dem Land entstanden, das wir heute Deutschland nennen.

Nachwort

Mit der Jugend des „sächsischen Herzogs" Widukind endet dieses Buch, nicht etwa mit seinen Kämpfen gegen den Frankenkönig Karl oder noch viel später.

Irgendwo muss auch dieses Buch über die Geschichte im Frühmittelalter seinen Abschluss finden; es ist ja ohnehin schon dick genug geworden. Da bot sich die Mitte des 8. Jahrhunderts dafür an. Denn gerade in diesen Jahren vollzogen sich wichtige Vorgänge, die die Geschichte Europas der nächsten Jahrhunderte stark beeinflussten und in eine ganz andere Richtung zwangen.

Im Jahr 751 schickte Pippin III., der Sohn Karl Martells und als Hausmeier und Princeps des Frankenreiches der „starke Mann", eine Gesandtschaft zum Papst nach Rom, um ihn zu fragen, ob es richtig sei, dass im Reich der Franken Könige regierten, die nur den königlichen Namen, aber nicht die Macht besäßen. Der Papst antwortete wie gewünscht, es entspräche der göttlichen Weltordnung, dass die Könige auch die Macht besäßen. So konnte sich Pippin Ende dieses Jahres mit großem Aufwand zum König der Franken salben lassen. Der letzte „Schattenkönig" aus dem Haus der Merowinger, Childerich III., verschwand spurlos in einem Kloster. Damit war das „heilige Königtum" der Merowinger beendet; die Herrschaft von Königen und später Kaisern aus der Familie Karl Martells, der Karolinger, begann. .

Auch wenn Herrscher aus diesen so verschiedenen Adelshäusern in diesem Buch stets nur am Rande vorkamen, hatten sie doch immer stärkeren Einfluss auch auf unser Land, je weiter die Zeit fortschritt, desto mehr. Die Mitte des 8. Jahrhunderts mit dem offiziellen Beginn der Königsherrschaft der Karolinger war also der entscheidende Einschnitt in der Geschichte Europas. Hier endeten zwar nicht die angeblich so „unbekannten Jahrhunderte", aber ab der Herrschaft des Frankenkönigs Pippin weiß man doch schon etwas mehr darüber.

Der aufmerksame Leser hat in diesem Buch Vieles erfahren, was nicht nur ihm, sondern vor allem auch der „offiziellen“ Geschichtsforschung bisher nicht bewusst war. Manche der Vermutungen des Autors dieses Buches mögen sich auch bei genauerer Untersuchung später als falsch herausstellen. Das ist das Schicksal schriftlich niedergelegter „Geschichte“ - - diese Berichte können immer nur Vermutungen äußern, gleich ob sie von einem angeblichen Zeitzeugen, einem auf einen Universitäts-Lehrstuhl für mittelalterliche Geschichte berufenen Professor oder von einen Privatforscher stammen. In der Wissenschaft der Geschichtsforschung kann keine in jeder Einzelheit gültige „Wahrheit“ irgendwann ans Licht kommen.

Vor etlichen Jahren erregte die These eines Privatforschers Heribert Illig großes Erstaunen, etwa 300 Jahre des frühen Mittelalters habe es überhaupt nicht gegeben, sie seien erst später von der Katholischen Kirche und eifrigen Fälschern „dazu erfunden“ worden. Diese These hat viele Anhänger gefunden und Bücher in dieser Linie viele Leser. Die „offizielle“ Geschichtsforschung hat sie allerdings immer für Unsinn gehalten.

Wer in diesem Buch die vielen bisher unbekannten Geschichten aufmerksam zur Kenntnis genommen hat, die dennoch im Detail alle durch Forschungen ganz verschiedener Menschen, durch Fakten und Indizien gut belegt sind, wird ebenfalls nicht glauben können, dass in unserer Zeitrechnung ganze dreihundert Jahre fehlen. Man wusste nur bisher zu wenig von dieser Zeit. Der Leser dieses Buches weiß etwas mehr darüber.

Literatur

Hinweis: Die im Vorwort erwähnte Schreibweise dieses Buches, nämlich dass es zwar wissenschaftlich korrekt, aber „populär" verfasst ist, bringt es mit sich, dass keine Anmerkungen und Literaturhinweise auf jeder Seite stehen können, wie das bei „rein" wissenschaftlichen Werken der Fall sein muss.

Dennoch sollen dem kritischen Leser Hinweise auf Literatur und Quellen zur Verfügung gestellt werden, aus Zweckmäßigkeitsgründen getrennt nach den einzelnen Kapiteln.

Im Vorwort wurde auch erklärt, warum relativ wenig „normale" historische Sekundärliteratur verwendet werden konnte, das heißt Bücher, Spezialaufsätze oder Monographien moderner Historiker, erst recht wenig Quellen aus der beschriebenen Zeit. Stattdessen mussten häufig Ausarbeitungen benutzt werden, an denen der Autor in den vergangenen Jahren selbst beteiligt war oder die allein von ihm stammten, und in denen die im Vorwort beschriebenen Indizien aus den verschiedensten Wissenschaftszweigen zusammengetragen und bewertet wurden. Dort sind dann in der Regel auch Verweise auf weitere Literatur zu finden.

DER BERNER – in diesen Literaturangaben häufig als Quelle angeführt – ist seit dem Jahr 2000 die Vierteljahressschrift des Thidrekssaga-Forums e.V. (seit 2009 unter dem Namen Dietrich von Bern-Forum), von 2000 – 2010 redigiert von Reinhard Schmoeckel. In dieser Zeitschrift sind viele Spezialuntersuchungen von einer großen Zahl Privatgelehrter erschienen, insbesondere zum Frühmittelalter in Mitteleuropa sowie zur Thidrekssaga als möglicher Quelle historischer Informationen. Aus diesen Forschungen engagierter Kollegen erwuchs ein großer Teil des Wissens, das in diesem Buch erstmals in zusammengefasster Form veröffentlicht wird.

Auch die von diesem Verein seit dem Jahr 2002 herausgegebenen (und vom Autor redigierten) Bände „Forschungen zur Thidrekssaga - Untersuchungen zur Völkerwanderungszeit in Mitteleuropa" dienten als Quelle. Sie sind in wenigstens einigen Bibliotheken einsehbar.

Zum Kapitel 1

Reinhard *Schmoeckel,* Sachsen, Thüringer, Schwaben – einst von Sarmaten beherrscht ? (Band 1 der Reihe Die Sarmaten, vergessene Väter des mittelalterlichen Europa) Norderstedt 2011, XII + 228 S. , ISBN: 978-3-8423-0282-2, hier vor allem Kapitel III.2, S. 75 ff.

Hieronymus, Werke, CXX, III, § 15: An Geruchia

Schellack, Gustav, und *Wagner,* Willi: Sohren – Chronik einer Hunsrück-Gemeinde, Simmern 1981

Zum Kapitel 2

Thidrekssaga-Forum e.V. (Hrsg.), Das Rätsel von Mündt/ Mundiacum und St. Irmundus – Burgunder und Nibelungen in der Jülicher Börde ? (Band 4 der Reihe Forschungen zur Thidrekssaga; Norderstedt 2007, 256 S., ISBN 978-3-8334-8460-5)
Darin für dieses Kapitel vor allem folgende Beiträge:

- Reinhard *Schmoeckel,* Das römische Gallien zu Anfang des 5. Jahrhunderts, S. 33 – 41
- Werner *Keinhorst,* Zur Zuverlässigkeit des Olympiodor-Textes, S. 43 – 50
- Martin *Alberts* / Reinhard *Schmoeckel,* Mündt, seit Urzeiten ein heiliger Bezirk, S. 53 – 81
- Reinhard *Schmoeckel,* Der Gegen-Kaiser Jovinus, S. 85 – 104
- Werner *Keinhorst,* Gundaharis Königreich, S. 121 - 156

Zum Kapitel 3

Reinhard *Schmoeckel,* Die Geheimnisse der Merowinger – Die sarmatische Herkunft der Dynastie und eine folgenreiche Geschichtsfälschung. (Band 2 der Reihe), Norderstedt 2011, XII + 240 S. ISBN: 978-38423-0283-9., hier vor allem Kap. II 7, S. 75 ff., sowie II 4, S, 47 ff.,

Gregor von Tours, Zehn Bücher Geschichte, Phaidon-Verlag Essen 1988 (Historiker des deutschen Altertums), Buch II, Kapitel 9

Laurence *Gardner*, Das Vermächtnis des heiligen Gral – Die Nachfahren Jesu und die geheime Geschichte Europas, München 1999, hier speziell S. 166 (Stammtafel der Merowinger-Vorfahren)

Erich *Zöllner*, Geschichte der Franken, München 1970, hier speziell S. 4

Patrick *Geary*, Die Merowinger, München 1996, hier speziell S. 84

Klaus Peter *Johne*, Die Römer an der Elbe, Berlin 2006, hier speziell S. 299

Wolfgang *Thiele*, Dr. Heribert *Knorr*, Der Himmel ist unter uns. Bottrop 2003 (2. Aufl. 2005)

Heinrich *Beck*, Das Ebersignum im Germanischen. In: Quellen zur Sprach- und Kulturgeschichte der germanischen Völker, NF 16, Berlin-New York 1965, hier speziell S. 151

Norbert *Lönnendonker*, Als die Götter jung waren – Namenskundliche Untersuchungen zur Nibelungensage. Berlin 2003, hier speziell S. 140 ff.

Martin *Alberts*, Ludovicus – unser Reiseführer in die südwestfälische Frühgeschichte. In: DER BERNER Nr. 17 (2004) S. 32 ff.

Jacob *Grimm*. Deutsche Mythologie, 1. Bd. Berlin 1875/78 (Faksimileausgabe Graz 1996), hier speziell S. 324

Zum Kapitel 4

Wikipedia (Internet-Lexikon) Feddersen Wierde (2011)

Zum genetischen Einfluss von Sachsen, Angeln usw. in Britannien: DER SPIEGEL 24/2011, S. 116 „Kanalfahrt der Krauts“.

Reinhard *Schmoeckel*, Sachsen, Thüringer, Schwaben – einst von Sarmaten beherrscht ? , hier vor allem Kapitel V, Sachsen und Pferde, S. 167 ff.

Zum Kapitel 5

Thidrekssaga-Forum e.V. (Hrsg.), Das Rätsel von Mündt/ Mundiacum und St. Irmundus – Burgunder und Nibelungen in der Jülicher Börde ? (Band 4 der Reihe Forschungen zur Thidrekssaga)
Darin für dieses Kapitel vor allem folgende Beiträge:

- Werner *Keinhorst,* Gundaharis Königreich, S. 121 – 156
- Tibor *Schäfer,* Hunnen, Alanen und Bretonen, S. 157 – 178
- Werner *Keinhorst,* Nibelungen, die „Leute des fränkischen Generals Nebigast" ?, S. 189 - 206,
- Reinhard *Schmoeckel,* Irmundus, christlicher Bekenner im „heiligen Bezirk", S. 105 – 117

Zum Kapitel 6

Reinhard *Schmoeckel,* Die Geheimnisse der Merowinger –Darin für dieses Kapitel vor allem die Kapitel II 8, 9 und 10

Thidrekssaga-Forum e.V. (Hrsg.), Das Rätsel von Mündt/ Mundiacum und St. Irmundus – Burgunder und Nibelungen in der Jülicher Börde ? (Band 4 der Reihe Forschungen zur Thidrekssaga . Darin für dieses Kapitel vor allem folgenden Beitrag:

- Reinhard *Schmoeckel,* Zwei Kölner Heilige, die Hunnen – und die Burgunder, S. 179 – 185

Zum Kapitel 7

Albert *Vollmer,* Hunnen-Sturm am Rhein, Obernburg/Main 1996, ISBN 3-9801252-2-X

Karl *Weinand,* Der Valslonguwald, Versuch einer Lokalisation. In DER BERNER, Nr. 32 (2008), S. 24 – 33.

Reinhard *Schmoeckel,* Die Entdeckung einer Römerstraße durch Studium der Thidrekssaga, in DER BERNER Nr. 2 (2001), S. 28 – 32

Volker *Friedrich,* Zur Geographie der Hunnenschlacht, in: Beiträge zur Geschichte des Bitburger Landes Nr. 16 (2006) .

Hermann *Schreiber,* Die Hunnen – Attila probt den Weltuntergang. Wien und Düsseldorf 1976

Istvan *Bona,* Das Hunnenreich, Stuttgart 1991

Otto J. *Maenchen-Helfen,* Die Welt der Hunnen, Wiesbaden 1997

Zum Kapitel 8

Die Thidrekssaga oder Dietrich von Bern und die Niflungen, übersetzt von Friedrich Heinrich von der Hagen, (erstmals 1816), nach der 23. Aufl. 1855 neu herausgg. und mit neuen geographischen Anmerkungen versehen von Heinz Ritter-Schaumburg , St.Goar 1989, ISBN 3-87667-101-9 :

Reinhard *Schmoeckel,* Die „Schachmänner" im Hunaland. In: DER BERNER Nr. 34 (2008), S. 28 – 46

Reinhard *Schmoeckel,* Sachsen, Thüringer, Schwaben; darin vor allem Kapitel IV 1.

Thidrekssaga-Forum e. V. (Hrsg.), Forschungen zur Thidrekssaga, Band 6: Zum Werdegang der Thidrekssaga, Norderstedt 2010, ISBN 9 783839 186114: darin für dieses Kapitel vor allem folgende Beiträge

- Wilhelm *Bleicher,* Die Thidrekssaga als Dichtungskompendium, S. 67 -90
- Karl *Weinand,* Zur Überlieferungsgeschichte der Thidrekssaga, S. 91 – 166
- Reinhard *Schmoeckel,* Der mögliche Weg der Texte von Norddeutschland nach Skandinavien, S. 167 - 204

Otto Karl *Schmich,* Hünen –Die Entdeckung eines vergessenen deutschen Stammvolkes, Viöl 1999, ISBN 3 – 932878-01-9.

Heinrich *Beck*, Saxland = Hùnaland ? , S. 519 – 528, In: Iconologia sacra – Festschrift für Karl Hauck, Berlin – New York 1994, ISBN 3-11-013255-9.

Zum Mithras-Heiligtum an den Externsteinen:

- August *Schierenberg*, Der Externstein, Detmold 1879, S. 21
- Erwin *Horstmann*, Das Felsbild an den Externsteinen ursprünglich ein Mithrasbild ? 1988, abgedruckt in Gerhard Tiggelkamp, Externsteinführer, Bad Kreuznach 1990
- Oswald *Tränkenschuh*, Das Kreuzabnahmerelief an den Externsteinen, Königsberg/Franken 2010;
- Ingeborg *Resch-Reuter*, (Wien) Der Mithraskult, der Wegbereiter des Christentums, und: Die Externsteine (beide bisher unveröffentlicht)
- Elke *Moll* , 300 Jahre Mithraskult – Ein neues Kapitel in der Geschichte der Externsteine, 2012 (bisher unveröffentlicht)
- Information durch Dr. Gerd *Meier*, Köln.

Zum Kapitel 9

Liber Historiae Francorum (*Autor unbekannt*, etwa um 725), Kapitel 8: Hier ein wörtlicher Auszug:
„In diebus illis coeperunt Franci Agrippinam civitate super Renum vocaveruntque eam Coloniam, quasi coloni inhabitarent in eam. Multo populo Romanorum a parte Egidii iliic interfecerunt, ipse Egidius fugiens evasit. Venerunt itaque Treveris civitate super Mosellum fluvium, vastantes terras illas et ipsam succedentes coeperunt. Post haec igitur mortuus est Egidius Romanorum rex."

Zum Kapitel 10

Joachim *Herrmann* (Hrsg.), Archäologie in der Deutschen Demokratischen Republik, 2 Bände (in Westdeutschland veröffentlicht durch den Konrad Theiss Verlag Stuttgart 1989, ISBN 3-8062-0551-0)

Berthold *Schmidt*, Das Königreich der Thüringer und seine Eingliederung in das Frankenreich, S. 285 – 297, in: Die Franken, Wegbereiter

Europas, Katalog zur Ausstellung Mannheim 1996, ISBN 3-8053-1813-8

Berthold *Schmidt,* Hermunduren, Angeln, Warnen, Thüringer, Franken, Sachsen, in: Studien zur Sachsenforschung 9 (1999)

Reinhard *Schmoeckel,* Sachsen, Thüringer, Schwaben, darin vor allem Kapitel IV 1, S. 92 sowie V: Schädeldeformationen, Thüringen.

Wikipedia (Internet): Thüringer, Geschichte Thüringens (2011)

Reinhard *Wenskus,* Religion abâtardie – Materialien zum Synkretismus in der vorchristlichen politischen Theologie der Franken, S. 179 – 248, hier speziell S. 219, in: Iconologia sacra – Festschrift für Karl Hauck, Berlin – New York 1994, ISBN 3-11-013255-9.

Zum Kapitel 11

Reinhard *Schmoeckel,* Die Indoeuropäer – Aufbruch aus der Vorgeschichte (ursprünglich erschienen im Rowohlt Verlag 1982, seitdem mehrere Auflage; neueste überarbeitete Ausgabe 2012 im Lindenbaum Verlag) , hier insbesondere Kapitel 11; Im Schmelztiegel der Völker – Die zweite indoeuropäische Welle in Kleinasien

Jordanis, Gotengeschichte, übersetzt von Dr. Wilhelm Martens (Historiker des deutschen Altertums, ohne Ort und Jahr), Kap. 54 ff. (LIV).

Reinhard *Schmoeckel,* Sachsen, Thüringer, Schwaben; darin vor allem Kapitel IV 1, S. 93 ff. sowie V: Schwaben, Schwäbisch, Turkilinger, Papen.

Wikipedia (Internet), Odoaker, Stauferkaiser, Diogenes Exiguus (2012)

Zum Kapitel 12

Thidrekssaga-Forum e. V. (Hrsg.), Forschungen zur Thidrekssaga – Band 3: Die Wilkinensage – Schlüssel zur unbekannten Frühgeschichte der Niederlande und Belgiens ? Bonn 2006,. hrsg. von Reinhard Schmoeckel, darin vor allem Kap. IV C: Das Lied von Samson und kel, darin vor allem Kap. IV C: Das Lied von Samson und seinen Söhnen.

Hermann *Zschweigert*, Zur Herkunft des Königs Samson der Thidrekssaga, in DER BERNER Nr. 7 (2002), S. 39 – 41

Reinhard *Schmoeckel*, Samson an der Maas, in DER BERNER 20 (2005), S, 48 – 49

Reinhard *Schmoeckel*, Geschichtskerne in der Samson-Episode der Thidrekssaga, in DER BRNER Nr. 41 (2010), S. 28 – 36

Karl *Weinand*, Ermenrik kämpfte mit den Römern – Eine Frage nach dem Historischen in der Ths, in DER BERNER 40 (2010), S: 3 – 14

Heinz-*Ritter-Schaumburg*, Dietrich von Bern, König zu Bonn, München 1982, S. 46 ff.

Heinz *Ritter-Schaumburg*, Die Didriks-Chronik (erstmals vollständig aus der altschwedischen Handschrift der Thidrekssaga übersetzt), St. Goar 1989 *(gemeint ist die „Svava")*

Karl *Weinand*, Sarmaten in Deutschland ? In DER BERNER 37 (2009) S. 3 – 15 (insbesondere zu den Völkernamen „Beyeren, Turkerer, Suaven, Ungerer")

Zum Kapitel 13

Reinhard *Schmoeckel*, Schon wieder: das Kastell an der Lippe, in DER BERNER Nr. 37 (2009), S. 35- 41

Die Thidrekssaga oder Dietrich von Bern und die Niflungen,. neu herausgegeben von Heinz *Ritter-Schaumburg* , St.Goar 1989, S. 693 ff
Heinz *Ritter-Schaumburg*, Dietrich von Bern, König zu Bonn, München 1982, S. 95

Zum Kapitel 14

Reinhard *Schmoeckel*, Bevor es Deutschland gab Bergisch Gladbach 2000, hier Kapitel 21, S. 333 ff.

Zum Kapitel 15

Gregor von Tours, Zehn Bücher Geschichten, Buch II, Kapitel 40.

Zum Kapitel 16

Renate *Pirling*, Krefeld-Gellep im Frühmittelalter, in: Die Franken, Wegbereiter Europas, Katalog zur Ausstellung Mannheim 1996, S. 201 ff.

Wikipedia zum Stichwort Gellep, Fürst von Gellep (Internet 2011)

Westdeutsche Zeitung, 5.12.2008: Gräberfundstücke auf Burg Linn: Frankenfürst Arpvar saß fest im Sattel.

Zum Kapitel 17

Reinhard *Schmoeckel*, Bevor es Deutschland gab, hier Kapitel 25, S. 425 ff.

Kasimierz *Godlowski*, Zur Frage der völkerwanderungszeitlichen Besiedlung in Pommern, In: Studien zur Sachsenforschung 1980

Hermann *Wittig*, Schwerin gehört in die alte Geschichte der Sagazeit – Skandiuavische „Reidgoten“ an der Südküste der Ostsee, in DER BERNER 19 (2005), S. 40 ff. , mit Zitaten u.a. aus Olof *Dalin*, Geschichte des Reiches Schweden, Greifswald 1756, Birger *Nerman*, Försök til Datering av Reidgoternas konunggaätt, 1928.

Joachim *Herrmann* (Hrsg.), Archäologie in der Deutschen Demokratischen Republik, Band 2 – Denkmale und Funde, Stuttgart 1989, S. 528 ff.

Zum Kapitel 18

Ernst F. *Jung,* Der Nibelungen Zug durchs Bergische Land: Bakalar und die Grafen von Berg im neuen Licht der Thidrekssaga. Ursprünglich erschienen Bergisch Gladbach 1986 (120 S.), in wesentlichen Teilen wieder abgedruckt DER BERNER 20 (2005), S. 3 – 20.

Thidrekssaga-Forum e. V. (Hrsg.), Forschungen zur Thidrekssaga , Band 3: Die Wilkinensage , Bonn 2006,. hrsg. von Reinhard Schmoekkel, hierin Kap. I C ...Die Warnen, S. 44 ff. (Verfasser dieses Teils Reinhard *Schmoeckel*).

Prokopius von Caesarea, Der Gotenkrieg – Der Vandalenkrieg, IV 20, nach der Übersetzung von David Costa, Phaidon Verlag Essen o.J. (um 1990).

M. *Rouche,* Die austrasischen Besitzungen in Aquitanien. In: Franken-Katalog I, Mannheim 1996, S. 233

Zum Kapitel 19

Gregor von Tours, Zehn Bücher Geschichte, Buch III, Kap. 4, sowie 7 und 8

Berthold *Schmidt,* Hermunduren – Angeln – Warnen – Thüringer – Franken – Sachsen, in: Studien zur Sachsenforschung 9 (1999), S. 341 - 366

Zum Kapitel 20

David *Keys*, Als die Sonne erlosch – 535 n. Chr.: Eine Naturkatastrophe verändert die Welt, deutsch München 1999 (urspr. englisch London 1999), ISBN 3-89667-035-2

Reclams Heiligenlexikon , Stuttgart 1984,Stichwort Medardus.

Martin *Alberts,* Wer lebte im südlichen Westfalen vor den Sachsen ? DER BERNER 3 (2001), S. 9 - 19.

Wilhelm *Bleicher,* Der Raum Soest zwischen Antike und Mittelalter, DER BERNER 22 (2005), S. 34-51

Zum Kapitel 21

Wikipedia (Internet) Stichwort Langobarden (2011)

Paulus Diaconus, Geschichte der Langobarden, übers. von Otto Abel. (Historiker des deutschen Altertums, o.O. u.J.)

Wilfried *Menghin, Die Langobarden, Stuttgart 1985*

Zum Kapitel 22

Gregor von Tours, Buch IV, Kapitel 23 sowie 29

Walter *Pohl,* Die Awaren – Ein Steppenvolk in Mitteleuropa 567 – 822 n. Chr., München 1988

Wilhelm *Bleicher*, Die Ostacia-Handlung im Spannungsfeld von Realität und Dichtung, in: Thidrekssaga-Forum (Hrsg), Forschungen zur Thidrekssaga Bd. 6: Zum Werdegang der Thidrekssaga, Bonn 2010, S. 205 ff. .

Zum Kapitel 23

Joachim *Herrmann,* Frühe Kulturen der Westslawen, Leipzig-Jena-Berlin 1981 (2. Aufl.)

Joachim *Herrmann,* (Hrsg.), Archäologie in der DDR, Band 1, Stuttgart 1989.

Berthold *Krapp*, Westslawen und westslawisches Erbe in Deutschland, Stuttgart 1072
Wikipedia (Internet), Stichwort Sorben, Litauen, Litauen (Wappen) (2011)

Zum Kapitel 24

Gregor von Tours, Zehn Bücher Geschichte, Buch IV, Kap. 49 und 50

Vera *Brieske*, Pferdegräber als Zeichen für Sachsen in Westfalen ? , in: H. Brink-Kloke, K. H. Deutmann (Hsg.) Die Herrschaften von Asseln – Ein frühmittelalterliches Gräberfeld am Dortmunder Hellweg (Ausstellungskatalog), München-Berlin 2007, S. 102 – 108

Kristina *Nowak*, Geschichte wird von Siegern geschrieben – Quellen des 6. bis 9. Jahrhunderts und der archäologische Kontext in Westfalen, in: H. Brink-Kloke, K. H. Deutmann (Hsg.) Die Herrschaften von Asseln – (Ausstellungskatalog), München-Berlin 2007, S. 89 – 93

G. *Eggenstein* (Hrsg.) Germanen ! Gräber ! und Germanen ? Die Ausgrabungen im Westhafen von Hamm, Hamm 2004

Wikipedia (Internet), Stichwort Beckum – Pferdegräber; Burg Mark (2011)

Reinhard *Schmoeckel*, Der mögliche Weg der Texte von Norddeutschland nach Skandinavien, in: Thidrekssaga-Forum (Hrsg.), Forschungen zur Thidrekssaga, Band 6: Zum Werdegang der Thidrekssaga, S. 167-204, hier vor allem S. 173 ff.

Zum Kapitel 25

Gregor von Tours, Zehn Bücher Geschichte, Buch IV, Kap. 42 sowie Buch V, Kap. 15

Hans W. *Hammerbacher*, Die hohe Zeit der Sueben und Alamannen, Heusenstamm 1974

Wilfried *Menghin*, Die Langobarden, - Archäologie und Geschichte, Stuttgart 1985

Bernhard *Sicherl*, Die Gesellschaft hinter der ersten Gräbergruppe des Friedhofs von Dortmund-Asseln, in: H. Brink-Kloke, K. H. Deutmann

(Hsg.) Die Herrschaften von Asseln (Ausstellungskatalog), München-Berlin 2007, S. 17 – 27

Wikipedia (Internet), Stichwort Sueben (2012)

Reinhard *Schmoeckel,* Eine Langobardin in Dortmund-Asseln, in: DER BERNER Nr. 37 (2008), S. 46 ff.

Zum Kapitel 26

Thomas *Steensen,* Wer sind die Friesen – 27 Fragen und Antworten zur nordfriesischen Sprache und Kultur. Hrsg. v. Nordfriisk Institut, Bredstedt (Bräist, Nordfriesland) 1994

Die Friesen, hrsgg. Von C. Borchling und R. Muuss, 1931 (Reprint Leipzig ca. 1995)

Franz *Kurowski,* Die Friesen – Das Volk am Meer. Herrsching 1987

Wikipedia (Internet), Stichwort Friesen (2012) .

Studiekring Eerste Millenium (SEM) (Hrsg,), Zee, wind, veen en land – Kustvorming en de Lage Landen, Breda (Niederlande) 2009

Zum Kapitel 27

Die Chronik Fredegars und der Frankenkönige, (Reihe Historiker des deutschen Altertums), übersetzt von Otto Abel, Essen 1986.

Reinhard *Schmoeckel,* Bevor es Deutschland gab, hier Kapitel 26, S. 433 ff.
Reinhard *Schmoeckel,* Die Geheimnisse der Merowinger – hier vor allem Kap. III (Indizien: Trithemius)

Zum Kapitel 28

Reinhard *Schmoeckel,* Papenburg – eine Gründung der Sarmaten ? in: DER BERNER Nr. 40 (2010), S. 39 f.

Reinhard *Schmoeckel,* Sachsen, Thüringer, Schwaben, darin vor allem Kapitel IV 1, S. 93 ff. sowie V: Papen.

Zum Kapitel 29

Die Chronik Fredegars und der Frankenkönige, Buch IV, vor allem Kapitel 48, 72

Wolfgang H. *Fritze,* Untersuchungen zur frühslawischen und frühfränkischen Geschichte bis ins 7. Jahrhundert, Diss. 1952, gedruckt Frankfurt/M. 1994

Reinhard *Schmoeckel,* Bevor es Deutschland gab, hier Kapitel 27, S. 451 ff.

Hermann *Knodt,* Bilder aus der Heimat- und Kirchengeschichte von Maar (Krs. Lauterbach), in: Heimatblätter für Stadt und Kreis Lauterbach, 1/1950 (Vortrag im Oktober 1946) , darin Zitat eines Buches des Lauterbacher Heimatforschers, Pfarrer *Heinrich Zinn* aus dem Jahr 1937: „Name und Sage vom Simsonsgrab, eine alte Volkserinnerung an den Wendenkönig Samo“.

Zum Kapitel 30

Die Chronik Fredegars und der Frankenkönige, vor allem Kapitel 68

Hanswilhelm *Haefs,* Thidrekssaga und Nibelungenlied, Band 2 der Forschungen zur Thidrekssaga , hrsg. vom Thidrekssaga-Forum , Bonn 2004, S. 48 ff.
Heinrich *Kunstmann,* Vorläufige Untersuchungen über den baierischen Bulgarenmord von 631/32 – Der Tatbestand - Nachklänge im Nibelungenlied, in: Slavistische Beiträge, Bd. 159, München 1982

Hanswilhelm *Haefs,* Das goldene Reich der Pamir-Bulgaren an Donau und Wardar, Norderstedt 2009

Zum Kapitel 31

Wilhelm *Bleicher,* Der Raum Soest zwischen Antike und Mittelalter, in: DER BERNER 22 (2006), S. 34-51 (vor allem zu den archäologischen Funden der Gewerbeansiedlung in und um Soest)

Ralf *Molkenthin*, Salz aus Soest, in: Blicke ins Mittelalter - Festschrift für Hannah Vollrath, Herne 2004, abgedruckt in DER BERNER 40 (2010), S. 45 – 55 (vorwiegend aus historischer Sicht zur frühen Salzgewinnung in Soest sowie zur sog. „Dagobertschen Schenkung").

Diercke Schulatlas, 1967: Karte Soest/Westfalen („aus ländlichen Siedlungen planlos erwachsene Marktstadt", als Beispiel historischer Entwicklung)

Zum Kapitel 32

Wikipedia (Internet): Mecklenburg (Geschichte), Obotriten, (Abotriten), Nakoniden (Dynastie). (2012)

Reinhard *Schmoeckel,* Bevor es Deutschland gab, 2000, hier vor allem Kapitel 25, S. 431 f.

Reinhard *Schmoeckel,* Die Indoeuropäer (Neuauflage 2012), hier vor allem Kapitel 23, S. 515 ff.

Zum Kapitel 33

Reinhard *Schmoeckel,* Bevor es Deutschland gab, 2000, hier vor allem Kapitel 28, S. 465 ff.

Wikipedia (Internet): Habsburg (Kaisergeschlecht, frühe Geschichte), Fridolin von Säckingen, Kloster Säckingen, Gründungsgeschichte (2012)
Reinhard *Schmoeckel,* Die Geheimnisse der Merowinger (2011), hier vor allem Stichwort „Trithemius – Brief", S. 216 f.

Zum Kapitel 34

Reinhard *Schmoeckel,* Die rheinischen Karnevalsbräuche aus Mittelasien ? in: DER BERNER Nr. 41 (2010), S. 53 – 57

Bahar *Nader*, in: GENERAL-ANZEIGER für Bonn, 5.2.2010

Wolfgang *Herborn,* Die Geschichte der Kölner Fastnacht von den Anfängen bis 1600., Hildesheim 2009

Zum Kapitel 35

Franz *Kurowski,* Die Friesen – das Volk am Meer. Herrsching 1987

Die Friesen, hrsgg. von C. Borchling und R. Mann, 1931 (Reprint Leipzig ca. 1995)

Internet: Die Geschichte der Friesen von „Redbard", übersetzt von Susanne Dieck (2012)

Reinhard *Schmoeckel,* Was liegt im Bislicher Altrhein verborgen ? in DER BERNER 14 (2004), S. 3 – 13 (zum Thema frühmittelalterlicher Handelsorte)

Internet: Frisia Magna (2012)

Zum Kapitel 36

Reinhard *Schmoeckel,* Bevor es Deutschland gab, 2000, hier vor allem Kapitel 29, S. 482 ff.

Zum Kapitel 37

Gert *Meier* (Hrsg.), Die deutsche Vorzeit war ganz anders, Tübingen 1999, hier vor allem Teil III: Zur vorgeschichtlichen Bedeutung von Echternach (S. 147 – 302)

Reinhard *Schmoeckel,* Die „dreifach weisen Menschen" der Steinzeit, in DER BERNER 36 (2009), S. 32 – 41

Internet (Wikipedia): Karl Martell (2012)

Thomas R. P. *Mielke* Karl Martell – der erste Karolinger. Roman. Bergisch Gladbach 2002

Hermann *Zschweigert,* Irmina, die Ahnherrin der Karolinger ? In: Forschungen zur Thidrekssaga Bd. 1 (Bonn 2002), S. 142 – 146

Reinhard *Schmoeckel,* Die Geheimnisse der Merowinger (2011), hier vor allem Stichwort „Trithemius – Brief", S. 216 f.

Zum Kapitel 38

Reinhard *Schmoeckel,* Bevor es Deutschland gab, 2000, hier vor allem Kapitel 32, S. 535 ff.

C. *Raabe* (Hrsg.), Sankt Bonifatius – Gedenkgabe zum 1200. Todestag, Fulda 1954

Internet (Wikipedia) Bonifatius (2012) :

Zum Kapitel 39

Reinhard *Schmoeckel,* Sachsen, Thüringern, Schwaben (2011), hier vor allem Kapitel V: Drantumer Mühle, (Alt-)Sachsen, Satrapen, Translatio Sancti Alexandri, Widukind, Widukind von Corvey

Gerd *Althoff,* Der Sachsenherzog Widukind als Mönch auf der Reichenau. In: K. Hauck (Hrsg.) Frühmittelalterliche Studien Bd. 17, Berlin-New York 1983

Franz *Kurowski,* Die Friesen – das Volk am Meer. Herrsching 1987, hier vor allem S. 28

Völker, Stämme, Herrschergeschlechter

Reinhard Schmoeckel
Die Indo-europäer
Aufbruch aus der Vorgeschichte